珞珈国学丛书研究系列

续修四库全书杂家类提要

司马朝军 著

2013年·北京

图书在版编目(CIP)数据

续修四库全书杂家类提要 / 司马朝军著. —北京：商务印书馆，2013
（珞珈国学丛书）
ISBN 978－7－100－10335－0

Ⅰ.①续… Ⅱ.①司… Ⅲ.①《四库全书》－修订本－内容提要 Ⅳ.①Z833

中国版本图书馆CIP数据核字(2013)第241509号

所有权利保留。

未经许可，不得以任何方式使用。

续修四库全书杂家类提要

司马朝军 著

商 务 印 书 馆 出 版
（北京王府井大街36号　邮政编码 100710）
商 务 印 书 馆 发 行
三河市尚艺印装有限公司印刷
ISBN 978－7－100－10335－0

2013年12月第1版　　开本 787×960　1/16
2013年12月北京第1次印刷　印张 32 3/4

定价：98.00元

致　谢

本书为教育部基地重大招标项目"古代类书的文化历程"（12JJD750012）、国家社会科学基金重点项目"清代文人专题研究"（13AZD047）、国家社会科学基金一般项目"文献辨伪的集成与创新"（09BTQ015）的前期成果，亦为武汉大学自主科研重大项目"历代书目文献整理与研究"的结项成果，得到"中央高校基本科研业务费专项基金"资助，谨此致谢！

谨向来新夏先生、傅璇琮先生、孙钦善先生、王俊义先生、冯天瑜先生、郭齐勇先生、陈伟教授、陈文新教授、刘石教授、吴根友教授、杨华教授、王承略教授及张文华编辑致谢！

总　序

　　我们武汉大学有国学教学与研究的传统，近代以来有黄侃等国学大师及章黄学派的统系，有熊十力、闻一多、吴宓、李剑农、杨树达、高亨、范寿康、朱光潜、刘赜、刘永济、黄焯、谭戒甫、唐长孺、吴于廑、程千帆等大师，一直高度重视小学（古文字学）、经典新诠与中西学术互动，有深厚的基础。

　　2001年，我们综合文、史、哲的师资，在国内首先创办了国学本科试验班。此前全国高校尚没有办这样的国学班。我们坚持下来了，每年一届，至今已连续十二年招生。我们的宗旨是培养一批对我国传统小学、经学、史学、子学、文学与宗教的基本知识、基础典籍和治学门径有一定理解，能熟练阅读中国古典文献，至少掌握两门外文，且熟悉当今世界人文学科走向，又会熟练地使用计算机、互联网等现代化手段的复合型人才。国学班采用"小班授课、经典导读"的方式，克服了六十多年来我国大陆文科教育分科太细，又只有通论、通专史课程而不读经典的毛病。我们强调从认字开始，除文字学、音韵学、训诂学、目录学、文献学外，相继开出《说文解字注》、《广雅疏证》、《四书》、《诗经》、《尚书》、《周易》、《礼记》、《左传》、《史记》、《汉书》、《后汉书》、《三国志》、《老子》、《墨子》、《庄子》、《荀子》、《楚辞》、《文选》、《文心雕龙》与出土简帛文献等的导读或研读课程，还开了国学通论、国学研究方法论、海外中国学、印度佛学等课程。我们还请人用英语开了《理想国》、《圣经》等西方经典课程。武汉大学国学班的创建与实践的经验在全国范围内产生了一定的反响。2010 年 12 月，"国学"专业作为武汉大学唯一的人文学实验班纳入武汉大学"基础学科拔尖学生培养实验计划（珠峰计划）"，成立了"弘毅学堂"国学班。

为了进一步推动国学研究和教学，同时为有志于国学研究的学子提供继续深造的专业平台，我们于 2005 年至 2007 年挂靠汉语言文字学专业，招收国学硕士生。2007 年底，我校在哲学一级学科之下自行增列了国学专业的硕士点与博士点，于 2008 年上报国务院学位委员会备案，2009 年正式招生。这也是国内首创。我校国学硕士、博士点设有：（1）经学研究方向；（2）子学研究方向；（3）史部典籍研究方向；（4）集部研究方向；（5）佛教与道教研究方向。目前已经有两届硕士毕业生，一届博士毕业生。

在十年学科建设的基础上，2010 年 3 月，武汉大学国学院正式挂牌成立。我们在教学实践中强调打好坚实的基础，又强调开放性，我们常请海内外知名专家给国学班同学上课或做学术演讲。同时，把读万卷书与行万里路结合起来，强调实地踏访古文化遗迹。

武汉大学国学院是目前国内唯一具有国学本科、硕士、博士完整培养体系的教学研究单位。十多年来，我们在国家主管部门尚未正式设立国学学科的情况下，本着邓小平同志"不争论"与"摸着石头过河"的精神，努力实践，开拓创新。我们不为别的，只是想为将来留下一点能读古书的人，把文化传承下去，并与各文明对话。我们的教育不仅是知识性的，更重要的是培养学生具有崇高的社会理想与价值理想、较高的人生境界与认真做事的精神，故学生们一部分成为关心国事民瘼的读书种子，另一部分毕业后从事其他各项事业。他们都感到国学训练使他们受益无穷。我们鼓励学子们做推广国学、弘扬传统文化的志愿者。他们中有不少人到海内外名校继续深造。

国学班、国学硕博士点、国学院的设立，所为何事？

首先，是对世纪之交以来"国学热"的回应。自20世纪90年代起，中国大陆先后兴起了"中国传统文化热"和"国学热"。但我们认为，"国学"作为中国固有的学术传统，具有严肃的学术意义和艰深的学术内容，不应当徘徊在文化消费的"潮流"和"时尚"层面上。国学班的教育，是对社会上"国学热"浪潮的严肃的教育回应。

其次，是对大学文科教育模式的反思和超越。中国大陆现有的大学人文学科的培养模式主要是原苏联"概论加通史"的模式和西方现代学科体系文、史、哲的分割，存在一定的弊病。因此，我们尤其强调中西经典的教育与文、史、哲的融通，作为对现有人文学科分科的补充，希望探索出一套新的模式，更加有利于人的全面发展，特别是学生原创性的培育。

再次，是对复合型人才社会需求的认识。随着中国逐渐振兴富强，中国文化也在复兴。中国不仅越来越多地参与到国际事务中，中国文化作为人类文明最古老最悠久的传统之一，在国际上也应该参与到与异质文明，尤其是强势的西方文明的平等对话之中。面对转型与文化复兴，社会将逐渐出现对有深厚国学素养和传统文化底蕴的复合型人才的需求。

我们国学院正式成立之后，即谋划出版一套《珞珈国学丛书》，分为两个系列，一个是教材系列，另一个是研究系列。这套丛书的作者均是在我们国学院任教或做过研究的严谨的老中青学者。教材系列是经我们本科与研究生教学试用过的优秀教材，可供全国各高校文科教学选用。研究系列既有学术专著，也有专题学术论文集，书稿都经过学术委员会审查，力图为学术界奉献学术精品。当然，各书文责由各位作者自负。

承蒙商务印书馆领导与同仁的厚爱与支持，经协商，这套丛书在该社出版。衷心感谢商务印书馆的各级领导与各书的责任编辑同志。这套丛书卷帙浩繁，难免出现问题与瑕疵，敬请方家、读者不吝指教。

是为序。

郭齐勇

壬辰岁末于珞珈山

来　序

几年前，在上海一个国际学术会议上，我认识了青年学者司马朝军教授。交谈之下，感到他腹笥深厚，谈吐不俗，所攻方向又是学界钟情的"四库学"，不禁加深了几分敬佩。后又收到朝军惠寄的《〈四库全书总目〉研究》一书，当推该领域有关研究著述之翘楚，从而深期朝军更有进益，为中华传统学问增色。近时又收朝军新著《续修四库全书杂家类提要》，并邀我一序。我近以日趋高年，精力衰退，婉拒者多，而朝军教授之请，心向往之而情不可却，姑缀短章，以表欣羡。

杂家之起当在战国汉初，为折中和杂糅各类思想的学派，具有"兼儒墨，合名法"的特点，列在诸子百家，即后世著录之子部。子部收纳范围是"自六经以外立说者皆子书也"，杂家类亦随之存录，如秦吕不韦的《吕氏春秋》和汉淮南王刘安的《淮南鸿烈》等都是杂家的代表作。杂家之列于子部，自《七略》、《汉志》、荀勖、李充以迄《隋志》，历年相沿，无所更改。但后世子部界限日趋庞杂，如《四库全书》将难纳入经、史、集诸部的图籍统归子部，使子部几乎成了无所不包、凌乱不堪的大杂烩，与最初的子书范围已相去甚远。其后，杂家更广收博纳，益形混杂，以致人多讥学无边际者为杂家，实则博览杂家著述，殊非易易，非博涉多通之士，莫能言杂家。我尝读《四库全书》杂家类提要，颇受其益。后人鉴四库有漏列及乾隆后诸籍缺著录，乃继《全书》之后，又纂《续编》，另编《提要》，其杂家一类即收书数百种。世事烦扰，未遑详阅，而司马朝军又重为此撰《提要》，行将见承先启后之效，为读《续修四库全书》及《提要》作先导。

朝军之撰《续修四库全书杂家类提要》乃受傅璇琮先生之邀，为《续修四库全书》杂家类所收著述撰提要。该类所收各书，上下古今而以明清为重，即四库漏收及四库后之杂著，内容极为庞杂，凡杂学、杂考、杂说、杂品、杂纂等，无所不包。前人于撰《续修四库全书杂家类提要》一事，曾有所关注。20世纪20年代至40年代间，在日人主持下，中日学人曾与其事，分头撰写，单篇成文。合成以后，既欠沟通，又不划一，致使书成众手，无所统摄，仅存油印本稿。迨20世纪70年代，台湾王云五氏乃就日本京都大学人文科学研究所所藏油印本，由台湾商务印书馆印行《续修四库全书提要》一书。1996年，中国科学院图书馆罗琳等人即据馆藏提要稿本219函，编成《续修四库全书总目提要（稿本）》37册，另索引1册，由齐鲁书社影印出版。前二书未能遍加整理，分类编次，较为凌乱。今司马朝军在前人基础上，分撰杂家类提要，逐一批阅，旁参他籍，每读一书，辄遵向、歆遗规，成一提要，历时三年始成，可称辛劳。当此之际，武汉大学国学院主编《珞珈国学丛书》，见收此书，并拟由商务印书馆刊布单行本，想不日即可问世。至于应如何与前二书比照评估，则老朽尚未深研，不敢妄言，只能待之异日。

朝军志存鸿鹄，于此尚为浅尝。其后更拟为自古至今之杂家类图籍，撰《杂家叙录》一书，以利学林，立意宏远，践行维艰，非费十年之功，聚多识学人，严定义例，广搜博采，妥加编次不可。我年逾九十，来日苦短，诚祷有生之年，能见《杂家叙录》之成稿，可自幸不辱此生。朝军方当盛年，精力充沛，当能遂此愿望，我于此有期盼焉。是为之序！

来新夏

2013年初春写于南开大学邃谷时年九十岁

傅　序

司马朝军教授于20世纪80年代在武汉大学中文系学习，除了研习小学、经学之外，也曾对古典目录学发生浓厚兴趣，90年代又在武汉大学攻读古典文献学博士学位，二十余年甘坐冷板凳，专心致力于四库学与文献学研究，近年陆续推出《〈四库全书总目〉研究》、《〈四库全书总目〉编纂考》、《文献辨伪学研究》、《国故新证》等多种论著。他曾将有关论著寄赠给我，给我留下了深刻印象。

2009年10月，清华大学中国古典文献研究中心召开有关《续修四库全书总目提要》编纂会议，他也应邀参加。会后他承担了杂家类三百五十二种提要之撰稿工作。杂家类的分量很大，专业性也很强。他不惧艰辛，迎难而上，对每一种书都细加审阅，并参考有关材料，充分吸收古今研究成果，穷搜博采，提要钩玄，披览万卷，历时三年，终于按时交稿。在此基础上，他又反复打磨，删繁就简，浓缩而成《续修四库全书杂家类提要》一书，将由商务印书馆刊行单行本。

近年来，我们曾经就续修四库提要的编纂问题反复商谈，书信不断，电话不断，他多次给我们寄来样稿，根据我们的要求和体例，他又反复调整，认真修改，我对其成书稿过程是比较清楚的。现在，朝军同志将书稿寄来，问序于我，义不容辞。捧读书稿，感到甚具学术内涵，确可体现我们现在所撰为有当代学术意义之"四库提要"。具体而言，此书大致有以下几个特点：

第一，辨分类。我在20世纪90年代参与《续修四库全书》编纂，当时编委会对子部杂家类进行选辑就有一定难度，觉得杂家分类甚为纷杂。南宋文献目录学家郑樵于《通志·校雠略》中就已提出："古今编书，所不能分者五，一曰传记，二曰杂家，三曰小说，四曰杂史，五曰故事。凡此五类之书，足相紊乱。"我们当时编子部杂家类，收有三百五十二种，在子部中容量较大，收书多，特别是明清书，有文献价值，但确有分类复杂问题。我过去应邀为《全宋笔记》作序，就曾提出《四库全书》对笔记分类也有值得梳理之处。现在司马朝军同志在撰写此类提要时，指出了不少分类问题。如陈鳣《简庄疏记》诠释经义，实为读《十三经》札记，应入经部群经总义类。严元照《娱亲雅言》书中考论皆关经传，陈伟《愚虑录》为经义笔记，似应入群经总义类。《掌中宇宙》一书分为十篇（曰仰观篇、俯察篇、原人篇、建极篇、列职篇、崇道篇、耀武篇、表格篇、旁通篇、博物篇），篇下分部，部下分细目，细目之下又出条目，其书体例实为类书。张岱《夜航船》分二十大类一百二十五小类，为通俗类书，也应入类书类。董正功《续家训》大旨排斥佛教，守卫儒学道统，宜入儒家类。又如唐锦《龙江梦余录》旨在维持名教，以儒家之道衡量群言，故也宜入儒家类。蒋鸣玉《政余笔录》究心理学，犹不失为平正，亦应入儒家类。李铠《读书杂述》一书，名曰"杂述"，实则甚醇正，可入儒家类。骆问礼《续羊枣集》为其《万一楼集》中之一部分，似应入集部别集类。张大复《闻雁斋笔谈》为其《梅花草堂集》中之一种，为晚明小品文，抒写性灵，无关典故，亦非说部，应入别集类。我觉得，司马朝军同志的辨析，并不是对《续修四库全书》子部杂家类的分类作全面的否定，而是促使人们对这方面的文献整理作进一步通盘考虑，使人们意识到文献整理与研究有机的结合。这当是本书的学术特色。

第二，别真伪。司马朝军同志在辨伪方面做过大量卓有成效的研究工作，他在杂家类中也发现了几种伪书。如《昼永编》一书，旧本题明宋岳撰，全书凡三百六十条，最早著录于徐乾学《传是楼书目》小说家类，分上下二集，不分子目，其书皆抄录前人嘉言懿行之可为法则者，稍加点窜，掩为己有，而一一讳其出处。数百年来，其书之伪，无人道破。司马朝军同志细心比勘，发现此书实为伪书。他广搜证据，考证出其中三百五十三条伪迹昭彰，从而将其彻底证伪。又如《经史杂记》，旧本题清王玉树撰，书前目录后有道光十年（1830）玉树识语，称公余读书，每究寻经史，偶有所得，辄笔记之，爰择其有关考证者荟萃成编，题曰《经史杂记》。司马朝军同志细核其书，考其来源，勘定其为抄袭成书。此外，他将杂家类著作中所涉及的辨伪史料做了大量的辑录，这样的例子可谓不胜枚举。去伪存真，这既是本书的一大宗旨，也成为全书的一大亮点。

第三，明是非。杂家中不乏有学问的思想家或有思想的学问家。司马朝军同志特别注意钩稽他们有关人生哲学的格言警句，对诸多杂家的观点做了拾遗补阙的工作。如《闲中今古》一书称"保初节易，保晚节难"，"大凡不顺理者，岂可得乎"，"凡百玩好，皆能害德"，"知人固不易，哲人能察之于微"，"人君尚亦谨其所好"，"天之不佑恶人"，"小人聪明才智之过人者，适足以为其身之累"，皆为悟道之言。《四库全书总目》偏重汉学，排斥宋学，对于此类观点往往不屑一顾，甚至大加贬斥。而司马朝军同志汉宋兼采，注意钩稽前贤论点，阐幽表微，其宗旨在彰善瘅恶，树之风声。又如书中一再论及养廉反贪问题，至今仍然具有重大的现实意义。这样的例子在书中随处可见，读者自可从中明辨是非得失，学习古人处世之道、养生之术。

唐代僧人智昇在《开元释教录》序中说："夫目录之兴也，盖所以别真伪，明是非，记人代之古今，标卷部之多少，撮拾遗漏，删夷胼赘，欲使正教纶理，金言有绪，提纲举要，历然可观也。"《续修四库全书杂家类提要》一书，不仅能够"别真伪"，"明是非"，而且在分类方面多有新见，尤为难得。可以这样说，这部书稿对于提升古典目录学的研究层次具有重要意义，对子部杂家类之文献学研究尤具开创之功。此书既是别开生面的目录学力作，更是杂家研究的发轫之作。朝军同志来信称，今后计划扩大规模，将所有杂家类著作一网打尽，编纂一部完备的《杂家叙录》。杂家浩繁，钩稽匪易。我们期待他百尺竿头更进一步，为中国传统学术研究做出更多更大的贡献。

最后我想再补述一点：《续修四库全书》于20世纪90年代及21世纪初即由上海古籍出版社陆续出版；前几年，提要编撰启动时，上海古籍出版社与本书编委会合作，多次讨论，制定提要的撰写体例，以使经、史、子、集全书提要体例统一，文格接近。司马朝军同志应我们编委会邀请，承担子部杂家类提要的撰写。撰成后，出版社、编委会通过审阅，曾就全书体例规定提出修改意见。司马朝军同志乃就总体着眼，加以修订。应该说，现在单行出版的这部《续修四库全书杂家类提要》，既包含全书的统一体例，更保持了他自己的治学专著特色。这应当也是《续修四库全书总目提要》编纂的另一成就。

傅璇琮

2012年11月

自 题

　　2009年11月，应清华大学中国古典文献研究中心主任、原中华书局总编傅璇琮先生之邀，承担《续修四库全书》杂家类三百五十余种提要之撰写，夙兴夜寐，披阅万卷，历时三载，数易其稿。书成之日，命之曰《续修四库全书杂家类提要》。今又入选武汉大学国学院主编之《珞珈国学丛书》，将由商务印书馆刊布单行本，喜而赋诗，自题其端：

　　　　三涂五苦诵诗骚，拟向空林运秃毫。
　　　　汲井心情羞绠短，吞舟气象喜潮高。
　　　　钩玄有法尖如隼，提要无方钝似羔。
　　　　自是杂家评不得，解牛莫忘觅鸾刀。

司马朝军
2012年11月17日于武汉大学四库学研究中心

目 录

墨子閒诂十五卷附录一卷后语二卷　（清）孙诒让撰 …… 1

尸子二卷存疑一卷　（清）汪继培辑校 …… 3

古迂陈氏家塾尹文子二卷　旧本题（周）尹文子撰 …… 4

公孙龙子注一卷校勘记一卷篇目考一卷附录一卷　（清）陈澧撰 …… 5

鬼谷子三卷　（梁）陶弘景注　篇目考一卷附录一卷
　　（清）秦恩复辑 …… 6

淮南鸿烈閒诂二卷　（汉）许慎撰　叶德辉辑 …… 8

淮南万毕术一卷　（清）丁晏辑 …… 9

淮南许注异同诂四卷补遗一卷续补一卷　（清）陶方琦撰 …… 10

淮南天文训补注二卷　（清）钱塘撰 …… 12

风俗通义校正二卷风俗通义补逸一卷　（清）朱筠撰 …… 13

颜氏家训七卷　（北齐）颜之推撰　（清）赵曦明注　（清）卢文弨补
　　颜氏家训补校注一卷　严式诲撰　附录一卷 …… 15

续家训八卷（存卷六至卷八）　（宋）董正功撰 …… 16

逸书五卷附校一卷　（唐）罗隐撰 …… 17

松窗百说一卷　（宋）李季可撰 …… 19

扪虱新话十五卷　（宋）陈善撰 …… 20

经鉏堂杂志八卷　（宋）倪思撰 …… 22

东洲几上语一卷东洲枕上语一卷　（宋）施清臣撰 …… 24

虑得集四卷附录二卷　（明）华悰韡撰 …… 25

闲中今古二卷　（明）陈顼撰 …… 27

龙江梦余录四卷　（明）唐锦撰……28

静虚斋惜阴录十二卷附录一卷　（明）顾应祥撰……30

祝子罪知录十卷　（明）祝允明撰……31

七修类稿五十一卷　（明）郎瑛撰……34

七修续稿七卷　（明）郎瑛撰……35

古言二卷　（明）郑晓撰……36

芝园外集二十四卷　（明）张时彻撰……37

稽古绪论二卷　（明）赵时春撰……39

畏斋薛先生绪言四卷　（明）薛甲撰……40

觉山先生绪言二卷　（明）洪垣撰……41

泾林杂纪二卷　（明）周复俊撰　泾林续纪二卷　（明）周玄暐撰……43

虚舟集一卷　（明）陈尧撰……45

昼永编二卷　旧本题（明）宋岳撰……45

金罍子四十四卷　（明）陈绛撰……47

蓬窗日录八卷　（明）陈全之撰……48

辍耰述四卷　（明）陈全之辑……49

海沂子五卷　（明）王文禄撰……50

掌中宇宙十四卷　（明）卢翰辑……52

四友斋丛说三十八卷　（明）何良俊撰……53

蓬底浮谈十五卷附录一卷　（明）张元谕撰……55

千一录二十六卷　（明）方弘静撰……56

近溪罗先生一贯编十一卷　（明）罗汝芳撰……58

近溪子明道录八卷　（明）罗汝芳撰……59

笃斋漫录十卷续集二卷别集一卷　（明）黄学海撰……61

续羊枣集九卷附二卷　（明）骆问礼撰……62

道古录二卷　（明）李贽　刘东星撰……64

谭辂三卷　（明）张凤翼撰……65

闲适剧谈五卷　（明）邓球撰……66

重刻来瞿唐先生日录内篇七卷外篇五卷　（明）来知德撰……67

推篷寤语九卷余录一卷　（明）李豫亨撰……69

宝颜堂订正脉望八卷　（明）赵台鼎撰……70

河上楮谈三卷　（明）朱孟震撰……72

汾上续谈一卷　（明）朱孟震撰……74

谷山笔麈十八卷　（明）于慎行撰……75

留青日札三十九卷　（明）田艺蘅撰……76

太史杨复所先生证学编四卷卷首一卷证学论一卷策一卷
　（明）杨起元撰……77

焦氏笔乘六卷续集八卷　（明）焦竑撰……79

郁冈斋笔麈四卷　（明）王肯堂撰……81

麈余四卷　（明）谢肇淛辑……82

文海披沙八卷　（明）谢肇淛撰……82

五杂组十六卷　（明）谢肇淛撰……84

珊瑚林二卷金屑编一卷　（明）袁宏道撰……86

沈氏弋说六卷　（明）沈长卿撰……88

沈氏日旦十二卷　（明）沈长卿撰……89

闻雁斋笔谈六卷　（明）张大复撰……91

道听录五卷　（明）李春熙撰……93

五先堂文市榷酤四卷　（明）袁子让撰……94

密庵卮言六卷　（明）樊良枢撰……95

剩言十七卷　（明）戴君恩撰……97

剡溪漫笔六卷　（明）孙能传撰……98

读书杂录二卷　（明）胡震亨撰……100

息斋笔记二卷　（明）吴桂森撰……101

露书十四卷　（明）姚旅撰……102

XVI 续修四库全书杂家类提要

炳烛斋随笔一卷　（明）顾大韶撰 …… 104
樗斋漫录十二卷　（明）许自昌撰 …… 106
菜根谭前集一卷后集一卷　（明）洪自诚撰 …… 107
几亭外书九卷　（明）陈龙正撰 …… 109
客问篇一卷　（明）吴易撰 …… 110
三戍丛谭十三卷　（明）茅元仪撰 …… 111
野航史话四卷　（明）茅元仪撰 …… 113
暇老斋杂记三十二卷　（明）茅元仪撰 …… 114
吹景集十四卷　（明）董斯张撰 …… 116
谷帘先生遗书八卷　（明）黄渊耀撰 …… 118
政余笔录四卷　（清）蒋鸣玉撰 …… 119
因树屋书影十卷　（清）周亮工撰 …… 121
东西均一卷　（清）方以智撰 …… 123
寒夜录二卷　（清）陈弘绪撰 …… 125
枣林杂俎六卷　（清）谈迁撰 …… 126
枣林外索三卷　（清）谈迁撰 …… 128
雕丘杂录十八卷　（清）梁清远撰 …… 129
读书杂述十卷　（清）李铠撰 …… 131
夜航船二十卷　（明）张岱撰 …… 133
山志六卷　（清）王弘撰撰 …… 135
蒿庵闲话二卷　（清）张尔岐撰 …… 137
尚论持平二卷析疑待正二卷事文标异一卷　（清）陆次云撰 …… 138
艮斋杂说十卷　（清）尤侗撰 …… 139
此木轩杂著八卷　（清）焦袁熹撰 …… 141
妙贯堂余谭六卷　（清）裘君弘撰 …… 143
在园杂志四卷　（清）刘廷玑撰 …… 144
南村随笔六卷　（清）陆廷灿撰 …… 145

蓉槎蠡说十二卷 （清）程哲撰 …… 146

谔崖脞说五卷 （清）章楹撰 …… 148

片刻余闲集二卷 （清）刘靖撰 …… 149

书隐丛说十九卷 （清）袁栋撰 …… 150

潇湘听雨录八卷 （清）江昱撰 …… 153

茶余客话二十二卷 （清）阮葵生撰 …… 154

水曹清暇录十六卷 （清）汪启淑撰 …… 156

檐曝杂记六卷附录一卷 （清）赵翼撰 …… 158

黄奶余话八卷 （清）陈锡路撰 …… 159

定香亭笔谈四卷 （清）阮元撰 …… 160

循陔纂闻五卷 （清）周广业撰 …… 162

履园丛话二十四卷 （清）钱泳撰 …… 163

竹叶亭杂记八卷 （清）姚元之撰 …… 165

尖阳丛笔十卷续笔一卷 （清）吴骞撰 …… 166

桃溪客语五卷 （清）吴骞撰 …… 168

镫窗丛录五卷补遗一卷 （清）吴翌凤撰 …… 169

瑟榭丛谈二卷 （清）沈涛撰 …… 170

醒世一斑录五卷附编三卷杂述八卷 （清）郑光祖撰 …… 171

费隐与知录一卷 （清）郑复光撰 …… 173

读书小记一卷因柳阁读书录一卷 （清）焦廷琥撰 …… 174

屮兮笔记二卷 （清）管庭芬撰 …… 175

冷庐杂识八卷续编一卷 （清）陆以湉撰 …… 176

春在堂随笔十卷 （清）俞樾撰 …… 177

止园笔谈八卷 （清）史梦兰撰 …… 179

蕉轩随录十二卷 （清）方浚师撰 …… 180

蕉轩续录二卷 （清）方浚师撰 …… 182

章安杂说 （清）赵之谦撰 …… 183

庸闲斋笔记十二卷　（清）陈其元撰……184

白虎通疏证十二卷　（清）陈立撰……186

新刻释常谈三卷　佚名撰……187

困学纪闻注二十卷　（清）翁元圻注……188

箸斋读书录二卷　（明）周洪谟撰……190

两山墨谈十八卷　（明）陈霆撰……191

枕林伐山二十卷　（明）杨慎撰……193

读书呓语十卷　（明）李元吉撰……195

戏瑕三卷　（明）钱希言撰……196

玉唾壶二卷　（明）王一槐撰……197

日知录集释三十二卷刊误二卷续刊误二卷　（清）黄汝成撰……199

日知录之余四卷　（清）顾炎武撰……201

修洁斋闲笔八卷　（清）刘坚撰……202

古今释疑十八卷　（清）方中履撰……203

群书疑辨十二卷　（清）万斯同撰……204

畏垒笔记四卷　（清）徐昂发撰……206

隙光亭杂识六卷　（清）揆叙撰……207

读书记疑十六卷　（清）王懋竑撰……209

燕在阁知新录三十二卷　（清）王棠撰……211

柳南随笔六卷续笔四卷　（清）王应奎撰……212

韩门缀学五卷续编一卷谈书录一卷　（清）汪师韩撰……214

全谢山先生经史问答十卷　（清）全祖望撰……215

订讹类编六卷续补二卷　（清）杭世骏撰……217

随园随笔二十八卷　（清）袁枚撰……219

援鹑堂笔记五十卷　（清）姚范撰……220

群书拾补不分卷　（清）卢文弨撰……222

钟山札记四卷　（清）卢文弨撰……224

龙城札记三卷　（清）卢文弨撰……225

蛾术编八十二卷　（清）王鸣盛撰……226

十驾斋养新录二十卷余录三卷　（清）钱大昕撰……228

陔余丛考四十三卷　（清）赵翼撰……230

惜抱轩笔记八卷　（清）姚鼐撰……232

读书脞录七卷续编四卷　（清）孙志祖撰……234

南江札记四卷　（清）邵晋涵撰……235

烊掌录二卷　（清）汪启淑辑……236

读书杂志八十二卷余编二卷　（清）王念孙撰……238

柚堂笔谈四卷　（清）盛百二撰……239

觉非庵笔记八卷　（清）顾堃撰……241

过夏杂录六卷过夏续录一卷　（清）周广业撰……242

群书札记十六卷　（清）朱亦栋撰……244

蠡勺编四十卷　（清）凌扬藻撰……245

晓读书斋杂录八卷　（清）洪亮吉撰……246

炳烛编四卷　（清）李赓芸撰……248

札朴十卷　（清）桂馥撰……249

愈愚录六卷　（清）刘宝楠撰……250

经史杂记八卷　旧本题（清）王玉树撰……251

雪泥书屋杂志四卷　（清）牟庭相撰……252

敔厓考古录四卷　（清）钟褱撰　校记一卷　鲍鼎撰……253

二初斋读书记十卷卷首一卷　（清）倪思宽撰……255

瞥记七卷　（清）梁玉绳撰……256

庭立记闻四卷　（清）梁学昌等辑……258

简庄疏记十七卷　（清）陈鳣撰……260

合肥学舍札记十二卷　（清）陆继辂撰……261

过庭录十六卷　（清）宋翔凤撰……263

读书丛录二十四卷　（清）洪颐煊撰……265

郑堂札记五卷　（清）周中孚撰……266

柿叶轩笔记一卷　（清）胡虔撰……267

拜经日记十二卷　（清）臧庸撰……269

蕙榜杂记一卷　（清）严元照撰……271

娱亲雅言六卷　（清）严元照撰……272

养吉斋丛录二十六卷养吉斋余录十卷　（清）吴振棫撰……274

经史质疑录不分卷　（清）张聪咸撰……275

交翠轩笔记四卷　（清）沈涛撰……276

铜熨斗斋随笔八卷　（清）沈涛撰……278

经史答问四卷　（清）朱骏声撰……279

萝藦亭札记八卷　（清）乔松年撰……280

管见举隅一卷　（清）王培荀撰……282

菉友蛾术编二卷　（清）王筠撰……283

癸巳类稿十五卷　（清）俞正燮撰……284

癸巳存稿十五卷　（清）俞正燮撰……286

癸巳剩稿一卷卷首一卷附录一卷　（清）俞正燮撰……287

强识编四卷续一卷　（清）朱士端撰……288

东塾读书记二十五卷　（清）陈澧撰……289

攀古小庐杂著十二卷　（清）许瀚撰……291

丁戊笔记二卷　（清）陈宗起撰……293

读书偶记八卷　（清）赵绍祖撰……294

消暑录一卷　（清）赵绍祖撰……295

求阙斋读书录十卷　（清）曾国藩撰……296

南漘楛语八卷　（清）蒋超伯撰……298

思益堂日札十卷　（清）周寿昌撰……300

读书杂释十四卷　（清）徐鼒撰……301

诸子平议三十五卷　（清）俞樾撰 …… 302
古书疑义举例七卷　（清）俞樾撰 …… 303
湖楼笔谈七卷　（清）俞樾撰 …… 304
悔翁笔记六卷　（清）汪士铎撰 …… 305
烟屿楼读书志十六卷烟屿楼笔记八卷　（清）徐时栋撰 …… 307
东湖丛记六卷　（清）蒋光煦撰 …… 308
吹网录六卷　（清）叶廷琯撰 …… 309
鸥陂渔话六卷　（清）叶廷琯撰 …… 311
读书杂识十二卷　（清）劳格撰 …… 312
霞外捃屑十卷　（清）平步青撰 …… 313
札迻十二卷　（清）孙诒让撰 …… 314
籀庼述林十卷　（清）孙诒让撰 …… 316
舒艺室随笔六卷　（清）张文虎撰 …… 317
舒艺室续笔一卷　（清）张文虎撰 …… 318
舒艺室余笔三卷　（清）张文虎撰 …… 319
无邪堂答问五卷　（清）朱一新撰 …… 320
泺源问答十二卷　（清）沈可培撰 …… 323
纯常子枝语四十卷　（清）文廷式撰 …… 324
师伏堂笔记三卷　（清）皮锡瑞撰 …… 326
午窗随笔四卷　（清）郭梦星撰 …… 327
愚虑录五卷　（清）陈伟撰 …… 328
丁晋公谈录一卷　旧本题（宋）丁谓撰 …… 329
续世说十二卷　（宋）孔平仲撰 …… 330
续墨客挥犀十卷　旧本题（宋）彭乘撰 …… 331
醉翁谈录五卷　（宋）金盈之撰 …… 332
静斋至正直记四卷　（元）孔齐撰 …… 334
冀越集记二卷　（元）熊太古撰 …… 336

东园客谈一卷　（明）孙道易辑 …… 337

可斋杂记一卷　（明）彭时撰 …… 338

双槐岁抄十卷　（明）黄瑜撰 …… 339

石田翁客座新闻十一卷　（明）沈周撰 …… 340

震泽纪闻二卷　（明）王鏊撰 …… 342

续震泽纪闻一卷　（明）王禹声撰 …… 344

立斋闲录四卷　（明）宋端仪撰 …… 345

青溪暇笔二卷　（明）姚福撰 …… 346

皇明纪略一卷　（明）皇甫录撰 …… 347

西园闻见录一百七卷　（明）张萱撰 …… 348

濯缨亭笔记十卷附礼记集说辩疑一卷　（明）戴冠撰 …… 350

寓圃杂记十卷　（明）王锜撰 …… 351

复斋日记一卷　（明）许浩撰 …… 353

矶园稗史三卷　（明）孙继芳撰 …… 354

病逸漫记不分卷　（明）陆釴撰 …… 355

孤树裒谈十卷　（明）李默撰 …… 356

澹泉笔述十二卷　（明）郑晓撰 …… 357

张恭懿松窗梦语八卷　（明）张瀚撰 …… 358

见闻杂记十一卷　（明）李乐撰 …… 360

西台漫纪六卷　（明）蒋以化撰 …… 361

林居漫录前集六卷别集九卷畸集五卷多集六卷　（明）伍袁萃撰 …… 362

西山日记二卷　（明）丁元荐撰 …… 363

玉堂丛语八卷　（明）焦竑撰 …… 365

涌幢小品三十二卷　（明）朱国祯撰 …… 366

皇明世说新语八卷附释名一卷　（明）李绍文撰 …… 368

戒庵老人漫笔八卷　（明）李诩撰 …… 369

焦氏说楛七卷　（明）焦周撰 …… 371

野获编三十卷野获编补遗四卷　（明）沈德符撰……372

花当阁丛谈八卷　（明）徐复祚撰……374

玉堂荟记四卷　（清）杨士聪撰……376

玉剑尊闻十卷　（清）梁维枢撰……377

客舍偶闻一卷　（清）彭孙贻撰……379

天香阁随笔二卷　（清）李寄撰……380

今世说八卷　（清）王晫撰……381

明语林十四卷补遗一卷　（清）吴肃公撰……383

天史十二卷问天亭放言一卷　（清）丁耀亢撰……385

邛竹杖七卷　（清）施男撰……386

二楼纪略四卷　（清）佟赋伟撰……387

刘继庄先生广阳杂记五卷　（清）刘献廷撰……388

觚剩八卷觚剩续编四卷　（清）钮琇撰……390

拾箨余闲一卷　（清）孔毓埏撰……392

人海记二卷　（清）查慎行撰……392

读书堂西征随笔一卷　（清）汪景祺撰……394

巢林笔谈六卷　（清）龚炜撰……395

巢林笔谈续编二卷　（清）龚炜撰……397

藤阴杂记十二卷　（清）戴璐撰……398

伊江笔录二卷　（清）吴熊光撰……400

春泉闻见录四卷　（清）刘寿眉撰……401

陶庐杂录六卷　（清）法式善撰……402

清秘述闻十六卷　（清）法式善撰……404

清秘述闻续十六卷　（清）王家相　魏茂林　钱维福撰……405

清秘述闻补一卷　（清）钱维福撰……406

槐厅载笔二十卷　（清）法式善撰……407

恩福堂笔记二卷　（清）英和撰……408

熙朝新语十六卷　（清）余金辑……409

归田琐记八卷　（清）梁章钜撰……410

浪迹丛谈十一卷　（清）梁章钜撰……412

浪迹续谈八卷　（清）梁章钜撰……413

浪迹三谈六卷　（清）梁章钜撰……414

我暇编不分卷　（清）王宗敬撰……415

啸亭杂录十卷啸亭续录三卷　（清）昭梿撰……416

樗园销夏录三卷　（清）郭麐撰……418

野语九卷　（清）程岱庵撰……419

听雨楼随笔八卷　（清）王培荀撰……421

乡园忆旧录六卷　（清）王培荀撰……422

无事为福斋随笔二卷　（清）韩泰华撰……422

桥西杂记一卷　（清）叶名沣撰……424

侍卫琐言一卷补一卷　（清）奕赓撰……425

管见所及一卷补遗一卷　（清）奕赓撰……426

寄楮备谈一卷　（清）奕赓撰……426

煨柮闲谈一卷　（清）奕赓撰……427

括谈二卷　（清）奕赓撰……428

见闻随笔二十六卷　（清）齐学裘撰……429

见闻续笔二十四卷　（清）齐学裘撰……430

静娱亭笔记十二卷　（清）张培仁撰……431

郎潜纪闻十四卷郎潜二笔十六卷郎潜三笔十二卷　（清）陈康祺撰……432

庸庵笔记六卷　（清）薛福成撰……433

金壶七墨十八卷　（清）黄钧宰撰……434

粟香随笔八卷粟香二笔八卷粟香三笔八卷粟香四笔八卷粟香五笔八卷
　（清）金武祥撰……436

居家必用事类全集十卷　（元）佚名撰……437

多能鄙事十二卷　旧本题（明）刘基撰 …… 439

新增格古要论十三卷　（明）曹昭撰　（明）舒敏　王佐增 …… 440

蕉窗九录九卷　旧本题（明）项元汴撰 …… 442

陈眉公考槃余事四卷　（明）屠隆撰 …… 443

华夷花木鸟兽珍玩考十二卷　（明）慎懋官撰 …… 445

群物奇制一卷　（明）周履靖撰 …… 446

博物要览十六卷　（明）谷泰辑 …… 447

广社不分卷　（明）张云龙撰 …… 448

燕闲四适二十卷　（明）孙丕显辑 …… 449

闲情偶寄十六卷　（清）李渔撰 …… 450

前尘梦影录二卷　（清）徐康撰 …… 451

群书治要五十卷　（存卷一至卷三、卷五至卷十二、卷十四至卷十九、卷二十一至卷五十）　（唐）魏征等撰 …… 452

意林五卷　（唐）马总辑　意林逸文一卷　（清）周广业辑
　　意林阙目一卷　（清）严可均辑　意林补二卷　（清）李遇孙辑 …… 454

澄怀录二卷　（宋）周密辑 …… 456

忍经一卷　（元）吴亮辑 …… 457

续观感录十二卷　（明）方鹏辑 …… 458

灼艾集二卷续集二卷别集二卷余集二卷新集二卷　（明）万表辑 …… 459

困学纂言六卷　（明）李栻辑 …… 461

初潭集三十卷　（明）李贽撰 …… 462

宋贤事汇二卷　（明）李廷机辑 …… 463

焦氏类林八卷　（明）焦竑辑 …… 464

说郛续四十六卷　（明）陶珽编 …… 465

云逗淡墨八卷　（明）木增辑 …… 466

昨非庵日纂二十卷二集二十卷三集二十卷　（明）郑瑄辑 …… 467

尧山堂外纪一百卷　（明）蒋一葵编 …… 468

古今谭概三十六卷　（明）冯梦龙辑 …… 470

倚湖樵书十二卷　（清）来集之辑 …… 471

寄园寄所寄十二卷　（清）赵吉士辑 …… 472

退庵随笔二十二卷　（清）梁章钜撰 …… 473

篷窗随录十四卷附录二卷续录二卷　（清）沈兆沄辑 …… 474

茶香室丛钞二十三卷续钞二十五卷三钞二十九卷四钞二十九卷

　（清）俞樾撰 …… 475

汉魏遗书钞一百十四卷　（清）王谟辑 …… 476

经典集林三十二卷　（清）洪颐煊辑 …… 477

玉函山房辑佚书七百三十九卷　（清）马国翰辑 …… 478

玉函山房辑佚书续编二百七十三卷　（清）王仁俊辑 …… 480

玉函山房辑佚书补编一百三十九卷　（清）王仁俊辑 …… 481

黄氏逸书考二百九十一卷附十一卷　（清）黄奭辑 …… 482

经籍佚文一百二十一卷　（清）王仁俊辑 …… 483

附　录 …… 485

后　记 …… 491

墨子閒诂十五卷附录一卷后语二卷 （清）孙诒让撰

孙诒让（1848—1908），字仲容，号籀庼，瑞安（今浙江瑞安）人。同治六年（1867）举人，光绪十二年（1886）官刑部主事。著有《周礼正义》、《契文举例》、《温州经籍志》等书。生平事迹见《清史稿·儒林传》、朱芳圃《孙诒让年谱》[1]。

"閒诂"者，取许慎《淮南子閒诂》之目，以署其书。诒让自序称，閒者发其疑牾，诂者正其训释。[2]此书前列光绪二十一年（1895）俞樾序、诒让自序、《墨子閒诂总目》及诒让附记、毕沅及洪颐煊关于《墨子》目录之考说。至于各家考订《墨子》之说，则集为一卷，附录于篇后。已而更考墨学流传之颠末，为《后语》二卷，为目有六：曰《墨子传略》，曰《墨子年表》，曰《墨学传授考》，曰《墨子绪闻》，曰《墨学通论》，曰《墨家诸子钩沉》。诒让自序称，先秦诸子之讹舛不可读，未有甚于此书者。[3]《墨子》一书旧有鲁胜《墨辩注》[4]、乐台注[5]，今皆失传。清代中叶以后，考据学大兴，治《墨子》者甚众，如卢文弨、孙星衍、毕沅、汪中、王念孙、张惠言、洪颐煊、顾千里、俞樾诸人，或校或注，或为杂志、札记、丛录、平议之属。至诒让，乃兼揽众家，择善而从，撰成《墨子閒诂》，可谓前修

---

[1] 参见《晚清名儒年谱》第13册，北京图书馆出版社2006年版。今按：关于孙诒让的研究，参见孙延钊：《孙衣言孙诒让父子年谱》，上海社会科学院出版社2003年版；俞雄：《孙诒让传论》，浙江人民出版社2008年版；李海英：《朴学大师——孙诒让传》，浙江人民出版社2007年版；中国训诂学研究会主编：《孙诒让研究论文集》，百花洲文艺出版社2007年版。
[2] 《续修四库全书》第1121册，上海古籍出版社2002年版，第3页。
[3] 《续修四库全书》第1121册，上海古籍出版社2002年版，第3页。
[4] 参见《晋书》卷九十四《隐逸列传》。
[5] 参见（宋）郑樵：《通志》卷六十八《艺文略》，浙江古籍出版社1988年版，第797页。

未密，后出转精。其书以毕沅本为底本，又吸收吴宽、阎若璩、吴玉搢、惠栋、钱大昕、王念孙、王引之、顾千里、苏时学、洪颐煊、黄绍箕、江声、王绍兰、陈乔枞、孔广森、俞樾、戴望诸人成果；后又得张惠言《墨子经说解》、杨葆彝《墨子经说校注》二书以补正。此书审定文例，疏证名物，有所发明，然并非孙氏代表之作。所见《墨子》版本甚少，除以毕刻为底本外，仅据吴宽残抄本、《道藏》本、日本宝历本残帙等参校，而《道藏》本尚未见原书，所见异本有限，往往沿袭毕刻讹误。然寻绎诸说，时有未安，籀诵本文，非无遗义可拾，其后纠谬补缺，指不胜屈。王景羲《墨商》、张纯一《墨子闲诂笺》、李笠《墨子闲诂校补》、刘载赓《续墨子闲诂》、陈汉章《墨子闲诂批校》、吴毓江《墨子校注》、马宗霍《墨子闲诂参正》诸书，多所匡补，一时引发墨学研究之热潮。

清人王景羲《墨商跋》称此书兴废继绝，与晋鲁胜同功，而精博远胜。梁启超《中国近三百年学术史·清代学者整理旧学之总成绩》曰："大抵毕（毕沅）注仅据善本雠正，略释古训；苏氏（苏时学）始大胆刊正错简；仲容（孙诒让）则诸法并用，识胆两皆绝伦，故能成此不朽之作。然非承卢（卢文弨）、毕、孙（孙星衍）、王（王念孙）、苏、俞（俞樾）之后，恐亦未易得此也。仲容于《修身》、《亲士》、《当染》诸篇，能辨其伪，则眼光远出诸家上了。其《附录》及《后语》，考订流别，精密闳括，尤为向来读子者所未有。盖自此书出，然后《墨子》人人可读。现代墨学复活，全由此书导之。"[①]其概括可谓精当，其评说可谓公允。

此书有稿本二种，一存十四卷（卷一至卷十三、卷十五），今藏上海图书馆；一存一卷（卷十），今藏浙江瑞安玉海楼。又有光绪二十年苏州毛翼庭聚珍木活字本、宣统二年定本。此本据清光绪三十三年刻本影印。

---

① 梁启超：《中国近三百年学术史》，山西古籍出版社 2001 年版，第 224—225 页。

尸子二卷存疑一卷 （清）汪继培辑校

汪继培（1775—1819?），字因可，一字厚叔，号苏潭，萧山（今浙江萧山）人。汪辉祖之四子。嘉庆十年（1805）进士，官吏部主事。著有《尸子校正》、《潜夫论笺校正》等书。生平事迹见《两浙輶轩续录》卷二十三。今考，其生年据《汪辉祖年谱》[①]，卒年待考。

书前有嘉庆十六年（1811）继培自序，称刘向序《荀子》谓《尸子》著书非先王之法，不循孔氏之术。刘勰又谓其兼总杂术，术通而文钝。今原书散佚，未究大旨，诸家征说，率皆采撷精华，翦落枝叶，单词剩谊，转可宝爱。其书原本，先民时有窃取，后出诸子又或餐挹其中，传相蹈袭，今辄刺取各书，略明归出，欲以证释同异云云。[②]今按其书，其说良是。然钱穆《先秦诸子系年·尸佼考》谓《尸子》二十篇者，在当时固已非出尸子自为，今则亡逸已多，并不足以见尸子为学之大纲也。又据同时学风以为推测，则尸子之学当与李悝、吴起、商鞅为一脉云云。

《尸子》一书，《汉志》著录为杂家，其后各家著录，或在杂家，或在儒家。《汉志》著录二十篇。《隋志》称二十卷，其九篇亡，魏黄初中续。原书自南宋以后佚失。李淑《李氏书目》存四卷，《中兴馆阁书目》止存二篇，合为一卷。此书之辑，始自陶宗仪，归有光继之。自清代辑佚之风起，辑此书者，继培之前，有惠栋、任兆麟、任大椿、孙星衍诸人。然其时《群书治要》尚未流入中国，唐人残本无从得见，故诸人所辑皆有遗漏，未能尽善。继培则以《群书治要》

[①] 鲍永军：《绍兴师爷汪辉祖研究》附录三，人民出版社2006年版，第491页。
[②] 《续修四库全书》第1121册，上海古籍出版社2002年版，第275页。

为据，因就所揽掇，表识出处，纠拾遗谬，是正文字，复用惠栋之书，以相比勘，而厘定之。以《群书治要》所载为上卷，诸书称引与之同者，分注于下，其不载于《群书治要》而散见诸书者为下卷，凡一百八十余条，不能定其篇名。至其引用违错，及各本误收者，别为《存疑》，附于书末。①

继培辑校，最称精审。②文廷式《纯常子枝语》卷三称继培辑本甚详备。吕思勉《经子解题》亦许之为最善之本，又称此书虽阙佚特甚，然确为先秦古籍，殊为可宝云。

此书有《湖海楼丛书》本。此本据清嘉庆十七年《尸子尹文子》合刻本影印。

古迂陈氏家塾尹文子二卷　　旧本题（周）尹文子撰

旧本题周尹文子撰。③古迂陈氏，即元陈仁子。考叶德辉《书林清话》卷四："古迂陈氏家塾。刻《尹文子》二卷，见张《志》④，云宋刊本。按：此疑刻《六臣注文选》之陈氏古迂书院，张《志》列入宋本，误。"叶氏所言甚是。

书前有《尹文子序》，残缺不全，仅剩一行："试条次撰定，为上下篇，亦未能究其详也。"⑤今按：此序为仲长氏撰。《韩非子·内储说上》曰，尹文与齐宣王论治国，以赏罚为利器，则通于法家之囿也。《文心雕龙·诸子篇》亦曰："辞约而精，尹文得其要。"此书向列名

---

① 《续修四库全书总目提要（稿本）》第 26 册，齐鲁书社 1996 年版，第 252 页。
② 参见王彦霞：《〈尸子〉汪辑本初探》，《图书馆杂志》2005 年第 1 期。
③ 关于尹文子的生平，详参蔡先金：《尹文其人考略》，《东岳论丛》2010 年第 12 期，又载《社会科学战线》2011 年第 9 期。
④ 即张金吾之《爱日精庐藏书志》。
⑤ 《续修四库全书》第 1121 册，上海古籍出版社 2002 年版，第 311 页。

家类，然《四库全书》著录于杂家类，文渊阁本卷首提要称其书本名家者流，大旨指陈治道，欲自处于虚静，而万事万物则一一综核其实，故其言出入于黄、老、申、韩之间。《周氏涉笔》谓其自道以至名，自名以至法，盖得其真。晁公武《读书志》以为诵法仲尼，其言诚过，宜为高似孙《纬略》所讥。然似孙以儒理绳之，谓其淆杂，亦为未允。百氏争鸣，九流并列，各尊所闻，各行所知。自老、庄以下，均自为一家之言，读其文者，取其博辨闳肆足矣，安能限以一格哉？

洪迈《容斋续笔》称其言论肤浅，多及释氏，盖晋、宋时衲人所作。罗根泽《尹文子探源》亦称魏晋人伪作[1]，然周山、胡家聪均不以为伪[2]。《汉志》名家类作一篇，引刘向云："与宋钘俱游稷下。"《隋志》作二卷，《旧唐志》二卷，《新唐志》一卷，《宋志》亦作一卷，《直斋书录解题》作三卷。

此本据国家图书馆藏元陈仁子刻本影印。

公孙龙子注一卷校勘记一卷篇目考一卷附录一卷
（清）陈澧撰

陈澧（1810—1882），字兰浦，学者称东塾先生，自号江南倦客，先世江苏上元（今江苏南京）人，占籍广东番禺（今属广东广州）。道光十二年（1832）举于乡，六应会试，中大挑二等，选授广东河源县学训导，请京官职衔，得国子监学录。为学海堂学长数十年，至老为菊坡精舍山长。光绪七年（1881），用耆年硕德，赏五品

---

[1] 参见罗根泽：《诸子考索》，人民出版社1958年版，第398—409页。
[2] 参见周山：《〈尹文子〉非伪析》，《学术月刊》1983年第10期；胡家聪：《〈尹文子〉与稷下黄老学派——兼论〈尹文子〉并非伪书》，《文史哲》1984年第2期；胡家聪：《稷下争鸣与黄老新学》，中国社会科学出版社1998年版，第258—264页。

卿衔。著有《东塾读书记》、《切韵考》、《声律通考》等书。生平事迹详见《清史稿·儒林传》、《清史列传·儒林传》及汪宗衍《陈东塾先生年谱》。

陈氏注《公孙龙子》，自题手稿名《公孙龙子浅说》。道光己酉（1849）、庚戌（1850）两度修改，自称尚须再阅加注，以发其义，惜未及改订。后由门人汪兆镛得其手稿，校刻行世。原稿经门人传抄，互有出入，兆镛刊刻全从改本。又仿《欧阳修集》例，将初本并录于下。其正文与诸刻本有抵牾者，则不敢径改，附按语以申明之；字句歧异者，别为《校勘记》一卷。其《篇目考》一卷，专考篇目存佚。复将公孙龙事迹见于他书足资考证者，附录于后。全书大体晓畅可读，然注较简约，且有许多讹误脱漏。汪兆镛跋亦称名家已成绝学，先生此注发明义趣，深有裨于读此书者。①

此本据南京图书馆藏民国十四年刻本影印。

鬼谷子三卷　（梁）陶弘景注
篇目考一卷附录一卷　（清）秦恩复辑

秦恩复（1760—1843），字近光，号敦父，江都（今属江苏扬州）人。乾隆五十二年（1787）进士，官翰林院编修。著有《享帚词》。生平事迹见《碑传集补》卷八、《国朝词综补》卷十七。

《四库全书》著录一卷本，无注，疑是《子汇》本。此书前有嘉庆乙丑（1805）恩复自序，称乾隆五十二年（1787）与孙星衍校书于文源阁，暇日出《道藏》本以相示，翌年冬取而校之。② 后卢文弨见钱

---

① 《续修四库全书》第1121册，上海古籍出版社2002年版，第335页。
② 《续修四库全书》第1121册，上海古籍出版社2002年版，第338—339页。

曾手抄本，知《道藏》本脱误不可胜计。乾隆五十四年（1789），秦敦复始据《道藏》本校刊。嘉庆十年（1805），恩复又据以重刊，并加考证，成三卷本。王欣夫谓此本号称善本。[①]

书凡三卷，自《捭阖》至《符言》，凡十二篇，《转丸》、《胠箧》二篇旧亡，又有《本经阴符》七篇及《持枢》、《中经》，共二十一篇。此书不见于《汉志》，至隋、唐始著于录，《隋书》作三卷，《旧唐书》、《新唐书》皆作二卷，直题曰苏秦撰。《史记索隐》引乐台注云，苏秦欲神秘其道，故假名鬼谷。《鬼谷子》世多有其书，而陶弘景注不传，向非《道藏》所存，则亦终湮失矣。恩复以钱氏述古堂本为主，参以《道藏》本，并刺取唐、宋书注所引，校正文字，参订讹谬，一二旧注亦掇而存之，附于本文之下；其或他书所引本文，今本不载，及称鬼谷事迹足相考证者，并附录于后。卷首又有《鬼谷子篇目考》。

卢文弨、阮元俱为之跋。卢氏跋称："《鬼谷子》，小人之书也。凡其捭阖钩箝之术，只可施于暗君耳。其意欲探厥意指之所向，从而巧变其说以要结之，使得亲悦于我，胶固而不可离。千古奸邪之愚弄其主者，莫不如是，彼岂待教之而后知，学之而后能哉！"[②]阮氏跋称恩复博览嗜古，精于校雠，又称书中多韵语，又其《抵巇篇》读巇如呼，合古声训字之义，非后人所能依托。其篇名有《飞箝》，又《揣》、《摩》二篇似放《苏秦传》"简练以为揣摩"之语为之云云。[③]《四库提要》称其术虽不足道，其文之奇变诡伟，要非后世所能为也。

此书有《子汇》本、《十二子》本、绵眇阁本、明崇德书院本、钱遵王手抄本、守山阁本、卢抱经补《道藏》本、乾隆

---

① 王欣夫撰，鲍正鹄、徐鹏标点整理：《蛾术轩箧存善本书录》，上海古籍出版社2002年版，第1664页。
② （清）卢文弨：《抱经堂文集》，中华书局1990年版，第146—147页。
③ 《续修四库全书》第1121册，上海古籍出版社2002年版，第380页。

五十四年江都秦氏刊本、嘉庆十年江都秦氏重刊本。此本据华东师范大学图书馆藏乾隆五十四年江都秦氏石研斋刊本影印。

淮南鸿烈閒诂二卷 （汉）许慎撰 叶德辉辑

许慎（30—124），字叔重，汝南召陵（今河南郾城）人。官至太尉南阁祭酒。著有《说文解字》、《五经异义》等书。师事贾逵，博通经籍，时有"五经无双"之称。生平事迹见《后汉书》本传及张震泽《许慎年谱》。叶德辉（1864—1927），字奂彬，一字焕彬，号郋园，祖籍吴县（今属江苏苏州），寄籍湘潭（今湖南湘潭）。著有《书林清话》、《郋园读书志》等书，汇为《郋园全书》。生平事迹见汪兆镛《叶郋园先生事略》、许崇熙《郋园先生墓志铭》、叶德辉《郋园六十自叙》及杨树达《郋园学行记》。

《淮南子》有许慎、高诱二家之注，隋、唐目录皆别传行，至宋二本混淆，已难辨别。宋苏颂《校淮南子题序》曰："今校崇文旧书与蜀川印本暨臣某家书，凡七部，并题曰《淮南子》。二注相参，不复可辨。惟集贤本卷末有前贤题载云：许标其首皆曰'閒诂'，'鸿烈'之下谓之'记上'。高题卷首皆谓之'鸿烈解经'，'解经'之下曰'高氏注'，每篇之下皆曰'训'，又分数篇为上下，以此为异。《崇文总目》亦云如此。又谓高注详于许氏本书，文句亦有小异。然今此七本皆有高氏训叙，题卷仍各不同：或于'解经'下云'许慎记上'，或于'閒诂'上云'高氏'，或但云'鸿烈解'，或不言'高氏注'，或以《人间篇》为第七，或以《精神篇》为第十八，参差不齐，非复昔时之体。"① 当时据文推次，颇见端绪，因不录许注，其后又难

---

① （宋）苏颂著，王同策等点校：《苏魏公文集》卷六十六，中华书局1988年版，第1007—1008页。

辨如故。

书前有叶德辉《辑淮南鸿烈閒诂序》。汉儒注书之名，约有数家，曰传，曰注，曰解，曰笺，曰解诂，而无"閒诂"之名，或有疑义，光绪二十年（1894）其弟叶德炯《淮南鸿烈閒诂跋》释之曰："此笺类也。本书閒诂，犹言夹注，与笺同实而异名。盖其书为许君未卒业之书，仅约略笺识其旁，若夹注然，故谓之閒诂。"[1]

叶氏治学宗许慎，又谨守吴派遗法，辑录此书，用力甚勤，竭十年之力，冥搜博采，始克成编。《淮南鸿烈閒诂》一书，传本早佚。今检《文渊阁四库全书》电子版，仅见唐瞿昙悉达《唐开元占经》引用三次，足见此书辑佚难度之高，亦可推见叶氏功力之深。

此本据国家图书馆藏清光绪二十一年长沙叶氏郋园刻本影印（底本有墨笔校勘）。

淮南万毕术一卷　（清）丁晏辑

丁晏（1794—1875），字俭卿，号柘唐，晚号石亭居士、颐志老人，山阳（今江苏淮安）人。道光元年（1821）举人，通经世之术，在籍修府城，浚市河，有功乡里。由侍读衔内阁中书加三品衔。著有《论语孔注证伪》、《毛郑诗释》、《郑氏诗谱考正》等书，汇编为《颐志斋丛书》。生平事迹见《清史稿·儒林传》、《清史列传·儒林传》。

此书前有道光七年（1827）丁晏《钞淮南万毕术叙》，称自来神仙家类多幻言。[2] 书后有丁晏跋，称道光丁亥（1827）读《太平御览·淮南万毕术》一卷，同治乙丑（1865）长夏无事，检旧本重抄云

---

[1] 《续修四库全书》第1121册，上海古籍出版社2002年版，第404页。
[2] 《续修四库全书》第1121册，上海古籍出版社2002年版，第405—406页。

云。① 《淮南万毕术》，盖五行家言，其书早佚，《隋志》称梁有《淮南万毕经》，即此书也。陈奂云："万毕，人姓名，见《史记·龟策列传》，盖八公之辈，有《术》一卷，汉涿郡高诱注，见《淮南外篇》。"今按：陈奂此说不确。方以智《通雅》卷三云："万毕，言万法毕于此也。"王仁俊《玉函山房辑佚书续编》则称："毕、变音近，犹言万变术耳。"此书实为我国古代有关物理、化学之重要文献，力图通过人为努力，实现与常情相悖之变化，由此可追溯淮南学派之探索轨迹。丁晏作为传统学者，并未认识其书之科学价值。②

　　光绪十九年暮春，罗振玉于沪上书肆中得此书稿本，随为之校补脱误，以示其弟振常，后入藏国家图书馆。此本即据国家图书馆藏稿本影印。

淮南许注异同诂四卷补遗一卷续补一卷
（清）陶方琦撰

　　陶方琦（1845—1885），字子缜，一字子珍，号湘湄、兰当、嘿庐，会稽（今浙江绍兴）人。光绪二年（1876）进士，选翰林院编修，督学湖南。著有《字林考逸补本》、《嘿庐骈文选》、《汉孳室文钞》等书。生平事迹见《清史稿·文苑传》、《两浙輶轩续录》、《寒松阁谈艺琐录》。

　　书前有陶方琦自序，称《淮南》之《道藏》本较通行本为楸密，而舛夺亦甚，方琦读而病之，遂为《淮南参正》一书。又称许、高二

---

① 《续修四库全书》第1121册，上海古籍出版社2002年版，第410页。
② 朱新林认为，此书为淮南王门下方士编纂之方术资料汇编，参见氏著《〈淮南万毕术〉考论》，《管子学刊》2013年第2期。

注并出东汉，洨长诂记说尤古朴，剌取许氏之逸说，叕为一卷云云。①书后有甲申秋日方琦跋，称鄂中刻《补遗》一卷，后又获见日本近出古书数种，异书迭显，向学靡止，再有续闻，必勤斠录云云。②

《淮南子》原有许慎、高诱二注。许注久佚，高注独存。方琦辑各家经籍所引许注，与《道藏》本相校，其间有同者，有异者，成《异同诂》四卷，每卷数十条。其书大例有二：一曰以本书证本书。如《原道训》"三仞之城"下注云"八尺曰仞"，而《览冥训》注作"七尺曰仞"。以《说文》"仞，伸臂一寻八尺"推之，知云八尺者乃许注矣。二曰以引书证本书。如《俶真训》"溪子之弩"，高注"溪子为弩"，而《史记索隐》引许注正作"南方溪子蛮夷出柘弩及竹弩也"。陶氏谓高注十三篇并非纯正，其间掺杂少量许论。又谓有言某或作某者，有言一曰某某者，多为许说。厥后复从萧吉《五行大义》补九则，杜佑《通典》补一则，慧琳《一切经音义》补九十余则，撰《补遗》一卷。既而又得见域外文献，如唐人写本《玉篇》、隋杜台卿《玉烛宝典》、希麟《续一切经音义》等，更补写若干则，又撰《续补》一卷。其考订之法悉如正编，而又加详焉。③

此书手稿本有二种：一有谭献批语，今藏上海图书馆；一存一卷，今藏浙江图书馆。此书有清光绪七年陶氏汉孳室刻本。又有清张氏仪许庐抄本，清王仁俊校并跋，存前二卷，今藏南京图书馆。此本据国家图书馆藏清光绪刻本影印。

---

① 《续修四库全书》第1121册，上海古籍出版社2002年版，第412页。
② 《续修四库全书》第1121册，上海古籍出版社2002年版，第492页。
③ 《续修四库全书总目提要（稿本）》第35册，齐鲁社1996年版，第48页。

淮南天文训补注二卷 （清）钱塘撰

　　钱塘（1735—1790），字学渊，一字禹美，号溉亭，嘉定（今属上海）人。乾隆四十五年（1780）进士，选江宁府学教授。著有《律吕古义》、《史记三书释疑》、《述古录》等书。钱大昕族子，事迹附《清史列传·钱大昕传》。

　　天文之学，本诸冯相。钱塘以《淮南·天文训》一篇，多《周官》冯相、保章遗法，高诱注颇阙略，罕所推阐，因作《补注》二卷，以通其旨。钱大昕序称其足为九师之功臣，读之可上窥浑盖宣夜之原，旁究堪舆丛辰之应。[1]乾隆四十五年翁方纲序叹其赅洽。[2]乾隆四十五年谢墉序称其旨正，其文博，又称其以《道藏》证儒书云。[3]道光八年（1828）淡春台跋称《天文训》一篇论述闳深，尤多三代遗术。又称据稿本校刻行世。[4]

　　此书二卷，其体例为：先之以原书，次之以高注，再次之以补注。大旨以《淮南》所用为颛顼历，信而有征。钱塘推以算数，稽诸载籍，于高诱所未及者皆详言之。[5]以八风配奇门，亦足订术家休生相次之谬。钱氏自序称其纠正舛误最甚者，如"天一元始，正月建寅，日月入营室五度"，天一以始建，即是颛顼历上元，则天一当为太一，而高氏无注。二十四时之变，反复比十二律，故一气比一音，

---

[1] 《续修四库全书》第 1121 册，上海古籍出版社 2002 年版，第 504 页。
[2] 《续修四库全书》第 1121 册，上海古籍出版社 2002 年版，第 503 页。
[3] 《续修四库全书》第 1121 册，上海古籍出版社 2002 年版，第 502—503 页。
[4] 《续修四库全书》第 1121 册，上海古籍出版社 2002 年版，第 583 页。
[5] 钱塘于此书自序中称："其注亦遂简略，盖此篇决出于诱之所注，而诱于术数未谙，遂不能详其义耳。"

而注以十二月律释之云云。① 今按：全书"补曰"共三百二十四条，大体精审。

今考，《补注》详尽解释原篇之历法、宇宙理论、术数、律吕、分野、观测方法等重要内容，其中对岁星纪年法和颛顼历历元之讨论尤具价值。此书以算学推证而出，并列图以明之，图凡十四，曰《八十岁日复之图》，曰《咸池右行四仲日所在图》，曰《日行十六所合堪舆之图》，曰《律应二十四气之变图》，曰《六十律旋宫图》，曰《七均清浊和缪之图》，曰《候气三律图》，曰《二十岁刑德离合图》，曰《八合之图》，曰《正朝夕图》，曰《测日远句股比例图》，曰《测日高句股比例图》，曰《日景出入前表益损之图》，曰《天维十二月小周天之图》。此书为研究《淮南子·天文训》之重要参考书，于研究秦汉天文学以及中国古代术数学亦颇具参考价值。②

此书成于乾隆四十四年，乾隆五十三年修订，遂为定本。流传版本有乾隆五十三年刊本、《指海》本、《守山阁丛书》本、崇文书局本、道光八年嘉定刊本、道光二十一年刻本。此本据天津图书馆藏清道光八年刻本影印。

风俗通义校正二卷风俗通义补逸一卷　（清）朱筠撰

朱筠（1729—1781），字竹君，一字美叔，号笥河，大兴（今属北京）人。乾隆十九年（1754）进士，授编修，擢翰林院侍读学士，充日讲起居注官。奉命督安徽学政。奏开四库全书馆，校理各省上进

---

① 《续修四库全书》第1121册，上海古籍出版社2002年版，第505页。
② 徐凤先：《〈淮南天文训补注〉评介》，《中国科技史料》1996年第2期。陶磊博士认为，《淮南子·天文》所述甲寅元历是殷历，而非颛顼历。详参氏著《〈淮南子·天文〉研究》，中国社会科学院研究生院2002年博士学位论文。

之书及《永乐大典》。著有《笥河诗文集》。生平事迹见孙星衍《朱先生笥行状》、章学诚《朱先生墓志铭》、《清史稿·儒林传》、《清史列传·儒林传》及姚名达《朱笥年谱》。

此书卷首有朱笥自记一行："乾隆丁亥陬月十日始得大德中刻本，用校一通。"① 又有道光七年（1827）其子锡庚识语，称是本为明何氏《汉魏丛书》中刊本，其父据大德间刊本手校一通，笔于简端，锡庚谨取以录出。② 书末有道光七年朱锡庚跋，云："先大夫为诸生时，馆于诸城相国家，值上以'赵高束蒲为脯'顾问大臣语出何书，刘文正公退访于先大夫，其时遽以李善《文选注》所引《风俗通义》为对。既而遍检应氏原书，实无其文，乃取《文选注》及《后汉书注》、《唐类函》、《事类赋注》、宋以前诸书所征引今本所无者，共得十事，复取宋大中祥符间重修《广韵》，于姓氏中采出百五十五则，其非关姓氏者十一则，盖所传之本不惟讹误已甚，即其篇数亦阙漏大半。"③ 朱笥《风俗通义补逸题识》称古人之书，有源有委，其用意甚深至，为学甚博大，今不得见全书，而徒撮其散失之言，一挂万漏，不足以存古人云云。④

《风俗通义》一书，在宋时已非完本。自卢文弨《群书拾补》为之考文订事，筚路蓝缕，导夫先路；其后，钱大昕、臧镛堂、顾明、孙志祖、郝懿行诸人续有是正。朱笥主要以元大德本《风俗通义》校订《汉魏丛书》本。其书体例为：依原本改正者，注曰"今本误作某"；从大德本改正者，疑而未决或可两通者，只注"大德本作某"。参稽《玉篇》、《广韵》、《文选注》、《后汉书注》诸书，间下己意。所考多有可取，足资参考焉。

---

① 《续修四库全书》第 1121 册，上海古籍出版社 2002 年版，第 585 页。
② 《续修四库全书》第 1121 册，上海古籍出版社 2002 年版，第 587 页。
③ 《续修四库全书》第 1121 册，上海古籍出版社 2002 年版，第 595 页。
④ 《续修四库全书》第 1121 册，上海古籍出版社 2002 年版，第 594 页。

《补逸》一卷，朱筠《风俗通义补逸题识》称，辛未（1751）夏，清高宗偶问赵高柬脯事出何书，朱筠因此广为搜辑，录为一编。又称《广韵》所引《风俗通义》多言姓氏者，皆今本所无。

此书未刊，抄本传世。此本据国家图书馆藏清抄本影印。

颜氏家训七卷
（北齐）颜之推撰　（清）赵曦明注　（清）卢文弨补
颜氏家训补校注一卷　严式诲撰
附录一卷

赵曦明（1705—1787），初名大润，后易名肃，晚复更今名，字敬夫，自号瞰江山人，江阴（今江苏江阴）人。诸生。著有《读书一得》《桑梓见闻录》《中隐集》等书。生平事迹见卢文弨《瞰江山人传》。[①] 严式诲（1890—1976），字谷孙，原籍陕西渭南。家富藏书，设"渭南严氏书坊"，刻书多种，其中最著名者为《音韵学丛书》。生平事迹见《清儒学案》卷七十二。

是编就宋沈揆本为之注释，所有无名氏序、沈揆跋及校刊衔名悉仍其旧，惟考证向系之书后者，今散置文句之下。卷首有卢文弨例言十二则，称此书为江阴赵敬夫注，始觉其过详，敬夫以启迪童子不得不如是，凡以成敬夫真切为人之志，非敢以求胜也；此书《音辞篇》辨析文字之声音至为精细，今人束发受书，师授不能皆正，又南北语音各异，童而习之，长大不能变改，故知正音者绝少，此篇实赖其订正云；宋本经沈氏订正，误字甚少，然俗间通行本亦颇有是者，今择其义长者从之，而注其异同于下，后人或别有所见，不敢即以余

---
① （清）卢文弨：《抱经堂文集》卷二十九，中华书局1990年版，第386—388页。

之弃取为定衡云云。①书末有乾隆五十一年（1786）赵曦明跋，称此书第令俭于腹笥者不至迷于援据云。②

此书为曦明八十以后所注，甫脱稿而疾作。卢文弨求其副本，为之补完，刊入《抱经堂丛书》。前有抱经所撰序文、例言及校阅者姓氏。周中孚称曦明以宏博之学，尝佐卢文弨校雠典籍，乃据宋沈揆本《颜氏家训》为之注；姚江卢檠斋有分章辨句，金坛段懋堂有正误订讹，而敬夫之注尤为加详云云。③胡玉缙亦称其书疏通证明，颇资考订，文弨间有附益，尤精。④

卢氏抱经堂刻《颜氏家训注》最称善本。刊成后卢氏一再自为补注，钱大昕又为补正十余条，孙颐谷《读书脞录》、钱广伯《读书记》续有校补，李详复为补注，郑珍父子校本又有出诸家外者，龚向农、林山腴各有笺识。严式诲重刊卢本，将卢文弨补注重校各条散入本文，又将钱、孙、李、郑诸家之说录为一卷，并下己见。

此书有乾隆五十四年《抱经堂丛书》本。此本据中国科学院图书馆藏民国十七年《渭南严氏孝义家塾丛书》刻本影印。

续家训八卷（存卷六至卷八）（宋）董正功撰

董正功，生卒年及生平事迹均不详。

原书宋晁公武《郡斋读书志》著录八卷，元马端临《文献通考·经籍考》、明焦竑《国史经籍志》亦作八卷，与晁同，唯钱曾

---

① 《续修四库全书》第1121册，上海古籍出版社2002年版，第598—599页。
② 《续修四库全书》第1121册，上海古籍出版社2002年版，第706页。
③ （清）周中孚著，黄曙辉、印晓峰标校：《郑堂读书记》，上海书店出版社2009年版，第1668页。
④ 胡玉缙撰，吴格整理：《续四库提要三种》，上海书店出版社2002年版，第644页。

《读书敏求记》则云七卷。今存卷六至卷八，凡三卷。自《诫兵》至《终制》凡七篇，卷六阙一、二两页。其书先列《颜氏家训》原文，而正功所续者加"续曰"阴文二字以别之。叙次体例一依原书。引据详赡，辞义宏博，视颜之推书如骖之靳。

颜氏原书崇尚内典，是其一失。此书《归心篇》载李翱之论佛，《终制篇》载姚崇之遗令，深斥释氏之妄，显辟崇奉之非，亦足以矫颜氏之失，而解后人之惑。[①] 又引唐傅奕言："佛在西域，汉译胡书，恣其假托，恐吓愚夫，诈欺庸品，盖言其推无验不实之事，得以自营。"又引唐文宗谓宰相李石曰："学者如浚井得美水而已，何必劳苦旁求穿凿之学，徒为异同。且儒者之学，于其疑者，自当阙而勿泥；无可疑者，固足以诚意正心。为孝为忠，为仁为义，齐家治国，阙其疑者，庸何伤乎？"此书大旨排斥佛教，守卫儒学道统。职是之故，此书应入儒家类。

此书有残宋刻本，清黄丕烈跋，十行二十字，黑口左右双边，存三卷（卷六至卷八），今藏国家图书馆，此本据以影印。

谗书五卷附校一卷　（唐）罗隐撰

罗隐（833—910），字昭谏，新城（今属浙江富阳）人。本名横，以十举不中第，乃更名。朱温篡唐，以谏议大夫召，不应。后仕钱镠为钱塘令，寻为镇海军掌书记、节度判官、盐铁发运副使，授著作佐郎、司勋郎中，历迁谏议大夫、给事中。著有《两同书》、《罗昭谏集》等书。生平事迹见《旧五代史》卷二十四、《唐才子传校笺》卷

---

① 参见（清）张金吾：《爱日精庐藏书志》卷二十一，清光绪十三年吴县灵芬阁集字版校印本。

九、《吴越备史》卷一。

此书卷首有罗隐《题辞》:"生少时自道有言语,及来京师七年,寒饿相接,殆不似寻常人。丁亥年春正月,取其所为书诋之曰:'他人用是以为荣,而予用是以辱;他人用是以富贵,而予用是以困穷。苟如是,予之书乃自谗耳。'目曰《谗书》,卷轴无多少,编次无前后,有可以谗者则谗之。"①《重序》称君子有其位,则执大柄以定是非,无其位,则著私书而疏善恶,斯所以警当世而诫将来云云。②又有大德六年(1302)黄真辅序,称其书气节凛然,大抵忿势嫉邪,舒泄胸中不平之蕴。③方回跋亦谓此书乃愤闷不平之言,不遇于当世而无所泄其怒之所作。④

此书为讽刺小品文集。罗隐对唐末社会之腐败认识较为深刻,采取揭露和批判之态度。史论尤具卓识,能从历史事件中探求兴亡成败之迹。如《吴宫遗事》写吴王夫差不听忠谏,喜纳阿谀,重用奸邪,弗顾百姓,导致国破人亡;《汉武山呼》指出汉武帝听信佞人阿谀奉承,山呼万岁,穷极游观,结果劳师弊俗、百姓困穷;《迷楼赋》指出隋炀帝大权旁落,细人用事,不迷于楼而迷于人,终致灭亡。他如《英雄之言》、《叙二狂生》、《三闾大夫意》、《辨害》、《梅先生碑》等,皆有感而发,嬉笑怒骂,涉笔成趣。《钱塘先贤传赞》称著《谗书》六十篇,《崇文总目》、《郡斋读书志》、《宋志》均作五卷。

据吴骞跋,以嘉庆丁卯(1807)重刻罗昭谏《谗书》五卷,第二卷中原阙《苏季子》、《维岳降神解》、《忠孝廉洁》、《疑凤台》四篇,遍检群籍,无从录补。嘉庆十六年(1811),徐松从《永乐大典》

---
① 《续修四库全书》第1122册,上海古籍出版社2002年版,第43页。
② 《续修四库全书》第1122册,上海古籍出版社2002年版,第62页。
③ 《续修四库全书》第1122册,上海古籍出版社2002年版,第42页。
④ 《续修四库全书》第1122册,上海古籍出版社2002年版,第64页。

抄得《维岳降神解》、《疑凤台》二篇，属仁和陈扶雅、赵宽夫展转寄至，遂补刊于卷末。①

此本据复旦大学图书馆藏清嘉庆十二年刻本影印。

松窗百说一卷　（宋）李季可撰

李季可，号松窗，洛阳（今河南洛阳）人。生卒年及仕履均不详。宋曹彦约《昌谷集》卷二《云隐李季可挽诗二首》："云卷云舒好静观，谓宜隐者似无端。谁知天上为霖用，竟作人间出岫看。万里功名当进步，诸昆时节合弹冠。只因自得无心趣，三度归来现宰官。当年棋酒漫追攀，幕府承平白昼闲。帅事却来兵革后，官身唯冗簿书间。壮怀日者论交旧，末路天乎与寿悭。风急浪高云黯淡，讣书新到落星湾。"考曹彦约生于1157年，卒于1228年，由此推知季可为南宋光、宁间人。

此书凡一百条，故曰"百说"。摘录经史，附以己见。如论儒道释三教优劣曰："孔子大矣，明人伦，存其妙而兼得之者，故俯仰无所愧怍。二者废人伦，而事其妙者也，移之治世，则败矣。《中庸》曰：'贤者过之。'释、老有焉。"论因革损益曰："可则因，否则革，权时之宜也。秦政虽恶，汉有因之者。若叔孙通之制礼，萧何之法是也。唐政固美，而有虞革之者。如用十六相去四凶是也。凡所以损益，皆务致于当道而已。后世则不然，因之乃不问其非，革之则并遗其是，前人失之东后必西，前者尚白后必黑，矫枉过正，不得中则一也，乌在其能济乎？"如"文王不领商政"、"孔明尽臣道"、"有若似

---

① 台湾东海大学李建崑先生认为，此书五十八篇文章包括近二十种文体，详参氏著《谲谏与垂训——罗隐〈谗书〉重探》，《山西大学学报》2011年第1期。王良永《罗隐〈谗书〉检论》对其讽刺艺术做了初步分析，此文系安徽大学2003年硕士学位论文。

孔子"、"魏武宣言欺人"诸条，均是封建正统教化之言。

宋代状元王十朋极称赏之，谓其有益风教，比于唐之杜牧。绍兴三十一年（1161）史浩跋称其书语用兵、理财、治剧之方，亹亹有绪，乃知季可不为无用之学云。①周中孚称松窗博学有识，每条各有标目，杂论人物及古今情事，一衷诸理，而有补于世云云。②孙诒让《温州经籍志》亦称"搜误"一条足以参正五代史。

此书有《知不足斋丛书》本。此本据清嘉庆间《宛委别藏》本影印。

扪虱新话十五卷 （宋）陈善撰

陈善（？—1169），字子兼，号秋塘，罗源（今福建罗源）人。绍兴间为太学生，力诋和议。及秦桧死，始登绍兴三十年（1160）进士第。乾道五年（1169）为左迪功郎，官至太学录。生平事迹见《淳熙三山志》卷二十九、《（道光）罗源县志》卷十九。淳熙元年（1174）陈益《扪虱新话序》曰："陈公以为著书立言，宜为学官，遂俾录成均之教政，时乾道之己丑也。惜乎！负抱儒业，晚得一命之爵，曾不得食寸禄而死。"李裕民据此序推断陈善卒于乾道五年。③

淳熙元年陈益序称所著《窗间纪闻》一百则，贯穿经史百氏之说，又数年复出百则，易以今名。

---

① （宋）史浩：《鄮峰真隐漫录》卷三十六，清乾隆刻本。
② （清）周中孚著，黄曙辉、印晓峰标校：《郑堂读书记》，上海书店出版社2009年版，第1669页。
③ 李裕民：《宋人生卒行年考》，中华书局2010年版，第240—241页。又参见陈名琛：《陈善与其〈扪虱新话〉研究》，福建师范大学2008年硕士学位论文。

此书有二本，一为八卷，一为十五卷。八卷本分上下两集，上集四卷一百则，下集亦四卷一百则，不分门类。此本十五卷，较为通行，然已面目全非，分为四十九类，其中，诗词、诗四六、异端、儒释、佛老、用人、设官、事机、知己、结交、朋党、忠义、戏谑、风鉴、诛杀、变化、鬼神、花木、虫鱼、山川凡二十类，每类只有一条，分类未免过于琐碎。

《四库全书总目》列入杂家类存目，极力诋之，谓颠倒是非，毫无忌惮，必绍述余党之子孙不得志而作；又谓叶梦得《避暑录话》虽阴抑元祐而曲解绍圣，至深斥苏洵《辨奸论》，然终怵于公论，隐约其文，不似陈善党邪丑正，一概肆其狂诋云云。然李慈铭《越缦堂读书记》辨之曰："今平情阅之，其中虽颇言元祐之务反荆公所为，及言荆公晚年删定《字说》，贯串百家，语简意深，今晚生小子亦随例讥评，厌读其书，非独不喜新法也。又举山谷《和张文潜》诗曰：'荆公六艺学，妙处端不朽。诸生用其短，颇复凿户牖。譬如学捧心，初不悟己丑。'谓元祐诸公惟此一人议论稍自近厚，似为绍述余党。然其他言荆公《新经》穿凿，其《书经新义》意在规讽二苏，至《大诰篇》则几乎骂，又言其《新经》、《字说》多用佛语，又言荆公经术、东坡议论、程氏性理三者各立门户，末流皆不免有弊，是亦持平之论。至谓熙宁间王荆公用事，一时字多以甫，押字多以圈。案荆公押名，石字作匾圈，如歹字，见宋人说部。时语云：表德皆连甫，花书尽带圈，则直指其短矣。善为福建人，而于绍述之吕、章诸人，皆不一及，惟两言蔡京，皆称蔡相，亦以纪他事及之，不一涉其行事。其于子由，虽言其作《神宗御集序》，比之曹操，然此语当日程子门人攻苏者屡见章疏。至谓老苏之《辨奸论》，子瞻元祐初撰《赠王司空制》，皆修怨之词；又谓新法免役一事不可改，至今赖之，其言皆是非之公。老苏《辨奸论》不特立言太过，文亦不高；且老苏卒时，治平二年，荆公尚未大用，何由知其后必误国？故昔贤以此论为伪作。或子由兄弟欲示其父先见之明，托辞为之；即真出老苏，亦是一时快其笔舌，以报荆公斥为策士之怨，固不足为定论。其余推美永叔、东坡、山谷之诗文字画，连篇累纸，惟谓欧阳公信经废传，其疑《系辞》、《左传》皆太泥，则正中欧阳之失。"①馆臣误读文本，李氏驳之甚当。

此书有《儒学警悟》本，为八卷本，未经改造，且序跋具全，允称善本。此本据北京大学图书馆藏明崇祯毛氏《津逮秘书》本影印，底本选择未免失当。②

经鉏堂杂志八卷 （宋）倪思撰

倪思（1147—1220），字正甫，号齐斋，归安（今属浙江湖州）人。乾道二年（1166）进士，中博学鸿词科。历官秘书郎、著作郎、宝文阁学士，卒谥文节。著有《班马异同》。生平事迹见《宋史》本传。

倪思风操凛凛，为一代伟人。是编乃其晚年札记之文。因居于经鉏堂，故以名其书。全书大旨主于会通古今。如欲以《易》通程、朱之郎，又欲以《易》会通《通鉴》："《易》以明天地万物之理，《通鉴》纪治乱兴亡之迹，推其理而知其盈虚，考其迹而究其得失，是其学也有用。其于用也，斯为有孟。"论观史之法曰："观历代诸史，苟有一长，皆足垂世行后。不必勋业，若循吏，若儒林，若文苑，若孝友，若笃行，若隐逸，虽匹夫之微，有一于此，足矣。不藉富贵，不假势力，自勉而已，岂不简易而可行哉！"均可谓卓识。如

---

① （清）李慈铭：《越缦堂读书记》，上海书店出版社2000年版，第668—669页。
② 关于此书的版本情况，详参李红英：《〈扪虱新话〉版本源流考》，《中国典籍与文化》2007年第3期。

"儿戏优人"条云："年老名利之心渐消，思中年时驰逐，殆类大人之观儿戏，坐客之观优人，况于中有所得，以道眼观俗态乎？"此亦通达之论。尤可注意者，"伶官"条借伶官表演讽刺当时之政治腐败。路工以为此系古代相声资料①，亦可备一说。

《四库提要》称其学杂出于释老，务为恬退高旷之说。又称明代陈继儒一派发源于此。其述五事云："静坐第一，观书第二，看山水花木第三，与良朋讲论第四，教子弟第五。"又述"齐斋十乐"云："读义理书，学法帖字，澄心静坐，益友清谈，小酌半醺，浇花种竹，听琴玩鹤，焚香煎茶，登城观山，寓意弈棋。虽有他乐，吾不易矣。"确有雅人高旷之意。然《四库提要》将此书列入杂家类存目，讥其害理殊甚，浅陋无味，议论空疏，多无根据；又称疏于考证，此书之陋固其宜矣，持论未免过苛。平心而论，其议论亦间有可观。如曰："人为贵，不可不自爱重也。"又曰："名节一坏，遗臭后世。"故书中多指斥小人。然亦间有腐论，如"妻儿"条曰："妻儿不论贤不肖，比当作冤家想。"

明潘大复序称其书论朝事则有忠臣爱君之心，论家政则有君臣孝友之念，论山川则有遗世独立之志，论世味则有藻鉴人伦之明，繁而不乱，约而有规，其辞爽以劲，其气简而舒，信文章之大家，绣虎之长技也。②明金有华序称其书缕缕数万余言，谭性命则洞究窔奥，陈往事则著切是非，救时弊则直陈利病，析瞿昙则迥脱根尘，洵有补于身心世教，千古不朽之名言也。③

此本据明万历二十八年潘大复刻本影印。此书又有万历三十年金有华刻本、《居家必备》本、《涵芬楼秘笈》本。

---

① 路工：《访书见闻录》，上海古籍出版社1985年版，第492—493页。
② 《"国立中央图书馆"善本序跋集录》子部二，"国立中央图书馆"1994年版，第391页。
③ 《"国立中央图书馆"善本序跋集录》子部二，"国立中央图书馆"1994年版，第390页。

东洲几上语一卷东洲枕上语一卷 （宋）施清臣撰

施清臣，字真卿，号东洲。淳祐二年（1242）为兵部侍郎、知临安府，三年（1243）为朝散大夫、新荆湖南路安抚大使司主管机宜文字[1]。末有孙毓修跋，称清臣事迹不可考，既云赤城散吏，则当为台州人云云。[2]生平事迹见原书自序及《（道光）苏州府志》卷一百三十六。

《几上语》作于淳祐四年（1244）十月，凡七十八条，自序称合老释以非三，融精粗而为一云云[3]，可以想见其宗旨。《枕上语》作于淳祐五年（1245），凡七十五条，自序称自丙戌岁卧疴六阅月，几失其生，病枕光阴，无可排遣，摄之以善念，厥后追录于册，凡若干则，留为家庭之警训云[4]。

施氏之学主三教合一。书中阐发此意甚多，如曰："近世说《易》者，大抵能说《易》之理，以推人事，不能究之数，以推造化。仅有康节一家而已，所传者亦糟粕也。《易》有神仙修炼之旨，皆出于卦数。"又曰："逃儒墨起杀之场，究黄老全生之福。"又曰："性理之学，儒家历等级而有持循，老释掀翻臼而有超诣，大率在究竟践履而积工夫尔。"又曰："存心养性，既得之儒释，均也。以仁义礼智养于内，以应于外，吾儒之学则发乎用。以视动言听主于内，而忘于外，释氏之学则泯乎用。初若同，后乃异。"

此书多俪偶之词。《四库提要》称："词多俪偶，明人小品，滥

---

[1] 参见（明）钱谷编：《吴都文粹续集》卷四《吴县学记》、卷三十一《建吴井洌泉亭记》，文渊阁四库全书本。
[2] 《续修四库全书》第1122册，上海古籍出版社2002年版，第263页。
[3] 《续修四库全书》第1122册，上海古籍出版社2002年版，第253页。
[4] 《续修四库全书》第1122册，上海古籍出版社2002年版，第258页。

觞于斯。"如曰："人生五十以前为进数、用世之学，当一日章如一日；五十以后为退数、垂世之学，当一日积如一日。"又曰："乐天知命则不忧，穷理尽心则不昧。"又曰："名利若羽毛之轻，众人视犹太山之重；名义若太山之重，众人视犹羽毛之轻。"

其论学亦多妙语。如曰："经传之学，义理无终穷，探赜有深旨。知之为知之当知者精思之，则所言者通。不知以不知者臆度之，则所言者凿。"又曰："读书贵义味之浃洽，而后贯一理以同归。读史贵智局之超诣，而后合群策以折衷。"又曰："学问在一个新字，新则不自画于中道。进退在一个时字，时则不自昧于知几。"又曰："圣人以《易》洗心，自与天理同流。君子以心体《易》，当知天理同本。"

此书《宋史艺文志补》小说家类著录，《四库全书总目》入杂家类存目。孙毓修跋称其清辞名理，引人入胜，亦晁文元公《法藏碎金》之流亚。①

此本据民国十四年铅印《涵芬楼秘笈》本影印。

虑得集四卷附录二卷 （明）华惊桦撰

华惊桦，字公恺，自号贞固处士，时称贞固先生，无锡（今江苏无锡）人。元季兵兴，奉亲往来苏、松间，事平还锡。洪武中，屡征不起。生平事迹见《江南通志》卷一百六十八《隐逸传》、赵友同《贞固处士传》及陈镒所作墓表。明顾清称其父幼武栖碧翁以诗鸣，至惊桦始家鹅湖，读《易》好《礼》。生兴叔，兴叔生宗珑，宗珑生守庄，世载德美，望于东南。②

---

① 《续修四库全书》第1122册，上海古籍出版社2002年版，第263页。
② 参见（明）顾清：《东江家藏集》卷四十一《福建左布政使双梧华君墓志铭》，文渊阁四库全书本。

其曰"虑得"者，取《大学》"虑而后得"之义也。是编乃其贻子孙之家训，集古人嘉言懿行，大旨主于修身教家、忠厚传家。书前有成化十七年（1481）刘珝序、明洪武三十一年（1398）钱仲益序及永乐十一年（1413）赵友同所撰传。末有永乐三年（1405）刘据后序、正统元年（1436）沈粲书后、正统十三年（1448）项伾跋、成化七年（1471）彭华跋。钱仲益序称其所编冠婚丧祭之礼，一皆法于朱子《家礼》，而取其不悖于古而可行于今者为之。[1]

卷一曰《家劝》，分为三小节，概述家居之常事，于待人接物尤为属意。如曰："凡遇事务，须要明白参问，具陈情实，精思详虑，熟议可否，择善而行。勿执己见，勿恃己能，勿遂己欲。"又曰："凡闻闲言是非，先究何所从来，实时明白面问，不得藏疑，恐成积怨。大抵闲言不入于耳，便无彼我之私，而亲谊自厚。即是共爨，要在常加省察。苟能责己恕人，不介胸中，尤为盛德也。"卷二曰《祭礼习目》，凡祀先节式祝文，具载于此。首为时祭奠献礼节，分拂拭、设位、请主、参神、降神、进馔、初献、亚献、终献、侑食、进茶、辞神、奉主归祠堂诸目。次为钦遵祝文。卷三曰《冠婚仪略》，分议婚、成婚、礼宾、教以妇仪诸目。卷四曰《治丧纪要》，斟酌古礼，择其可行而已。

周中孚称所载本之朱子《家礼》，而斟酌古今之宜，颇为简当。[2]

此书于明嘉靖十一年由华氏子伯谆付之梓，裔孙从智重刊。明万历四十二年八世孙继祥重刊之。又有《托跋廛丛刻》本。此本据中国科学院图书馆藏明嘉靖十一年华从智刻本影印。

---

[1] 《续修四库全书》第1122册，上海古籍出版社2002年版，第267页。
[2] （清）周中孚著，黄曙辉、印晓峰标校：《郑堂读书记》，上海书店出版社2009年版，第1670页。

闲中今古二卷 （明）陈颀撰

陈颀，字永之，号味芝居士，长洲（今属江苏苏州）人。景泰中以《春秋》领乡荐，授开封府阳武县学训导。中岁遂致仕。博学工古文，而清修介特，人莫敢犯。虽位止校官，而誉望特重。著有《适楚录》、《游梁录》、《味芝集》等书。生平事迹见王鏊《姑苏志》、钱谦益《列朝诗集》丙集第八。

全书二卷，书前有成化三年（1467）陈颀自序，称录古今之事迹，且凡平昔之睹闻，有可以劝惩，有可以忧喜者，萃为一编。[1]正德四年（1509）周诏序称其文典赡有法，好议论，而必据于理。[2]书末有沈周正德四年跋，称其存心教人，言必不忘斯集也，乃其心德之一端云云。[3]又有邢参正德四年跋，称其事精核，其辞详当。[4]

此为陈颀平日纪事之书。其书大旨有三：一曰儒家本位。陈颀坚持名教，不信佛法，力破异端之惑。如称曹州同知张浩深恶异端之说，于境内庵院折毁殆尽；他处僧尼俱发遣出诸境外，土人私自落发者，悉令还俗；及毁淫祀，不留一所，州有城隍庙，载于祀典，不可废也，以旧有夫人像，浩命掘一大坑埋之。二曰草根立场。陈颀为民请命，主张均田税，一以杜里胥之弊，一以制豪右之强。又谓江南之田多有濒江并海，坍塌无遗，而税粮尚存；亦有洲淤涨渐成美田，而未经开科。其粮税尚存者，小民多受其害；未开科者，大户独享其利。又称当今之弊，宜先革冗员，罢工役，以节财用之流，而后选廉干之臣如

---

[1] 《续修四库全书》第1122册，上海古籍出版社2002年版，第297页。
[2] 《续修四库全书》第1122册，上海古籍出版社2002年版，第297—298页。
[3] 《续修四库全书》第1122册，上海古籍出版社2002年版，第317页。
[4] 《续修四库全书》第1122册，上海古籍出版社2002年版，第317页。

汉之赵过者，分理天下田土，开辟其荒芜，搜索其隐陋，以清其财用之源。三曰廉洁精神。陈顾为人廉介，反对贪污腐败，提倡守廉养廉。如谓："古今居官守廉者，虽不可枚举，然究其自然廉介如杨震却金、羊续悬鱼之类，则岂可多得？至于表彰黄廷仪自然之廉，贬斥时苗留犊矫激之廉，盖本乎中庸之道也。"又谓："宣德以来，未有增官吏俸禄，在下位者不敢有所讥讽，而为大臣者不能为之申请，而欲责其下之守廉，不亦难乎！又谓使禄不足以供衣食，鲜有以廉耻为重者。近时大臣惟以治穷赃吏为能，于其衣食用度则略不念及焉。"于此可推知高薪方可养廉，陈顾已从制度层面窥探养廉隅之本。

书中颇存警策之句，如"保初节易，保晚节难"、"大凡不顺理者，岂可得乎"、"凡百玩好，皆能害德"、"知人固不易，哲人能察之于微"、"人君尚亦谨其所好"、"天之不佑恶人"、"小人聪明才智之过人者，适足以为其身之累"，皆悟道之言。曰"闲中今古"者，盖取"闲中静观古今之变，而万期须臾"之意。其书义正词严，可谓警世通言。然多祖述沈括《梦溪笔谈》、欧阳修《归田录》诸书，或注出处，或不注出处，未免美中不足。

此本据国家图书馆藏明抄本影印。

龙江梦余录四卷　（明）唐锦撰

唐锦（1475—1554），字士纲，一字士囧，号龙江居士，松江（今属上海）人。弘治九年丙辰（1496）进士，官至江西提学副使。著有《龙江集》等书。生平事迹见《本朝分省人物考》卷二十六、《西园闻见录》卷八十九。

唐锦自序称壬戌夏六月，避暑于龙江别业，辄引笔伸纸，衷所忆而志之，乃题其首曰《龙江梦余录》云。① 书前有卢龙郭经序，称其人以文章鸣世，尤邃于理学，杰然东南人望；其书事皆凿凿有据，且敛华就实，化腐成新。② 书末有邑人朱曜跋，称其蕴蓄之富而趣向之高云云。③

此书四卷，不分门类，不标条目。此书《千顷堂书目》、《晁氏宝文堂书目》入杂家类，《国史经籍志》、《百川书志》、《天一阁书目》入小说家类。然其书大旨在维持名教，以儒家之道衡量群言，故应入儒家类。此书开卷第一条即谓王充为名教之罪人。又称杨龟山大有功于名教。其排斥道教曰："道家者流，虽以老子为祖，本非老子之教也。盖自汉之张道陵以巫术创为此教，然恐不足以动人，故采撷老庄虚无之谈以文之，取方士延年度世之术以实之，引释氏六道轮回之说以广之，而其君臣上下之仪，则窃取之于吾儒者也。"论王安石曰："王金陵《明妃曲》云：'汉恩自浅胡自深，人生乐在相知心。'此老心术不正，于此可见，充类至义之尽，则与贼桧之所以不忘金虏者何以异哉？"论宋高宗庸懦可鄙，忘仇贪安，唯秦桧是用。论赵普自谓以半部《论语》定天下，真所谓嫚词以自夸。陈桥之变，普实启之；金匮之渝，普实赞之；愿察奸变，觊复相位云云。皆以名教诛赵氏君臣之心。唐锦又反对火葬，主张用夏变夷。

书中亦间有名言，如论因革之道曰："天下事唯因其所可因，而革其所宜革，是之谓大中之道。"论品人之法曰："夫论人之法，须恶而知其美，乃不伤于残刻耳。"论作文之法曰："作文宁为巧迟，毋取拙速，此古今不易之论。"皆合于孔孟中庸之道。间及辨伪之事，如辨《四皓书》为唐初文人所拟作。

高儒《百川书志》称其避暑龙江别墅所著，得之心而寓之梦，

---

① 《续修四库全书》第1122册，上海古籍出版社2002年版，第321—322页。
② 《续修四库全书》第1122册，上海古籍出版社2002年版，第320—321页。
③ 《续修四库全书》第1122册，上海古籍出版社2002年版，第358页。

非真纪梦幻中事云云，不免望文生义，仅据书名而估价。宁稼雨《中国文言小说总目提要》称所记略乏故事，而能驰骋想象，营造梦幻之境，故稍具传奇意味云，亦未见其大体。

　　此本据上海图书馆藏明弘治十七年郭经刻本影印。又有明抄本（藏国家图书馆）、《续说郛》本。

静虚斋惜阴录十二卷附录一卷　（明）顾应祥撰

　　顾应祥（1483—1565），字惟贤，号箬溪，长兴（今浙江长兴）人。弘治十八年（1505）进士，官至南京刑部尚书。著有《南诏事略》、《测圆海镜分类释术》、《弧矢算术》等书。生平事迹见《（万历）湖州府志》、《（同治）长兴县志》、王世贞《明故资政大夫南京刑部尚书赠太子少保箬溪顾公墓志铭》》[①]。

　　全书十二卷，卷一论理，卷二理学，卷三论学，卷四读《易》，卷五论《尚书》、《诗》、《三礼》、《三传》及诸子，卷六论字学，卷七至卷九为古论，卷十至卷十二为杂论。

　　此书为顾氏致仕以后所作，时年八十有二。书前有嘉靖甲子（1564）应祥自序，谓："应祥为童子时，即有求为圣贤之志，然天性质讷，不能谐俗，弱冠叨举进士，服官中外殆三十年，以至云南巡抚，奔走南北数千里，阅遍山川险阻、人情物态，所至见忤于人，而初心未尝少变。外物一无所好，公暇惟检阅经史，求明此心而已。间以平日所见，及谬论古今人物之贤否、政治之得失，笔之于册，名曰《惜

[①] 参见（明）王世贞：《弇州四部稿》卷八十六，文渊阁四库全书本。今按：对顾氏生平之详细考察，参见潘明福、陈清清：《明湖州词人顾应祥考略》，《湖州师范学院学报》2009年第6期。

阴录》。中间多有前人所不道，及与当世名儒议论不合者。"[1]《四库全书总目》称"前数卷论理、论学诸篇，皆主良知之说"，此乃误读原文，不足为训。今考，应祥虽为王守仁弟子，然非墨守王学者。如公开批评提倡致良知者不能知行合一，又曰："今之讲学者，自以为能得致良知之宗旨，而凡先儒所谓以诚敬为入门、以践履为实地者，一切以为支离而废之，放肆不检，而意亦不诚矣。"书中批评朱学、王学，不一而足。尤其批评明末王学末流，如云："古人之学专务躬行，今之学者专论古人之是非，此今日讲学之病也。"又曰："今曰：'心之良知是谓圣。'人人皆是圣人，遂使今之讲良知者皆肆为大言，而不加克治之功，此讲良知之病也。"又曰："愚以为阳明之说虽有定见，而言之太易。甘泉则因古人之说，而小变之耳。君子之学在于躬行实践，不必各立一门户可也。"顾氏能破除门户，实属难得矣。[2]

此书卷首附录《礼论》一篇，系嘉靖初议大礼时所作，主张但尊以天子之号，而别立一庙，与桂萼初议相同。应祥曾受业于王守仁，其主张曾为王守仁所取，故将此篇列于卷首。

此书《明史·艺文志》列之儒家，《四库全书总目》改入杂家类存目，以其中颇及杂说，不专讲学耳。

此本据明刻本影印。

祝子罪知录十卷　（明）祝允明撰

祝允明（1460—1527），字希哲，自号枝山，又号枝指生，长洲

---

[1] 《续修四库全书》第 1122 册，上海古籍出版社 2002 年版，第 359 页。
[2] 钱明深入分析顾氏对阳明良知学说的质疑、批评和修正，及其向朱学的回归。详参氏著《浙中王学研究》，中国人民大学出版社 2009 年版。邹建锋对顾氏的理学思想有所归纳，详参氏著《顾应祥理学思想引论——以〈惜阴录〉为中心》，《湖州师范学院学报》2010年第 5 期。

（今属江苏苏州）人。弘治五年（1492）举人，久不第，授广东兴宁知县，迁应天府通判，谢病归。与唐寅、文徵明、徐祯卿并称"吴中四才子"。著有《怀星堂集》、《苏材小纂》、《浮物》等书。生平事迹见《明史·文苑传》。

是编成于祝氏晚年。正德十五年（1520）辞官归里即开始编纂此书。嘉靖初年，尝刊刻流布。隆庆六年（1572），由"后七子"领袖王世贞①、李攀龙负责校阅，再刻于世。今所传《祝子罪知录》为残本，仅存原书十之二，凡十卷（又佚卷八"举六经"，实存九卷）。卷一至卷五皆论人，卷六、卷七论佛老，卷八、卷九论诗文，卷十论神鬼妖怪，并述异事异物。

此书乃论古之言，多离经叛道之论。其举例有五：一曰"举"，是是也（即肯定）；二曰"刺"，非非也（即否定）；三曰"说"，原是非之故也；四曰"演"，布反复之情也；五曰"系"，述古作以证斯文也。如刺曰："道学固善，其伪不可不辩。"又刺曰："程颐、朱熹，经师君子，时之贤人或称过之，更以疑累。"此书大旨反对宋学，提倡汉学，成为反传统之先驱，为杨慎以降之汉学实践扫清道路。

此书开卷曰："举曰：或请于国家，宜庙宓牺炎黄，与孔子偕祀。说曰：凡民既富方谷，故庶富而后教，何独遗初功者？系曰：先代亦郡县通祀三皇，乃专于医，亦非。"宓牺炎黄乃人文始祖，至今仍可凝聚中华民族之向心力。慎终追远，不遗初功，其说笃实不欺，仍具现实之意义。又如举曰："文极乎六经，而底乎唐。学文者应自唐而求至乎经。"又曰："诗各有所至。四言、五言乐府由陈、隋沂洄而止乎汉，歌行、近体由汉沂游而止乎唐。"立论正大。又如刺曰："孟轲云性善，荀况云性恶，皆非。"又曰："言学则指程朱为道统，语诗则奉杜甫为宗师，谈书则曰苏、黄，评画就云马、夏，

---

① 向燕南从时间、地点等方面有所献疑，参见氏著《〈罪知录〉王世贞序真伪考》，《北京师范大学学报》2000 年第 3 期，又载《中州学刊》2004 年第 3 期。

凡厥数端，有如天定神授，毕生毕世，不可转移，宛若在胎而生知、离母而故解者，可胜笑哉！"皆有解弊之功效。至于指斥赵匡胤篡国乱贼，赵匡义弑兄篡国，又谓王安石为奸臣、聚敛之臣，皆持之有故，不为苛论。

允明为人疏狂放诞，爱作新奇之论。如论人则谓汤、武非圣人；伊尹不可谓之圣贤；孟轲不可谓贤人；武庚为孝子；管、蔡为忠臣；庄周为亚孔子一人；严光为奸鄙；时苗、羊续为奸贪；谢安为大雅君子，终奕折齿非矫情；邓攸为子不孝，为父不慈，人之兽也；王珪、魏征为不臣；徐敬业为忠孝；李白百俊千英，万夫之望；种放为鄙夫；韩愈、陆贽、王旦、欧阳修、赵鼎、赵汝愚为匿非。论文则谓韩、柳、欧、苏不得称四大家。论诗则谓诗死于宋。论佛老为不可灭。皆剿袭前人之说，而变本加厉矣。

书中多石破天惊之论，故褒贬不一。王弘撰《山志》称其举刺予夺，言人之所不敢言，刻而戾，僻而肆，盖学禅之弊云云，力主焚毁其书，其说未免过当。书前又有隆庆壬申（1572）王世贞序，亦褒之曰："是非之变，若棼丝然。有一人之是非，有一事之是非，有片言可折之是非，有千古不决之是非。其间上下今昔，阐扬美慝，卓然是非之宗匠也。"[①]此书虽具批判意识，然乏辩证精神，确有过激之处。自"五四"以降，无不肯定其思想解放之首功。[②]

《千顷堂书目》杂家类载《祝子罪知》十卷，《四库提要》杂家类存目著录两江总督采进本仅七卷，殆坊肆贾人无知者所为之残本。此本据中国科学院图书馆藏明刻本影印。

---

① 《续修四库全书》第1122册，上海古籍出版社2002年版，第515—516页。作序时间，原文作万历壬申。
② 参见钱茂伟：《明代前期史学特点初探》，《华东师范大学学报》1998年第3期。徐楠称其愤激心态内含抗争意识、批判精神，并未完全溢出儒家文化传统的边疆云云，对其破坏力还认识不透，可谓未达一间。参见氏著《张扬愤激：对中庸人格理想的背离——明代苏州文人祝允明的典型心态及相关问题》，《河北学刊》2009年第4期。

七修类稿五十一卷 （明）郎瑛撰

郎瑛（1487—1566？），字仁宝，号藻泉，仁和（今属浙江杭州）人。著有《萃忠录》、《青史衮钺》等书，今已不传。学者称草桥先生，许应元为作《草桥先生传》。①生平事迹见《西园闻见录》卷二十二、《两浙名贤录》卷四十七。

《草桥先生传》称此书五十五卷，《明史·艺文志》小说家类著录五十一卷，焦竑《国史经籍志》作五十三卷，《千顷堂书目》有《续稿》，无卷数。

是编乃其笔记。分天地、国事、义理、辨证、诗文、事物、奇谑七门，凡一千二百五十七条。《七修类稿》成书于1547年或稍后。此书大体包括当朝及前朝之史事掌故、社会风俗与琐闻、艺文与学术考辨。如"本朝内官专权"、"赵松雪不知大头脑"、"邪正天赋非至亲可移"、"《世说新语》记事多谬"、"诗文托名"、"陶诗真伪"、"词非欧阳作"、"伪仙诗"、"《家语》非孔安国所为"、"孔丛子"、"素问"等条，皆具参考价值。

书前有陈仕贤序，称其言测天地之高深，明国家之典故，研究义理，辨证古今，掇诗文而拾其遗，捃事物而章其瞆，以至奇怪诙谑之事，无不采录。②然《四库提要》入杂家类存目，因其中有多处涉碍。《四库提要》称其书间有足资考证者，然采掇庞杂，又往往不详检出处，故舛谬者不一而足。又称书中极诋《说郛》、《辍耕录》，然此编实出此二书下。李慈铭亦称此书引证颇广，当时杨升庵已屡引其

---

① 关于郎瑛的生平事迹，详参黄阿明：《明代学者郎瑛生平与学术述略》，《苏州科技学院学报》2009年第1期。
② 《续修四库全书》第1123册，上海古籍出版社2002年版，第1页。

说，然识见殊卑，笔亦冗拙，时有村学究气，论诗文尤可笑，其浩博则不可没也。又称"辨证"类有论梅雨一条，持论甚通云云。①要之，其书虽不免有采掇庞杂及考证失误之弊，然在明人笔记中可以谓之翘楚矣。②

此本据国家图书馆藏明刻本影印。又有耕埋草堂本，较之明刊本多所纠误，然删改涉碍篇目与语句，故二本各有优劣，不可偏废。

七修续稿七卷 （明）郎瑛撰

郎瑛生平见前《七修类稿》提要。

书前有钱塘陈善序，称此书古今疑义辨析曲尽，至论时事忧深言切。又称举平生之精力而从事于博闻立言之科，亦甚难矣；若以其嗜学之心研穷性命，反求身心而有得焉，则所论著又必有进于是者云云。③

书分七类，曰天地、曰国事、曰义理、曰辨证、曰诗文、曰事物、曰奇谑，类各为卷。国事类"国家戌元"条辨《南园漫录》与《近峰闻略》雷同，称二书皆记明朝戌元之事，无一字不同，以刊书则《近峰》在后，人则同时。义理类"理论"条曰："术之精者必杀身，天道不容也；利之多者害必随，人怨所致也。位极则危，功高不赏，损益之道也，惟谦约为可免耳。有利无害，求之愈得，其惟学乎？然必至于贫，为仁不富矣。""人形"条驳相家以人如某物之形为

---

① （清）李慈铭：《越缦堂读书记》，上海书店出版社2000年版，第700页。
② 关于此书的研究，参见王海妍：《郎瑛〈七修类稿〉研究》，河南师范大学2006年硕士学位论文。
③ 《续修四库全书》第1123册，上海古籍出版社2002年版，第345页。

贵之说。辨证类"书名沿作"条论书名模拟现象;"半夜钟"条辨唐张继之诗"夜半钟声到客船"不误;"亡命为僧"条称皆素养貌相似者,急则诡充其名,一旦临危,得之者只欲立功,不辨真伪,不知真者早具文牒,一时毁形,去之远而未可识云云。至于诗文类"俗语本诗句"条、"唐宋用字之别"条,事物类"妇女杀贼"条,奇谲类"透光镜"条,皆有可观。

此本据扬州市图书馆藏明刻本影印。

古言二卷　（明）郑晓撰

郑晓（1499—1566）,字室甫,号淡泉,海盐（今浙江海盐）人。嘉靖二年（1523）进士,官南京吏部尚书,寻以右都御史协理戎政,改刑部尚书。卒,赠太子少保,谥端简。著有《禹贡说》、《四书讲义》、《征吾录》等书。生平事迹见《明史》本传。

此书前有嘉靖四十四年乙丑（1565）郑晓自序,称此书为其家传之课儿录,故多述前人陈说,时有可取之处。[1]郑晓之学,主三教合一,不骂佛道之学;重陆王而排程朱,力辨陆学非禅学。如谓公孙弘胜司马光,谓王安石远过韩、范、富、欧,谓王通胜董仲舒,谓柳宗元胜韩愈,谓张子胜程子,甚至谓尧、舜非生知安行,皆务为高论,而不近理。又谓佛言空,道家言虚,儒言太极只一个空圈,为学只要还此本体;谓吾儒格致诚正工夫与佛老无甚异,但二家不归于修身;谓佛老莫可绊系,天理完固。又欲以老子、周子、文中子别为三子,其他如前劫后劫无不毁之天地,岂有不亡之国、不败之家、不死之身云云。故《四库全书总目》诋之甚厉,谓其议论时有偏僻,引据

---

[1] 《续修四库全书》第1123册,上海古籍出版社2002年版,第391页。

亦不免疏舛，提唱二氏之说不一而足，尤不可为训云云。

何良俊称其书所论经传，于考究尽有详密处，但于义理无所发明。①周中孚称其说经诸条只缘饰旧说，未能有所发明，其说子史益加偏僻，而导扬二氏之教尚少，犹有可取云云。②

此本据复旦大学图书馆藏明嘉靖四十四年项笃寿刻本影印。

此书又有明抄本（藏山东博物馆）。

芝园外集二十四卷 （明）张时彻撰

张时彻（1500—1577），字维静，号东沙，鄞县（今属浙江宁波）人。嘉靖二年（1523）进士，历官南京膳部主事、礼部郎中、南京刑部侍郎、南京兵部尚书。著有《芝园定集》、《芝园别集》、《急救良方》、《明文范》等书。附见《明史·张邦奇传》。③

此书分二编，卷一至十六为《说林》，卷十七以下为《续说林》。其文喜拟古，采用古人笔调，遍拟《庄》、《列》、《孟》、《左》以及唐、宋巨子之文，而所拟诸篇，貌似古色斑然，实则借古人之酒杯，浇胸中之块垒。其书切近简要，质而能该，于范世励俗之道颇有发明，其中亦不乏善言。如卷二《谏说林》曰："人臣之恶，莫大于树党，而其速祸也，亦莫大于树党。"卷三《政治林》曰："汉武帝穷奢极欲，赋役繁兴，民不堪命。"卷四《议论林》曰："贪也者，杀生之阱乎？贪色死色，贪酒死酒，贪盗死盗，贪斗死斗，贪猎死猎，

---

① （明）何良俊：《四友斋丛说》卷一，中华书局1959年版，第9页。
② （清）周中孚著，黄曙辉、印晓峰标校：《郑堂读书记》，上海书店出版社2009年版，第867页。
③ 关于张时彻的研究，参见薛媛：《明代张时彻文学研究》，宁波大学2011年硕士学位论文。

贪渔死渔，此人情之所共明也。贪禄死禄，贪位贪位，贪权死权，贪贿死贿，贪名死名，贪计死计，此人情之所易昵也。"卷五《人事林》曰："善持贵者以谦，善持富者以廉。"卷六《鉴戒林》戒幻鬼，戒奢靡，戒树党，戒毁誉，戒贪欲，戒偷安，戒媚权，慎择术，慎择臣，慎择地。所戒六妖者，为物妖、食妖、服妖、学妖、政妖、俗妖。学妖者何？曰："道德不师周、孔，文章不则六经，剿佛、老以为博，逞钩棘以为奇，以径超顿悟为绝学，以博闻广见为习迷，穿凿经传，非毁程、朱，此之为学妖。"卷八《昭谕林》曰："为善者不必得福，得福其常也；为恶者不必得祸，得祸其常也。"卷九《假喻林》曰："人知有用之用，而不知无用之用。"又曰："大佞似忠，大诈似信，大贪似廉，大垢似洁。"又曰："天下之治乱在士气，而土地人民不与焉。"卷十《操行林》曰："君子遇君子，则引类而升，幸气相济也。小人遇小人，则张牙而噬，恶气轧己也。"卷十一《国事林》曰："善谏者乘其君之不意，善纳谏者亦出其所不意。"卷十二《好尚林》曰："避祸不如避名，息影不若藏形。不取当时之名，而得后世之名，乃真名也。"卷十三《明术林》曰："有道之士，贵以近知远，以今知古，以所见知所不见。"卷十四《广训林》曰："人君之职，莫大于用人；宰相之职，莫大于荐人。"又曰："进言者审其利国与否，而不当以其私。听言者审其利国与否，而不当逆其私。"卷十六《记述林》曰："一书而可以终身行之者，其《易》乎？"又曰："欧阳子乃以《系辞》为非圣人之书，吾不知其何说也。"卷十七《谈道林》曰："君子之学，非惟忘富贵之为贵，而以忘名之为贵。"卷十八《明志林》曰："处治世惟恐其不智也，处浊世惟恐其不愚也。"卷十九《琐弋林》曰："论者曰：'不井田，不封建，不肉刑，不足以复三代之治。'此泥古之见，非通达治体之言也。"卷二十《吁俗林》曰："大吏之设也，本以禁奸，今以长奸；本以戢贪，今以导贪。此其于国家何赖焉？"卷二十一《卜涂林》

曰："今之人大抵皆贾道也。有贾名者，有贾位者，有贾利者。"卷二十三《负暄林》曰："凡为治之道，承小弊者补之，承大弊者革之。"

此书有明嘉靖间刻本，刻印俱佳。此本据中国科学院图书馆藏嘉靖间刻本影印。

稽古绪论二卷　（明）赵时春撰

赵时春（1508—1567，一作1509—1568），字景仁，号浚谷，平凉（今甘肃平凉）人。嘉靖五年（1526）进士，会试第一，选庶吉士，以张璁言改官得户部主事，寻转兵部，官至右副都御史，巡抚山西。著有《平凉府通志》、《赵浚谷集》等书。为"嘉靖八才子"之一。生平事迹见《明史》本传，周鉴撰《赵浚谷行实》。

全书分上、下二卷。卷上论圣门之学曰："君子量力而行，度德而任者也，故不敢以自大自高之词欺世而盗名。夫欺世盗名，君子之所深嫉者也。故曰圣门之学在务实。"论圣人之道曰："始乎礼，终乎乐。礼之分严，严以止乱。乐之情和，和以兴治。"论先王至德要道曰："常观天下之理，其弛也或张之，其散也或翕之，其败也或成之，其伏也或振之。"论圣人天地气象曰："江汉以濯之，秋阳以暴之，皜皜乎不可尚者，此圣人之气象，含弘光大者也。"不过以孟释孔，未能深入探讨。时春有言曰："不观诸子之学，则无以知圣人之德大而精；不究异端之失，则无以知圣人之道微而显，是以交用者也。"未免大言欺人。时春稽古未深，学问未成，《绪论》一编，庞杂无绪，卑之无甚高论，未能研精一理，亦未能自成家数。[①]

此本据北京师范大学图书馆藏明嘉靖间刻本影印。

[①] 杜志强认为赵氏思想带有浓重理学色彩和经世特点，参见氏著《赵时春著作的三个明刊孤本》，《山东图书馆学刊》2011年第3期。

畏斋薛先生绪言四卷 （明）薛甲撰

薛甲（1498—1572），字应登，号畏斋，江阴（今江苏江阴）人。嘉靖八年（1529）进士，选擢兵科给事中，疏上封事，攻排异端甚力，升宁波府通判，官至江西按察司副使，忤严嵩，解任以归，杜门静养。著有《易象大旨》、《心学渊源录》、《艺文类稿》等书。生平事迹见《本朝分省人物考》卷二十八。

书前有隆庆二年（1568）薛甲自序，发挥朱熹"去两短、合两长"之说。《绪言》曰："朱子与象山论学云：'今日须是去两短、合两长。'此非大贤功深力到不能为此言。盖朱子课程最密，只为源头差了些，所以费了许多功夫，晚年方悟到合一处。象山见处虽到，然终是少了朱子一段工夫，故从之游者意见虽高，而持循处少，往往失之玄虚，又不知如学朱子者，有着落也。"又曰："学者学晦翁之学，须透得象山门户，则晦庵学问方有受用处。然不从事于晦庵之学，欲径从象山门户而入，亦有未易能者。"于朱陆之学多有折中，主张去朱、陆两家之短，合朱、陆两家之长。究其实，其学更重陆象山、王阳明一系。薛甲少深恶阳明之学，诋之甚力，平日专靠书本子上做事，所以不得力，后于患难之际，因阳明"除却人情事变则无事矣"一语而开悟，遂极力宣扬其学。一曰："阳明学问是孔门嫡传。"再曰："阳明文字发挥得义理透。阳明是义理正脉。"又曰："心学最难，才高固易入，却又不专事于才。"

薛甲初有志于圣学，至是以所学验诸行事，有未尽合，益取象山、阳明遗书而参伍之，合异为同，反博于约，充然有得。彼于训诂、词章之学颇为轻视。如曰："训诂、词章之学，佛氏所谓化城也。借以安身，终非究竟。"又曰："记诵之学，中年而精神已衰；义理之学，至老而精神益壮。"又曰："训诂俗学，做成片段。举世趋之，学者一时没溺其中，要透得出，亦甚难。与阳明争辨者，皆当时知名之士，如《困知录》之类……得惺悟时，训诂俗学，莫非妙理。"又曰："人之学，是要学做人，须就己身上体认，不得胶泥训诂之说。"又曰："词赋之学非不美，但使人专用心于此，则枝业盛而根本衰，义理疏而精神散，不可以入道。"且曰："小人儒，滞于知识言语之间者也。"

其论修生养性，曰："心死身存。"又曰："虽跫跫小人，尚有些基趾，不似今之从政者，荡无着落。"又曰："嗜欲深者天机浅，试之立见。"又曰："《书》曰：'小人怨汝詈汝，则皇自敬德。'怨詈之言，更无隐讳，定是己身之所不可、人情之所不堪。于此敬德，最为切身，不惟可省己非，又可以消人怒。若含怒，又不可。恐忍于此而发于彼，又涉好名。不是圣人，如何体贴到此。"凡此皆确为心得之言。其他杂论亦有可取之处，如曰："论人者，苟先横好恶于中，而决于外，论之是非，则没世不得其真矣。"又曰："大山大水之地出大智慧之人，小山小水之地出小智慧之人。"

此本据福建省图书馆藏明隆庆间刻本影印。

觉山先生绪言二卷 （明）洪垣撰

洪垣（1507—1593），字峻之，号觉山，婺源（今江西婺源）人。嘉靖十一年（1532）进士，官至温州府知府。湛若水讲学京师，垣受业其门。后坐落职归，复与同里方瓘往从湛若水，若水为建二妙楼居之。著有《觉山史说》。生平事迹见《明史》本传。

此书前有万历戊申（1608）焦竑序，称考其论著，详于检束躬行，而略于自然之宗，岂先生之学而有未至云云①，似寓微词矣。

此书为洪垣讲学之书②，四库未著录，《千顷堂书目》著录为七卷，此本仅残存《语录》二卷。《明史·湛若水传》末称："湛氏门人，最著者永丰李怀、德安何迁、婺源洪垣、德安唐枢。怀之言变化气质，迁之言知止，枢之言求真心，大约出入王、湛两家之间，而自为一义。垣则主于调停两家，而互救其失。皆不尽守师说。"今观其书，史言不诬。卷一多精要之语，如曰："学问全在志愿，是乾道。"又曰："诸子不能变化气质，岂但不好学，不知学耳。"又曰："学以自然为宗。"又曰："仁以为己任，除却此，更无别事。故只此一路，死而后已。"又曰："学在尽性，不在尽事。"又曰："中庸之道，是日用常行之道。"又曰："君子之学，明德而已矣。"又曰："道问学是从德性脉络来，故曰道。"又曰："尊德性而道问学，是求至德以凝之，其功夫全在道问学上。尊德性而道问学，则道问学皆尊德性也。温故知新，敦厚崇礼，道问学实下手处，全在知行上。致极道尽，皆道问学事也。"又曰："学贵切近之悟。若夫口耳之学，无反己之思，则虽推一以知十，夫子弗取矣。"又曰："养志事理甚大。"又曰："变化气质不如致良知直截，是当下顿悟之说。"又曰："天下最怕雷同，雷同便不是学，故如切如磋。"又曰："问：'老子得《易》之体，孟子得《易》之用。'曰：'老子似言伏羲时事，孟子似言周文时事。老子反本，故以体为用；孟子经时，故言用而体自存。二之，非也。'"又曰："性静者可以为学。"又曰："观物之变化，必至其时，言何容易。"又曰："道在庸言庸行之间。"又曰："人须大

---

① 《续修四库全书》第1124册，上海古籍出版社2002年版，第43—44页。
② 邹建锋称其学融合吸收王阳明与湛甘泉二家之心学思想，强调格物致知，博文约礼，发展出以生意为心学归宿之生机之学，其心学思想体系博大精深。详参氏著《洪觉山学术思想引论》，《江西农业大学学报》2011年第1期。

着眼处看破，便有几分功夫。"又曰："学贵日新，须于日间对境时自取证验。"又曰："太极是无知无为底心，心是有知有为底太极。"又曰："学必以亲民为大头脑。"又曰："论古圣贤，只当论其学，不当论其事；只当学其心，不当学其事。"又曰："学问如人食蔗，渐入佳境，方有长进。"又曰："学贵初念。"又曰："实悟是诚。"又曰："为学如用兵，须先立家计，定规模，然后得寸即寸，得尺即尺。家计规模，志圣志道是也。"又曰："大凡先论心术，然后可讲学术。心术不好的人难讲学术。"又曰："虚实同原。"又曰："学者无至虚至公之心，只是为人守门户耳。"又曰："圣人进身难，转身轻。"又曰："百世之下，只论人品，不论贵贱。"卷二多援佛入儒，不一而足，难免庞杂之讥矣。

此本据浙江图书馆藏明万历间刻本影印。

泾林杂纪二卷 （明）周复俊撰
泾林续纪二卷 （明）周玄暐撰

周复俊（1496—1574），字子吁，号木泾子，昆山（今江苏昆山）人。嘉靖十一年（1532）进士。历工部郎中，升四川提学副使。历四川、云南左右布政使，调南京太仆卿，致仕。至滇中，交杨慎，雅相矜许。著有《泾林集》、《全蜀艺文志》、《玉峰诗纂》等书。生平事迹见《谷城山馆文集》卷二十《周公墓志铭》、钱谦益《列朝诗集》丁集第三。周玄暐，字叔懋，一字缄吾，昆山人。万历十四年（1586）进士，官至云南道御史。坐事瘐死狱中。生平事迹见《太仓州儒学志》卷二。

前二卷为《泾林杂纪》，多记滇中风土人情，如妇女服饰之异，花木鸟兽之奇，山川景物之美，风俗人情之淳，无不备载。杂记见闻琐事，颇资谈助。又推崇曹端之实学，许为道学正宗。又盛称杨椒山《劾严嵩疏》洞照奸臣之肺肝，其光焰若揭诸日月，与天壤俱存。论小学曰："不识古训，未可与谈经；不识古字，未可与解经。"论诗曰："诗最怕近。"又于明代诸人一一点评，持论颇允。论"阿睹"、"宁馨儿"、"打"诸条，讨论俗词俗字，殊为难得。记嘉靖乙卯岛夷寇苏城时"毛三官人割耳朵"之童谣，亦可补正史之阙。所记严世蕃贪淫不法状，较正史为详。所记科场舞弊之术，亦具史料价值。又载案宗数起，可征案例情状。至于所记方孝孺少年除妖事，似小说家言矣。

卷三、卷四为《泾林续纪》，卷端题"天南逸史周玄暐著"。玄暐为复俊之孙，故此书以"泾林续纪"为名。此书多记昆山事。李慈铭称："大抵村俗传闻琐屑之事。惟载分宜父子弄权、纳贿两条，潘伯寅尚书谓可俾史阙。然其言严世蕃资性强记，世宗观经史，有未经者，朱书片纸以问嵩与徐阶等，皆不晓；嵩以询世蕃，即曰在某书第几卷第几叶，其解云何，无一差者；则不可信。世蕃未尝读书，史称其熟谙掌故及六部例案，盖有之耳。其痛诋张江陵，谓有问鼎之心，尤为谬妄。"① 又称："又阅明人昆山周玄暐《泾林》一卷，皆记隆、万间乡曲琐事，其极诋张江陵，谓有窥伺神器之心，尤委巷妄言。"②

此书有明刻本、《功顺堂丛书》本。此本据上海图书馆藏明刻本影印。③

---

① （清）李慈铭：《越缦堂读书记》，上海书店出版社 2000 年版，第 709 页。
② （清）李慈铭：《越缦堂读书记》，上海书店出版社 2000 年版，第 711 页。
③ 旷天全认为现存《泾林续纪》各本皆非足本，详参氏著《〈泾林续纪〉考述》，《图书馆杂志》2011 年第 4 期。

虚舟集一卷 （明）陈尧撰

陈尧，字敬甫，号梧冈，通州（今属北京）人。嘉靖十四年（1535）进士，官至刑部左侍郎。著有《陈梧冈集》。生平事迹见《本朝分省人物考》卷二。

此书前有嘉靖四十二年（1563）陈尧自序，称好观《郁离子》、《龙门子》，因取虫鱼草木人物之细小者，叙而录之，曰《虚舟子》；庄生有言，人有方舟而济于河，虚舟来触之，虽有褊心者，不怒于戏。[①]"虚舟"一词本乎此，盖取处世应变之义焉。

是集皆寓言体，仅三十二条，意存发愤，皆义正词严。如"灌园得金"条称"穷不违其道"；"鹤媒"条称"大则卖国，小则卖友"；"人鼠"条指斥守仓之吏监守自盗，结党营私，上下其手，贪污腐化；"娟鱼"条称"不饮贪泉，不食淫鱼"；"禳鹗"条斥妖鸟；"独象"条称清除败群之象、害群之马；"门犬"条称自古帝王求士而不用，徒有虚名；"珠还"条称孟尝君为政清廉，而百姓还合浦之珠。自序称取法刘基、宋濂，然寓意未深，词旨浅显，虽小有可观，终不及二氏远甚。

此本据国家图书馆藏明嘉靖间刻本影印。

昼永编二卷 旧本题（明）宋岳撰

宋岳，约明嘉靖、万历年间人，自号东越承山子，余姚（今浙江余姚）人。嘉靖二十年（1541）进士。吕时中序称其既登第，两拜部

[①] 《续修四库全书》第1124册，上海古籍出版社2002年版，第219页。

郎，俱称清简，并游阙下十余年，后出任天雄兵宪。[1]嘉靖间任河间府知府、大名兵备道。《（雍正）浙江通志》卷一百三十二称其官至按察使。

该书最早著录于徐乾学《传是楼书目》小说家类，分上下二集，不分子目。数百年来，其书之伪，无人道破。今考，其书皆抄录前人嘉言懿行之可为法则者，稍加点窜，掩为己有，而一一讳其出处。全书凡三百六十条，其中三百五十三条伪迹昭彰，仅有七条阙疑待考。举以备参。

此书前有嘉靖四十三年（1564）吕时中序，称其书虽宏肆散见，旨趣不一，要多归之切身。[2]书后有嘉靖甲子（1564）阎承光跋，称叹翁之学术正大光明，宜其发于事业，章章赫奕，足以为人师表云云。[3]今按：吕序、阎跋亦未究其实，绝不可信。吕序又称无一条不概于胸中，无一句不敛为己有，似乎又以微词相讥。[4]书前又有嘉靖四十一年（1562）宋岳自序，称有以省躬则录之，有以保生则录之，有关世教则录之，有裨见闻则录之，以效先儒随笔之义云云。[5]自序自欺欺人，掩耳盗铃，所谓先儒随笔之义，岂能作为抄袭之遁词乎？

此书实为一拙劣之伪书，不慎混入《续修四库全书》之中，未免鱼目混珠。今本实事求是之心，广搜证据，将其彻底证伪[6]，望学人勿为所欺耳。此书虽伪，若视作杂抄、杂纂之类，亦小有可观，并非毫无价值。

此本据国家图书馆藏嘉靖四十三年阎承光刊本影印。

---

[1] 《续修四库全书》第1124册，上海古籍出版社2002年版，第231—232页。
[2] 《续修四库全书》第1124册，上海古籍出版社2002年版，第232页。
[3] 《续修四库全书》第1124册，上海古籍出版社2002年版，第302页。
[4] 《续修四库全书》第1124册，上海古籍出版社2002年版，第231页。
[5] 《续修四库全书》第1124册，上海古籍出版社2002年版，第232页。
[6] 参见司马朝军：《〈昼永编〉辨伪》，见《学鉴》第4辑，武汉大学出版社2011年版，第95—253页。

金罍子四十四卷 （明）陈绛撰

陈绛（1513—1587），字用扬，上虞（今浙江上虞）人。嘉靖二十三年（1544）进士，官至太仆寺卿、应天府尹。生平事迹见陈翌、陈昱所撰行略及车任远《金罍子传》。《传》称其言自天地名物之变，礼制政事之繁，上极象纬，中尽伦纪，下迨虫鱼，皆援证精切，辨论正大，意皆古人之所未发，而无一字不根于古云云。[①]

此书以子名，自筮仕抵遂初，时时涉笔不置，欲勒成一家之言。原名《山堂随钞》，后经陶望龄删汰，改题此名，以所居地有金罍山之故。原无铨次，后分为上、中、下三编。上编二十卷，中编十二卷，下编十二卷。上、中二编按时代为序，下编则分古礼、称名、考古、象数祠祀、仙技杂异、杂异、忌讳、杂言、辨物九类。其体例、内容皆仿王充《论衡》，博引古事，而加以考证。万历三十四年（1606）其子陈昱所作凡例称，上编考订讹谬，自古今治乱、是非得失以及礼仪，撮其事之博大、义之宏深者而扬抉之；中编比事述词，拾遗纠舛，并加考订，而仪礼尤详；下编究古以原其始，考礼以证其实，谭异而归于正，多识而核其详。[②]

初印本有万历三十四年（1606）陶望龄、舒曰敬序，陈昱所作凡例及车任远之后序。后印本又增徐待聘序、陈明性后序及陈志遵跋。陶望龄序称其书类所谓说家，其博而精，辨而正，醇经邕史，联络曲折，而出之粹然，过《潜夫》、《论衡》远甚云云。[③]今按其书，颇有正论，如曰："尚论人物，当就其明志大节观之。"曰："教人者，

---
① 《续修四库全书》第1124册，上海古籍出版社2002年版，第310页。
② 《续修四库全书》第1124册，上海古籍出版社2002年版，第310—311页。
③ 《续修四库全书》第1124册，上海古籍出版社2002年版，第303—305页。

先察其所短而治之；取人者，当量其所长而任之。"曰："人言争名于朝，争利于市。今也不然，争利者于朝，争名者必于山林矣。"陶望龄称："金罍子，儒家者也。"其言不诬。然《四库全书总目》列入存目，称迂僻者居多云云，未免持论过苛矣。

　　此书有明万历三十四年陈昱刻本，此本据以影印。

蓬窗日录八卷　（明）陈全之撰

　　陈全之（1512—1580），原名朝鍪，字全之，以字行，一字粹仲，号津南，晚号梦宜耘叟，以字行，闽县（今属福建福州）人。嘉靖二十三年（1544）进士，仕至山西布政司右参政。著有《游杂集》、《巴黔集》等书。生平事迹见明俞汝楫《礼部志稿》卷四十四。

　　此书前有嘉靖四十四年（1565）朱绘序，称其书为世道计也，虽述作不专，细大不择，要其指于治理为详；其通达类贾谊，知几守正类陆贽，独持存省正论，即杜牧氏不逮云云。[1]书末有嘉靖四十四年（1565）全之《后语》，称历睹时事，遍窥陈迹，凡得见闻，雅喜抄录，或搜之遗编断简，或采之往行前言，自资考阅，略比稗史云云。[2]此书始作于嘉靖十九年（1540），编于嘉靖三十年（1551）。

　　是编八卷，分寰宇、世务、事纪、诗谈四门，门各二卷。比较偏重世务经济，当与全之出仕人世之志向有关。朱绘序称当时朝政"以听采择者，不过曰国势、曰士风、曰纪纲、曰宗藩、曰士马、曰食货、曰南之倭北之胡，与时低昂大都止于此"，大体近实。"寰宇"门为地理之作。首述九州、山脉、水源，次论山东、山西、陕西、河南、四川、湖广、江西、浙江、福建、广西、云南、贵州、京后、长

---

[1]　《续修四库全书》第1125册，上海古籍出版社2002年版，第1—2页。
[2]　《续修四库全书》第1125册，上海古籍出版社2002年版，第249—250页。

城、宁夏及黄河形势，次叙通远，尤重日本、朝鲜、安南、西南夷之要道。"世务"门记食货制度。鉴于卫兵之弊、清军之弊，主张弭盗、固本。于边事尤所关心，主张徙戎及募民实边。"事纪"门杂纪轶闻，解释名物，间或论及读书方法。如曰："宋景文尝自言手抄《文选》三过，方见佳处。洪景卢亦尝手抄《资治通鉴》三过，始究其得失。彼于文史间且用力如此，有志大儒为经学者可草草乎？""诗谈"门多为诗作诗话。

《（雍正）福建通志》卷三十六称其谈九边陋塞甚悉。清中期编修《四库全书》时，此录由浙江、福建等处呈送，列为抽毁书。据《抽毁书目》称："书内'寰宇'等篇虽泛论边事，而议论多极驳杂，应请抽毁。"《四库提要》列入存目，称"世务"一门多可采，"寰宇"一门颇参舆记陈言，"诗谈"、"事纪"则更猥杂云云。今考，其书多涉及宋、金关系，内有《虏情论》、《北伐论》等，故遭禁止，举以备参。

书名"日录"者，录之于他人，多非原创。取之于人，似应一一注明出处，然本书或注，或不注。顾静标校本一一疏证之，出以案语，诚整理之佳法。据顾静考其史源，前三门除方志和史书外，有相当部分可能出自当时之邸报与传抄，"诗谈"一门往往杂有全之简短评语，今录以备参。

此书有山西、福建两刻本，嘉靖四十四年初刻于太原，万历间刻本则全之卒后其子邦范在闽中翻刻者。此本据复旦大学图书馆藏嘉靖四十四年刻本影印。

辍耰述四卷　（明）陈全之辑

陈全之生平见前《蓬窗日录》提要。

其书为归田之作，故名"辍耰"。耰者，摩田之器，其状如槌，所以覆种。辍耰犹辍耕,"辍耰述"犹"辍耕录"。

此书前有万历五年(1577)全之自序,畅述耕读之乐。[1]又有万历十一年(1583)陈瑞序,称所载皆古今事变,足资多识,释偈诗谭,足理性情,倭虏盐政,足裨时务云云。[2]

全书四卷,不分门类,不立条目。细核其书,亦隐寓义例。卷一录嘉言懿行。如记杨万里:"宋杨诚斋月下传杯赋诗,胸次不让李翰林。每池上对月,袖手朗吟数遍,呼童取黎甃盏,倾兰溪郁金香,引满咽之,不知清风明月,与我之为三也。"又引朱晦翁诗云:"朝市令人昏,山林使人傲。谁知昏傲两俱非,但说山林是高蹈。"卷二纪诗话佳句。如记无名氏诗:"有《题子陵钓台诗》云:'千仞楼台天削成,钓鱼人去暮云平。我来欲问桐江水,东溪以前无此清。'又有《题鸣琴画轴》云:'膝上横琴玉一枝,此音惟有此心知。夜深断送鹤先睡,弹到空山月落时。'其悠扬苍润,千古佳句,竟不知何人也。"今按:后诗为周芝田作,见于元蒋正子《山房随笔》。卷三记地理史实。卷四言边防海防。

《千顷堂书目》小说类著录。书中涉及虏情,内有《北虏考叙》,清代严加禁毁,故流传甚少焉。

此本据上海图书馆藏万历十一年熊少泉刻本影印。

海沂子五卷 (明)王文禄撰

王文禄(1503—?),字世廉,自号海沂子,海盐(今浙江海盐)人。嘉靖十年(1531)举人。著有《廉矩》、《竹下寤言》、《邱陵学

---

[1] 《续修四库全书》第1125册,上海古籍出版社2002年版,第252页。
[2] 《续修四库全书》第1125册,上海古籍出版社2002年版,第251—252页。

山》等书。今考《海沂子》卷五云："正德丙子，海沂子十有四龄，学琴于李鸿渐，授八操。"正德丙子为十一年（1516），据此推知其生年。生平事迹见《本朝分省人物考》卷四十四，称博学好名，屡上春官不第，刻厉愈锐，以天下文章节义自命，居身廉峻，年七十余，应制长安，步履如少壮，卒无子，学使陈大绶檄祀学宫云云。

是编分真才、作圣、稽阐、仪曜、敦原五篇，篇各为卷。"真才"篇主张"真才之持世"，但又归之于天命；"作圣"篇以心学为主，但又混儒释而一之；"稽阐"篇考证古事古言，申以己见；"仪曜"篇主气化之说，认为气为宇宙之本根，天地之气循环无端；"敦原"篇反对封建礼教制度，主张父母丧服一致。王氏之学出王阳明，故书中颇推崇阳明心学。全为议论之语，颇多警句。如论真才曰："真才也者，抱真心者也。真臣也，受一职也，思尽一职也。前天下万世何利弊也，后天下万世何利弊也，革之兴之，创之垂之，救而补之。通天下一身，通万世一时，任之而已矣。"论真心曰："真心，直心也。匪直弗真，故曰人之生也直。心直则身直，可立地参天。不直则横，心横则身横。横行者，禽兽也，可畏哉！孔子取狂狷，直而真也。恶乡愿，不直也。"论人才曰："元气不息，人才亦不息。养元气者，养人才也。养人才者，养元气也。是以人无元气则死，国无人才则亡。或曰：亡若无人才，兴则有人才，何也？曰：帝王造兴，为革命小劫，元气复萃而完，人才亦全焉，若重开辟也。夫元气盛则世运盛，人才布于朝焉，见有才也。元气衰则世运衰，人才摈于野焉，见无才也，才岂终无乎？"辨朱陆之学曰："徐春子曰：'朱、陆辨后，至我明分二学：高明主尊德性，质实主道问学。白沙、阳明主陆，薛、湛、罗、崔主朱，终古莫一也。'海沂子曰：反之心，求其是而已，曷辨朱、陆？'德性曰尊，问学曰道'，子思明言之矣。尊德性，率性之道乎？道问学，修道之教乎？天命之性一也。"口称不辨朱、陆，实则抑朱扬陆矣。

《千顷堂书目》小说类著录。《四库全书总目》入杂家类存目，称其持论往往偏驳，不免于偏私，其言皆不可训云云，未免不揣其本而齐其末。今考其书，持论颇具启蒙之新意，馆臣之论未免排斥过甚矣。

此书有明嘉靖刻本、《百陵学山》本等。此本据商务印书馆藏民国二十七年影印隆庆刻《百陵学山》本影印。①

掌中宇宙十四卷　（明）卢翰辑

卢翰，字子羽，号中庵，又号中黄子，颍州（今属安徽阜阳）人。嘉靖十三年（1534）举人，官兖州府推官。著有《易经中说》、《签易》、《月令通考》等书。事迹见《（乾隆）江南通志》、《（光绪）重修安徽通志》）。

此书前有王道增《掌中宇宙叙略》，称宇宙间名物无不可穷。②又有嘉靖十八年（1539）卢翰小引，称书之在天下者汗牛充栋，虽穷年涉猎，尚苦于弗能遍，乃随所读而辄抄之，纲举目张，若指诸掌云云。③王重民称惜不注出处。

全书十四卷，分为十篇，曰仰观篇、俯察篇、原人篇、建极篇、列职篇、崇道篇、耀武篇、表格篇、旁通篇、博物篇。篇下分部，如仰观篇分仪象部、天泽部，俯察篇分流峙部、方隅部、名胜部。部下分细目，如仪象部下属之天又分九天、九霄、九野、四象诸目。细目之下又出条目。如"五五等人"条曰："中黄子曰：天有五方，地有

---

① 关于此书的整理研究，参见葛文玲：《海沂子校注释论》，河北师范大学2003年硕士学位论文。
② 《续修四库全书》第1125册，上海古籍出版社2002年版，第317页。
③ 《续修四库全书》第1125册，上海古籍出版社2002年版，第318页。

五行，声有五音，物有五味，色有五章，人有五等。上五有神人、真人、道人、至人、圣人，次五有德人、贤人、智人、善人、辨人，中五有公人、忠人、信人、义人、礼人，次五有士人、工人、虞人、农人、商人，下五有众人、奴人、愚人、肉人、小人。"

今考，此书实为浅近之类书。王重民《中国善本书提要》列于子部杂家类杂纂之属，分类亦误矣。

此书有明嘉靖间刻本。此本据北京大学图书馆藏明万历三十三年欧阳东凤刻本影印。

四友斋丛说三十八卷 （明）何良俊撰

何良俊（1506—1573），字元朗，号柘湖，华亭（今属上海）人。嘉靖中以岁贡生入国学，特授南京翰林院孔目。未久，移居苏州。著有《何氏语林》、《世说新语补》、《何翰林集》等书。与李开先、王世贞、徐渭并称嘉隆间四大曲论家。《明史·文苑传》附见《文徵明传》中。[1]

斋名四友者，自称与庄子、维摩诘、白居易为友。书前有隆庆三年（1569）良俊自序，称其书直写胸臆，触犯时忌，可谓忧时之言，愤世之作。[2] 初刻本又有朱大韶序。

此书为综合性笔记，分十七类，凡经四卷，史十三卷，杂记一卷，子二卷，释道二卷，文一卷，诗三卷，书一卷，画二卷，求志一卷，崇训一卷，尊生一卷，娱老一卷，正俗二卷，考文一卷，词曲一卷，续史一类。尤以书、画、词曲等类最具特色，曾被单独辑出，称

---

[1] 关于其人其书的研究，参见施赛男：《何良俊及其〈四友斋丛说〉研究》，南京师范大学2007年硕士学位论文。
[2] 《续修四库全书》第1125册，上海古籍出版社2002年版，第512—513页。

为《四友斋书论》、《四友斋画论》、《四友斋曲说》。何氏自称仿《世说新语》之体,从历代史传、笔记、杂录中条辑两汉至元代文人言行,加上《世说新语》原书,共得二千七百余条,涉及政治、军事、时事、经济、风俗、文艺、学术、人物诸多方面。其书重汉学轻宋学,如曰:"汉儒尚训诂,至唐人作正义,而训诂始芜秽矣。宋人喜说经,至南宋人作传注,而说经遂支离矣。"曰:"今之学者易于叛经,难于违传,宁得罪于孔孟,毋得罪于宋儒。此亦可为深痼之病,已不可救疗矣,然莫有能非之者。"曰:"今言学者摭拾宋人之绪言,不究古昔之妙论,始则尽扫百家而归之宋人,又尽扫宋人而归之朱子,谓之因陋就简则有之,博学详说则未也。"重阳明轻朱子,如曰:"阳明先生拈出良知以示人,真可谓扩前圣所未发。阳明既已拈出,学者只须就此处着力,使不失本然之初,便是作圣之功。"曰:"朱子作传注,其嘉惠后学之功甚大,但只是分头路太多,其学便觉支离。"指斥八股取士之弊端,曰:"朝廷求士之心其切如此,而有司取士之术其乖如彼。余恐由今之日以尽今之世,但用此辈布列有位,而欲致隆古之治,是犹以鸩毒愈疾,日就羸惫,必至于不可救药而后已耳。"他如论文章曰:"唐人之文实,宋人之文虚;唐人之文厚,宋人之文薄。"曰:"曾南丰文严正质直,刊去枝叶,独存简古,故宋人之文当称欧、苏,又曰欧、曾。"论观人之术曰:"大抵观人之术无他,但作事神气足者,不富贵,即寿考。"均直抒胸臆之言。刘叶秋称其考证较平常,而议论多可取,又称书中经、史、子诸门,多摘抄经传子书原文,不加评述,实无意义云云[1],可谓确论矣。

此书有隆庆三年三十卷本、万历七年三十八卷本、天启元年刻本。此本据明万历七年张仲颐刻本影印。

---

[1] 刘叶秋:《历代笔记概论》,北京出版社2011年版,第187—188页。

篷底浮谈十五卷附录一卷 （明）张元谕撰

张元谕，字伯启，号月泉，浦江（今浙江浦江）人。嘉靖二十六年（1547）进士，官至云南副使。著有《詹詹集》。事迹见明余之祯《（万历）吉安府志》卷十七、明徐象梅《两浙名贤录》卷四十二、明过庭训《本朝分省人物考》卷五十三、《（光绪）浦江县志》。

书前有隆庆四年（1570）徐栻序，称其有凭虚御风之趣，著为确然不易之正论。[1]又有隆庆二年（1568）元谕《篷底浮谈引》，称隆庆改元北上，往返舟中，读书有得，辄书于册。自以得之水上，而妄论亦如流萍飘梗，泛泛悠悠，不根着于理道，故命之曰浮谈云云。[2]

全书分九门，曰谈道，曰谈理，曰谈治，曰谈学，曰谈文，曰谈子，曰谈史，曰谈经，曰谈书，凡十五卷。其书大旨宗濂洛关闽之学，一本庸恕立言。其中警策语曰："诚者，纯笃一心，而足以动天地，感鬼神。"曰："贪者常不足，非不足也，心无厌也。廉者常有余，非有余也，所愿约也。"曰："容忍足以成万事，褊急不能胜一人。"曰："治己贵刚，刚则奋发而不怠。接物贵柔，柔则含忍而少祸。"曰："士大夫之大节，不过进退二字，有一毫苟且之心，即流于鄙夫，无所不至矣。"曰："居家贵俭，俭可以久居；交友贵淡，淡可以久交，必然之势也。"谈治能识大体，不免偶失于泛；谈学能务所要，不免时流于固。其佳者如曰："或问：'去圣日远，论学者高入于禅，卑入于俗，将何所适从耶？'予曰：'圣门专事求仁，即《大学》之正心诚意、《孟子》之存心养性也。今论学者必欲先究性命

---

[1] 《续修四库全书》第1126册，上海古籍出版社2002年版，第1页。
[2] 《续修四库全书》第1126册，上海古籍出版社2002年版，第2页。

之源，神化之妙，而以践履为缓，不亦过乎！'"曰："学者大病，惟傲、惰二字最难除。傲由气盈，有一毫自高自是之心，皆傲也。傲则其本病，而无以善其始矣。惰由气歉，有一毫自画自馁之心，皆惰也。惰则其功废，而无以要其终矣。"曰："阳明谓今人气质难变，以客气为患；后世学术不明，出胜心为患。其切中病根者乎？"谈文、谈子，亦能切中肯綮。如曰："六朝以偶俪为文，文之所由弊也，谓文中有诗误矣。宋人以议论为诗，诗之所由鄙也，谓诗中有文误矣。"曰："今世讲学之文，粗俚浅俗，直野人之鄙谈耳。"曰："荀子谓庄子蔽于天而不知人，杨子谓庄子荡而不法，皆善论庄子者也。"其余谈经、谈史、谈书诸卷，瑕瑜互见。《附录》一卷，乃其隆庆戊辰（1568）六月为缨泉邵子所作之《适适园四景曲》。

此书《千顷堂书目》卷十二入杂家类，然其主旨纯正，应入儒家类。

此本据国家图书馆藏明隆庆四年董原道刻本影印。

千一录二十六卷　（明）方弘静撰

方弘静（1517—1611），字定之，号素园，学者称采山先生，歙县（今安徽歙县）人。嘉靖二十九年（1550）进士，万历十四年（1586）以右副都御史任升南京户部右侍郎，后中蜚语归。卒赠南京工部尚书。著有《素园存稿》。生平事迹见《国榷》卷八十一、《国朝列卿纪》卷一百一十二、《通议大夫南京户部右侍郎方公墓志铭》[①]。

此书凡二十六卷，自卷一至卷四为经解，卷五至卷八为子评，

[①] 参见（明）叶向高：《苍霞续草》卷十一，明万历刻本。关于方弘静的研究，参见韩开元：《方弘静年谱》，见《徽学》第3卷，安徽大学出版社2004年版；《诗人方弘静研究》，安徽大学2005年硕士学位论文。

卷九至卷十二为诗释，卷十三至卷二十二为客谈，卷二十三至卷二十六为家训。名"千一录"者，万历三十五年（1607）弘静自序曰："千载之上有奥义焉，未有尽其旨者，余偶发之；有妙词焉，未有逆其志者，余幸得之，则庶几云尔者，未可诬也，故曰千一。"又曰："《千一录》，录经解也，而子附焉。子有辅经者，有畔经者，于是乎有评矣，评子所以明经也。"①所录由少及老，随笔记成，未能易稿，多驳杂未纯耳。

其说经大旨以经解经，惟程朱之学是宗。评子则攻驳多而阐发少。释诗偏重于杜甫，皆以己意驳斥注者之言。综合以观，曰返经而已。凡不经之人、不经之事、不经之言，皆所摒斥。如曰："圣人之言有一言尽天下之道者，万世不可易者也；言有有为而发者，教有因人而施者，则非一端而已也。《论语》论孝，言人人殊，此因人而施也。"曰："圣人之道，中而已矣。"曰："博学将以反约，温故乃可知新。"曰："程朱之学，居敬穷理，圣人复起，必不易其言矣。朱之训诂为始学也，如其曰：圣人之言，彻上彻下，一言而尽，何多言也？多言多岐。此悬空之谈，可隔壁听者也。"曰："古之学以适用，故终身如不及；今之学以干禄，犹筌蹄也。"曰："入德之门，始于格物，即《易》之穷理、《中庸》之学问思辩也。程朱之学，百世以俟，不可易也。今之鼓异说者，匪诬则惑。苟欲闲道者，其惟正人心乎？"叶向高称："《千一》之言，以示道极。"②《素园存稿序》亦称："其人嶷然如山，而其学排斥百氏，粹然一出于正。所著《千一录》，足为六籍鼓吹。"弘静反对援墨入儒，曰："今之儒名者，好以《南华》、《华严》之语释经，畔道侮圣，诚何心也？"曰："盖自陆子六经皆我注脚之语，大误后学，小人之不知天命而侮圣言者，遂纷如

---

① 《续修四库全书》第1126册，上海古籍出版社2002年版，第102页。
② （明）叶向高：《苍霞续草》卷十一，明万历刻本。

矣。鄙夫之'空'遂以为颜氏之'屡空',颜氏之'空'遂以为释氏之'空',学者不知尊所闻,而求异乎所闻,不知阙所疑,而务附会其所疑,几以天下惑矣,彼簧鼓者不仁哉!"

此本据北京大学图书馆藏明万历间刻本影印。

近溪罗先生一贯编十一卷　（明）罗汝芳撰

罗汝芳（1515—1588）,字惟德,号近溪,南城（今属江西抚州）人。嘉靖三十二年（1553）进士,官至布政使参政。泰州学派之代表人物。著有《孝经宗旨》等书。《明史·儒林传》附见《王畿传》中。

书前有万历二十六年（1598）门人杨起元序,称一贯者,孔、曾授受之微言也,是即所谓一日克己复礼而天下归仁者也,又即所谓良知良能而达之天下者云云。[1] 万历二十六年其门人熊偀序称述其一贯之旨曰：贯天贯地,贯人贯物,贯古贯今,毫发不间,须臾不离,故富贵而藐权势,贫贱而甘蔬水,夷狄而感泣莽哒,死生而从容寝簟,逢人好问好察,乐与善诱,无非一以贯之云云。[2]

是编为熊偀编次,钱启忠重订。此书以四书五经为纲,以罗子会语为目,类辑成书。冠以《一贯说》,又附以像赞,次为讲论五经四书之说,次为心性之说。

王守仁之学,一传而为王艮,再传而为徐樾,三传而为颜山农。汝芳出颜氏之门,习其师说,《四库全书总目》称其持论洸洋恣肆,纯涉禅宗,并失守仁之本旨。《明史·杨时乔传》曰："时乔最不喜

---

[1]《续修四库全书》第1126册,上海古籍出版社2002年版,第495页。
[2]《续修四库全书》第1126册,上海古籍出版社2002年版,第500—501页。

王守仁之学，辟之甚力，尤恶罗汝芳。官通政时，具疏斥之曰：'佛氏之学，初不漓于儒。乃汝芳假圣贤仁义心性之言，倡为见性成佛之教，谓吾学直捷，不假修为。于是以传注为支离，以经书为糟粕，以躬行实践为迂腐，以纲纪法度为桎梏。逾闲荡检，反道乱德，莫此为甚。望敕所司明禁，用彰风教。'诏从其言。"是当时持正之士已纠其谬，朝廷且悬为禁令。①《四库全书总目》列入杂家类存目，称运当末造，风气浇漓，好异者终不绝，所以世道人心日加佻薄，相率而趋于乱亡云云。今考，书中颇有独到见解。如曰："先儒谓《易》为五经祖，则《书》之政事，《诗》之性情，《礼》之大本，《春秋》之大义，言言皆自伏羲画中衍出，非《易》自为《易》，各经自为各经。""大抵学《易》先须乾坤二卦识得明尽，盖乾以始坤，坤以终乾，乾之始处未尝无坤，坤之终时未必非乾，二者原合体而成者也。""儒先有谓六经圣人之注脚，是为逐心词章者激而言之也。某尝依孟子诵其《诗》，读其《书》，学《礼》，玩《春秋》，尚论古人，于从姑山房觉来，一字一金，言言皆救性命之良方，非纸上之闲言也。窃敢谓《诗》、《书》、《礼记》、《春秋》皆圣贤之精蕴，悟者得之。"

此本据中国科学院图书馆藏明长松馆刻本影印。

近溪子明道录八卷 （明）罗汝芳撰

罗汝芳生平见前《近溪罗先生一贯编》提要。

万历十三年（1585）耿定向《读近溪罗子集》称其集中发明孔

---

① 周群认为，罗氏为泰州学派中最杰出的思想家之一，是王阳明到李卓吾之间过渡的中介，详参氏著《从阳明到卓吾的中介——论罗近溪思想的定位》，《南京大学学报》2004年第4期。

孟学脉，一轨于正。①万历十年（1582）胡僖序称其襟次洒落，心体平易。②万历四年（1576）昆明郭斗序称汝芳以家居富美堂及云南五华书院，所集讲义二卷，其言有裨风教，合而刻之，一题曰《五华会语》，一题曰《双玉会语》，其门人杜应奎又附以所记汝芳论学编，分为三卷，题曰《近溪先生会语》。③后有万历十二年（1584）门人杜应奎跋，称其学术接孔门正脉。④又有万历十三年（1585）詹事讲跋，称其见足以悟，其气足以充，读先生会语，宛然姚江宗派；又称是书足以明道，故名为《明道录》。⑤

汝芳重视《大学》，以为入门之书，如谓孔门之学在于求仁，而《大学》正是孔门求仁全书。或问："《中庸》比之《大学》似更深奥。"答曰："先贤亦云《大学》为入道之门。"明儒论学多有宗旨，然汝芳颇有去宗旨之倾向，故其论学不显标宗旨耳。⑥

此书卷端题"门人乐安詹事讲明甫校梓"，盖应奎编于前，事讲又编于后，故书名、卷帙各不同。王重民云："此本（即六卷本《近溪子集》）殆即詹（事讲所）刻《明道录》，曾经耿定向手批，而季膺重刻之，因易为此名也。"⑦《四库全书总目》列入杂家类存目。

此本据明万历十三年詹事讲刻本影印。

---

① 参见方祖猷等编校整理：《罗汝芳集》附录，凤凰出版社 2007 年版，第 934 页。
② 《续修四库全书》第 1127 册，上海古籍出版社 2002 年版，第 3 页。
③ 《续修四库全书》第 1127 册，上海古籍出版社 2002 年版，第 4 页。
④ 《续修四库全书》第 1127 册，上海古籍出版社 2002 年版，第 98 页。
⑤ 《续修四库全书》第 1127 册，上海古籍出版社 2002 年版，第 98—100 页。
⑥ 王振华认为罗近溪以"赤子之心"为学术宗旨，详参氏著《见心与践心——罗汝芳哲学思想研究》，陕西师范大学 2011 年博士学位论文。
⑦ 王重民：《中国善本书提要》，上海古籍出版社 1983 年版，第 325 页。

筠斋漫录十卷续集二卷别集一卷 （明）黄学海撰

黄学海，字宗于，号筠斋，延陵（今属江苏镇江）人。黄懋孝跋称其妙龄通籍，早岁挂冠，不蝇营鼠腐，而独抱遗编，刳心群籍，盟烟霞而友泉石云云[1]，似为隐居之士。

此书《千顷堂书目》著录为：《漫录》十卷，又《续录》一卷，又《新录》一卷，又《别录》一卷，又《外录》一卷。

书前有万历二十九年（1601）学海小引，书于翠微馆，大旨曰："一可贯万，约可该博，由是充之，而探古今之赜，体天地之撰。"[2]书末有犹子懋孝万历三十年（1602）跋，称凡记载以来之可法可惩、可骇可愕、可被弦歌、可勒金石、可垂千万祀者皆录之。[3]

《漫录》十卷，卷一抄录《宪章录》，卷二抄录《震泽长语》、《余冬稿》、《天顺日录》诸书，卷三节录《国语》、《战国策》，卷四节录《史记》、《唐世说新语》、《蓬底浮谈》、《续通鉴》，卷五节录《西京杂记》、《述异记》、《博物志》、《世说新语》、《韵语阳秋》，卷六、卷七、卷八节录《何氏语林》，卷九节录《四友斋丛说》，附录《老子》、《庄子》、《晏子》、《孔丛子》、《尹文子》，卷十节录《蓬底浮谈》、《王氏耳谈》、《省心录》、《自警编》、《续观感录》、《玄敬诗话》、《养生类纂》、《桯史》、《省约三书》、《白沙遗言》、《景行录》、《窒病录》、《橘壮录》、《橘如录》、《近代名臣录》、《松窗寤言》、《续自警编》。《续集》二卷，上卷先抄《韩诗外传》、《拾遗记》、《抱朴子》，又分神仙、异僧、报应、定数、廉俭五目，下卷分知人、精察、神

---

[1] 《续修四库全书》第1127册，上海古籍出版社2002年版，第270页。
[2] 《续修四库全书》第1127册，上海古籍出版社2002年版，第101页。
[3] 《续修四库全书》第1127册，上海古籍出版社2002年版，第270页。

明、俊辨、将帅、豪侠、画、医、相、贤妇、交友、诡诈、杂录诸类。《别集》一卷抄《经钮堂杂志》，又分杂录、谈林二目，又抄《西湖游览志》四条，殿以随笔数条。

今考，此书随意抄录，漫无体例，毫无原创，乃至为拙劣之杂抄。详勘此书，全系抄袭。一书或抄一条，或抄数条。书名"漫录"，跋称"自纂"，瞒天过海，掩耳盗铃，不过自欺欺人而已。录以备参。

此本据上海图书馆藏明万历三十年刻本影印。

续羊枣集九卷附二卷　（明）骆问礼撰

骆问礼（1527—1608），字子本，号缵亭、万一楼居士，诸暨（今浙江诸暨）人。嘉靖四十四年（1565）进士，官至湖广副使。著有《万一楼集》。事迹见《明史》本传。

今按：书名"羊枣"，典出曾皙独食羊枣。骆氏之父溪园名集曰"羊枣"，以昭其独。问礼则为之续貂。此集即其《万一楼集》中之一部分，似应入集部。书前有问礼自序，称山居无事，集平日迂僻之谈，得八卷，玩之以为适，然其不合于世俗者多矣，因名之曰《续羊枣》，非敢谓能继美前人，其性所独好则然耳。[1]高承埏《续羊枣集序》称其书纪核渊通，鸿细兼举，盖说部之隽，大者在论治论学。[2]

此书大旨在扬朱抑王。谓阳明良知之说与朱子大相矛盾，其为《晚年定论》，诬朱子也。论朱陆同异，谓阳明与朱子其学则同，而其说终异。朱子心口相应者也，阳明、象山未免操异说以胜人。又指斥阳明学术，谓《大学》恐不可直以宋儒改本为是，而以汉儒旧本为

---

[1]　（明）骆问礼：《万一楼集》卷四十八，清嘉庆活字本。
[2]　《续修四库全书》第1127册，上海古籍出版社2002年版，第271—272页。

非。所以指阳明学术之偏者，谓其不当言知必兼行，必行过然后能知，恐非《大学》宗旨。谓陈白沙语录多腐词，王阳明语录多遁词。谓王学末流所言者皆古人小学工夫。谓今之讲学者皆好善，惜不明理。驳阳明"知行合一"之说，谓不须别解，即阳明合一之言，已知其为两事矣。谓《泳化类编》载王文成于理学者，正以明其为理学之害耳。

集曰"羊枣"，亦喻其细，然细中亦颇见精粹。如曰："立法贵简，行法贵详；立法贵恕，行法贵严。"曰："夫顽鄙无耻之徒，誉之则自负，辱之终无惭，惟富贵是嗜。廉洁自重者，一为人所辱，则恐恐然引避自白之不暇。此君子小人之死生进退，所以难易迥别。而有国家者，知志士之不可辱，其亦慎所以保之。而自好之君子，亦思广其器量，不为人所轻乱哉！"曰："如今讲道学者，凡言阳明先生，则同声和之，与之少异，共诋之矣。"曰："古道之不可复，大者如封建、肉刑、井田，小者如祭用尸、坐用席之类。"曰："科举之文，自弘、正以来日盛，至嘉靖年间辞理灿然，隆庆中未改也，至今万历日趋于敝，天下士子厌薄宋儒，堂奥庄列，宗主佛老。《性理大全》一书，无穷妙理，皆以发明六经，有习之者，诋为俗儒。山林老僧，一字不知，得之者以为奇货。及作为时文，全无体认，但能与章句背者便为奇士。"曰："作史者事词浩繁，安免矛盾？在读者以意逆之耳。"曰："人之无耻，至唐极矣。"曰："秦始皇恶书，非恶书也，恶人读之而诈谋其社稷。不知读书多则忠孝之道明，忠孝乃社稷之福也。王文成公恶书，非恶书也，恶人读之而遮迷其德性。不知读书多则闻见之益广，闻见固德性之资也。"曰："作文之法：人之所详，我之所略；人之所略，我之所详。"曰："李贽大抵清奇可怪，而不近人情，终非儒者正道。"①曰："讲学者诋大儒，而稽首于弥

---

① 骆问礼与李贽关系密切，李要学佛，培养弟子，骆则极力阻挠，但二人私交甚好，李称"骆最相知"，骆称"卓吾见洁守宏才，真足为顽儒一表率"。参见许建平：《李贽思想演变中的两个问题考辨》，《广州大学学报》2004年第8期。

陀；仕宦者畏中官，而甘心于乡愿，可以为仁乎？"

此书有高承埏抄本（藏中国科学院图书馆）、清抄本（藏国家图书馆）。此本据中国科学院图书馆藏清抄本影印。

道古录二卷 （明）李贽 刘东星撰

李贽（1527—1602），字宏甫，号卓吾，又号温陵，晋江（今福建晋江）人。由甲科历仕姚安太守，弃官后依耿定向兄弟讲学，后以妖人逮，下诏狱，议勒还原籍，遂夺剃发刀自刭，两日而死。著有《焚书》、《藏书》等书。生平事迹见《明史稿》二百七。刘东星（1538—1601），字子明，号晋川，沁水（今山西沁水）人。隆庆二年（1568）进士，官至工部尚书，谥庄靖。生平事迹见《明史》本传、《本朝分省人物考》卷一百一。

曰"明灯道古"者，则篝灯谈古云尔，非燃灯传火之意。此书前有李贽《道古录引》，称访东星于沁水之坪上村，喜其岑寂，天寒夜永，语话遂长，遂有此对话录。又称是录乃彼二人明灯道古之实录。[①]又有刘东星《书道古录首》，自称西鄙之人，拘守章句，不知性命为何物。[②]

全书分为二十四章，是对儒家经典《大学》、《中庸》之"拷问录"。书中公开非礼非儒，反对神圣偶像，反对中庸之道，称"予实不知中庸之可以免死"。又重新诠释"道"，称"人即道也，道即人也，人外无道，而道外亦无人"。此书无疑具有鲜明之启蒙特色。李贽《续焚书》卷一《与耿子健》称此书乃万世治平之书，经筵当以进

---

① 《续修四库全书》第1127册，上海古籍出版社2002年版，第395页。
② 《续修四库全书》第1127册，上海古籍出版社2002年版，第396页。今按：关于此书的评介，详参张建业：《李贽〈明灯道古录〉的产生及其价值》，《首都师范大学学报》2000年第4期。

读,科场当以选士云云,可谓高自位置。钱谦益《列朝诗集》闰集卷三曰:"卓吾所著书,于上下数千年之间,别出手眼,而其掊击道学,抉摘情伪,与耿天台往复书,累累万言,胥天下之为伪学者,莫不胆张心动,恶其害己,于是咸以为妖为幻,噪而逐之。"卓吾剑走偏锋,思想超前,以异端而不见容于当道。

此书收入《李温陵集》。此本据上海图书馆藏明万历间刻本影印。

谭辂三卷 (明)张凤翼撰

张凤翼(1527—1613),字伯起,号陵虚,又署灵虚先生、冷然居士,长洲(今属江苏苏州)人。嘉靖四十三年(1564)举人。著有《梦占类考》、《处实堂集》、《文选纂注》等书。善度曲,著有传奇《阳春六集》。生平事迹附见《明史·文苑传·皇甫涍传》末。

《千顷堂书目》小说类著录为三卷。《四库全书总目》未见著录,而《处实堂集提要》称:"《处实堂集》末一卷曰《谈辂》,则其笔记也。"书名"谭辂",盖取《三国志》管辂"老生常谭"之典故。此书分为上、中、下三卷,经史子集之外,戏曲、小说亦有所论及。其书多驳朱熹之说,如《孟子》"为长者折枝",朱氏释作"折草木之枝",凤翼认为可笑,释为按摩,斥之甚当。朱熹以淫奔之辞释《诗·郑风·将仲子》三章,凤翼认为殊失作者之旨。又笑其《纲目》学《春秋》,且腐儒论史学,动辄推重《纲目》,殊不知书法、叙事中纰缪有不可胜举者云云。

张氏长于持论,书中颇多名句。如曰:"道学之祸,甚于清谈。"曰:"凡作史,当举时之所希者为贵。"曰:"宋人多色厉而内荏,已入于伪。"曰:"大都伪君子即欲为非,尚畏清议;真小人为非,则肆无忌惮矣。"曰："仁者不近名，君子罕言利。"曰："争名者名必损，争利者利必夺。"曰："学古人诗亦须择其佳境。"曰："今人营营谋利，不知止足。将为身计，则身之寿考不可知；将为子孙计，则子孙之贤否不可必。"曰："论学者自周、孔而后言必推宋儒，然则汉、唐诸儒若董、若韩岂出宋儒下哉？即今论诗者必以为唐不如汉，宋、元不如唐，似矣，独不思风会之流，时各有盛。古诗则盛于汉、魏，流而六朝，渐觉绮靡，初唐诸贤力挽之，其体渐正近体，至盛唐固臻妙境，至晚唐、宋、元亦有合调者。必曰两汉、盛唐后无诗，直至何、李始复古，然则宋、元以至国初诸君，岂无一言几于古哉？要之，作诗者不必有蹊径，论诗者不必有成心。"曰："论诗当观树木：其心术，根也；人品，干也；学力，枝叶也；辞华，花萼也。若专就诗论诗，而不求其心，亦非深于诗者。"曰："昔人作文，但言所长，则其短自见；或言一人之长，则一人之短自见，犹有忠厚之意焉。晚近世好于文字中讥评人，甚者至于骂詈。吾闻骂詈成文章，不闻文章成骂詈也。此习不戒，必有以笔舌贾祸者。"清卢世㴶《尊水园集略》卷七"张伯起《谭辂》"条称其据评诸史，大有见地，比物连类，尤资引触云云，可谓公允之论矣。

此本据辽宁省图书馆藏明万历刻本影印。

闲适剧谈五卷　（明）邓球撰

邓球，字应明，自号三吾寄漫子，祁阳（今湖南祁阳）人。嘉靖三十八年（1559）进士，官至铜仁府知府。著《泳化类编》、《泳化类编杂记》等书。生平事迹见《皇明贡举考》卷七。

是编前四卷题元集、亨集、利集、贞集，后一卷题起元集，盖取"贞下起元"之义。末载万历十一年（1583）自跋，托言遇隐君子，悟忘言之意，盖书止于是耳。

此书《千顷堂书目》小说类著录为五卷。《四库全书总目》列入杂家类存目，称此书杂论理气，兼涉三教，设为客问己答，寻其体例，似乎先隶诸书，条分件系，而后各命一意，以融贯之，故每征一事，辄连录旧文，不能运化云云。所注《太极图说》、《西铭》、《老子》诸书，皆全部收入，亦设为问答，难免臃肿之讥。然披沙简金，往往见宝。如曰："传道本不在言语间，亦非言之所能传。"曰："有一分造诣，才出一分说话。"曰："前代剥民之政，只巧立名色。"曰："士风所系，扶持正人，则善类庆而士风以振；奖进邪人，则善类阻而士风以颓。"曰："今世秀才窗下作策语，或论古人，提笔便指斥——某也廉，某也贪，某也贤，某也不肖，何耿耿不轻放过。至他一官到手，往往以墨以酷败。"曰："心有所爱，不可深爱；心有所憎，不可深憎。"曰："学者将圣贤言语句句如此实践之，才是道问学工夫。"又曰："训诂是读书一桎梏也。"又曰："孔孟之博，博于文理。后人之博，博于考据。"曰："礼义者，胜佛之本也。"曰："天地之心，非圣人无以见之。"虽涉三教，仍归本于儒，又未免偏见矣。

书中间附己诗，全作《击壤集》体。末有补遗十九章，如《归余章》第十九云："禅氏之学余于欲，故善戒；老子之学余于积，故善退；吾儒之学余于德，故善谦。"

此本据南京图书馆藏明万历邓云台刻本影印。

重刻来瞿唐先生日录内篇七卷外篇五卷
（明）来知德撰

来知德（1526—1604），字矣鲜，号瞿唐，梁山（今重庆梁平）人。嘉靖三十一年（1552）举人，万历三十年（1602）荐授翰林院待诏，以老疾辞，诏以所授官致仕。著有《周易集注》、《大学古本章句》等书。生平事迹见《明史·儒林传》。

是编十二卷，分内篇七卷、外篇五卷。内篇分十五种：一曰《弄圆篇》，作一大圈，虚其中以象无极，外围则用宋代隐士陈抟所传蜀中太极图，来氏以此图为宇宙模式。篇首冠以通俗之《弄圆歌》，于太极中见气，不为无识。二曰《河图洛书论》，皆其《易》说之绪余。三曰《格物诸图》，大旨以《论语》三戒为三欲，务格而正之。四曰《大学古本》，不取朱子之说，亦不取王守仁之说，大旨以明德为五伦。五曰《入圣功夫字义》，其体例略如陈淳《北溪字义》，但立说不同耳。六曰《省觉录》，皆讲学之语。七曰《孔子谨言功夫》，以《论语》四十条联贯其文，分为八段。八曰《省事录》，与《省觉录》相近，但彼多讲学，此多论事耳。九曰《九喜榻记》，十曰《四箴》，十一曰《谕俗俚语》，十二曰《革丧葬夷俗》，并有录无书。十三曰《理学辨疑》，所论皆阴阳天象之事，纯以臆断。十四曰《心学晦明解》，自述所以攻驳先儒之意。十五曰《读易悟言》，亦有录无书。外篇为所作诗文，凡十三种，多为游记。知德尝手书圆刻云："欲为世丈夫，须立丈夫志。欲为一等人，须做一等事。人间大丈夫，挺然担道义。切莫学妇人，一团脂粉气。"夷考其行，不愧此言矣。

万历八年（1580）郭棐序称其独探理窟，不落言筌。[①]万历十一年（1583）傅时望序称其直接孔氏之绝学。[②]然《四库全书总目》列入杂家类存目，称知德既无师友之切劘，又无典籍之考证，冥心孤想，时有所见，遂坚执所得，自以为然，不知天下之数可以坐推，故所注《周易》，虽穿凿而成理，至于天下之事物，非实有所见云云。明人未免溢美，清人又抑之过甚矣。

---

① 《续修四库全书》第1128册，上海古籍出版社2002年版，第1页。
② 《续修四库全书》第1128册，上海古籍出版社2002年版，第2—3页。

此书有多种刻本，内容稍异。据王重民推测，四库馆臣所据为原刻。①此本据中国社会科学院考古研究所图书馆藏明万历间刻本影印。

推篷寤语九卷余录一卷 （明）李豫亨撰

李豫亨，字元荐，号中条长公，松江（今属上海）人。自幼性耽博览，归筑室西湖上，与龙溪王公讲学，多从游者，后抵武夷，生徒益众。李氏自五经子史，旁及山川、象纬、兵农、财赋、医卜、堪舆暨二氏之学，咸窥精蕴。著有《自乐编》、《三事溯真》、《格致明辩》等书，所辑书有《寒谷回音》、《药篮春意》、《广记揽玄》、《珊瑚枝》。生平事迹见《皇明词林人物考》卷十一。

书前有隆庆四年（1570）豫亨自序，称因舟中多暇，撼夙昔所知解，表见古今嘉闻懿行可垂世则者，间附己意，形之楮素，累数百条，启昔之寐而为今之觉云云。②又有范惟一、李昭祥、钱志学、陆应扬序。

是书九卷，内分测微、原教、本术、还真、订疑、毗政诸篇，共三十类五百五十章，参掇前闻，附以己见，多涉释、道二家言。书中精语颇多，如曰："圣人以天地为法象，明人身之安危。"曰："善摄生者，吾之天地阴阳无忿，则荣卫周密，而六淫无自入矣。"曰："夫人应世之术，非必尽废诸事而后谓之摄养也，特消息否泰而行之藏已，量其才能而负之荷之。若才不逮而强思，力不胜而强举，沉忧重患，悲哀憔悴，喜乐过度，汲汲所欲，戚戚所患，谈笑不节，兴寝

---

① 参见王重民：《中国善本书提要》，上海古籍出版社1983年版，第325页。
② 《续修四库全书》第1128册，上海古籍出版社2002年版，第299—300页。

失时,挽弓引弩,沉醉呕吐,饱食即卧,跳走喘乏,欢呼哭泣,皆为过伤。此古人所戒之节也。"曰:"善理家者忘其身,善理国者忘其家。"曰:"圣人以肢体为国,以精气为民,治其身而家无不齐,治其家而国无不理。"曰:"圣人以身为国,以心为君,以精气为民,抱一守中,心不妄用,故精充气住,战退百邪,丹田有宝,四大轻安,修之不已,内功外行,乃证真仙。"曰:"以道全者,只是修性工夫;以术延者,只是修命工夫。"曰:"身中六贼,惟眼最紧。身中提防六贼,亦惟眼为最难。"曰:"少思以养神,少欲以养精,少劳以养力,少言以养气。"曰:"若能保身养性者,常须善言莫离口,良药莫离手。"诸如此类,皆有裨于修齐治平焉。①

黄虞稷《千顷堂书目》作十二卷,今原刻实止九卷。《毗政》二卷,多涉违碍,故《四库全书总目》列入杂家类存目,又称《原教》、《还真》两篇尤为驳杂;《余录》一卷,则豫亨襄其友人周思兼往返书翰,附缀于后,所谈皆修真炼性之说,益不足道云云,未免抑之过甚矣。

此本据北京大学图书馆藏明隆庆五年李氏思敬堂刻本影印。

宝颜堂订正脉望八卷　(明)赵台鼎撰

赵台鼎,字长玄,自号丹华洞主,内江(今四川内江)人。大学士赵贞吉之子。贞吉,《明儒学案》列之《泰州学案》。长玄能传家学。其父《示长玄》诗云:"鼎也汝知学,吾家有义方:入朝依节介,处世据谦光。一语不轻发,千人无敢当。……旁通医卜业,余力扣严

---

① 近代思想家魏源的许多观点直接出自此书。详参叶世昌:《魏源与〈推篷寤语〉》,《复旦学报》1985 年第 6 期。

扬。鼎也汝知学，当齐物论差。道无千载异，言有百家私。"《脉望》卷四称童时在京见诸名公与其父讲学，窃有未满，以为诸公皆为名世计，至于超然出世，最上乘一事，恐未敢许；其父母认为奇。又自称中年汩没，今老而无闻云云。

脉望者，传说蠹鱼所化之物。名以脉望，自比于书内蠹鱼，三食神仙之字。此书卷首有自识，称穷搜广猎，仰拾俯取，积久盈笥，食固无味，弃亦可惜，姑存而置之。① 书首有曹代萧序，称读《脉望》而知三教之趣合，佛教深而广，道教精而显，儒者以维世，故作用稍近。② 书末龚懋贤跋中亦称："世之谭学者，往往守其粗迹，至稍涉性命，则辄诋之为二氏，使人丑二氏，不啻非族。惟先生独能张胆明目，公然取二氏与吾儒并颊，而称曰：'三氏一圣，三圣一人，三圣人一道也。'《脉望》一书，则公之深造性命，入彼实际，可想矣。"③

其书多论养生之术，大旨主于养气修身。如引《规中图诀》云："一阳潜动，处万物未生时。跏趺大坐，凝神内照，调息绵绵，默而守之，则一炁从虚无中来，杳杳冥冥，无色无形，兆于玄冥坤癸之地，生于肾中，以育元精，补续元气，续续不耗，日益月强。始之去疴，次以返婴，积为内丹之基本矣。"又引马丹阳曰："修行先要死阴茎，阴茎不死万缘侵。个中不识真消息，牢捉牢擒走不禁。"又曰："天机者，脐下一寸三分也，圣人下手养胎仙之处。"又曰："道人要妙，不过养炁。夫人汩没于名利，往往消耗其气。学道者别无它事，惟至清至静，颐养神气而已。心液下降，肾气上腾，至于脾元，氤氲则丹自聚矣。若肝与肺，但往来之径路习静，无念绝想，神自灵，丹自结。"又曰："二氏之学，以养气为主。诚能内视返听，此气自充，精神自固，仙丹在人腹中，即此气是也。故曰气不耗散，再

---

① 《续修四库全书》第1128册，上海古籍出版社2002年版，第460页。
② 《续修四库全书》第1128册，上海古籍出版社2002年版，第459页。
③ 《续修四库全书》第1128册，上海古籍出版社2002年版，第572页。

无别诀。老子曰：'君子为腹，不为目。'丹书云：'黄帝内视三月而道成。'即此法也。"

《四库全书总目》列入杂家类存目，称其陈因相袭，未能独抽奇秘云云。然此书末有云："或嘲《脉望》所录枝叶扶疏，无当于世用。焉知予意欲留之以贻后人，使知世外别有一种道理，不全在食色势利间也。万一有宿根者出焉，则提醒之功岂谓鲜耶？"可见四库馆臣仅见其表象，未能探其底蕴。今考，此书以道理见长，内容博杂，既有自身体认，亦有临证经验，为修习丹道医学之要籍。举以备参。

堂弟台柱跋称，伯兄长玄达识利根，潜心玄览，甘隐王傅，沉酣百籍，克承庭训，剖破拘挛。①明郑郧《崟阳草堂文集》卷九《题脉望抄》称，长玄公所辑禅玄两家言，直截简明，更无影晦，可谓道眼开而婆心切。

此书有明李伯东刻本、《宝颜堂秘笈》本。此本据北京大学图书馆藏明万历间沈氏尚白斋刻《陈眉公家藏秘笈续函》本影印。

河上楮谈三卷　（明）朱孟震撰

朱孟震（1530—1593）②，字秉器，自号秦关散吏、郁木山人，新淦（今江西新干）人。隆庆二年（1568）进士，官至右副都御史、山西巡抚。著《游宦余谈》、《河上楮谈》、《秉器集》等书。生平事迹见《（同治）新淦县志》卷八。

此书前有万历七年（1579）孟震自序，称往从诸长者游，得闻

---
① 《续修四库全书》第1128册，上海古籍出版社2002年版，第573页。
② 参见侯荣川：《明朝朱之蕃、朱孟震、潘之恒生卒年考》，《玉林师范学院学报》2012年第1期。

所未闻，杂取可以代客言者，都而命之曰《河上楮谈》。其言漫无诠次，惟所手录为先后耳。①

此书《千顷堂书目》小说类著录为三卷。《四库全书总目》列入杂家类存目。开卷第一条"高皇圣度"以朱元璋比刘邦："高皇帝廓清海宇，驱逐腥膻，而又不阶尺土以有六合，自有帝王以来，功烈之盛无与为比。惟汉高起泗上亭长，灭秦诛项，为几近之。"第二条"报应之巧"称："自古盗窃之君，蛙声紫色，虽能暂奸天位，然不旋踵而祸败随之。至得失之际，造化者又独巧为报应，不爽毫发。"编次之间，似隐寓讥讽之意焉。

此书多述轶闻。卷一记建文遗事极详。又多记练子宁、金幼孜遗事。练为其乡人，而得诸长老传闻，故于子宁之死尤表同情。卷三曰《停云小志》，记当时文士颇详，如黄克晦之独造、李袭美之高才、胡汝焕之奇气，文士风骨，一一跃然纸上，顿时栩栩如生。其中所载诗篇亦多可采录。"纪事差误"、"著书遗误"诸条，皆考证典籍。卷一"枝山志怪"条批评祝允明《野记》、《志怪录》不可信："枝山好集异闻，而书为吴中第一。每客来谈，吴则命之酒，或与之书。轻佻者欲得先生书，多撰为异闻，以为先生不知其伪，辄录之。今所撰《志怪》，盖数百卷中可信者十不一。《野记》所书，大率类是矣。"此条后为《四库提要》所采信。书中神怪故事居多，且生动传神。

朱彝尊《静志居诗话》称所缉《楮谈》、《余谈》，述先哲之旧闻，综同人之丽句，可谓好事也已。《四库提要》称其论文宗王世贞，推为明代第一，则当时耳目所染，无足深怪；其辨王祎、吴云事甚有典据，而逊国一事则全沿史彬《致身录》之讹，引证愈多，舛谬愈甚，与所论元顺帝出宋后事，同一误信之失矣。

此本据明万历刻本影印。

---

① 《续修四库全书》第1128册，上海古籍出版社2002年版，第575—576页。

汾上续谈一卷 （明）朱孟震撰

朱孟震生平见前《河上楮谈》提要。

此书《千顷堂书目》小说类著录为一卷。《四库全书总目》列入杂家类存目。其书成于汾上任职时，实为《河上楮谈》之续编耳。

此书前有万历十年（1582）孟震自序，称其书旨在存故实，阐幽微，补逸漏，纠讹谬，托讽谕，考文辞，又有隐僻怪异，可资抵掌者。[1]至于阐幽微、补逸漏、纠讹谬、托讽谕者，书中实不多见，究以志怪、故实二者为较胜。志怪异者，如"裖亭虎"条，人虎相恋，极具人情意味。又如"东山狐"、"传君狐异"、"潼关异"诸条，皆可入《聊斋》。存故实者，如"云麾将军碑"条："唐云麾将军碑，李北海邕所书也。其石在蒲城县，苦塌者之众，不知自何时裂为三段。河南刘远夫先生谪官其地，惜名迹久残，以铁叶束完，遂为全璧。涿州良乡学宫亦有石久不传，友人邵长孺博雅士也，过其地，见学宫柱础一面，以告黎秘书惟敬。时李袭美比部为宛平令，闻之移书县官，取而置之衙斋。"此可谓古代文物保护之先例也。

《四库提要》称其体例与《河上楮谈》同，而所记多琐事，惟"安南国试录"一条叙述颇详，足资考证云。宁稼雨《中国文言小说总目提要》亦称其故事别致，引人入胜云云。[2]

此书现有万历中刊《朱秉器全集》本、万历四种小说合刻本。此本据明万历刻本影印。

---

[1] 《续修四库全书》第1128册，上海古籍出版社2002年版，第671页。
[2] 宁稼雨：《中国文言小说总目提要》，齐鲁书社1996年版，第222页。

谷山笔麈十八卷 （明）于慎行撰

于慎行（1545—1608），字可远，更字无垢，东阿（今属山东平阴）人。隆庆二年（1568）进士，官至礼部尚书。万历十八年（1590）致仕，家居十七年，以读书著述为事。著有《读史漫录》、《谷城山馆诗集》、《谷城山馆文集》等书。生平事迹见《明史》本传。

此篇乃慎行退居谷城山中时所著，门人郭应宠编次。凡分三十五类，所纪多明代万历以前典章、人物、兵刑、财赋、礼乐、释道、边塞诸事，亦兼及前明诸朝史实。其中所载嘉靖、隆庆、万历时期朝廷内阁之排挤倾轧、官场之腐败、士大夫之寡廉鲜耻及社会经济文化诸状况，多出亲历亲闻，尤具史料价值焉。慎行诗文舂容宏丽，当时推为大手笔。其论诗文曰："学术不可不纯也，关乎心术；文体不可不正也，关乎政体。"曰："今之文体当正者三：其一，科场经义为制举之文；其一，士人纂述为著作之文；其一，朝廷方国上下所用为经济之文。然三者亦自相因，经济之文由著作而敝，著作之文由制举而敝，同条共贯，则一物也。雅则俱雅，敝则俱敝，己亦不知，人亦不知也。"曰："夫文者，取裁于学，根极于理。不足于学，则务剽剥以为富，纂组以为奇，而谲与驳之弊生；不足以理，则以素隐为钩深，淡虚为致远，而华与巧之弊生。"

书首有冯琦题辞："世言新都博而不核，弇州核而不精。博而核，核而精，余于先生见之矣。"[1]周中孚称其援引旧闻，亦无不切劘时事，信经国之大业，不仅资清暇之谈柄已也。[2]李慈铭称其中载朝

---
[1]《续修四库全书》第1128册，上海古籍出版社2002年版，第699页。
[2]（清）周中孚著，黄曙辉、印晓峰标校：《郑堂读书记》，上海书店出版社2009年版，第869页。

章国故甚为赅备，于隆、万间事尤详，足以参核史传。自卷一《制典》至卷六《阉伶》，卷九《官制》至卷十三《称谓》，皆论明代典故，而上溯宋、唐及汉，叙述简核，议论平允，最为可观。卷十五《杂记》、《杂闻》诸条，卷十八《夷考》亦多可备采掇。其余考证经史，殊非所长。《杂说》、《琐言》等亦有佳者，然多杂以迂腐语，此宋、明人通弊耳。[1]

此书有明万历四十一年于纬刻本、天启五年沈域刻本。此本据中国科学院图书馆藏于纬刻本影印。

留青日札三十九卷　（明）田艺蘅撰

田艺蘅（1524—？）[2]，字子艺，号品岩子，钱塘（今属浙江杭州）人。以岁贡生官休宁县训导。曾任应天府学教授。著有《大明同文集》、《田子艺集》、《煮泉小品》等书。《明史·文苑传》附见其父汝成传中。其自赞曰："以尔为人，则无所事；以尔为官，又非所志。时与命违，神将名忌。直而好言，和而弗媚。戆懒本痴，醒狂若醉。心以澹存，貌因幻寄。小耳丰颐，修眉高视。挥麈尾于烟霞，扫尘根于天地。"

书前有黄汝亭序，称其书所载博物通雅，抚时悼俗，如列肆五都，飘踪海外云云。[3]万历元年（1573）刘绍恤序称子艺以博雅闻，其著志在关说时事，引当不裨实用，即人所讳言，子艺慷慨悲愤，擢发直指，俊焉有击筑弹剑之风云。[4]隆庆六年（1572）庞嵩书称其拟古者

---

[1] （清）李慈铭：《越缦堂读书记》，上海书店出版社2000年版，第708页。今按：关于此书的研究，参见许洪超：《〈谷山笔麈〉研究》，山东师范大学2011年硕士学位论文。
[2] 参见王宁：《田艺蘅研究》，浙江大学2007年硕士学位论文。
[3] 《续修四库全书》第1129册，上海古籍出版社2002年版，第1页。
[4] 《续修四库全书》第1129册，上海古籍出版社2002年版，第3—4页。

滞于仿模，呈己者沦于肤浅矣。[1]

此书欲仿《容斋随笔》、《梦溪笔谈》，而所学不足以逮之。其书本随笔之体，予人目迷五色之感。《四库全书总目》称芜杂特甚，故列入杂家类存目。谢国桢称其书撷拾丛残，记述芜杂，为例不纯，然高瞻远瞩，不为俗囿，颇具别裁，时有创见，世多称之。又许之为"有明一代杂家之冠"[2]。又称此书杂记明代社会风俗、艺林掌故，流传颇罕，目录虽列至第三十九卷，然究不知共刻有多少卷。[3]《善本书室藏书志》卷十九称此书一名《香宇外集》，间有考订，所谈掌故亦资史志、艺文之助焉。

此书杂记明朝社会风俗、艺林掌故。书中零星记及政治经济、冠服饮食、豪富中官之贪渎、乡村农民之生活，以及刘六、刘七、白莲教马祖师之起事情形，颇有史料价值。然此书亦未免辗转稗贩，如"菠薐"条引郑樵《通志》，不知溯源至唐韦绚《刘宾客嘉话录》。至于"失母之妖"、"见鬼投井"诸条，不免荒诞不经矣。

此本据明万历三十七年刻本影印。此书又有明万历元年刻本。

太史杨复所先生证学编四卷卷首一卷证学论一卷策一卷 （明）杨起元撰

杨起元（1547—1599），字贞复，号复所，归善（今广东惠州）人。万历五年（1577）进士，官至吏部左侍郎，谥文懿。《明史·儒

---

[1] 《续修四库全书》第 1129 册，上海古籍出版社 2002 年版，第 6 页。
[2] 谢国桢：《江浙访书记》，上海书店出版社 2004 年版，第 181 页。今按：关于此书的史料价值，参见李秋芳：《田艺蘅〈留青日札〉及其史料价值》，《兰台世界》2009 年第 24 期。
[3] 谢国桢：《明清笔记谈丛》，上海书店出版社 2004 年版，第 12 页。

林传》附载《王畿传》末，史称其清修婞节，而其学不讳禅云。①

书前有万历二十二年（1594）郑邦福序，称其学于近溪罗子，又称罗子之学，学之于天地万物者也，而其言最能唤人以惺，如赤子堕地，哑啼一声，恍然而闻，划然而惊，自此以骇，骇之而后解，解之而后快。②又有万历二十四年（1596）自序，称年三十始知学，每有解悟，辄笔录之，其中不无一二语独诣者。③

是编载尺牍语录及杂文，附论策数首，大抵讲学之语，故以"证学"为名。如曰："学者因儒先辟佛、老，遂不敢显言之，而私窥其书焉。阴用而阳拒，是窃也，焉有窃心不除而可以入道者哉？且天下既有其书矣，横目之人孰不见之而能使之蔽其目乎？其书皆尽性至命之理也，有识者孰不悦之而能使之刳其心乎？必不能矣，而卒归于窃取。"又曰："秦、汉以还，不复知道为何物，而佛之教能守其心性之法。及至达摩西来，单传直指，儒生学士从此悟入，然后稍接孔脉。"

黄宗羲《明儒学案》卷三十四称："先生所至，以学淑人，其大指谓明德本体人人所同，其气禀拘他不得，物欲蔽他不得，无工夫可做，只要自识之而已。先生之事近溪，出入必以其像供养，有事必告而后行。顾泾阳曰：'罗近溪以颜山农为圣人，杨复所以罗近溪为圣人。'其感应之妙，锱铢不爽如此。"④然《四库全书总目》列入杂家类存目，称其援儒入墨，诬诞实甚；又称其变乱先儒，流毒及于经义云。

---

① 黎大伟编纂有《杨起元年谱》，详参氏著《明儒杨起元生平及思想研究》，复旦大学2012年硕士学位论文。
② 《续修四库全书》第1129册，上海古籍出版社2002年版，第319页。
③ 《续修四库全书》第1129册，上海古籍出版社2002年版，第321页。
④ 杨起元早年服膺陈献章而未达其"致虚立本"之说，中年师从罗汝芳，始从"知性之学"角度重诠之，晚年发展出三教合一论。详参黎大伟：《明儒杨起元生平及思想研究》，复旦大学2012年硕士学位论文。

此书收入《杨复所全集》。此本据南京图书馆藏明万历四十五年余永宁刻本影印。

焦氏笔乘六卷续集八卷 （明）焦竑撰

焦竑（1540—1620），字弱侯，号澹园，祖籍山东日照（今山东日照），迁居南京（今江苏南京）。万历十七年（1589）状元及第，授翰林院修撰，后贬福建福宁州同知，弃官归。著有《澹园集》、《国朝献征录》、《玉堂丛语》等书。生平事迹见《明史·文苑传》。

万历三十四年（1606）焦竑自序称："余观古今稗说，不啻千数百家，其间订经子之讹，补史传之阙，网罗时事，缀辑艺文，不谓无取；而肤浅杜撰，疑误观听者，往往有之。余尚欲投一枝于邓林间哉！顾国家之典制，师友微言，间有存者，当不以余之鄙而废之也，在览者择之而已。"[1]又有万历三十四年（1606）顾起元序，称读者于此精而求之，可以杜三教异同之辨，统一代得失之林，区六艺精觕之分，衷千古是非之极云云。[2]

此书正集六卷，续集八卷，颇涉典章名物之讨论，亦多故实。其中涉及时事者，最见情致。所载明代史事、人物、诗文，为后世研究明代人物、历史或思想史之材料。如《笔乘》卷二录载李贽写《宏甫书高尚册后》，颇具史料价值。卷三"古诗无叶音"条曰："诗有古韵今韵，古韵久不传，学者于《毛诗》、《离骚》皆以今韵读之，其有不合，则强为之音，曰：'此叶也。'予意不然。"陈第称："子言古诗无叶音，千载笃论。"此书于辨伪之事亦特别留意，如"伪书"

---

[1] 《四库全书存目丛书》子部第107册，齐鲁书社1995年版，第360—361页。
[2] 《续修四库全书》第1129册，上海古籍出版社2002年版，第503页。

条曰："或摹古书而伪作，或以己意而妄增，至使好事之流曲为辩释，以炫其博，是皆未之深考耳。""《尚书》古文"条曰："余尝疑《尚书》古文之伪，《笔乘》已载梅学正、归太仆二人之言为据。昨偶见赵子昂真迹一卷中一篇，亦具论此，乃知人心之同然也，第恨其书不可见。"又称《文始经》决非关尹子作，《西京杂记》是后人假托为之，亢仓子即《庄子》庚桑楚也，其书本唐王士源作。"九辩"条曰："《九辩》，余定以为屈原所自作无疑，只据《骚经》'启九辩与九歌兮'一语，并玩其词意而得之。近览《直斋书录解题》，载《离骚释文》一卷，其篇次与今本不同，以此观之，决无宋玉所作搀入原文之理。""外篇杂篇多假托"条曰："《内篇》断非庄生不能作，《外篇》、《杂篇》则后人窜入者多之。"

焦竑早年师从罗汝芳、耿定向，隶属泰州学派，持守阳明良知之学，学贵自得于心。又与李贽为友，称卓吾为"圣人"，"可居圣门第二席"。焦竑思想不似李贽狂放，然《四库提要》列入杂家类存目，称其书多考证旧闻，亦兼涉名理，多剿袭说部，没其所出，或者以为博杂有余，精深不足云云，可谓深中其失。《四库提要》又称其讲学解经，尤喜杂引异说，参合附会，乖迕正经，有伤圣教云云，未免排斥过甚。周中孚亦称其书精核者，皆剽窃前人说部，而没所自来，亦不足以资考证；至其冥契教乘，喜谈名理，乃万历间狂禅之习，尤有乖名教云云。[1]

此本据上海师范大学图书馆藏明万历三十四年谢与栋刻本影印。此书又有《金陵丛书》本、《粤雅堂丛书》本。

---

[1] （清）周中孚著，黄曙辉、印晓峰标校：《郑堂读书记》，上海书店出版社2009年版，第944页。今按：关于此书的研究，参见史振卿：《〈焦氏笔乘〉研究》，齐鲁书社2013年版；陈瑞芳：《从〈焦氏笔乘〉看焦竑文献考据学研究》，湖南师范大学2010年硕士学位论文。

郁冈斋笔麈四卷 （明）王肯堂撰

  王肯堂（1549—1613），字宇泰，号损庵，金坛（今江苏金坛）人。万历十七年（1589）进士，授检讨，官至福建布政司参政。肯堂有《尚书要旨》，四库已著录。精于医学，又撰《肯堂医论》、《证治准绳》、《重订灵兰要览》、《伤寒证治准绳》等书。生平事迹附见《明史》父樵传。

  书前有万历三十年（1602）肯堂自序，称幼而好博览，九流百家无弗探也，遇会心处，欣然至忘寝食。[①]肯堂在当时可谓难得之通人矣。

  是编第一卷所载论医诸条，凡四十页，皆深切微妙，得古人法外之意，与所作《证治准绳》足相表里。其他杂论天文算术、六壬五行家言，以及赏鉴书画之类，亦颇足资参考。周中孚称此书皆其随笔杂记，举凡天文算法、术数方技以及书画之类，无不分条辨论，足资考核；而第一卷中所载论医四十条，及第二卷中益智子一条、金匮一条，皆深明医理，足以补所作《证治准绳》之未逮。[②]然《四库全书总目》列入杂家类存目，称其生于心学盛行之时，凡所议论，大抵以佛经诂儒理云。周中孚亦称宇泰所述，多混儒、释而一之，是则习俗移人，贤者不免云云。[③]

  原书不分卷，刻为四册，兹以册为卷。原刻本流传不多，1930年北京图书馆另付铅印行世。此本据明万历三十年王懋锟刻本影印。

[①] 《续修四库全书》第1130册，上海古籍出版社2002年版，第1页。
[②] （清）周中孚著，黄曙辉、印晓峰标校：《郑堂读书记》，上海书店出版社2009年版，第945页。
[③] （清）周中孚著，黄曙辉、印晓峰标校：《郑堂读书记》，上海书店出版社2009年版，第945页。

塵余四卷　（明）谢肇淛辑

谢肇淛（1567—1624），字在杭，号武林，长乐（今福建长乐）人。万历二十年（1592）进士，除湖州推官，量移东昌，迁南京刑部主事，调兵部，转工部郎中，出为云南参政，升广西按察使，官至广西左布政使。著有《滇略》、《五杂组》、《小草斋集》等书。《明史·文苑传》附见《郑善夫传》中。徐𤊹撰《中奉大夫广西左布政使武林谢公行状》。

此书为作者服丧间所作。书前有万历三十五年（1607）赵世显序，称事核而奇，语详而俊，泂谈苑之卮辞，稗官之奥撰。[1]又有肇淛自序，称采自宾友闲谈，体例为虞初稗官之言，故曰"塵余"。[2]其书以委巷传闻为主，当入小说家类，不知何故误入杂家类中。今考《千顷堂书目》、《明史·艺文志》，均著录于小说家类，录以备参。

此本据浙江图书馆藏明万历三十五年刻本影印。

文海披沙八卷　（明）谢肇淛撰

谢肇淛生平见前《塵余》提要。

是编八卷，皆其笔记之文。大抵词意轻儇，不出当时小品之习。较所作《五杂组》稍为简约，而疏舛时复相似。"吾儒高于二氏"条曰："三教精微，尽头原亦不甚相远。但释氏有轮回之说，俗僧至假忏悔以愚人；道家有符箓之传，羽流遂借祈禳以惑世；独吾儒之教无之也，故世人崇奉不及二氏以此，而吾儒所以高于二氏者亦以此。"

---

[1] 《续修四库全书》第1130册，上海古籍出版社2002年版，第159页。
[2] 《续修四库全书》第1130册，上海古籍出版社2002年版，第160页。

于此可见其学术大旨矣。

虽未吹尽狂沙，亦时或见宝。如"焚书坑儒有本"条曰："秦之祸天下，至焚书坑儒烈矣，而不知实本于商鞅变法之初。鞅之言曰：'无以爵任与官，则民不贵学问。不贵学问则愚，愚则无外交，勉农而不偷。'又曰：'农战之民，千人而有诗书知慧者一人焉，千人者皆怠于农战矣。今上论材，能知慧而任之，则知慧之人希主好恶，使官制物，以适主心。民务焉得无多，而地焉得无荒？'又曰：'虽有诗书，乡一束，家一员，无益于治也。'夫重农抑商可耳，乃并民学问而禁之，岂欲愚其耳目而后驱之战耶？故又曰：'民愚则智可以王。'鞅之大旨若此。是以始皇、李斯袭而用之，岂知有不读书之刘、项耶？"大胆揭露专制时代之愚民政策，可谓一语道破天机。他如"书不可妄改"条曰："古人书中语，有本自平易，而后人以意妄改者。""古人服善"条曰："古人真自服善，非直成人之美，抑亦全己之名。""古人学专"条曰："古人学事精专，其一生精神意气亦只用之一事，故艺必造极，名垂永久。""论衡"条曰："古今纪载，虚实相半，要当存而不论。虚者辨之，似于痴人说梦；实者辨之，便为夏虫疑冰。""杨用修"条曰："国朝博物洽闻，无如杨用修。其议论考订，掊击诋诃，不遗余力，而其所著书，纰漏误舛，甚于其言，故后之人亦好纠其讹而攻之。余谓古人著作，或意见之不同，或记忆之稍误，或耳目之暂遗，岂能无病？后之观者，随事纠正，不失忠臣，苛求丑诋，徒滋口业。前代订讹，尚存厚道，至用修而肆骂极矣。己好攻人，而欲人之不攻己也得乎？王元美鉴于用修，故其持论稍平。"皆为沙中金屑。

书前有万历三十七年（1609）陈五昌序，称此书度越王充、扬雄。[①]然周中孚称其书皆掇拾载籍中杂事琐闻，以发抒其议论，亦有

[①] 《续修四库全书》第1130册，上海古籍出版社2002年版，第229页。

录古语而不著一解者,随笔所之,绝无伦次;其所征引,不拘伪书、小说、传奇、演义,皆取以为证,阅之令人欲呕。又称其于二氏之说,尚未扬其颓波,较当时王学之撰语录者,犹有彼此之别,宜其与所作《五杂组》并传不朽云云。①

此书有明万历三十七年刻本、万历三十九年刻本。此本据明万历三十七年沈儆炌刻本影印。

五杂组十六卷　（明）谢肇淛撰

谢肇淛生平见前《麈余》提要。

书前有李维桢序,称:"著书取名之何以称五?其说分五部,曰天、曰地、曰人、曰物、曰事,则说之类也。何以称杂?《易》有杂卦,物相杂,故曰文。《尔雅》俎似组,产东海。"②盖肇淛生于东海,多文为富,故称"杂组"之名。

其书记读书及见闻所得,分天、地、人、物、事五部。此书以明代史事最为可采,考订论断亦见精核,如论闽中之贫富差异:"江南大贾强半无田,盖利息薄而赋役重也。江右、荆楚、五岭之间,米贱田多,无人可耕,人亦不以田为贵,故其人虽无甚贫,亦无甚富,百物俱贱,无可化居,转徙故也。闽中田赋亦轻,而米价稍为适中,故仕宦富室相竞畜田,贪官势族有畛隰遍于邻境者。至于连疆之产,罗而取之;无主之业,嘱而丐之;寺观香火之奉,强而寇之。黄云遍野,玉粒盈艘,十九皆大姓之物。故富者日富,而贫者日贫矣。"又论汉奸之为虎作伥:"倭之寇中国也,非中国之人诱之以货利,未必

---

① （清）周中孚著,黄曙辉、印晓峰标校:《郑堂读书记》,上海书店出版社2009年版,第946—947页。

② 《续修四库全书》第1130册,上海古籍出版社2002年版,第337页。

至也。其至中国也，非中国之人为之向导，告以虚实，未必胜也。今吴之苏、松，浙之宁、绍、温、台，闽之福、兴、泉、漳，广之惠、潮、琼、崖，驵狯之徒冒险射利，视海如陆，视日本如邻室耳。往来贸易，彼此无间，我既明往，彼亦潜来。尚有一二不逞，幸灾乐祸，勾引之至内地者。败则倭受其僇，胜则彼分其利，往往然矣。嘉靖之季，倭之掠闽甚惨，而及官军破贼之日，倭何尝得一人只马生归其国耶？其所房掠者，半归此辈之囊橐耳。故近来贩海之禁甚善，但恐未能尽禁也。盖巨室之因以为利者多也。嘉靖之季，倭奴犯浙、直、闽、广，而独不及山东者，山东之人不习于水，无人以勾引之故也。由此观之，则倭之情形断可识矣。"此类多可补史之阙。谢肇淛曰："精巧愈甚，则失势之日，人之瞰之也愈急，是速其败也。价值愈高，则贫乏之日，人之市之也愈难，是益其累也。况致富之家多不以道，子孙速败自是常理。"如此冷眼旁观，又不可不谓之悟道之言矣。

此书又内中国而外夷狄。有云："自三代以来，女直至于蒙古，是一大劫，中国之人无复孑遗。我太祖皇帝之功，劈开混沌，别立乾坤，当与盘古等，而不当与商、周、汉、唐并论也。"于蒙古、女真颇加诋諆，故乾隆间列入禁书。"女直"一则云："女直兵满万则不可敌，今建酋是也。其众以万计，不止矣。其所以未窥辽左者，西戎北鞑为腹背之患，彼尚有内顾之忧也。防边诸将，诚能以夷改夷，离间诸酋，使自相猜忌，保境之不暇，而何暇内向哉？不然，使彼合而为一，其志尚未可量也。"此书多涉干禁，故被清廷铲除殆尽矣。①

此本据明万历四十四年潘膺祉如韦馆刻本影印。此书又有日本翻刻本、襟霞阁排印本。②

---

① 雷梦辰：《清代各省禁书汇考》，书目文献出版社1989年版，第202页。今按：关于此书的研究，参见陈磊：《〈五杂组〉研究》，华中师范大学2011年硕士学位论文；车海童：《谢肇淛与〈五杂组〉》，内蒙古师范大学2012年硕士学位论文。
② 关于此书的版本，详参廖虹虹：《谢肇淛〈五杂组〉版本述略》，《五邑大学学报》2004年第3期。

珊瑚林二卷金屑编一卷　（明）袁宏道撰

袁宏道（1568—1610），字中郎，一字无学，号石公，公安（今湖北公安）人。宗道之弟，中道之兄。万历二十年（1592）进士，选授吴县知县，已而解官去，起授顺天府教授，官至吏部稽勋司郎中。著有《觞政》、《瓶花斋杂录》、《袁中郎集》等书。生平事迹见《明史·文苑传》。

书前有陈继儒《珊瑚林序》，书末有冯贲《珊瑚林跋》。宏道《金屑编自叙》称少慕玄宗，长珍佛理，遍参知识云云。[①]万历十七年（1589），宏道下第后，滞留京中，对佛禅产生兴趣。稍后，宗道以册封楚藩归里，与宏道、中道一起习佛参禅，朝夕商榷。翌年，宗道、宏道皆因参张九成与宗杲论格物而豁然悟道，遂各著一书，宗道著《海蠡篇》，宏道著《金屑编》，呈交李贽批评。《海蠡篇》旨在以禅诠儒，使知两家合一之旨。《金屑编》旨在提唱诸家公案，每则之中皆有宏道所作"颂古"或"评唱"，颇有发明，有裨于初学参禅者。[②]

宏道与兄宗道、弟中道时号"三袁"，被称为"公安派"。钱谦益云："万历中年，王、李之学盛行，黄茅白苇，弥望皆是。文长、义仍，崭然有异，沉痼滋蔓，未克芟薙。中郎以通明之资，学禅于李龙湖，读书论诗，横说竖说，心眼明而胆力放，于是乃昌言击排，大放厥辞。以为唐自有诗，不必《选》体也；初、盛、中、晚皆有诗，不必初、盛也；欧、苏、陈、黄各有诗，不必唐也。唐人之诗，无论工不工，第取读之，其色鲜妍如旦晚脱笔研者；今人之诗虽工，

[①] 《续修四库全书》第1131册，上海古籍出版社2002年版，第56页。
[②] 参见黄仁生：《公安派的酝酿准备进程考述》，《中国文学研究》2005年第1期。

拾人饤饾，才离笔砚，已成陈言死句矣。唐人千岁而新，今人脱手而旧，岂非流自性灵与出自剽拟者所从来异乎！空同未免为工部奴仆，空同以下皆重儓也。论吴中之诗，谓先辈之诗人自为家，不害其为可传；而诋诃庆、历以后，沿袭王、李一家之诗。中郎之论出，王、李之云雾一扫，天下之文人才士始知疏瀹心灵，搜剔慧性，以荡涤摹拟涂泽之病，其功伟矣。机锋侧出，矫枉过正，于是狂瞽交扇，鄙俚公行，雅故灭裂，风华扫地。竟陵代起，以凄清幽独矫之，而海内之风气复大变。譬之有病于此，邪气结轖，不得不用大承汤下之，然输泻太利，元气受伤，则别症生焉。北地、济南，结轖之邪气也；公安，泻下之劫药也。"①

宏道之泻药，不仅为王、李文学之劫，亦为正统文化之劫。其秘方安在？其论参禅之法曰："聪明的人参禅，须将从前所记所解一一抛在东洋大海，看他粪帚也不值，即诸佛知见将来向宗门中也不在眼里，始得。"又曰："出得依傍便好。如今都是依傍成事，如何得休歇？最要紧是不落有无，不落根境，如此方教做真工夫。"论读经之法曰："凡看经，于没要紧处不必理会，只理会要紧处。若逐字逐句解，则担阁了精神。且经中十分难明处，姑置之，到后来再看，当自有彻时。若目前强通其所不通，亦是没用的。"论儒道异同曰："儒家之学顺人情，老庄之学逆人情。然逆人情正是顺处，故老庄常曰因，曰自然，如不尚贤，使民不争，此语似逆而实因，思之可见。儒者顺人情，然有是非，有进退，却似革，革者革其不同，以归大同也，是亦因也。但俗儒不知以因为革，故所之必务张皇。"论学佛之法曰："学佛法者止可学其本宗，不可袭其行事。以其事迹止可行于西域，而不可行于震旦也。设释迦当时托生震旦，亦必依震旦行

---

① （清）钱谦益撰集，许逸民、林淑敏点校：《列朝诗集》丁集第十二，中华书局2007年版，第10册，第5317页。

事，佛岂固执不通方之人乎？"由此可见，宏道不仅为"公安派"之领袖，亦为晚明思想界之雄才矣。

此本据国家图书馆藏明清响斋刻本影印。

沈氏弋说六卷　（明）沈长卿撰

沈长卿（1573—1632），字幼宰，更名遁，别号灰庵，自号钱江逸民，钱塘（今属浙江杭州）人。以孝廉筮仕闽永定令。未几，僦居秣陵十余载而卒。今考，《沈氏日旦》卷六己巳识语云："予行年五十七，书此自箴，非敢箴世也。"己巳为崇祯二年（1629），其生年据此推定焉。著有《沈氏蘧说》、《沈氏日旦》等书。生平事迹见《明史·艺文志》、《沈氏日旦》。

书前有长卿自序，称"弋说"之义，取《诗》"如彼飞虫，时亦弋获"之义。[①]李维桢序称其书抉微阐幽，尽汰俗儒陋闻，折衷于大道正义；所辨晰如王充，而皆关切伦常品类，非钩摭细微，执滞迂回，所拨正如刘知几，设身处地，曲畅旁通，且证据经史，不恣胸臆。[②]万历乙卯（1615）汤显祖序称，弋取传记以来国家存亡、圣贤豪杰所由显隐之故，幼宰之作奇而正，足敖然于著作之林云云。[③]又有陈继儒序、徐如珂跋。

此书说古衡今，系杂说之属。长卿弹射古人，确有所弋获。如"司马光"条曰："安石智辩逾人，遇刍灵木偶之君，则苦无所试，而遇好大喜功之神宗，如鱼得水。光但知排击安石，而无术以动神宗。神宗谓光物望所归，舆情所属，参用之以佐治，而原非真臭味

----
① 《续修四库全书》第1131册，上海古籍出版社2002年版，第77—79页。
② 《续修四库全书》第1131册，上海古籍出版社2002年版，第75—77页。
③ 《续修四库全书》第1131册，上海古籍出版社2002年版，第77—79页。

也。彼所酷喜而深信者，安石而已。且安石有所短，亦有所长。勇于立异，锐于变常，自是非人，其所短也；愤宋室之倾颓，壹意富强，冒众怨而不恤，其所长也。光但见其所短，不见其所长，则向之预卜而许可者，不知其何所指也。逮新法罢矣，并顾役法亦罢，光之有成心也。秦之长城，隋之渠河，万世利焉。汉、唐始祖未尝废之，光何所见之隘，新法罢而光恬无远虑，使奸人进绍述之说，罢而复兴，譬病者受祸于庸医，但闻天雄乌喙之害，而亦不见有参术之良药可起沉疴于旦夕者，他日疾作，庸医不旋踵至矣。光之代安石也亦然。毕仲游曾遗书箴之，光不悟也。新法罢而复行，岂尽安石罪哉？邵雍谓君实九分人，以予衡之，其所少一分，或在此耳。"颇能持平矣。

书中多涉及宋金关系，又有"攘夷说"一则，曰："三代而下，一统而最久者，无如汉、唐、宋。宋受夷狄之祸最惨，横于辽，侵于金，灭于元，固天运使然，亦宋之君臣御失其道也。盖夷情如犬羊，不可礼义化诲。"清代文字狱盛行之际，此书在劫难逃，被列入禁毁之黑名单，致使传本甚少矣。

王重民《中国善本书提要》称，按诸家序跋，谓长卿业举业半生，以其所弋获者为是书，则其价值可知矣。[①]

此本据上海图书馆藏明万历四十三年刻本影印。

沈氏日旦十二卷　（明）沈长卿撰

沈长卿生平见前《沈氏弋说》提要。

此书《千顷堂书目》小说类著录为六卷。

书前有长卿自序，称缩月旦为日旦，亦犹古人缩寸阴为分阴，

[①] 王重民：《中国善本书提要》，上海古籍出版社 1983 年版，第 327 页。

盖惜时之意。① 崇祯七年（1634）张昂之跋称"日旦"祖"月旦评"之意，而识深藻微云。②

其书大旨主于经世之学，反对科举俗学。如曰："六经、《语》、《孟》不专为经世而设，《纲目》、《通鉴》乃经世之良方也。犹如医家汤散丸，种种毕备，用之对症，沉疴立起，且保身远害，亦不外此。近时进贤冠下以不阅《纲》、《鉴》，毙者多矣。八股时文但可借以出身，不可经世，不可保身，专恃此则地方危，自己躯命亦危。"曰："讲章时艺可经世乎？论略策料可用兵乎？文士当削去初场，但观其谋议；武夫当削去末场，但程其骑射。"曰："一时腐儒迂儒各有异议，只因胸中窍脉蔽塞，浑是八股时文填满。"

又辨朱陆是非，曰："紫阳但从事下学而遗上达，人遂以腐儒目之；象山但从事尊德性而遗道问学，人遂以异端揣之，皆偏致也。朱有见于人，无见于天；陆有见于内，无见于外。皆与精一之旨暌，以故二家之徒交相非，亦各相矫，竟不自核其所以失，而支离寂灭，不受师益，反受师损也。"又主张以"耻说"取代"良知说"："阳明先生标出'良知'二字为宗。既谓之良，则不但人有，物亦有。其说博而寡要，予欲以'耻'一字约之，不但异类绝无，而同类之存焉者寡矣。后世树讲旗者，从有耻而上极之，从无耻而下究之，各各许多阶级，有耻对无耻，善知识对恶知识。单曰良知，遗了无良，亦缺而不完也。'良知'，孟所创；'耻'，孔所标。孟不若孔，'良知'何如'耻'哉？"其"佞儒说"曰："世但知有佞佛，不知有佞儒。佞儒者，口诚正，胸斗筲也。以真儒辟伪佛，即大雄之功臣；以伪儒辟真佛，即阙里之罪人矣。儒、佛两伪，盗也，非道也，弭盗之策安施？"其"三尊说"曰："爵、齿、德三尊，分属儒、玄、释三教，

---

① 《续修四库全书》第 1131 册，上海古籍出版社 2002 年版，第 319—320 页。
② 《续修四库全书》第 1131 册，上海古籍出版社 2002 年版，第 618—620 页。

于义亦协。爵何以专属儒？儒重五常，而首举君臣，则贵贱之等也，序爵不尤重乎？齿何以专属玄？玄门长生久视，以延年为秘诀，定不加云房于王母之上，列偓佺于广成之先，序齿不尤重乎？德何以专属释？释门慈悲为尚，智慧为宗，行愿为本，皆德也。有佛而后有祖，有菩萨，有罗汉，序德不尤重乎？非谓举一而二可废，就最要处论也。"

其人名号曰"遁"，曰"灰庵"，曰"逸民"，可见长卿晚为隐士。其书亦呈现灰色，大唱反调，不与主流文化同流合污。由经世之学而隐士文化，乃其书之二重变奏曲，或与其人生际遇密切相关。今检《清代禁毁书目四种》，亦列其名矣。

此本据上海图书馆藏明崇祯七年刻本影印。此书又有天启间刻本。

闻雁斋笔谈六卷　（明）张大复撰

张大复（1554—1630），字元长，号鹿城病居士，昆山（今江苏昆山）人。精通经史词章之学。生平事迹见钱谦益《牧斋初学集》卷五十四《张元长墓志铭》。

书末有万历三十三年（1605）大复自跋，曰："有佣书生陆发者，少以其业侍予，浮沉四方，且数年矣。客岁，顾予张行可先月轩中，瞿然请曰：'公方有文章，而发病且死，惧不复从事，岂有帐中秘，发堪为役者耶？吾愿也。'予闻之恻然，自愧吾非羊叔子，而发几湛矣。命儿子桐取《笔谈》杂付之，录未五卷，而发死，稿藏箧中，几供鱼腹。今年夏，海虞瞿元初、梁溪邹公履促予付诸梓人，予乃请之华亭陈眉公，又请之吾师湛元沈先生，皆曰可，于是求吾友顾孟兆、唐淳伯校而刻之，凡六卷。盖殁书其五，其六则茂苑章林石所补也。"① 万历三十四年（1606）王时熙《闻雁斋笔谈引》称其文甚雅驯，语冷而趣深，事琐而情奥，含毫多致，掇皮皆真云。②

是编为其《梅花草堂集》中之一种。据《江南通志·文苑传》，乃其丧明以后追忆而作也。此书多记明代士人谈茶说酒、吟咏风月之事，大抵欲仿苏轼《志林》，故多似古人杂帖、短跋之格。然所推重者李贽，所规摹者屠隆也。卷五"论文"条曰："作文无他法，只要深入题髓，跳出题外。深入题髓，观题之意；跳出题外，写题之情。观题之意，下语不疏；写题之情，运笔不滞。然此非余言之也。冯开之先生教人深处更深一步，直入针孔，然后尽从笔尖上拈出。近世文士亦知深一步法。欲从笔尖上拈出，非大圆通不可几也。"

此书一名《梅花草堂笔谈》，《四库全书总目》据此名列入杂家类存目，称所记皆同社酬答之语，间及乡里琐事，辞意纤佻，无关考证；第十三卷中有"论孟解"十二条，以释家语诠解圣经，殊属支离；《二谈》轻佻尤甚云云。《明史·艺文志》小说类著录《笔谈》十四卷。《传是楼书目》入小说家。今考，此书为晚明小品文，清真隽永，抒写性灵，无关典故，亦非说部，应入别集类，不应入杂家类或小说家类。

《千顷堂书目》题曰《闻雁斋笔谈》。《四库全书总目》著录《梅花草堂笔谈》十四卷，《二谈》六卷。宁稼雨《中国文言小说总目提要》："同书同卷又著录张大复《闻雁斋笔谈》六卷，内容与《梅花草堂笔谈》不同。现存明崇祯刻清顺治修补印本题《梅花草堂笔谈》，十四卷，后二卷系抄配而成，似缺四库所录《二谈》六卷。然《四库全书总目提要》云其《二谈》记《水浒传》无破老一事，见崇祯刻本

---

① 《续修四库全书》第 1131 册，上海古籍出版社 2002 年版，第 701 页。
② 《续修四库全书》第 1131 册，上海古籍出版社 2002 年版，第 621—622 页。

卷一一。则《二谈》六卷与《闻雁斋笔谈》六卷是否一书，尚有待考证。"今考，《闻雁斋笔谈》大部分篇目与《梅花草堂笔谈》相同，仅多三十二篇，又有十四篇与《梅花草堂集》相同。举以备参。①

此本据上海图书馆藏明万历三十三年顾孟兆刻本影印。

道听录五卷 （明）李春熙撰

李春熙（1563—1620），字皥如，号泰阶，又号沅南子、桃源山人，桃源（今湖南桃源）人。万历二十六年（1598）进士，除太平推官，降徐州州判，迁云南推官，改肇庆，入为刑部主事，改彰德推官，迁南京户部主事，官至南京户部郎中。著有《元居集》。生平事迹见《（嘉靖）常德府志》卷十六、《明诗纪事》庚签卷十九。

书前有万历元年（1573）王嘉言序，称其书兼识并收，佳者可束约身心，余足为谈谑资。②隆庆三年（1569）自序称是册凡名公有集者不录，旧梓本者不录，出古人者不录，有事无诗词者不录；录淫词、录戏谈者，不欲以人废言，兼以解倦者之颐。③龚天申跋称其《唐鼙》博而密，精而核，然《道听录》瑕瑜错投，雅俗参置，传讹袭舛，殊不类其夙尚云。④

春熙尝集古句云："君子大居敬而贵穷理，学者先器识而后文艺。"友人龙伯贞以为的对。若以此衡其书，未见穷理，未见器识，仅见道听途说而已。书中大都近俗，惟见一则指陈时弊："古者颁朔

---

① 周中孚《郑堂读书记》卷五十七"梅花草堂笔谈"条称顺治乙未其刊板已亡失，其孙安淳为之锓补而跋其后云云。
② 《续修四库全书》第1132册，上海古籍出版社2002年版，第1页。
③ 《续修四库全书》第1132册，上海古籍出版社2002年版，第1页。
④ 《续修四库全书》第1132册，上海古籍出版社2002年版，第61页。

自朝廷，而下逮邦国，'敬授人时'遗意也。今制：郡邑敛历日纸价，解纳藩司，藩司印造解京，遍投诸尊贵者，山积壤视，陈列御道旁出售，至秋夏不尽，则以涂壁，而下邑得一见者盖鲜。吾郡朗溪陈公仲录梓春图尾纪一绝云：'民间无历日，历纸却征钱。我道春图好，相看也一年。'可谓深中时弊也。"

《千顷堂书目》小说类著录为四卷。宁稼雨《中国文言小说总目提要》称原书已佚，未见佚文。盖未见传本，即妄下断语。

此书有清罗氏恬养斋抄本（藏南京图书馆）、清抄本（藏国家图书馆）。此本据国家图书馆藏清抄本影印。

五先堂文市榷酤四卷　（明）袁子让撰

袁子让（1560？—1628），字仔肩，一字符静，郴州（今湖南郴州）人。万历二十九年（1601）进士，官至眉州知州、司马大夫。著有《字学元元》。[1]生平事迹见《（嘉庆）郴州总志》卷三十。

万历三十二年（1604）自序称嗜利败名，嗜学成德，其所嗜同，所以嗜则异，故汉武有榷酤，孔孟亦有榷酤云云。[2]万历三十六年（1608）其兄子谦叙称说者谓是一屋散钱，只欠一条索子云。[3]万历三十六年其弟子训后序引其语曰："古今载籍虽博，可约取也。善读书者以我从人，何如用人为我。涉猎浏览，我从人也；掇华取精，人为我用也。"[4]

---

[1] 刘晓英：《袁子让〈五先堂字学元元〉音韵学思想研究》，《湖南工业大学学报》2008年第3期。
[2] 《续修四库全书》第1132册，上海古籍出版社2002年版，第68页。
[3] 《续修四库全书》第1132册，上海古籍出版社2002年版，第183页。
[4] 《续修四库全书》第1132册，上海古籍出版社2002年版，第184—185页。

是编四卷，共一百八篇。卷一分君道、重势、君鉴、信人、独任、泰交、窃权、儆戒、论宽、尚严、听谏、谨微、否塞、行赏、法令、好逸、天变、预防、守法、论治、德量、论功、嘉言、用信、自新、褊浅、酷吏、执法，凡二十八篇。卷二分法度、因民、顺治、持要、政体、乱分、正名、感应、化民、去智、伺察、失政、仁柔、用人、课官、慎任、器使、适用、择贤、信心、公利、攘夺、俭洁、节用、计晚、几先、避祸，凡二十七篇。卷三分御臣、壅蔽、国资、戒荒、人重、兴作、敬臣、后鉴、臣道、内则、礼下、正直、懿矩、乱本、实学、空言、养心、明蔽、耀德、黩武、论兵、用奇、将术、兵资、任将、败道，凡二十六篇。卷四分用知、适宜、逸蠹、辨诬、致身、吏治、立论、谏法、妇道、妄谈、巧谏、课计、戒盈、进谏、重身、居功、陈言、宽假、轻势、善用、拘挛、尸位、抗节、匪人、化应、塞奸、邪党，凡二十七篇。

五先堂为袁氏书斋名。其书大旨主于崇正祛邪，议论浅近，然多有可取。如《妄谈篇》曰："今之立论者，巧情四出，俭诡百窦，虽能伸说于时，而立论之体已失，是故求其所获，则称其所惠。以乡原而毁伯夷，以里妇而毁西施，亦无听也。如是，则危言无所售，而议论归于正矣。"《邪党篇》曰："所谓奸臣盗国，国破则身亡也。"

此本据中国社会科学院历史研究所藏明万历三十六年刻本影印。

密庵卮言六卷　（明）樊良枢撰

樊良枢，字尚植，字尚默，号致虚，又号密庵，进贤（今江西进贤）人。万历三十二年（1604）进士，除仁和知县，迁刑部主事，历员外郎中，出为云南副使，官至浙江提学副使。著有《樊致虚诗集》、《三山集》、《二酉集》等书。生平事迹见《明诗纪事》庚签卷二十一。

此书六卷，卷一约己，卷二达生，卷三学道，卷四经世，卷五性理，卷六座训。书前有崇祯四年（1631）良枢自序，称言达生者，寓言也；言道学者，暖暖姝姝之言也；言经世者，詹詹之言也；述先正者，耆艾之已言也，以人道先人，故重言也。①

是编名曰"卮言"，实为联语。如卷一曰："家本农桑，虽宦达，当记得先人栉风沐雨；世守耕读，纵富贵，莫忘却平日淡饭黄齑。"卷二曰："只看得眼前员满，从古来有缺陷世界；但心中放得宽平，普天下无险仄人情。"曰："宠辱不惊，看庭前花开花谢；去住无意，任天外云卷云舒。"曰："鄙吝一消，白云亦可赠客；渣滓尽化，明月自来照人。"曰："徜徉于山林泉石之间，尘心渐息；夷犹于诗书图史之内，俗气潜消。"曰："奔走红尘，则心忙意迫，看兔走乌飞，百年不及一瞬；优游青史，则念息机闲，听鸡谈鹤语，一日可当千秋。"卷三曰："薛文清尽精微而道中庸，学以复性为本；王文成致广大而极高明，功以致知为先。"曰："文清复正性，即工夫是本体，有白沙之致虚而大本立；阳明致良知，即本体是工夫，有吉州之密实而妙用存。"曰："阶前草色时侵几，不管落尽春花；林下松阴自著书，且喜坐残秋月。"曰："绳锯木断，泉滴石穿，学道者须知力索；水到渠成，瓜熟蒂落，得道者一任天机。"卷四曰："宰相任事以胆胜，当置身利害之外；谏官论事以识先，当设身利害之中。"曰："处事要得大体，当观古贤相传，以老吾识；任事要决大计，当观古名将传，以壮吾胆。"曰："法无古今，用之而便民者是良法；言无贵贱，体之而切己者是药言。"曰："着手时先图放手，子房脱

---

① 《续修四库全书》第 1132 册，上海古籍出版社 2002 年版，第 187—188 页。

履虎之危机；进步处便思退步，长源免触羊之祸阱。"曰："热闹场着一只冷眼，便省几番愁肠；冷落处施一片热心，更饶许多生趣。"曰："攻人之恶毋太严，藏身恕则思其堪受；教人以善毋过高，立言近故使其易从。"曰："聚讼于纸上陈言，何如权国家之利害；驰逐于尘中竿牍，不若急黎庶之阽危。"卷五曰："名根重者实地全虚，曷不于无名处养名，常居名实之先；生趣浓者死关难过，何不于未死时学死，永超生死之岸。"曰："人命能几何，只在呼吸间；孰为呼吸主，真性常不迷。"

卷一至卷五多为自拟，卷六座训又曰"先正格言"，则撮录司马光、朱熹、陈仲微、顾东桥、季元衡、陈眉公、朱汝兼、汤若士、罗念庵、文恭公及舒碣石自警之语。崇祯四年（1631）舒碣石跋称其书巧于承接，究归醒迷云云。[①] 可谓允论矣。

此本据中山大学图书馆藏明崇祯间刻本影印。

剩言十七卷　（明）戴君恩撰

戴君恩（1570—1636），字忠甫，号紫宸，澧州（今湖南澧县）人。万历四十一年（1613）进士，历官工部主事、都御史、山西巡抚。著有《说山》、《掌园存稿》、《读风臆评》等书。生平事迹见《（嘉庆）大清一统志》卷三百七十四、《（光绪）湖南通志》卷一百七十四。何璘、黄宜中合纂《直隶澧州志林》（乾隆十五年刻印）有戴氏小传。

是编凡内篇十一卷、外篇六卷，乃君恩家居时所著。其学出于姚江，大旨主于内儒教而外二氏。书用语录体，多有心得，如曰：

---

① 《续修四库全书》第1132册，上海古籍出版社2002年版，第203页。

"二氏与吾儒其不同者，教也；其无不同者，道也。为其教之异也，而欲并其道而斥之，则误道；为其道之无异也，而欲并其教而一之，则误教。"又重新界定三教曰："释者，遗释也，色空俱遣，是名释故。道者，道路也，内外经行，是名道故。然则吾道何以名儒？曰字从人从需，立人所需，是名儒故。"又论文章曰："元无文章，固也，然读处士吴莱之论文云：'作文如用兵，有正有奇。正者如法度，部伍分明；奇者不为法度所缚，千变万化，率作击刺，一时俱起，及其欲止部伍，各还其队，原不曾乱。'此语可谓得文家之三昧，揭之几案间，当自有悟入处。"

《四库全书总目》列入杂家类存目，称外篇谓"孔子近禅，孟子近道"，真可谓援儒入墨云云。今核原书，君恩与友人谭及圣学，有曰："孔子近禅，孟子近玄。彼其自道曰无知，曰无能，曰何有其门人，曰无意无必无固无我，不居然禅宗语乎？论养心曰寡欲，论养气曰持志，曰勿正勿忘勿助长，不居然道家言乎？"君恩虽谓此语良然，又曰："释氏有托离生死之意，道家有长生不死之意，是犹有生死见也。孔孟则浑然忘之，自是超出二家。"不可谓之援儒入墨。馆臣误读原文，不足为训矣。

此本据国家图书馆藏明刻本影印。

剡溪漫笔六卷　（明）孙能传撰

孙能传（1564—1613），字一之，自号心鲁，奉化（今浙江奉化）人。万历十年（1582）举人，官至工部员外郎。雅好读书，纵观秘阁藏书，万历三十三年（1605）尝与张萱等同编《内阁书目》。著有《益智编》、《谥法纂》等书。生平事迹见《奉化县志》。

此书《千顷堂书目》、《明史·艺文志》小说类著录，而《四库全书总目》未著录。书前有万历四十二年（1614）徐时进序。又有能传自序，称剡溪为其家上游，其地多古藤，土人取以作纸，所谓剡溪藤是也。① 万历四十一年（1613）其弟能正跋，称是编虽屑越于训诂名物之辨，搜校于耳目謦欬之余，往往出入经史，错综古今，遗文旧说，纠传习之讹，奥义微辞，补注疏之阙，进之博雅云云。②

此书六卷，附骥于《益智编》。每言一事，必举古人成败得失，所以临机处变者。盖能传敦德博古，渊宏广肆，于书无所不读，而又知微虑深。居尝私语曰："时局日非，当事者有功成之危，遁尾之厉，将滔天燎原，噬脐莫及矣。"可知能传著书之旨。能识古人经世之用，故书中颇有精粹之语。如谓《晋书》、《世说新语》可互证，谓唐赋善体物，谓《管子》多后人赝入，谓讲究字学但正其点画，不必逆古人之意而曲为之说，谓韩非《说难》本荀子，谓《南史》多方言，谓《岑参集》中多袭用己句，谓《三国志》论赞绝无可采云云，多为读书得间之言。亦有感于时事而发者，如谓位高难退；谓文士好上人，往往非薄前辈，转相弹射；谓时人铭状表传诸作，如戏场丑净说话，多虚而不实；谓士之致远，先器识而后才艺，士必悫而后求智；谓以此始，亦以此终，非独人事，亦天道云云，类能启发智慧。惟"种羊"条曰："大漠迤西，俗能种羊，凡屠羊用其皮肉，惟留骨，以初冬未日埋著地中，至春阳季月上未日，为吹笳呪语，有子羊从土中出，凡埋骨一具，可得子羊数只。"未免道听途说，以讹传讹矣。

此本据天一阁藏明万历四十一年孙能正刻本影印。

---

① 《续修四库全书》第1132册，上海古籍出版社2002年版，第315页。
② 《续修四库全书》第1132册，上海古籍出版社2002年版，第317页。

读书杂录二卷　（明）胡震亨撰

　　胡震亨（1569—1645），原字君鬯，改字孝辕，自号赤城山人，学者称赤城先生，晚自称遁叟，海盐（今浙江海盐）人。万历二十五年（1597）举人，除固城县教谕，历合肥知县，迁德州知州，不赴，改定州，擢兵部职方司员外郎。著有《海盐县图经》、《赤城山人稿》等书，又辑有《唐音统签》，助毛晋刻《津逮秘书》、《宋六十名家词》。生平事迹见《（乾隆）江南通志》卷一百十七。[①]

　　是编乃其读书笔记，可分三类：有关考证者，如引元稹《白集序》证刊板始唐长庆中，引颜师古《匡谬正俗》证《柏梁诗》传写之谬，引刘孝标《世说注》证《蜀都赋》有改本，引杜牧诗证木兰为黄陂人，引孟元老《东京梦华录》证"爆仗"字，引朱子、陆游诗证豆腐缘起，引曾慥《类说》证李贺"容州槎"语，引王象之《碑目》证顾况《仙游记》，皆语有根据。他如辨孔子防墓，辨周称京师，亦俱明确。以及元乡试录条格、赞宁《译经论》、《道藏》源流诸条，亦足以资考据。有关见闻者，如海潮条记海潮之祸。有关人物者，如记鉴真东渡故事，又记沈德符纳南都名妓薛素素为妾遗闻，又略述道教代表人物，如王嚞号重阳子，马钰号丹阳子，谭处端号长真子，刘处玄号长生子，丘处机号长春子，郝大通号广宁子，孙仙姑号清静散人。

　　《千顷堂书目》小说类著录为二卷，《明史·艺文志》作三卷。《四库全书总目》入杂家类存目，称其生于明末，渐染李贽、屠隆之习，掉弄笔舌，多伤佻薄，愤嫉世俗，每乖忠厚。如谓嫦娥、纤阿两

[①] 关于胡氏的生平事迹，详参周本淳：《胡震亨的家世生平及其著述考略》，《杭州大学学报》1979 年第 4 期；冉旭：《胡震亨事迹续考》，《古籍研究》2003 年第 4 期。关于胡氏著述之富，参见陈光绰：《读书杂录序》，见《续修四库全书》第 1132 册，上海古籍出版社 2002 年版，第 381—382 页。

雌与吴刚共处月中，则调笑及于明神；谓生天生地，乃生盘古，应称三郎，则嘲弄及于古帝。以至明末时事，动辄狂詈，牵及唐之进士，并诋为贼，其偾亦未免已甚云云。然周中孚称其所考订虽多琐杂，而折衷平允，殊有可取云。①

此本据上海图书馆藏清康熙间刻本影印。

息斋笔记二卷 （明）吴桂森撰

吴桂森（1565—1631），字叔美，号觐华，无锡（今江苏无锡）人。万历四十三年（1615）岁贡生。从武进钱一本学《易》，著有《周易像象述》。生平事迹见华贞元《觐华吴先生进道之序》②及邹期桢所撰墓志铭③。

桂森尝从顾宪成、高攀龙讲学东林，自号东林素衣，学者称为素衣先生。其辨朱、陆异同曰："薛方山云：'朱子之学，孔子教人之法也；陆子静之学，孟子教人之法也。'二语最确。然孟子有集义工夫。陆子静曰：'吾工夫只在人情事变上用。'是孟、陆之直指本体，盖于工夫揭其纲领也。乃今之言学者，欲尽扫工夫，以明本体，则不知其解矣。"辨朱、王异同曰："或曰：朱重修，王重悟；朱言功夫，王言本体。非也。朱以仁义礼知言性，王以虚无明觉言性，此其本源之绝不同处也。陆学与王学又微有别。陆以行谊征心，王则专言知而已，故王曰'象山只是粗'，所以陆近告子，王是迦文。千古而下，断乎难掩。"辨王学曰："'致良知'自是千古独解，当时所

---

① （清）周中孚著，黄曙辉、印晓峰标校：《郑堂读书记》，上海书店出版社2009年版，第1685页。
② 《续修四库全书》第1132册，上海古籍出版社2002年版，第418—423页。
③ 参见《东林书院志》卷九，中华书局2004年版，第327—337页。

诠极完，全无弊，后人只认'知'字，丢却'致'字，与本旨毫厘千里。"辨禅学曰："禅学混儒，无烦深辨。一言以蔽之曰：舍修齐而谈性命。"论治曰："治世无奇法，只要邪正分明，未有人心不正而能开太平者。"辨举业工夫不妨学者曰："对简时勿作解释想，只与圣贤对面质证一番；拈题时勿作好丑想，只与圣贤吟风弄月一番。如此何所妨碍？"今按：此"举业不妨学"论可谓奇谈怪论。然其他杂论亦有可取，如曰："不翻贝叶、《南华》，不知儒书之大；不参禅机、丹诀，不识圣学之精。"又曰："人不能于圣贤脉路上开眼，虽高才绝学，不能脱世俗之见。"其诗曰："山人久住在空山，却爱山中尽日闲。独坐岩头无一事，看云飞去看云还。"亦颇有禅味矣。

此本据国家图书馆藏明崇祯间刻本影印。

露书十四卷 （明）姚旅撰

姚旅（1572—？），初名鼎梅，号园客，莆田（今福建莆田）人。天启二年（1622）侯应琛序称："园客艾年，足迹几天下遍。"[1]"艾年"即五十岁，于此可知姚旅生于明隆庆六年（1572）。《露书》纪事至天启三年（1623）。生平事迹待考。

书前有晋应斗序、李维桢序、侯应琛序及自序。李序称其书视《论衡》，体例、评论亦相出入。[2]侯序称其搜典籍之舛讹，究众流之渊源，商大雅之存亡，纪名贤之踪迹，著风土之通变，杂里巷之琐尾，悉睹记之庞杂，察几祥之微芒云云。[3]

---

[1] 《续修四库全书》第1132册，上海古籍出版社2002年版，第498页。
[2] 《续修四库全书》第1132册，上海古籍出版社2002年版，第493页。
[3] 《续修四库全书》第1132册，上海古籍出版社2002年版，第498页。今按：关于其书的方言学价值，参见刘福铸：《姚旅的〈露书〉及其方言学价值》，《莆田学院学报》2010年第1期。

取东汉王充《论衡·自纪篇》所谓"口务明言，笔务露文"之意，名曰《露书》。其书共十四篇，卷为一篇。"核篇"考证经史，"韵篇"谈论诗赋，"华篇"仿《法言》，间驳言道者，"杂篇"存诸杂论，"迹篇"记古迹，"风篇"记风俗人情及莆人方言，"错篇"记中外土产，"人篇"记人物事迹，"政篇"记政事，"籁篇"记佳言，"谐篇"记谑言，"规篇"记讽刺，"技篇"记杂技，"异篇"记怪异，各一杂举经传，旁证俗说。姚旅自序云："自'迹篇'而上，多稽古而间附以今；'风篇'而下，皆征今而欲还于古。"书中于人情风俗、节候风气、戏剧乐舞均有记述，又载朝鲜、琉球、越南诸国及西南少数民族习惯，及西洋利玛窦等人事迹。又如所载琴、胡琴、竹唢呐、羊皮鼓各条，皆为古典乐器史料；所载火把节传说，可为民俗史料；所载关中地震后所出现地下水位下降及地温现象，为古代地震科学资料。又首次记载烟草传入中国之过程："吕宋国出一草，曰淡巴菰，一名醺，以火烧一头，以一头向口，烟气从管中入喉，能令人醉，且可避瘴气。有人携漳州种之，今反多于吕宋，载其国售之。"书中亦多独见，如曰："老子之学本之黄帝。"曰："作诗须在可解不可解之间，方称妙境。"曰："今之作《选》诗是假骨董，真赝难邃辨。"曰："诗有别才，不贵组织。"曰："今为诗者皆蹈袭古人唇吻，犹女子缠足，非其本来。"曰："今人皆排诗，佳者为描诗，纵意自如者为画诗。"曰："作诗须有警语，未经人道，方能传远。若拾人牙后，已披之华，何足夺目？"曰："民生犹蜗牛。然蜗牛缘壁，不枯不已；世人骛利，不死不休。"曰："圣人之言为明道，今读其书者，以求利禄耳。"曰："古之学者能行而不必能言，今之学者善言而不必善行。"曰："古之设官以为民，今不为民而为君。"皆有可取。至谓"三百篇皆出酒徒作"，可谓怪异之论矣。

此书《千顷堂书目》小说类著录。《四库全书总目》列入杂家类存目，称其词气猥薄，颇乖著书之体；其"核篇"所论经义，率毛举捃拾，无关大指，"韵篇"亦猥杂不伦，"谐"、"异"诸篇尤多鄙俚云。然朱彝尊《静志居诗话》卷十八称园客放浪湖海，缀拾旧闻，《露书》一编，颇存轶事；其评骘一时诗家，远比敖器之，近续王元美云云。平心而论，究以朱彝尊较为持平。

　　　　此本据华东师范大学图书馆藏明天启刻本影印。

炳烛斋随笔一卷　（明）顾大韶撰

　　顾大韶（1576—？），字仲恭，常熟（今江苏常熟）人。诸生。事迹附《明史·顾大章传》后。钱谦益《初学集》卷七十二有《顾仲恭传》，称引其语曰："吾欲将《十三经》、诸子坠言滞义，标举数则，勒成一书，窃比于程大昌《演繁露》、王伯厚《困学纪闻》，庶几可以谢诸公及吾子矣。"易箦之前，缮写所笺《诗经》、《礼记》、《庄子》，俾其子属钱谦益，即所传《炳烛斋随笔》也。①

　　此书为博涉群书时，随笔考辨所记，说经者居其半。书中颇有精语，如曰："读书当如蜂之酿蜜，采百味消归一味。作文当如蚕之作茧，缫一丝便尽一茧。读书而但为记诵之学，是智不如蜂也。作文而但为饾饤之文，是智不如蚕也。"曰："读类书、文集而不读子、史，是沽酒市脯之学也；读子、史而不读五经，是拔本塞源之学也；读五经而不讲理学，不通三教，是贫儿数宝之学也。故曰博学而详说之，将以反说约也。"曰："佛教未行之先，其早为前驱者，惟《庄子》而已。佛教既行之后，其相为表里者，惟《庄子》而已。"

---

① 关于顾大韶的研究，参见陈宝良：《顾大韶与晚明文化——以伦理观为考察中心》，见《第十届明史国际学术讨论会论文集》，中国南京，2004年8月。

曰：" 道家之书莫妙于《庄子》，佛家之书莫妙于《楞严》。《庄子》多引而不发，《楞严》则和盘托出矣。有志于道者，且勿读《楞严》，只读《庄子》，深思而自得之可也。"曰："通天地人曰儒，若不究心于三界之事，何以为通儒乎？"曰："凡事观于其大，则必不争于其小矣。睹圣贤之遭谤诬，则争荣辱之念可以息矣。睹帝王之被侵凌，则争强弱之念可以息矣。"曰："智者明义理、识时势，善哉其言之也。识时势而不明义理，则市井之智耳。不明义理，并不识时势，则妇人之智耳。所以古人有举朝皆妇人之叹。"曰："《小雅》云：'莫肯念乱。'此语最为有味。凡承平之官吏多恣为贪污，豪富之子弟多恣为骄奢，皆莫肯念乱者也。"曰："洁净精微，《易》教也。又云《易》之失贼。盖太洁则滓秽无所容，太精则情伪无所遁，必陷为刻薄人矣。申、韩原于道德，亦是此意。知其白，守其黑，则深于老，亦深于《易》矣。"曰："志欲大而心欲小，致广大而尽精微也；知欲圆而行欲方，极高明而道中庸也。"曰："政与教不同。教之道在矫枉以就正，柔者教之以刚，刚者教之以柔，所谓沉潜刚克，高明柔克也。政之道在因物以付物，刚者治之以刚，柔者治之以柔，所谓强弗友刚克，燮友柔克也。"

叶昌炽《缘督庐日记钞》卷六称其书皆考论经史，深于漆园之学，又宗墨子，而抑孟子，虽不纯，在明人说部中要为切实；又称颇诋宋儒，其偏驳处尚不至如李卓吾，而博识可比升庵云云。傅增湘称篇中杂论经史百家之说，大抵论事理为多，而考证较少；中有述天主教一则，引《西溪丛语》祆神之说以证之，殊为疏陋；末有数十则，皆《庄子》补注云云。[1]傅增湘又有此书跋，收入《藏园群书题记》三集卷三。

此本据上海图书馆藏清初刻本影印。

---

[1] 傅增湘：《藏园群书经眼录》，中华书局1983年版，第726页。

樗斋漫录十二卷 （明）许自昌撰

许自昌（1578—1623），字玄祐，号樗斋，自称樗道人，吴县（今属江苏苏州）人。以赀授中书舍人。擅作曲，有传奇《水浒记》、《桔浦记》、《灵犀佩》、《弄珠楼》及《报主记》。又辑有笑话集《捧腹编》。生平事迹见董其昌《容台集》卷八《中书舍人许玄祐墓志铭》。①

此书为许氏读书漫录，内容庞杂，杂记见闻，时露痛心疾首之态。如记墨卷横行状："唐应德顺之、薛仲常应旂，世所称荆川、方山两先生者也。二先生为文章宗祖，举业家无不尸祝焉。尝其未得俊时，未闻有行卷，今则大不然矣。老童低秀胸无墨、眼无丁者，无不刻一文稿，以为交游酒食之资，伪评赝序，令人麻痒欲呕。善乎荆川先生之言曰：'好刻文字，亦无耻之一节也。'"记学风之浮伪曰："近来一种讲学者，高谈玄论，究其归宿，茫无据依，大都臆度之路熟，实地之理疏，只于知崇上寻求，而不知从礼卑处体究，徒令人凌躐高远，长浮虚之习，是所谓履平地而说相轮，处井干而谈海若者也。"斥禅学之伪曰："东坡《胜相院记》云：'治其说者，大抵务为不可知，设械以应敌，匿形以备败，窘则推堕滉漾，不可捕捉，如是而已矣。'此四句颇说尽近世禅学自欺欺人之情状。"责士大夫之伪曰："郑奕以《文选》教子，其兄曰：'何不教他读《孝经》、《论语》？免学沈、谢嘲风咏月，污人行止。'嗟乎，今之学士大夫未尝

---

① 关于许自昌的生平事迹，详参刘致中：《许自昌家世生平著述刻书考》，《文献》1991年第2期。许氏少好奇文异书，筑室而藏之，家有二酉四库之藏，梅花墅中之樗斋，为其藏书读书之所。其读书生活，可于此书自序中见之。许氏万历间以清名，而其《水浒记》传奇尤重于世。四方名士皆乐与之交游，时人称"过里甫不入许玄祐园林，犹入辋川不见王（维）裴（迪）"。

不读《孝经》、《论语》也，而乃嘲货咏赂，污自己之行止，不忠不孝，败国亡家，又岂读《文选》之罪乎？"讥讽时弊，可谓入木三分。自昌为文章里手，论文亦有可观。如论宋大家文曰："欧阳文纡徐曲折，偃仰可观，最耐咀嚼。荆公文亦高古，意见超卓，所乏者雍容整暇气象尔。曾子固文敦厚凝重，如秦碑汉鼎。老苏一击一刺，皆有法度。东坡胡击乱刺，自不出乎法度。"论乐府作法曰："乔孟符吉博学多能，以乐府称，尝云作乐府亦有法，曰凤头、猪肚、豹尾六字是也。大概起要美丽，中要浩荡，结要响亮，尤贵在首尾贯穿，意思清新。苟能若是，斯可以言乐府矣。此所谓乐府乃今乐府，如《折桂令》、《水仙子》之类。"今考，此书多撮自《归田录》、《墨庄漫录》、《辍耕录》、《草木子》等书，间有不注明出处者。

书末有光绪十六年（1890）无名氏墨笔识语，曰："细玩是录，樗斋人本非刻，然凡语涉讥讽尖利者，概委他人，一若非其口出。果能去其锋锐，不露痛心疾首之态，实于世道人心不无有补云。"[1]

此本据明万历刻本影印。

菜根谭前集一卷后集一卷　（明）洪自诚撰

洪应明，字自诚，以字行，号还初道人，新都（今四川新都）人。幼慕纷华，晚栖禅寂[2]，与袁了凡、冯梦桢、于孔兼等名士往来。明万历间人。著有《联瑾》、《樵谈》、《笔畴》、《仙佛奇踪》等书。《八千卷楼书目》卷十四又著录《寂光镜》三卷。然其名不见经传，事迹无可稽考。

---

[1] 《续修四库全书》第1133册，上海古籍出版社2002年版，第167页。
[2] 《续修四库全书》第1133册，上海古籍出版社2002年版，第167页。

书前有于孔兼题词，称谭性命，直入玄微；道人情，曲尽严险。俯仰天地，见胸次之夷犹；尘芥功名，知识趣之高远云云。① 又有乾隆五十九年（1794）遂初堂主人识语，称其于身心性命之学，实有隐隐相发明者。

此书为清言集，分为修省、应酬、评议、闲适、概论五类。此书历代书目鲜见著录，惟清丁仁《八千卷楼书目》著录一卷。全书分前、后二集，前集二百二十五则，后集一百三十五则，共计三百六十则。大旨取三教合一，集儒、释、道之精华而冶于一炉，诚为奇箴宝训矣。

书名"菜根谭"，又作"菜根谈"，或以为典出"性定菜根香"，所谓"夫菜根，弃物也，而其香非性定者莫知"；或以为化自宋儒汪信民之语："人能咬得菜根，则百事可做。"然洪氏友人于孔兼题词则称："谭以菜根名，固自清苦历练中来，亦自栽培灌溉里得，其颠顿风波、备尝险阻可想矣。"②

今考，章军华自江西临川获一宋刊明刻本《菜根谭》，标明为宋人汪革撰，书中胡安国序亦明言为汪氏所撰③。举此备参。

此书有明刻本、清乾隆三十三年常州天宁寺刊本、道光六年重刻本、道光十五年北京琉璃厂魁元斋刊本等。此本据上海图书馆藏明刻本影印。④

---

① 《续修四库全书》第1133册，上海古籍出版社2002年版，第169—170页。
② 《续修四库全书》第1133册，上海古籍出版社2002年版，第170页。
③ 参见章军华：《洪应明无辜　汪信民有冤——新发现宋刊明刻本〈菜根谭〉的作者辨证》，《东南大学学报》2009年第2期。汪革（1071—1110），字信民，号青溪，江西临川（今属江西抚州）人。绍圣四年（1097）进士，官楚州教官。其名言为："咬得菜根断，则百事可做。"
④ 此书日本刻本甚多，详参中村樟八、石川力山：《菜根谭考述》，见（明）洪应明著，王同策注释：《菜根谭注释》，浙江古籍出版社1989年版，第196—209页。日本刻本与传世刻本有很大的不同。

几亭外书九卷 （明）陈龙正撰

陈龙正（？—1645），字惕龙，号几亭，嘉善（今浙江嘉善）人。崇祯七年（1634）进士，授中书舍人，左迁南京国子监丞，福王召为礼部祠祭司员外郎。著有《几亭全书》。生平事迹见《明史》本传及万斯同《陈几亭先生传》。[①]

书前有崇祯四年（1631）龙正自序。全书九卷，卷一、卷二曰《随处学问》，卷三曰《家载》，卷四曰《乡邦利弊考》，卷五曰《保生帖》，卷六曰《易占验》，卷七曰《举业素语》，卷八曰《方技偶及》，卷九曰《绪绪》，皆有小序以述其意。

黄宗羲《明儒学案》卷六十一称其留心当世之务，故以万物一体为宗，其后始湛心于性命。其书大旨内儒家而外异端，谓三教本截然殊科，为学当先明儒家之大主意。又谓"生字贯天、人、学、治"，张子"为天地立心"四语，包括极大，然一"生"字足以统之。天地以生物为心者也，人之生也直，即其道也圣，学以万物为一体者也，万世之民安其生，是太平也。故学不可不知本，观圣贤书亦不可不求其本。又谓孟子开顿悟之门，渐然后能顿。又区分真儒与醇儒，谓为真儒易，为醇儒难，康节、象山、阳明莫非真儒，醇儒非周、程、张、朱不能当。又谓李贽亦是慧资所集，诸书所著议论有过人处，但破人鄙滞，豁人胸眼，为益甚小，丧人廉耻，长人奸横，为损极大，故当深恶而严绝之。又谓王文成扫训诂，扫闻见，李贽遂欲扫道理，扫纲常，数十年来坏尽人心，杀身毁书，世教幸矣。又谓尊德性自有

[①] 关于陈龙正的社会地位，参见冯贤亮：《陈龙正：晚明士绅社会生活的一个侧面》，《浙江学刊》2001年第6期。

工夫，穷理方能见本心。又谓释教无益中国，乱世以释教持世。又谓道家失老子本意。又谓天主教大旨即上帝也，然画像而拜，视上帝如一人，以崇礼为事，而全不知心性之说，浅陋远出佛氏下。其书大体醇正，极力守护儒学正统，故应列入儒家类。

书中间有精妙之语，如谓人生正事乐事不过修身读书，然读书总是修身之助。又谓凡人学问最浅则易矜，稍深则渐歉，故有明暗浅深之意象。又谓载籍太多可忧，高科能文为不幸。然《清代禁毁书目四种》有《几亭全书》，又有《陈几亭集》，盖语涉违碍之故也。

此本据北京大学图书馆藏明崇祯间刻本影印。

客问篇一卷　（明）吴易撰

吴易（？—1646），字日生，号惕斋、朔清，吴江（今属江苏苏州）人。崇祯丁丑（1637）进士。生平事迹见《明季南略》。

书前有崇祯十五年（1642）李建泰序，称其好言王略，指掌天下事，于兵计尤长；计其综略时事，根本国谟，具贾生之治要，兼同甫之中兴云。[1]吴应箕序称其书备载救时之策、中兴之规云云。[2]

此书一卷，凡十三篇，书首题"客问十三篇"，体例为客问主答，用疏议体。书末自称："裘则有领，网则有纲，辑宁九有，式遏一方，鉴源洞委，以富以强，答大势第一；业广财生，事繁用费，具镜死生，爱酌利弊，蒿目匡时，捬髀心计，答经费第二；计商金粟，贾晁兵食，伯王之道，任上是亟，答屯垦第三；后彼鸿脂，

---

[1]《续修四库全书》第1133册，上海古籍出版社2002年版，第445页。
[2]《续修四库全书》第1133册，上海古籍出版社2002年版，第446页。

濡此鹈咮，卷起黄河，孰云其救，食寡用舒，庶消厥咎，答裁汰第四；盐策为利，自古伊然，变通厥道，曰济时艰，遐哉刘晏，孰启斯贤，答中盐第五；两都相望，万国方朝，天出源水，以接全漕，启闭得理，嬉饱以遨，答通漕第六；军重摧锋，士负勇敢，简之炼之，相须以善，旌鼓方严，凯歌岂晚，答选练第七；鸜鹆鱼丽，异名同情，失利勿走，见便勿争，大将在阵，万人一身，答营阵第八；缥姚出塞，英卫专征，不资龙友，孰扫氇氛，草丰苑广，雪锦成群，答马政第九；刀开似水，铨腾若龙，火器雷动，石礟风从，练目练胆，技击称雄，答器艺第十；骄房飙疾，坚重制之，百战百胜，坚久相持，载法李靖，以正为奇，答车营第十一；贼号百万，四散而哗，计数分画，摧折槎枒，回军转战，净扫胡沙，答算剿第十二；经世有本，节目依因，生聚教训，制事唯人，一榷审令，肇赞中兴，答权任第十三。"自述各篇主旨甚为明晰矣。

书后有嘉平下浣木崔拜手谨识，称其命笔取径，多本之古人，故能超轶时俗，以自成一家言云。[1]又有清徐大桥跋，称文举人吴日生，于明亡之际，团练义兵，抗拒本朝南下之师，旋受擒戮，人为本朝有罪之人，书亦当今犯禁之书云云。又有陈去病跋、柳亚子跋，皆述得书始末焉。

此本据上海图书馆藏清抄本影印。

三戍丛谭十三卷　（明）茅元仪撰

茅元仪（1594—1640），字止生，号石民，归安（今属浙江湖州）人。崇祯初以荐授翰林院待诏，寻参孙承宗军务，改授副总兵

---

[1] 《续修四库全书》第1133册，上海古籍出版社2002年版，第470页。

官，守觉华岛（今辽宁兴城觉花岛），旋以兵哗下狱，遣戍漳浦而卒。著有《武备志》、《嘉靖大政类编》、《平巢事迹考》[1]等六十余种。其书屡遭禁毁，散佚较多。《明史》不为立传，事迹见钱谦益《列朝诗集小传》。[2]

书前有崇祯十年（1637）元仪自序，曰："夫得志则行其道，不得志则托于言。言且不敢，而为闲为淡为丛。然亦有所仰裨明时者，待他日忠义之士读而采之可也。"[3]

元仪久历患难，深知用人之法。如曰："相士者，当相于短处，知其所以短，方可用其所以长。如只见其长，人孰能无短？一见破绽，便生不堪，至不遇者跌宕之至，几于尽掩本色，当面错过，往往而是，尤不可不着意也。"又曰："凡得罪于君者，其位易复，即未复，而人情不忍冷暖，犹可自聊；得罪于相者，其人不去，无复敢推毂之人，非公不能为度外举动也。"又曰："今之天下贫困不支，正如大家世族，不能经理，财竭于内，一朝外侮，益无所支。使纪纲之奴，得经理之法，破陈易新，将无化有，尚胜中家十倍。"又曰："语言太快，未有不为祸者。"于读书治学亦有会心，如曰："学问者止学一好样子，亦复何益？"又曰："诗、乐之分，始于汉，然未有甚于本朝者。汉人短歌原以入乐，唐乐府皆入管弦，宋词、元曲脱稿即播歌人，本朝诗词俱不可歌，唯填曲一线未绝耳。名家能之者少，此道愈分，去古逾远矣。"

此书鲜见著录，殆世所罕觏。因书中颇涉干碍，故遭清廷禁毁。清杨凤苞《秋室集》卷一有《三戍丛谭跋》，称明之末造，御边平贼，

---

[1] 参见臧嵘：《〈平巢事迹考〉为茅元仪所著考——兼及茅元仪著作》，《文献》1982年第1期。
[2] 关于茅元仪的研究，参见任道斌：《茅元仪生平、著述初探》，见《明史研究论丛》第3辑，江苏古籍出版社1985年版；林琼华：《茅元仪研究》，浙江大学2008年硕士学位论文。
[3] 《续修四库全书》第1133册，上海古籍出版社2002年版，第473页。

未尝无才，奸人惎之，率不竟其用，国乃沦胥以亡云云。

此本据国家图书馆藏明崇祯刻本影印。

野航史话四卷 （明）茅元仪撰

茅元仪生平见前《三戍丛谭》提要。

书前有元仪自序，称自癸酉夏感奇疾，不复读书，尝以潘木公为质，知其宿瘤，阴令小姬叩史事，无复条理，亦无义例，然每一论过，亦自快然，如吐喉骨云云。[①] 书中又称："余之著述被盗屡矣，故急急了小集，后世当亮此怀也。"

是书虽为一时兴到之论，亦偶有妙语。如论人曰："凡用人者，务得其意。得其意之道，在不拘常格。拘常格，鲜有能用人者矣。"曰："自古英雄未有不怜才，根于天性者。"曰："邓肃自幼与李纲为忘年交，纲罢，肃上疏曰：'纲学虽正而术疏，谋虽深而机浅。'二语足概纲生平，可谓知己矣。学正术疏，人所易知；谋深机浅，此前者所未发也。"论学曰："读书不详，古人通病。故建论弹驳，互争甲乙，俱在梦寐，如疑狱翻案，虽屡经谳决，生死殊轨，然皆不察初情，徒滋口舌。"曰："王安石经学，败于杨时，而成于王居正。时尝出所著《三经义辨》以示，谓曰：'吾举其端，子成吾志。'居正感励，首尾十载，为《书辨学》十三卷、《诗辨学》三十卷、《周礼辨学》五卷、《辨学外集》一卷。居正书既进，杨时《三经义辨》亦列秘阁，二书行，天下遂不复言王氏学。今王氏书与驳正王氏书俱不流传，亦千古一恨也。"

此本据国家图书馆藏明末刻本影印。

---

① 《续修四库全书》第1133册，上海古籍出版社2002年版，第565页。

暇老斋杂记三十二卷　（明）茅元仪撰

茅元仪生平见前《三戍丛谭》提要。

此书三十二卷，四库未著录，亦不见违碍书目有其名。书前有元仪自序，称今日以后皆暇老之始，故以名斋，即以其时所记者，名曰杂记。①

元仪善于思考，长于持论，如论盛衰之理曰："易盛则易衰，极盛则极衰，地固有之，况于家国乎？"论宽猛之道曰："古之大手眼君臣，只是善因时以制宽猛而已。汉高之用宽，诸葛亮之用严，与我太祖之用严，皆法此也。"论学校分科曰："胡瑗苏湖之教甲于古今者，只以刑政实学分科而训。盖涵养渐摹，虽士人一生本业，然在学较政宜分科而治，乃得实际。此问礼问官之遗意，亦今士业一经之本指也。"又主张高薪养廉："宋之公使钱即今之公费也，使客交际亦出于此。杭州七千贯，扬州五千贯，扬以为不足。今其额甚少，安得不取之民？愚以为欲责吏廉，则职田公费不可不增复也。"书中精语极多，如曰："创业之时易建法，守成之中兴，其复法难也。"曰："儒者好持论，然苟非邪正之关，亦何必哓哓。理有两通，辩致层出，非不一番剥落，一番新情，然究竟儿戏。"曰："丈夫立名，非其本志，然以此绳人，非三代以后之道也。夫其事之成否，既有命矣，及其成也，而传与不传，又复有命焉。"曰："谏官之气，汉唐不如宋盛。然盛者，衰之实也。苏子由曰：'唯其小小得失之际，乃敢上章，欢哗而无所惮，至于国之大事，安危存亡之所系，则将卷舌而去，谁敢发而受其祸？'何其切中也。嗟乎！至于今日而更甚，盛

---
① 《续修四库全书》第1133册，上海古籍出版社2002年版，第595页。

者愈盛，而衰者亦愈衰矣。"曰："人品自人品，事功自事功，恩怨自恩怨，是非自是非。因己之恩怨、人之人品，而概人之事功、是非，俱非也。"曰："人有言而终身能行其言者，必非常人也。"曰："任子之法，本朝较之前朝可谓简矣，然患在其人之不可用耳。如可用，则正不患其多也。"曰："事君之义，虽以报国为先，而报国之道，当以安身为本。若上下相忌，身自不安，危亡是忧，国何由报？此余坚守永退之本志也。"曰："古人不妄作，作有不称，不自护短，不似今人以为无不佳也。"曰："事之可为，必归于理之可通，然执理之可通，则凡极非盛德之事，亦未尝无理可执。如前朝人君自加尊号，岂非至可笑之事？据一偏之理，不可以论事，而文人益宜致慎，无恣其才力，以使人不能夺当夺之言也。"曰："鬻爵，非法也，然宁使之为钱谷管库冗员，何至玷辱清班，厕名图书之府乎？秘书，天地之精华，使目不识丁者冒较理之名，举世不以为怪，此足悲也。"曰："自王、李文章创复古之论，一去靡颓之习，然以古名饰今事，识者每叹之。今日所为力追前汉者，仍踵其最唾弃之末宋也。"曰："宋儒自推尊其学，每贬汉儒以张己帜。"曰："儒家之说，常病穿凿。"曰："甚矣，汉儒遭宋儒而穷也。如扬雄、董仲舒辈以谈理著，既为考亭辈排击，以攘其名。"曰："汉儒说经尚有胶滞，何怪宋人益深高子之固乎？"曰："自谱局废而谱学不明矣，此唐末即然。然胜国之初，诸儒尚以谙谱学为长，至于今而杳然绝矣。然其不得不绝也，亦势也。盖日愈远，言愈荒，而不足信，屡言之如嚼蜡，强人以无味，人不能垂涎也。"

此书有明崇祯刻本。此本据国家图书馆藏清光绪李文田家抄本影印。

吹景集十四卷 （明）董斯张撰

董斯张（1587—1628），原名嗣章，字然明，号遐周，乌程（今属浙江湖州）人。少负隽才，为同里吴允兆所许。长与吴门王亦房赓唱。晚病足，杜门著述，体清羸，自为《瘦居士传》行世。著有《广博物志》、《静啸斋存草》、《西游补》[①]诸书。生平事迹见钱谦益《列朝诗集》、董樵《遐周先生言行略》。

书前有崇祯二年（1629）王德元序、凌义渠序、韩昌箕序。义渠序称其有意立言，沉敏自凤，排潘轹陆，所著有《吹景集》者，特剩言耳。[②]昌箕序称其书继《繁露》而作。[③]全书十四卷，卷二以下多考证之语。卷一曰《朝玄阁杂语》，凡四十则，如曰："我辈与小人作缘，可谓崩山从壑，倒树缠草。"曰："群蚁聚槐穴，谋噉凤皇，亦何损千仞之翼，政费终日妄想。"曰："深俗情者不可以入俗，执道念者不能以入道。道俗双澄，融然大觉。"曰："有江湖之性，方可登魏阙；有黄虞之怀，方可游叔季。"曰："临文不得作好丑心，入境不得作顺逆心，对物不得作憎爱心，抱病不得作生死心。"曰："缀文不根六经，称诗不陶三百篇，所谓沿澜迷源，纵字句靡靡可听，呢喃燕语耳。"曰："天下无不可为时但袖手，天下无一可为时方出手。圣贤作用，豪杰肝肠。"曰："俗士万境，为名所驱，即狭邪之饮，山泽之游，强半名心，非关本性。天地一大梨园，古则昆山剧，今则弋阳扮也。"万历甲寅（1614）斯张跋称："余秋暮入邓尉山中，丛桂未阑，鸟啼人寂，空楼高枕，偶有所怀，辄伸纸疾书之。一日夜

[①] 参见王洪军：《董斯张：〈西游补〉的作者》，《广州大学学报》2003年第8期。
[②] 《续修四库全书》第1134册，上海古籍出版社2002年版，第2—3页。
[③] 《续修四库全书》第1134册，上海古籍出版社2002年版，第5页。

积四十则，辞多游戏，殊鹿门之《隐书》，旨出牢骚，即琦玗之漫语。录置巾箱中，微知道之士，虽密亲不与示也。"于此可窥其大旨矣。

"博物信是难事"条曰："余胸中有几卷书，辄敢生此狂语。年来觉百年一瞬，学古无涯，实见博物是一难事，但愿多读书晚著书，向蠹鱼场中，与诸贤把臂共行，便是极乐国土。"若非深知甘苦，决不能为此言。书中颇讲考据，如"古诗多讹字"条能识其小，"《春秋》关华夷气运"条能识其大。"《列子》中杂赝"条称向疑《列子》杂魏晋人笔，其窜南华语者十之三。"星经剑录"条曰："《星经》传汉甘石书，其叙须女四星有台州、婺州之目，与《尔雅》之零陵、长沙何异？隐居《刀剑录》载唐李章武名，又杨玉夫候织女苍梧憨态也，而移之昇明帝。隐居尝以一事不知为深耻，乃居恒目击者反淆讹若斯哉？或谓隐居特好说剑，《真语》中所称尸解，盖剑术也。又云但畜神剑，与之相随，十三年自能化形。好事者因傅会之，成《剑录》一书云。"然"孔明能用《素书》"条竟不知《素书》为伪书矣。

胡胐明称其学贪奇炫博，何屺瞻亦称其引《海录碎事》、《事文类聚》而不举本书，微染俗学。①然周中孚称卷二以下皆考证古书，间为补注，且于古音古义亦颇诠释，援据精核，足资参考，间有舛误，周方叔《卮林》已为之申明云云。②

　　此本据山东省图书馆藏明崇祯二年韩昌箕刻本影印。此书又有清抄本二种，一藏国家图书馆，一藏浙江图书馆。日本静嘉堂文库藏本原系陆心源旧藏。

---

① （宋）王应麟著，（清）翁元圻等注，栾保群等校点：《困学纪闻》卷八注，上海古籍出版社 2008 年版，第 1047 页。
② （清）周中孚著，黄曙辉、印晓峰标校：《郑堂读书记》，上海书店出版社 2009 年版，第 898 页。

谷帘先生遗书八卷 （明）黄渊耀撰

黄渊耀（1624—1645），字伟恭，嘉定（今属上海）人。南都亡，嘉定破，与兄淳耀自缢于城西僧舍。乾隆四十一年（1776）与淳耀通谥忠节。生平事迹见汪有典《明忠义列传》卷二十一、侯开国《文学黄先生传》。

书前有雍正五年（1727）邑后学秦立序，称康熙四十四年（1705）仲冬录于安亭张维垣家。① 秦立《编辑绪言》称访廿余年，始得其手录稿本数册，编成此书，厘为八卷，悉遵各录小引之意。《存诚录》三卷，皆平日读书穷理深造自得，及父兄师友互相砥砺之言随时札记者。《自怡草》一卷，为古今体诗，可见其性情之正、学养之纯。《鹤鸣集》二卷，皆先生所辑鸾言，发明六经四子之旨，可与宋五子书相会通。《拈花录》一卷、《玉版录》一卷，旧附《鹤鸣集》后，今依次编列，谈空空于释部，核元元于道流，各有真诠，同归正教，统《鹤鸣集》观之，三教圣人之蕴具在其中云云。②

崇祯癸未（1643）黄淳耀序称约同志诸子为直言社，凡十四人，每月一叙。叙则各出日记相质，自日用酬酢外，读书所得及所闻先儒格论、同侪法言，各随其所自得书之。显自事为，微之至心术之闲，诚伪出入，互相纠绳，不少假，故谓之直言。而渊耀涤荡湔洗，日益进于光明，诸君子皆以畏友目之。比辑向日日记粹言，录为一编，取《易》闲邪存诚之义，名曰《存诚录》。复录其粹者，厘为二卷，一曰《拈花录》，一曰《玉版录》，大旨悉与儒家相表里。学者观其会通，

---

① 《续修四库全书》第1134册，上海古籍出版社2002年版，第133页。
② 《续修四库全书》第1134册，上海古籍出版社2002年版，第135—136页。

皆可有得，慎勿以谭空核元歧视之云云。①

黄氏论曰："学人读书，先明其理。不明其理，有甚济事？"又曰："佛在何处？在人心中。心在何处？在人身中。身在何处？在天地中。中在何处？在无无中。无是何物？廓然洞然。"又曰："三教无二旨，归根属一家。佛氏明心见性，即玄门复命还丹之诀。"于此三论可见其大旨矣。

此本据中国科学院图书馆藏清雍正五年刻本影印。

政余笔录四卷　（清）蒋鸣玉撰

蒋鸣玉（1600—1654），字楚珍，号中完，金坛（今江苏金坛）人。崇祯十年（1637）进士，官台州府推官。鸣玉于四书五经皆有讲义，解四书者名《舌存》，解五经者名《圭约》，言如土圭之测日影，以至约而赅至广也。汪琬为撰神道碑。②

书前有顺治乙酉（1645）刘显绩序，称其文日求所未至。③甲申（1644）鸣玉自序称其或涉荡缘台剡溪曲中、山阴道上，出入峤岭，无书卷塞目，澄思往事，有所感悟，有所省惕，条纸录之。④

是录四卷，颇有嘉言。如曰："凡事皆须识大体，如国体、政体、文体皆须务其大者。"曰："读书自无百般病痛，所以说义理养心。"曰："杂书不可不看，微言妙理别有所触，不独应事无方，见开广博。"曰："言愈切至，人愈多疑，所以知交浅深宜自量也。"

---

① 《续修四库全书》第1134册，上海古籍出版社2002年版，第137—138页。
② 参见（清）汪琬：《钝翁前后类稿》卷四十二，见李圣华笺校：《汪琬全集笺校》，人民文学出版社2010年版，第797—799页。
③ 《续修四库全书》第1134册，上海古籍出版社2002年版，第215—216页。
④ 《续修四库全书》第1134册，上海古籍出版社2002年版，第217页。

曰："清、慎、勤，居官三字符也，然必以仁为本。仁者无欲，故清。仁者不侮，故慎。仁者博施济众如不及，故勤。又有谓宜增一缓字者，缓所以救上三者之流弊。"曰："老子云：'人之大患，为吾有身。若其无身，亦复何患。'余引之曰：'身之大患，为吾有官。若其无官，亦复何患？'"曰："圣贤语句彻上下，随人见以为浅深，深人见深，浅人见浅，吾人随见为言。若《大学》之知止，《中庸》之慎独，自是三教同源，如水乳合，定作宋儒见解，终非透论。"曰："多营多费，多费多忧。一有忧贫之念，则苟且财求之术起矣。寻常讲究身心性命，何等精析，然说得行不得，试粗粗把色、利、名三字清夜思之，不干不净不透脱处，了了自知。"曰："其人有奇癖者，天必以奇祸应之。"曰："凡戒与悔，皆为下根人说也。踬而浚徐其步，噎而浚缓其飱，可谓智乎？"曰："一切事渐趋于澹，俱是好消息。"曰："道学有能诗者。若以诗为道学，非俗则腐。"曰："一好一累，若多一好，则多一累。"曰："蝇之触窗，力穷知返；蜗之升壁，涎尽枯高。"曰："耳目既广，思虑必散，止当以闭户静思为主。"曰："人生不识心性，并不识忧患，诸爻万象，为此而作。涉世可易言哉！"曰："自恕最是害事。"曰："看书证彼一边事也，妙在以我自证。"曰："多蓄经史，以众证证一，则义以相参而备。"曰："先儒学治《易》必自《中庸》始，学治《书》必自《大学》始，治《春秋》则自《孟子》始，治《诗》及《礼》、《乐》必自《论语》始。六经四子实有配合之妙。《中庸》一书所引皆德福兼全之人，前之遁世，末之明哲，其义可思。"曰："穷经当与史合。如有上流，必有下流。作文当与经史合，如有众流，必有一源也。"曰："不具杀人心，不能劈破古今成案。沾沾儿女，吾以卜其异日会场中全重胆识、验才具、籤功名也。"曰："儒之良知，禅之直指，皆以博地。凡夫立跻圣域，此亦理道之求速化者也。"曰："用忍宜于己，不宜于人；用恕宜于人，不宜于己。"曰："中和为道家骨髓。然中为有形之中，和为调摄之和，命宗得之，以寿其身，等于天地。"曰："名位早达，必有深殃。"曰："尊生非饱食安居，凡大役、大丧、大横逆、大风雨、大寒暑时，刻刻提醒，不可轻身、毁性、任意。"曰："学《春秋》以仁为本，知《纲目》之为刻论，然后可以言史。"要之，鸣玉究心理学，犹不失为平正，故此书应入儒家类焉。

此本据清华大学图书馆藏清顺治刻本影印。

因树屋书影十卷 （清）周亮工撰

周亮工（1612—1672），本名亮，字元亮，号栎园，祥符（今河南开封）人。明崇祯十三年（1640）进士，官潍县知县、浙江道监察御史，入清后历官福建左布政使、户部右侍郎，终于江南督粮道。著有《闽小纪》、《赖古堂全集》等书。生平事迹见《清史列传·贰臣传》。[①]

书前有康熙元年（1662）徐芳序，康熙六年（1667）姜承烈序、高阜序、杜濬序、黄虞稷序，雍正三年（1725）周在延重刻序、张遂辰跋、邓汉仪跋。徐芳序称识古人事易，论古难；论古人事易，论今事难。[②] 邓汉仪跋称其书记载精核，辨证明悉，上自经史，下逮闻见，凡可以正人心，翼世教，广学识，弘风雅者，无不笔而记之，洵五经之流别，四部之菁华云云。[③]

是编亦名《恕老堂书影》，乃其官户部侍郎缘事逮系时，追忆平生所学、所见、所闻而作。因狱中无书可供检阅，故取"老人读书只存影子"之语，而以"书影"为名。其子周在延《因树屋书影重刊

---

① 关于周亮工的生平，详参孟晗：《周亮工年谱》，广西师范大学2007年硕士学位论文。
② 《续修四库全书》第1134册，上海古籍出版社2002年版，第262页。
③ 《续修四库全书》第1134册，上海古籍出版社2002年版，第485页。

序》亦称,是书则于请室中将平生所睹记有关世道人心、文章政事以及山川人物、草木虫鱼可助见闻者,皆随笔记出成帙。全书十卷,或自为辨论,或引成说加以折衷,或即因以见义。虽间伤琐屑,而遗闻轶事,如记王世贞初不喜苏文,晚乃嗜之,临没时床头尚见苏文一部,诸如此类,为他书所不见。故胡玉缙称亮工究有学问,非空疏者可比,是书亦王士禛《香祖笔记》之流亚。①《四库撤毁书提要》称其中如元祐党籍本止七十八人,余者皆出附益,本费衮《梁溪漫志》之说,而引陈玉瑊跋;姚佑读《易》误用麻沙刻本,以釜为金,本方勺《泊宅编》之说,而引朱国祯《涌幢小品》;米元章无李论,见所作《画史》,而引汤垕《画鉴》;"邸报"字出孟棨《本事诗》,而称始于蔡京:皆援引不得原本。又如子贡说社树事,明载今本《博物志》第八卷,而云今本不载;李贺诗序本杜牧作,而云"风樯阵马"诸语出自韩愈;温庭筠诗"玲珑骰子安红豆,入骨相思知不知",而引为"入骨相思知也无";沈约《四声》一卷,唐代已佚,其字数无从复考,而云约书一万一千五百二十字;谢灵运"岱宗秀维岳"一篇本所作乐府,今在集中,乃讹为《登泰山诗》,谓本集不载;以《诗》"简兮"作"东兮",指为伶官之名,乃丰坊伪《诗说》之语,而据为定论;日月交食,本有定限,而力主有物食之之说:皆考证未能精核。至于韩信之后为韦土官,本明张燧《千百年眼》之虚谈,而信为实事;陶宗仪《说郛》仅一百卷,孙作《沧螺集》中有宗仪小传可考,二人契友,必无舛误,乃云南曲老寇四家有《说郛》全部,凡四大橱:皆传闻不得其实。至扬雄仕于王莽,更无疑义,而杂摭浮词,曲为之辨;艾南英以乡曲之私,偏袒严嵩,强为辨白,而以恶王世贞之故,特存其说;何心隐巨奸大猾,诛死本当其罪,而力称其枉;王柏《诗疑》删改圣经,至为诞妄,而反以为是,尤为

---

① 胡玉缙撰,吴格整理:《续四库提要三种》,上海书店出版社2002年版,第658页。

颠倒是非云云，可谓深中其失。然《四库全书总目》称其书大抵记述典赡，议论平允，遗文旧事，颇足为文献之征，于清代说部之中固犹为瑕不掩瑜者云云。周中孚称其网罗甚博，采择甚精，文笔又甚高古。[1] 皆肯定甚至。

原本久佚，其子在延雍正乙巳重刊。四库馆缮写本今藏北京故宫博物院（又有《故宫珍本丛刊》影印本）。此本据北京大学图书馆藏清康熙六年刻本影印。

东西均一卷　（清）方以智撰

方以智（1611—1671），字密之，号曼公，桐城（今安徽桐城）人。崇祯庚辰（1640）进士。官翰林院检讨。著有《通雅》。生平事迹见《清史稿·遗逸传》。[2]

首篇《东西均开章》为全书导论，大旨主"全均"之说。后有《东西均记》，类似自序，述成书旨趣。《扩信》有密诀曰："小中见大，大中见小，古今撮粟，豪乾蓬岛。虚中见实，实中见虚，蜃楼山市，龙女施珠。长中见短，短中见长，镂丸一鼾，墓志黄粱。此中见彼，彼中见此，八镜夺魂，手压吓鬼。本无大小，不烦善巧。本无虚实，不息真一。本无短长，莫知何乡。本无彼此，大公由己。大随大小，谁割昏晓。大随虚实，空山寂历。大随短长，节节芬芳。大随彼此，九州乡里。"又称："当知大随即是本无，见即无见，在在图书。

---

[1] （清）周中孚著，黄曙辉、印晓峰标校：《郑堂读书记》，上海书店出版社2009年版，第949页。
[2] 关于方以智的研究，参见任道斌编著：《方以智年谱》，安徽教育出版社1983年版；罗炽：《方以智评传》，南京大学出版社2006年版；余英时：《方以智晚节考》，生活·读书·新知三联书店2012年版。

官天继善，荡平之枢。正大一统，春王如如。曰大密者，即天下万世是密也。"庞朴称密诀所倡之一在二中、对立圆融之理，亦即其全部学理奥义之魂。①

此书撰于清顺治九年（1652）前后，代表作者后期思想。全书除《开章》及《记》以外，有《扩信》、《三征》、《反因》、《颠倒》、《全偏》、《张弛》、《象数》、《所以》等二十六篇。方以智主张融会贯通，"以禅激理学，以理学激禅，以老救释，以释救老"，强调"尽天地古今皆二"，把"相因者皆极"看作是"天地间之至理"，"两间无不交，则无不二而一者"，事物都是"两端中贯"，"相反相因者，相救相胜而相成"，对立面互相斗争又互相依赖。又提出"交、轮、几"之公式："交也者，合二而一也；轮也者，首尾相衔也。凡有动静往来，无不交轮，则真常贯合于几，可征矣。"方以智又创立"圆∴（读伊）"理论，大旨谓上一点为无对待，不落四句之太极；下二点为相对待，交轮太极之两仪，上一点实贯二者而如环。在"二"、"天地"、"阴阳"、"有无"、"善恶"等对立面之上有一个"无对待"，"无对待在对待中"，即"真天"、"真阳"、"太无"、"至善"，亦即"公心"。又曰："心大于天地，一切因心生者，谓此所以然者也。谓之心者，公心也，人与天地万物俱在此公心中。"方以智把心作为其哲学思想之最终归宿。②论者以为，此书表面光怪陆离，实则方氏思想核心仍是儒家精神，以为理想型儒家为旨归统合佛、道二教思想。③

此书有清顺治九年抄本（藏安徽博物院），系方以智生前抄成。此本据安徽博物院藏清初抄本影印。

---

① （清）方以智著，庞朴注释：《东西均注释》，中华书局2001年版，第26页。
② 《中国大百科全书·哲学卷》，中国大百科全书出版社1987年版，第166页。
③ 参见吴根友：《试论〈东西均〉一书的"三教归儒"思想》，《哲学分析》2011年第1期。

寒夜录二卷 （清）陈弘绪撰

陈弘绪（1597—1665），字士业，号石庄，新建（今属江西南昌）人。明末以任子荐授直隶晋州知州。早年入复社，入清不仕。著有《石庄集》、《恒山存稿》、《寒崖集》、《鸿桷集》等书。生平事迹见《清史稿·文苑传》、《清史列传·文苑传》。

全书分上下两卷，不分门类，不立篇目。是录乃其随笔札记。或引前人所语，评赏得失；或自抒意见，发为新论。短小精悍，多有可取。如曰："凡著书立言，而计较于传与不传者，政与患得患失之心无异。古之作者不得已而有言，要以畅其胸之所存耳。若必拟议何等乃传，便已增却无限躲避，无限逢迎，未见伸纸舐毫之为乐也。"曰："文章要做便不佳。太史公叙灌夫使酒骂坐，魏文帝《典论·自叙》，韩退之《祭十二郎文》，柳子厚《与许京兆孟容书》，真是一滚写来，何曾有意？"曰："文愈短愈要曲折，所谓画一尺树不可令有一寸之直也。敖子发古文短篇，最宜涵泳。"曰："篇法有预先提出而精神踊跃者，有数转仍藏而气势曲折尽妙者，有实事从虚境出者，有闪躲于此而点现于彼者。"曰："作手正要痴黠相生。无痴处亦不足见文心之巧。语极尽而文有余，方是文家至境。"曰："邹道乡先生谓：士不可无山林气，节义、文章、学术大抵皆然。山林气即醇古之气也。"曰："诗文到渊深宏博，便不能动人。动人处只在浅淡。然非历尽渊深宏博之境，政不知浅淡之难言也。"曰："昔人称陈后山诗大似曹洞禅，不犯正位，切忌死语。时流不悟此，便一味靠实做去矣。实亦须有横斜生动之致。"曰："科举之法，行之逾久，而应举者荒疏逾甚。"曰："经传之文，有因百家书而发明者，是故穷经之士贵于博览耳。"曰:"陶元亮读书不求甚解,每有会意,便欣然忘食。阮千里读书不甚研求,而默识其要。两君真称善读书者。若役役索解,处处寻求,及若无超然独得之境,殊未见埋头之为快也。"陈氏多涉艺文,颇解文事。书中间及时事,然多不切实际。论者以为若商榷经史,激扬词章,则中无所守,不免支绌,而论事理尤无识见云云,并非苛论矣。

此本据北京大学图书馆藏清抄本影印。

枣林杂俎六卷 (清)谈迁撰

谈迁(1594—1657,一作 1594—1658),原名以训,字孺木,号射父,明亡后改名迁,一字仲木,号观若,海宁枣林(今浙江海宁)人。诸生。著有《国榷》、《海昌外志》、《北游录》等书。生平事迹见《清史稿·遗逸传》。①

枣林,为谈家发祥地,乐操风土,以之为号,以示不忘本。此书分智、仁、圣、义、中、和六集,分类记载,凡十八门,曰逸典,曰科牍,曰先正流闻,曰艺篢,曰彤管,曰技余,曰土司,曰空玄,曰炯鉴,曰纬候,曰名胜,曰营建,曰器用,曰荣植,曰赜动,曰幽冥,曰妖异,曰丛赘。其中"土司"一门有目无文,故实为十七门。凡一千四百二十七条。"逸典"占两集,"科牍"、"先正流闻"及"丛赘"篇幅亦夥。内容多涉明末清初历史,为全书之精华。其余各门均采自志乘文集,涉及明代各地民俗、物产、气候、宗教、人文及自然景观。

---

① 此传多录自黄宗羲所撰墓表。关于谈迁的生平,参见钱茂伟、柴伟梁:《遗民史家:谈迁传》,浙江人民出版社 2006 年版。

书前有崇祯十七年（1644）高弘图序，称其书虽遍载琐述，未适于用，而展卷澄鲜，笔饱墨莹，诚说林之蜃弧。①吴骞《愚谷文存》卷六有是书跋，称有俾于朝章国故，与顾亭林《日知录》、《郡国利病》等并士林不可少之书云云。然周中孚称所记轶事颇多琐碎而无端绪，其词又复支蔓，而是非或颇谬于正史。②《四库全书总目》入杂家类存目，且称其语多支蔓；其"名胜"一门，杂引志乘及里巷齐东之语，漫无考证；"艺箴"亦多疏舛，其余大抵冗琐少绪云云。今考，《清代禁毁书目四种》称："查《枣林杂俎》系明谈迁撰，书内唐李元瓘一条，有偏谬语；嘲边一条、壬午癸未二条、天启二年一条、颂魏忠贤诗一条、左都督田弘遇一条，俱有悖谬语；李何诗一条、藏书二条、张士信一条、常熟张汉儒一条、常熟杨子常一条、云间许都谏一条，皆载钱谦益议论及事迹，应请抽毁。"然书中亦有"嘲钱牧斋"条："或题虎邱生公石上《寄赠大宗伯钱牧斋盛京荣归》之作：'入洛纷纷意正浓，莼鲈此日又相逢。黑头已自羞江总，青史何曾用蔡邕。昔去幸宽沉白马，今来应悔卖卢龙。最怜攀折庭边柳，撩乱春风问阿侬。''钱公出处好胸襟，山斗才名天下闻；国破从新朝北阙，官高依旧老东林。'"《四库全书总目》惯于使用障眼法，此即一例也。

此书杂记明代典制掌故，下及小说遗闻。如"白门语录"条曰："阳城张藐山先生，好九经内典，不喜杂帙。日兀坐枯想，辄语予学问之要。尝曰：'讲学有讲学之弊，不讲学有不讲学之弊。'先生言取简悟，不主故常，不烦词说，又深自晦也。"谈迁虽以史学著称，亦复留心理学。今录其精要语，曰："《论语》极其浑沦，《大学》、《中庸》则《论语》之注脚，《孟子》又《学》、《庸》之注脚

---

① 《续修四库全书》第1134册，上海古籍出版社2002年版，第741页。
② （清）周中孚著，黄曙辉、印晓峰标校：《郑堂读书记》，上海书店出版社2009年版，第950页。

也。"曰:"信以成之,要上下相信,彼此相信,不是一己。如信而后谏,信而劳其民皆是。"曰:"训诂解书,不如以书解书。以书解书,不如以心解书。"曰:"评阅古人书,心眼各别。或主经济,或主词,或主场屋,未可概论。吾意想之,彼初旨又不尔也,须通融看。"曰:"或问圣人贵象数,不贵心易。先生曰:'乾,阳物也,坤,阴物也,是象数;刚柔合德,便是心易。仰观俯察,是象数;通神明之德,类万物之情,便是心易。'"

此书流传至今之抄本有六,三种藏国家图书馆,其余分藏上海图书馆、北京大学图书馆及浙江图书馆。诸本皆源自上海图书馆藏清抄本。此本据上海图书馆藏清抄本影印。

枣林外索三卷 (清)谈迁撰

谈迁生平见前《枣林杂俎》提要。

书前有顺治十一年(1654)谈迁自序,称性好涉猎,虽家无藏简,时阅于市,或乞览,其犁然当于心者,尝寸纸录之,投空函中,遂题其简端曰《枣林外索》云云。①

朱彝尊《南京太常寺志跋》称,谈迁孺木馆于胶州高阁老宏图邸舍,借册府书纵观,因成《国榷》一部,掇其遗为《枣林杂俎》云。叶昌炽《缘督庐日记钞》卷二称,此辑皆摘古书僻典,而不著其所出,亦无门类,一无所用云云。《杂俎》所述当是明代掌故,如"疑像"条称明太祖朱元璋好微行出访,恐人识其貌,所赐诸王侯御容皆为疑像,真幅藏之太庙云云。而《外索》则辑录古书,稗贩材料,价值稍减焉。

---

① 《续修四库全书》第1135册,上海古籍出版社2002年版,第145页。

杨钟羲《雪桥诗话续集》卷一录其《柳枝词》曰："东风旖旎到新城，南国烟消几变更。欲认前朝枝上泪，长江三月载浮萍。章台绰约斗纤腰，陇上辽阳一望遥。南北春风非有异，含恩含怨总难销。"借题发抒，自是柳枝变调。国家不幸诗人幸，亡国之音哀以思，此之谓也。

此书向无印本，清抄本收入《中国稀见史料》第一辑（王春瑜主编，厦门大学出版社2007年版）。此本据上海图书馆藏清抄本影印。

雕丘杂录十八卷 （清）梁清远撰

梁清远（1606—1683），字迩之，号葵石，真定（今河北正定）人。顺治三年（1646）进士，官至吏部侍郎，事左遥通政使，后请养归。著有《祓园集》等书。生平事迹见《广清碑传集》、《清人诗集叙录》卷二。

所居雕桥庄，故以雕丘名书。书前有高珩序，称其折衷六术，提携百氏，订释道氏之异同，评南北宗之顿渐。[1]吴仪一序称其辞文，其义博，其称名也繁而不越云云。[2]康熙十七年（1678）其弟清标跋称其书凡有关劝戒，足备援证者，靡不网罗粲列，而微言谠议，兼寓《春秋》予夺之旨，此亦古今得失之林云云。[3]其子允桓跋称是集始编于癸丑（1673）初夏，至甲寅（1674）季夏始成帙，辛酉（1681）付梓。[4]

此书十八卷，卷首立名。《四库全书总目》入杂家类存目，称清

---

[1] 《续修四库全书》第1135册，上海古籍出版社2002年版，第289—292页。
[2] 《续修四库全书》第1135册，上海古籍出版社2002年版，第293页。
[3] 《续修四库全书》第1135册，上海古籍出版社2002年版，第389—390页。
[4] 《续修四库全书》第1135册，上海古籍出版社2002年版，第389页。

远之学犹沿元末禅学之余风，大旨主于内儒道而外佛教。又倡"二教"之说，曰："天下岂有三教哉？二教而已矣。二教者，儒也，道也。"又曰："修德而至圣人，学道而至神仙，此皆实实本有之理。不亏其性命之理，即为圣贤。无损其性命之实，即为神仙。但人拘于气禀，染于嗜欲，遂无能至此耳。至于佛之教，过于深玄，吾不能窥其涯际也。"又曰："仁之一字，是天地人血脉。"其学诚杂家之学也。

其论学问有精要，如论王学流变曰："阳明之学，一传而为心斋，再传而为波石，三传而为文肃，谓淮南派。淮南主担荷，而其子孙喜为拔俗之行，其敝至为气魄所累。语云：'字经三写，乌焉成马。'淮南之后，而为悍然不顾，此岂阳明所欲闻哉？"论史书体例曰："历代史书分独行、道学、儒林、文苑，各为列传，后人多訾其非。余谓此盖始于孔门之分四科也。人有一节之长，岂皆兼才？如云：'以独行别为传，则世岂皆无行者？以道学别为传，则世岂皆无学者？以儒林、文苑分二传，则儒岂不能文，而文岂不为儒乎？'如是则亦可曰：'孔子之门有德行、言语，岂世皆无德行、言语者？政事、文学分二科，岂能政事者可无文学，而能文学者尽皆无政事乎？'既不可以此訾孔子，岂可以此訾作史者？俱不通之论也。"又贬斥李贽之学："李卓吾大抵是人之非，非人之是，又以成败为是非而已。学术到此，真成涂炭！"

其论处世之学，亦不乏甘苦之言。如曰："宋时士之进退，不言行业而言命运。范文正公忧之，谓非国家之美事。明末不言行业而言门户，已更可忧。后乃并不言命运、门户而言奔竞，吁！可畏哉！"曰："居官之道，处人最难。末世人情更为难处。"曰："士之进取太易者，往往轻视天下之事，败其身名。古贤学优则仕之言，岂不然哉？"曰："文章坏于众袭，德行败于自欺。"

此本据中国科学院图书馆藏清康熙二十一年梁允桓刻本影印。

读书杂述十卷 （清）李铠撰

李铠（1638—1707），字公凯，号艮斋、惺庵，山阳（今江苏淮安）人。顺治十八年（1661）进士，康熙十八年（1679）由博学鸿词入翰林院，授编修，充《明史》纂修官，官至内阁学士兼礼部侍郎。著有《恪素堂集》。生平事迹见《清秘述闻》卷十四、《（嘉庆）大清一统志》卷九十五。[①]

书前有康熙三十八年（1699）门人汪灏序，称其言行可以质神明，清规足以维风俗，经国讦谟自有大者，《读书杂述》特其绪余。[②]任栋序称其诵法孔、孟，直接濂、洛、关、闽。[③]康熙四十年（1701）其侄孙景贤跋称其书有功世道，不屑屑章句口耳之学，不逐声华、希宠利，分条晰委，无非持身励世之言云云。[④]同治印本有丁晏跋，称此书平易纯实，皆居家涉世日用切近之言。又称传本甚稀，漕帅吴仲宣先生购得原刻，广为印行，并将版本存丽正书院云云。

此书十卷，为目十，曰读书，曰实学，曰贞遇，曰言行，曰处世，曰知人，曰家训，曰官箴，曰读经，曰读史。各别为一卷。此书名曰"杂述"，实则甚醇正。不当入杂家类，应改入儒家类。唐鉴《国朝学案小识》卷六专辟《守道学案》，称其重彝伦，砥节行，安常守约，坚确不移，日用起居，有裨名教云云。其书为语录体，今提其要者，曰："六经四子书，言学言政，万世之规矩权衡，资之用者

[①] 关于博学鸿儒的归隐问题，参见赖玉芹：《试论博学鸿儒的归乡》，《中南民族大学学报》2011年第3期。
[②] 《续修四库全书》第1135册，上海古籍出版社2002年版，第392页。
[③] 《续修四库全书》第1135册，上海古籍出版社2002年版，第395页。
[④] 《续修四库全书》第1135册，上海古籍出版社2002年版，第466—467页。

也，非空言也。后人考辨虽精，率由未笃，终负圣贤垂训之旨，不得谓之善读书。"曰："读书不识人伦道理，虽破万卷，奚益？"曰："志高明而后所就者大，心静虚而后所入者深。"曰："志向不坚，心地不净，皆不可以学道。"曰："常令此心虚明宽静，可以读书，可以涵泳义理，即应事接人，亦不至茫然失据。"曰："必此心澄澈如鉴，不著纤翳，而后可以读书学道，应事观人。"曰："学者业不可不正，志不可不专，心不可不虚，功不可不密。"曰："拓其心，使开大，而后读古人书，不汩没于陈言曲说，于古人得失亦洞若观火，不为事后成败之论。"曰："读古人书，所谓日计不足，月计有余者也，不必贪多欲速，且缓缓读去，久之无间，自然淹洽。"曰："读经令人气敛，读史令人心开。"曰："读经必知古圣贤道德仁义之旨，实可以治后世之天下，而非空言；读史必知自古之治乱安危、成败利钝，皆圣贤所已言，无一之或爽也。斯善于读书，可以论世，可以用世也已。"曰："读史于古人可劝戒者但识之，以资博洽，抑末焉耳。必实有思齐、内自省之功，乃不同记诵之学。"曰："六籍之言最精当，亦最平易，更进而探微索隐，反失垂训后世之旨。"曰："为学莫先于辨志，修身莫要于立诚。"曰："学术之是非，人品之邪正，衡论须俟之后世，目前所谓是与正不足荣，所谓非与邪亦不足辱也。"曰："闭门静坐，胸中不妄经营，可以养生，亦可以远害。"曰："练人品，正学术，须致严于进退取舍之介。"曰："境遇最足以练人品，贫至不堪，而卒有所不为，不谓之君子不可矣。"曰："世俗之所谓荣枯得失，投之辄为之动者，由器小，亦识暗也。"曰："胸次必常有潇洒出尘，俯仰自得之趣。而后可以贫贱，亦可以富贵。"曰："能安贫，乃能乐道。"曰："为己之学，莫要于谨言慎动。"曰："谈理须折衷于不可易，然广坐中务申己说，亦学人之大戒。"曰："本原之论，可为知者道，不必人人喻之也。"曰："与人言，直抒胸臆，自是慷慨男子，然所与者何如人，胸中正须雪亮耳。"曰："有害于民物之事，不可存诸心；有伤于风化之言，不可出诸口。"曰："君子有三戒：戒掩人之长而炫己之长，戒护己之短而攻人之短，戒以成败论古人，而不折衷于大公至正之理。"曰："不必攻人之邪，守吾正而可矣；不必防人之诈，存吾诚而可矣。"曰："居心不光明洞达，纵有善迹可观，终恐虚伪。"曰："何以辨君子小人之迹？公与私焉耳。何以辨君子小人之心？诚与伪焉耳。"曰："不以毁誉为是非，而后可以进退群材，亦可以知人论世。"曰："家庭间非较是非之地，是非明而骨肉伤矣。"曰："尽子道难，尽父道易。"曰："行己有耻，士大夫当终身诵之。"曰："士大夫之行己，如女子之守身。"曰："作伪之人，术最工巧，往往有弋高位，取厚赀，历数十年人不知者，然莫不败于末路，究何益耶？"多读做人道理，辞甚正大，义甚忠厚矣。

此书有清乾隆二十六年刻本。《中国古籍善本书目》著录"清康熙三十八年恪素堂刻本"，实为误断。此本据清"康熙四十年"恪素堂刻本影印。①

夜航船二十卷　（明）张岱撰

张岱（1597—1680），一名维城，初字宗子，又字石公，号陶庵，山阴（今浙江绍兴）人。明亡后披发入山，安贫著书。著有《陶庵梦忆》、《西湖梦寻》、《琅嬛文集》等书。生平事迹见《浙江通志·文

---

① "康熙四十年"当为"乾隆二十六年"之误。康熙四十年（1701）李铠尚在世，据李景贤跋语，李铠生前没有看到其书刊行。详参沈津主编：《美国哈佛大学哈佛燕京图书馆藏中文善本书志》第3册，广西师范大学出版社2011年版，第1102页。

苑三》。①

书前有自序，称所记载皆眼前极肤浅之事。②《水东日记》云："吴中所谓夜航船，接渡往来，船中群坐，多人偶语纷纷。盖言其破碎摘裂之学，只足供谈笑也。"书名"夜航船"，盖取此意焉。

此书二十卷，分二十大类，一百二十五小类，卷一天文部，分象纬、日月、星、风云、雨、雷电虹霓、雪霜、露雾冰、时令、春、夏、秋、冬、历律十四目；卷二地理部，分疆域、建都、地名、古迹、山川、泉石、景致七目；卷三人物部，分帝王、仪制、名臣三目；卷四考古部，分姓氏、辨疑、析类三目；卷五伦类部，分君臣、父子、夫妇、婿、兄弟、叔嫂、姊妹、师徒、先辈、朋友、奴婢十一目；卷六选举部，分制科、乡试、会试、殿试、门生、下第、荐举、滥爵、官制、宰相、参政、尚书、部曹、卿寺、宫詹、学士、翰苑、谏官、御史、使臣、郡守、州县、学官二十三目；卷七政事部，分经济、烛奸、识断、清廉、受职、致仕、遗爱、降黜、贪鄙九目；卷八文学部，分经史、书籍、博洽、勤读、诗词、歌赋、书简、字学、书画、不学、文具十一目；卷九礼乐部，分礼制、婚姻、丧事、祭祀、律吕、乐律六目；卷十兵刑部，分军旅、刑法二目；卷十一日用部，分宫室、衣冠、衣裳、饮食四目；卷十二宝玩部，分金玉、珍宝、玩器三目；卷十三容貌部，分形体、妇女二目；卷十四九流部，分道教、佛教、医、相、葬、卜算、拆字杂技七目；卷十五外国部，分夷语、外译二目；卷十六植物部，分草木、花卉二目；卷十七四灵部，分飞禽、走兽、鳞介、虫豸四目；卷十八荒唐部，分鬼神、怪异二目；卷十九物理部，分物类相感、身体、衣服、饮食、器用、文房、金珠、果品、菜蔬、花木、鸟兽、虫鱼十二目；卷二十方术部，分

---

① 关于张岱的研究，参见胡益民：《张岱评传》，南京大学出版社2011年版；《张岱研究》，安徽教育出版社2002年版。
② 《续修四库全书》第1135册，上海古籍出版社2002年版，第469页。

符咒、方法二目。全书凡四千余条目。如"心史"条曰:"郑所南作《心史》,丑元思宋,以铁函重匮沉之古吴瞽井,至明朝崇祯戊寅,凡三百五十六年,而此书始出。"今按:此书为通俗类书,不当列杂家类,应入类书类。

此本据宁波天一阁藏清抄本影印。

山志六卷 (清)王弘撰撰

王弘撰(1622—1702),字文修,一字无异,号太华山史,又署鹿马山人,晚号山翁,又曰丽农老人、天山丈人,华阴(今陕西华阴)人。入清不仕,隐居华山,筑读易庐,潜心治学。康熙十七年(1678)被荐博学鸿词科,虽勉强赴京,终以疾病坚辞。著有《周易筮述》、《正学隅见述》等书。生平事迹见《华阴县志》、王士祯所撰墓志铭及赵俪生所撰《王山史年谱》。

书前有余怀序,称其书大而理学、文章,细而音韵、书画,无不稽察典核,辨证精详。① 弘撰自识称雅俗并收,洪纤无问,久而成帙,题曰《山志》,盖比容斋、南村之义。不贤识小,则其无伦脊固也。然又时时有玩物之惧焉。②

是编乃其笔记之文。议论多而考证少,亦颇及见闻杂事。"明善"条开宗明义,云:"年逾四十,始知为学,见圣贤言语实际,要以明善为宗。""庭训"条云:"今后无论何人,接待顺理体情,勿开衅端,勿恃盛气,万一失简,即为引罪,务冰释后已。如过在他人,听其自悟。此保身家之道也。""曹靖修"条曰:"儒书不博观,无以

---

① 《续修四库全书》第1136册,上海古籍出版社2002年版,第1页。
② 《续修四库全书》第1136册,上海古籍出版社2002年版,第2页。

探其本末原委之真；异典不涉猎，无以鉴其似是实非之的。此学者事也。今之高谈性命者，大率皆饰其空疏不学之过耳。或有读异典而遂轻儒书者，自矜其别有悟入，其实由于中之无主，故谬悠鄙倍之说得而摇夺之矣。""朱子读二氏书"条曰："朱子读释氏书，作诗有身心晏如之叹，而尤时时有取于道家之言。如《阴符经》有注、《参同契注》虽不成于朱子，而其说皆本之朱子。盖其学通彻上下，包括巨细，如海涵地负，无所不有。故于二氏之言不尽弃绝，而要其所守一归于正。学者必如朱子之守，方可以读二氏之书。""顺逆虚实"条曰："凡为学之道，皆逆功也。逆以用之，顺以成之，自然之道也。顺者，其体；逆者，其用也。体用一原，顺逆一理。知逆之为顺者，其知道乎？天下之道，顺逆虚实而已。不逆，则其顺无成也。"曰："吾辈为学，当以平心静气为第一义。凡读书论人，当求其实。为吾所最尊之人，或有一失，不必为之掩；为吾所深排之人，或有一得，不可因之废。揆之于理，度之于心，唯求其是而已。""汉儒"条曰："汉儒传经之功，天下万世赖之，必不可易者。大抵叔世之人多刻薄之论，学者贵在折衷耳。"上述讲学诸条，诚如《四库提要》所称，皆醇正平允。然谓李贽之学本无可取，而倡异端以坏人心，肆淫行以兆国乱，盖盛世之妖孽，士林之梼杌也；又谓屠隆才高学疏，口辩识陋，真所谓忘恩负义之徒云云，皆不免党同伐异矣。

此书有乾隆刻本、光绪二十六年刻本。此本据复旦大学图书馆藏清康熙刻本影印。全书初集六卷，二集六卷，此本仅有初集，而无二集。

蒿庵闲话二卷　（清）张尔岐撰

张尔岐（1612—1678），字稷若，号蒿庵处士，济阳（今山东济阳）人。明末诸生，入清不仕，教授乡里以终。著有《仪礼郑注句读》、《监本正误》、《石经正误》、《蒿庵集》等书。生平事迹见《清史稿·儒林传》。

此书卷首有康熙九年（1670）自题，称于经学则无关大义，于世务亦不切得失，故命之"闲话"焉。[1]其学宗程朱，故其议论大抵纯正。如曰："明初学者崇尚程朱，文章质实，名儒硕辅，往往辈出，国治民风，号为近古。自良知之说起，人于程朱始敢为异论，或以异教之言诠解六经，于是议论日新，文章日丽。浸淫至天启、崇祯之间，乡塾有读《集注》者传以为笑，《大全》、《性理》诸书束之高阁，或至不蓄其本。庚辰以后，文章猥杂最甚，能缀砌古字经语，犹为上驷，俚辞谚语，颂圣祝寿，喧嚣满纸，圣贤微言几扫地尽，而甲申之变至矣。"又曰："或疑聪明何以浸不逮古，曰只是私心太胜。""桑柔"条曰："古来乱亡之主，亦自有其深忧过防之事。如秦之恶儒生，汉之锢党人，宋之禁道学，皆以为万世无穷之虑，防闲距闭，唯恐不至。他如勤征戍，急聚敛，鳃鳃过计，自谓远猷，卒之谋非所谋，慎非所慎，根本既撅，覆压将至，恬然安处而不悟，亦可哀也哉！诗人之言，可谓麻木处一痛针。"

是编乃张氏札记之文，凡二百九十六条。《四库全书总目》列入杂家类存目，称是编特偶有所得，随文生义，本无意于著书，谓之零玑碎璧则可，至于网罗四部，镕铸群言，则实非《日知录》之比云

---

[1]　《续修四库全书》第1136册，上海古籍出版社2002年版，第94页。

云，实非苛论。蒿庵不愧经生本色，然其论学尚未臻化境。如论"易一名而含三义"，称以"简易"、"变易"皆顺文立义，语当不谬；若"不易"，则破此立彼，两义背驰，如"仁"之与"不仁"，"义"之与"不义"，以"不易"释"易"，将"不仁"可以释"仁"，"不义"可以释"义"乎？今按：此条已为钱锺书《管锥编》所驳正。

　　此书有乾隆五十四年《贷园丛书》本、乾隆四十年刻本、《昭代丛书》本、《粤雅堂丛书》本，又有清李文藻家抄本。此本据国家图书馆藏清康熙徐氏真合斋磁版印本影印。

尚论持平二卷析疑待正二卷事文标异一卷
（清）陆次云撰

　　陆次云，字云士，号北墅，钱塘（今属浙江杭州）人。康熙初拔贡生，官江阴县知县。著有《湖壖杂记》、《八纮译史》、《八纮荒史》等书。生平事迹见《清史列传·文苑传》、张维屏《国朝诗人征略》卷十四。

　　三书皆辨证经史疑义，体例相同，特随得一二卷即以付梓，遂各立名目，实则一书而再续耳。阮元《文选楼藏书记》卷五称三书条论经史，其发挥义理者为《尚论持平》，辨证疑义者《析疑待正》，注解新奇者《事文标异》。

　　《尚论持平》上卷论述五经，下卷论述四书及子史。如论《金縢》曰："愚读《金縢》之书，未敢信其尽出周公之言也。"且以情理、称谓而辨之。又谓《论语》为孔子之史："《论语》中多《春秋》之书法，曰八佾舞于庭……或出自夫子，或为门人所书，皆有褒贬存其间，与《春秋》相表里。《春秋》为鲁之史，《论语》则夫子之史也。""封建"条曰:"封建之制,惟唐虞之时无弊。自成汤伐夏,诸侯从之者三千,三千之君可置之乎?周武伐殷,诸侯助之者八百,八百之国可废之乎?殆至周衰,君弱臣强,奄奄不振,遂折而入于秦,此封建之不得不为郡县者,势也,不可以为秦罪也。至汉,以七国之微,犹能作乱,益见封建之不可以行于后世矣。至唐,以藩镇之强,犹能跋扈,益见封建之不可分于功勋矣。若变为郡,而或得龚、黄以为守,变为县,而或得召、杜以为令,内有良相,外有贤师武臣,则天下未有不治者。如无道以处之,不得人以理之,使作难者揭竿而起,此非郡县之过也。迂儒以为不复封建所致,岂足与之论变通乎?""四皓"条曰:"古今真伪之辨,辨之于其人,不若辨之于其事之可信也。"其论皆足以开拓心胸。《四库全书总目》称其书多捃拾琐说,而参以臆断,殊穿凿无理云云,持论未免稍苛矣。

此本据中国科学院图书馆藏清刻《芙蓉城四种书》本影印。

艮斋杂说十卷 (清)尤侗撰

尤侗(1618—1704),字同人,一字展成,号悔庵,又称艮斋,长洲(今属江苏苏州)人。明末诸生。顺治九年(1652)由拔贡生任永平府推官,康熙十八年(1679)召试博学鸿词,授翰林院检讨,官至侍讲。著有《西堂全集》。生平事迹见《清史稿·文苑传》、《清史列传·文苑传》及侗自编《悔庵年谱》。[1]

书前有康熙二十九年(1690)侗自序,称归田数载,偶忆生平载籍所传、宾客所话,参以臆见,随笔著录,大抵雅俗间出,褒贬不

---

[1] 关于尤侗的研究,参见文志华:《尤侗事迹征略》,广西师范大学2007年硕士学位论文;徐坤:《尤侗研究》,华东师范大学2006年博士学位论文;薛若邻:《尤侗论稿》,中国戏剧出版社1989年版。

伦,洸洋悠谬云云。[1]

  此书为艮斋晚年居家所撰。卷一至六为《杂说》,卷七至十为《续说》。其论学大旨在主敬。艮斋云:"主敬二字,先圣未道,宋儒特为拈出,此千古心法也。尧曰钦,舜曰恭,皆敬也……若但知主敬而不能变化,则必入于执着。终日端坐如泥塑人,而无鸢飞鱼跃活泼泼地景象,所以有'何时打破敬字'之谑也。故愚曰:主敬功夫须变化,乃以变化助主敬之功,非与主敬相反也。"又倡"随境安心说"。然尤氏反对调和儒、释,曰:"儒、释二教,相非久矣。近见《竹窗二笔》,颇可折衷。盖莲池逃儒而归佛者,故立言如此,可为和事老人也。"此书议论不俗,颇有可取。如论"《老》、《易》之合"曰:"夫子读《易》至损、益,喟然而叹,《易》之道莫妙于损、益。损之象惩忿窒欲,可以养身。益之象迁善改过,可以养德。故《系辞》曰:'损以远害,益以兴利。'《老子》曰:'为道日损,为学日益。'此《老》、《易》之合也。"又贬斥李卓吾、金圣叹曰:"李卓吾,天下之怪物也,而牧斋目为异人。其为姚安太守,公座常与禅衲俱,或入伽蓝判事,后去其发,秃而加巾,以妖人逮下狱,遂自刭死。当是时,老禅何在?异乎?不异乎?吾乡金圣叹,以聪明穿凿书史,狂放不羁,每食狗肉,登坛讲经,缁素从之甚众。"其书雅俗间出,如记郑成功之"真贼眼",又记陈眉公之"眉公马桶",又记"钱柳戏言"曰:"钱蒙叟得柳如是,惑溺之,尝献柳曰:'吾爱你乌个头发白个肉。'柳亦戏钱曰:'吾爱你白个头发乌个肉也。'时传为笑。"陈康祺《郎潜纪闻》卷十一称其书尘俗芜陋,尝逐条细评,可议者几什八九;其自序谓圣人赞《易》有《说卦传》、《杂卦传》,合而言之,故名杂说,尤为谬妄之至云云,持论未免过苛矣。

  此本据复旦大学图书馆藏康熙二十九年《西堂全书》本影印。

---

[1] 《续修四库全书》第1136册,上海古籍出版社2002年版,第329页。

此木轩杂著八卷 （清）焦袁熹撰

焦袁熹（1660—1735，一作1661—1736），字广期，号南浦，金山（今属上海）人。康熙三十五年（1696）举人。选任山阳县教谕，未赴。擅长制艺，著有《此木轩全集》。生平事迹见《清史列传·儒林传》及焦以敬、焦以恕所编《焦南浦先生年谱》。

书前有嘉庆九年（1804）王宝序叙，称论者徒谓先生制艺有不可名言之妙，然遂欲以此驾乎其诗古文词之上，如《杂著》者，是又学问之散见、文章之余波云云。①周中孚亦称是编虽纯抒议论，殊乏考证，而平允中理者多云云。②

此书非考证之作，乃其史论之余，取古人事迹加以评骘，每条各为标目。如卷一"事业"条曰："人臣立功建业，系其才能何如，然职分有限制，又所遭值时势不同，难可期必。大抵官愈高，任愈隆，所责望亦愈厚……惟存心仁义，以道德为务者，则不限于官职，不问所成之功大小，盖虽小亦大也。人固有穷居草茅，而忧乐以天下，不屑为小小功利，其器量可以包含名卿才士数百辈者。""李郃"条曰："《后汉·李郃传》：郃阴与陶范等谋立顺帝，会孙程等事先成，故功不显；后翟酺上郃潜图大计，以安社稷，录功封侯。当时谋议自是大有曲折，史家记其略耳。或便评之曰：'有何证据乎？'此等专凭纸上旧文，有则言有，无即谓无，妄自下意，最为无识。观书者当哂之，慎勿效之也。"卷二"封建"条曰："秦并六王，废封建为郡县，天下一君，其后因革不常，而三代之制卒不可复。不知封建

---

① 《续修四库全书》第1136册，上海古籍出版社2002年版，第455页。
② （清）周中孚著，黄曙辉、印晓峰标校：《郑堂读书记》，上海书店出版社2009年版，第1686页。

虽废，而郡国之间，所以君其土，臣其人者，由汉已下阅千余年，所谓封建之意未尝不存也。直至宋有天下，然后此意乃无复存耳。"卷三"治怒"条曰："易喜易怒者，小人之器也，而易怒尤害事，仁知礼义皆无自以立。德既丧，则才亦必不及人矣。凡人语及其所不平，则气必动，色必变，词必厉，唯韩魏公不然，更说到小人忘恩背义，欲倾己处，辞和气平，如道寻常事，魏公之度量如此。伊川谓之闲气者，盖天质宏大，足以任重致远，非必由学而能也。"卷六"学"条曰："学始于有所见，终于忘所见。有所见者，始得之之谓也。忘所见者，得之深不自知得之之谓也。如学《易》者，以《易》观物，无之非卦爻，无之非象数也，无之非道也，太极也，是有所见也，非强探力索也。其久也，物如其物，不必卦爻也，象数也，道也，太极也，是忘所见也。藏之于颎洞无垠之中，置之于空虚不用之地，不知其富有也。其指以示人，非始见而言之，为夫未有所见者之不能无待于言云尔。"卷七"论世"条曰："盛世之言其气和，衰世之言其气葸，治世之言其气直，乱世之言其气猛。盛世之言，若皋、夔、周、召之于唐虞、成周，何其休美也。三代以还，不可得而见矣。治世之言，若贾生之于汉文帝，魏征之于唐太宗，韩、范、欧阳等之于宋仁宗。"卷八"知己说"条曰："夫古人所以重知己之感者，为夫众人所不能知，而一人独知之，而赏之以是为难得也。若隐深自知之处有不能知，虽褒赞累千百言，心弗乐也，与夫妄肆诋訾者，分厚薄则可矣，其为不知己同也。"皆持论平矣，启人心智矣。

此书有清嘉庆九年刻本、光绪八年扫叶山房刻本。此本据嘉庆九年刻本影印。

妙贯堂余谭六卷 （清）裘君弘撰

裘君弘（1670—1740），字任远，新建（今属江西南昌）人。君弼弟。康熙三十五年（1696）举人，补教习。主讲白鹿洞书院。著有《敬止录》、《西江诗话》。生平事迹见《（康熙）江西通志》卷五十六。

书前有君弘小引，称有谈史者，有谈经者，有谈诗文者，有谈风月者，有谈里巷琐屑，或稗官小说、今古轶事者，有述前言往行不置一喙者，有间附鄙见或加评骘者。①

此书多记旧闻，随事论断，或意所未尽，则本条之下更缀余论以申之。凡分五类，一曰谭史，二曰谭学，三曰谭诗文，四曰清谭，五曰杂谭。《四库全书总目》入杂家类存目，称记其乡人之事为多云云。此书不以考据见长，故不为四库馆臣所喜，然其议论颇为纯正。如曰："古今治平之有待，皆由贪墨之未除。黄海岸先生尝曰：'贪吏之害，比酷吏尤甚。'"曰："文人最宜敦厚道，不可有忌嫉念头，或肆意傲物，亦足损人器识。"曰："文字最忌枯淡，非真正峻洁陕健，简之一字，未易言也。"曰："语忌直，意忌浅，脉忌露，味忌短，音韵忌散缓，亦忌迫促。"又曰："学有三节，其初不识好恶，连篇累牍，肆笔而成。既识羞愧，始生畏缩，成之极难。及其透彻，则七纵八横，信手拈来，头头是道。此严沧浪论诗法也。仆以为通于论文，通于论古文，亦通于论时文。学古文、学时文者，能于此处心味而熟讲之，便是最上乘法。然则如之何却到透彻地步，则仍不外沧浪论诗数语曰：非多读书、多穷理，则不能极其所至。"曰："诗中句意及使事多属偶然，兴会或有触，而今未可以字梳句栉之也。尝怪宋人

---

① 《续修四库全书》第1136册，上海古籍出版社2002年版，第577页。

评诗,辄执此以论人之才品学术,未免刻舟求剑,失之愈远。论世者无为其语所惑。"曰:"余每读明朝诸公诗,辄不惬意。王徽曰:唐诗沿于《国风》,而汉魏变于《雅》、《颂》。《雅》言多尽,《风》词则微。今日之诗病在近《雅》。此论得之,然要为弘、万以前言耳,竟陵而下则自郐无讥。"曰:"山谷极言士大夫不可俗,俗便难医。或问不俗之状,曰难言也,平居无以异于俗人,临大节而不可夺也,此不俗人也。山谷所谓不俗如是如是,后世或号雅人,不过只清谭饮酒,丝竹红裙而已,将以为雅耶?俗耶?"论政论文,皆有可观焉。

此本据清康熙刻本影印。

在园杂志四卷 (清)刘廷玑撰

刘廷玑(1653—?),字玉衡,号在园,又号葛庄,汉军镶红旗人。康熙间荫生,官至江西按察使,后降补分巡淮徐道。著有《葛庄分体诗钞》、《葛庄编年诗》。生平事迹见《八旗通志》本传、《碑传集补》卷十七、《国朝诗人征略初编》卷十三。

书前有康熙五十四年(1715)孔尚任序,称其书或纪官制,或载人物,或训雅释疑,或考古博物,核而典,畅而韵,有似宋人苏、黄小品。① 又有廷玑自序,称是帙正以陈言务去,无恩怨,无讽刺,方使阅者怡情益智云云。②

此为廷玑任官职时笔记,杂记见闻,亦间有议论考证,惜手杂而不纯,毫无统系。其书喜谈小说戏曲。③ 如论历朝小说曰:"自汉、魏、晋、唐、宋、元、明以来,不下数百家,皆文辞典雅,有纪其各

---

① 《续修四库全书》第1137册,上海古籍出版社2002年版,第1页。
② 《续修四库全书》第1137册,上海古籍出版社2002年版,第2页。
③ 参见苏云:《刘廷玑的〈在园杂志〉与中国古典小说》,《克山师专学报》1999年第2期。

代之帝略官制、朝政宫帏，上而天文，下而舆土，人物岁时，禽鱼花卉，边塞外国，释道神鬼，仙妖怪异，或合或分，或详或略，或列传，或行纪，或举大纲，或陈琐细，或短章数语，或连篇成帙，用佐正史之未备，统曰历朝小说。读之可以索幽隐，考正误，助词藻之丽华，资谈锋之锐利，更可以畅行文之奇正，而得叙事之法焉。"又评《琵琶记》："记中宾白宏博，可以见其学问之大。词曲真切，可以见其才情之美。自古迄今，凡填词家咸以《琵琶》为祖，《西厢》为宗，更无有等而上之者。"其书喜泛论处世。如论做官："居官固宜清正，亦须和平，倘一偏执，则处事不能周详，人情难以通达，未免美中不足。"论家人索贿："仕途中交际，必委用家人，然最有关系。盖伊给事左右，窥伺意旨，容易作弊为奸。"皆立论正大，可为法戒矣。

书后有陈履端跋，称其书堪比《白氏六帖》，并驾《北堂书钞》，可与《分甘余话》、《筠廊偶笔》鼎足而三云云，未免过于溢美矣。

此本据康熙五十四年刻本影印。

南村随笔六卷 （清）陆廷灿撰

陆廷灿（1678？—1743），字扶照，号幔亭，嘉定（今属上海）人。岁贡生，康熙五十六年（1717）任崇安县知县，转候补主事，以养病家居，未赴任。回籍后著书自娱以终。著有《续茶经》[①]、《艺菊志》等书。生平事迹见董天工《武夷山志》卷十六。

书前有雍正十三年（1735）廷灿自序，称随笔掌记身仪、政事、典故及考明物理、辨正异同者，而先哲箴铭时时录及，亦可以警人心

[①] 参见胡长春：《陆廷灿〈续茶经〉述论》，《农业考古》2006年第2期。陆氏性嗜茶，有"茶仙"之称。

而敦风俗云。① 又有王澍序，称其义例一以王士禛、宋荦为归云云。②

此书为陆氏家居时取平日所见闻杂录之，其议论皆本之《池北偶谈》、《筠廊随笔》诸书，而略推扩之。此书征引文献甚多，如《梦溪笔谈》、《方洲杂录》、《研北杂志》、《岩栖幽事》、《册府元龟》等，究以说部、类书居多焉。

书中所记甚琐碎，如记俗语："北人称妇女之不正者曰瓦剌国。"记泉品："山顶泉轻而清，山下泉清而重，石中泉清而甘，沙中泉清而冽，土中泉清而厚。流动者良于安静，负阴者胜于向阳。山削者泉寡，山秀者有神。真源无味，真水无香。"论文学史："先秦、两汉诗文具备，晋人清谈书法，六朝人四六，唐人诗小说，宋人诗余，元人画与南北剧，皆是独立一代。"此论亦主一代有一代之胜。"养生"条曰："古人读《文选》而悟养生之理，得力于两句，曰：'石蕴玉而山辉，水涵珠而川媚。'此真是至言。""尚友堂座右铭"条曰："为天地立心，生民立命，往圣继绝学，万世开太平，士君子不可无此志业。毋以嗜欲杀身，货财杀子孙，学术杀天下后世之人，士君子不可有此罪过。"

《四库全书总目》入杂家类存目，称其考据亦时有未密云云。然周中孚称其逐条为标目，议论考证，颇多可取云。③

此本据复旦大学图书馆藏清雍正十三年陆氏寿椿堂刻本影印。

蓉槎蠡说十二卷　（清）程哲撰

程哲，字圣跂，号蓉槎，歙县（今安徽歙县）人。监生，康熙

---

① 《续修四库全书》第1137册，上海古籍出版社2002年版，第102页。
② 《续修四库全书》第1137册，上海古籍出版社2002年版，第101页。
③ （清）周中孚著，黄曙辉、印晓峰标校：《郑堂读书记》，上海书店出版社2009年版，第1687页。

五十五年（1716）任宁远州知州，雍正二年（1724）知崖州，雍正七年（1729）任盐运司运同。生平事迹见《（乾隆）江南通志》卷一百三十七、《（道光）歙县志》卷八。

此书杂记见闻及读书所得，凡十二卷。《四库全书总目》入杂家类存目，称其书杂掇琐闻，不甚考证，大抵皆才士聪明语云云。[①]今细读其书，亦不乏警策语。如曰："权奸惧祸，百计求免，究竟何曾免，只坏乱人家国耳。"曰："好名人往往作不情事。"曰："昔贤崇道贱术，贵诚不贵诈，然处末季，驭顽凶，忠信亦有不足尚者。"曰："偶阅近代文集数种，颂勋业则人人韩、范，叙将略则人人卫、霍，赞文学则人人《左》《史》，奖吏治则人人龚、黄。此风自汉有之，魏晋之际弥甚。《洛阳伽蓝记》记晋武时隐士赵逸，正光初犹存，或询以先朝事，逸云自永嘉以来三百年余，建国称王者十有六君，游其都邑，目见其事，国灭之后，观其史书，皆非实录，莫不推过于人，引善自向。前朝王文成亦尝谓：'王道不明，人伪滋而风俗坏，上下相罔以诈，人无实行，家无信［谱，天下无信］史。三代以后，吾观其史如江河之波涛焉，聊以知起伏之概而已。'讵不信夫！"

程哲为王渔洋弟子，尝为其师刊刻《带经堂集》等书。此编前

[①] 邓之诚《五石斋文史札记》称其书缀辑旧事，略为之说，以资谈助。同时人事，不及十则，皆诗话之类。《四库提要》讥其不为考证，但作才士聪明，语殊未尽。然所作考据过疏，尤以地理为甚，如云：唐维州，今四川。三晋，今山西、北直、河南。不几笑柄乎！书中多论诗，颇以能诗自负，而无诗集行世。谓吴麟学诗于吴野人，诗出野人之上。亦皮相之论。然征引甚繁，是益俭腹，较抄撮为书者，稍具条理。惜文字过于求简，多不具出处。误字太多，几于扫不胜扫耳！（《中国典籍与文化》2009年第3期）邓氏又称此书皆论古事，记诵філ博，惜未纪所引出处，特出以轻俊之笔，体例颇类杂说，故以蠡说为名，亦有可观。（《中国典籍与文化》2002年第4期）邓氏又称此事类事异同，系览甚富，持论颇有理致。《四库提要》讥其不为考证，但作聪明，语虽未尽切当，然仅是以资谈助而已。于著述之旨无关，何其不惮烦也。所述近事，寥寥数则。王士禛为之序，谓将续纂旧闻，恐终未成。文人喜辞藻，多忌讳，不如纪载足贵，然后知渔洋所撰亦有可取耳。（《邓之诚读书记》，中华书局2012年版，第3—4页）

有康熙五十年（1711）王士禛序，称此编抱博辨之才，具论断之识，毋雷同，毋剿说，虽于朝章国故弗遑殚悉，至于前言往行，大可供畜德之助，细亦可佐多识之功云云。[1]然周中孚称是编议论虽多，而考证独少，殊不及渔洋诸说部。[2]

此本据清康熙五十年程氏七略书堂刻本影印。

谔崖脞说五卷　（清）章楹撰

章楹，字柱天，号谔崖，自号苎田氏，新城（今属浙江富阳）人。雍正十一年（1733）进士，官青田县教谕。编有《史记菁华录》。[3]晚年移居余杭城东，后迁溪塘上，闭门谢客，以吟咏自娱。有"家临曲水双桥外，人在春风二月初"之句，时人传诵，称之为"章曲水"。李格《（民国）杭州府志》卷一百四十五引《新城县志》："学极灏博，著述充栋，惟《谔崖脞说》及《浣雪堂集》为门人刊于中州，余皆键置一大簏，有偷儿窃以去。后得于屋旁池中，已溃烂，不可读。"书厄于盗，惜哉！

书前有雍正十三年（1735）章氏自序，称《书影》、《说铃》、《筠廊随笔》、《池北偶谈》、《分甘余话》皆稗官之精金良玉，清言隽永，琐事解颐，未易率然梯接云云。[4]于此可见其著书取向。书名曰"谔崖"，盖勖之以寒谔之节，而不夺其崖岸之风。初无义例可举，纸墨渐多，部署稍别，遂分四种：一曰《诗话》，多录同时诸人赠答诗

---

[1]《续修四库全书》第1137册，上海古籍出版社2002年版，第179页。
[2]（清）周中孚著，黄曙辉、印晓峰标校：《郑堂读书记》，上海书店出版社2009年版，第1687页。
[3] 参见李振聚：《〈史记菁华录〉编者非姚祖恩考》，《图书馆理论与实践》2012年第12期。
[4]《续修四库全书》第1137册，上海古籍出版社2002年版，第280页。

篇；二曰《昔游》，乃述平生经历山水佳胜；三曰《诧异》，则纪近世异闻，而间证以古事；四曰《摭轶》，则诸书纪载非世所习见者，节录大略，而以己见发明之。章楑曰："学以致用为本。讲学而无关于经济之实，其言雍容，而动辄鲜效，佩玉琼琚，不利走趋，其与土龙刍狗何异？"由此可见其宗旨。卷首自注称："每饭罢，拈笔作楷书数百字，既无所抄，则随意所存想而书之，故文义未顺，本不起稿也。"① 由此可见其态度。书中又详载其友诸锦、钟衡、张灏、茅应奎、黄家相、高蔼评点，未免体例恶俗，故《四库全书总目》入杂家类存目。乾隆三十六年（1771）万绵前序曰："足与《书影》、《说铃》诸名刻并传不朽。"② 拟之未免失伦矣。

此本据复旦大学图书馆藏清乾隆三十六年浣雪堂刻本影印。

片刻余闲集二卷　（清）刘埥撰

刘埥（1694—1768），字原圃，一字畅亭，新郑（今河南新郑）人。副榜。雍正十年（1732）署崇安县知县，调任台湾彰化县知县，八闽之地，游历殆遍。后又历官直隶，任景州及遵化州知州。生平事迹见《福建通志》及陈浩所撰墓志铭③。

刘埥于羽檄星驰公务旁午之中，就其耳目所见，撰为此书，故题曰《片刻余闲集》。书前有乾隆十九年（1754）彭树葵序，又有任邱边中宝序。

刘埥在闽台既久，故阅历之事颇多。当郑成功与张煌言联师北伐围攻金陵，退师之后，清廷施行沿海迁界之令，刘埥之祖父某正宦

---
① 《续修四库全书》第 1137 册，上海古籍出版社 2002 年版，第 283 页。
② 《续修四库全书》第 1137 册，上海古籍出版社 2002 年版，第 279 页。
③ 参见（清）陈浩：《生香书屋文集》卷四，清乾隆三多斋刻本。

游镇江,奉令办理迁界之事。其后刘埔又任彰化令,故于郑氏遗事与清初沿海迁界之情况及高山族风俗事迹记载较详。如云:"顺治辛丑,镇江当海氛初靖之后,迁徙沙洲居民。先王父时为郡司马,宪委督理其事,目击哀鸿盈渚,设法保全者甚众。张玉书题赠有'飞鸿飘泊处,更不叹无家'之句。"①书中又多记明末清初杂事遗闻,如节录《虎口余生记》所述李自成事,又录郑氏归降第一表、第二表,又录吴梅村《圆圆曲》、陆云士《圆圆传》、沈虬《圆圆偶记》。尤可异者,此书首次记载福建崇安之小种红茶(一说乌茶):"(武夷)山之第九曲尽处有星村镇,为行家萃聚所。外有本省邵武、江西广信等处所产之茶,黑色红汤,土名江西乌,皆私售于星村各行。"②红茶起源之确实年代已不可考,《多能鄙事》(成书于明代中期)曾提及"红茶"之名称,然语焉不详。

此本据清乾隆十九年刻本影印。

书隐丛说十九卷　(清)袁栋撰

袁栋(1697—1761),字国柱,号漫恬,又号玉田,吴江(今属江苏苏州)人。乾隆间监生。书中"鼯鼠"条曰:"鼯鼠五技不成:能飞不能上屋,能缘不能穷木,能游不能度谷,能穴不能掩身,能走不能先人。余颇似之:一好酒而无量,二好棋而无品,三好琴而无师,四好学而无质,五好施而无财。友人或谓余为鼯庵云。"颇有自嘲意味焉。生平事迹见《国朝耆献类征初编》卷四百一十九。

---

① 谢国桢:《晚明史籍考》,华东师范大学出版社2011年版,第984—985页。
② 倪郑重据此认为,这是武夷邻县仿制岩茶,由于做青不当,导致"黑色红汤",是为乌龙茶向红茶演变之开始。参见倪郑重、何融:《乌龙茶工艺史考证》,《中国科技史料》1995年第3期。

"书隐"者,袁栋所居之楼名,亦以自号。此书杂抄小说家言,参以己之议论,亦颇及当代见闻,不乏灼见。如"盈虚消息"条曰:"一部《易经》只是盈虚消息四字。上而天地阴阳四时日月,下而昆虫草木器用菽帛,以至人生之生老病死,世事之循环往复,其象莫不著于《易》,莫外乎盈虚消息之间。""学问境遇"条曰:"人生学问,当存比上不足之念。学问无穷,不妄自矜夸,则行业日进一日矣。人生境遇,当存比下有余之念。境遇有数,不慕贵求富,则心境日舒一日矣。""宽静退远"条曰:"人自处乎隘,我自处乎宽。人自处乎嚣,我自处乎静。人自处乎进,我自处乎退。人自处乎近,我自处乎远。宽谓器量,静谓心境,退谓作事,远谓识见。知此者自高出于人一等。""诗文境界"条曰:"诗文境界疏阔,阃奥深邃,入门虽易,登堂甚难,入室更难矣。若四六、诗余诸体,境界迂僻,阃奥显浅,入门似较难,但能登堂者易于入室也。""知今知古"条曰:"读书人当知今知古。制度文为,以及人情风土,随时而变,随地而易。不知古,不能得事理之要领;不知今,不能悉情俗之变通。""经史子集"条曰:"古今书集,大约经、史、子、集四种足以概之,而其体已各具于五经中。《易》,经中之经也。《书》、《春秋》,经中之史也。《礼》,经中之子也。《诗》,经中之集也。以是类推可已。""提要钩玄"条曰:"韩昌黎曰:'记事者必提其要,纂言者必钩其玄。'然则由博而约,含菁咀华,取其合道者,而弃其不合道者,亦以索子贯串之义夫。""议论当公平"条曰:"议论古人,正须公平。奸者得以服其罪,贤者得以见其长。一入苛刻,不论时势艰难,不论权宜变更,动以成言责之,虽圣贤不免有过。故曰议论正须公平,不必务奇立异也。""信古信今"条曰:"有信古而不信今者,谓古有迹之可凭也;有信今而不信古者,谓今时近之足据也。此皆一偏之见也。谓古有迹之可凭,不曰'尽信书不如无书'乎?谓今时近之足据,不曰

'所见异辞，所闻异辞'乎？然则何以处此？曰：有考核之道在。不精于考核，古不可信，今亦不可信也。精于考核，古可信，今亦可信也。考核者，如三年考察群吏，得失皆见，如长吏中庭讯狱，毫无隐遁，则得矣。于古不惟凭其理与势也，必参互考订，以成其公见，庶信者信而疑者疑矣。于今不惟论其情与事也，必博访互稽，以别其真伪，庶疑者去而信者留矣。虽然，苟有偏信，宁为信古而不信今，犹不失为好古之士也。"上述诸条皆能探微索隐，推陈出新。至于"今不如古"条曰："厚于古者薄于今，朴于古者华于今，时势使然也。文章，自《左》、《国》而《史》、《汉》，自《史》、《汉》而八家，自唐而宋、元、明，日薄一日。诗歌，自《风》、《雅》而《骚》，自《骚》而汉魏，自汉魏而唐，自唐而宋、元、明，日薄一日。书法，自古篆而小篆，自小篆而八分，自八分而楷，自晋而唐，自唐而宋、元、明，日薄一日。诗余，自六朝而唐，自唐而宋，自宋而元、明，日薄一日。八股制义，自宋而明，自明迄今，亦日薄一日。"此论又未免有退化论之嫌矣。书中又有奇闻，如述吴江某姓之吸毒石，得之大西洋，能吸人体之毒。[1]

前有乾隆九年（1744）袁栋自序、乾隆十三年（1748）沈德潜序、乾隆十四年（1749）陈祖范序、乾隆十六年（1751）阮学浚序。阮学浚称其征材富，其考核精，且论断有识而允当。[2]然《四库提要》称究非前人之比，故列入杂家类存目。

此本据上海图书馆藏清乾隆锄经楼刻本影印。

---

[1] 参见甄雪燕、郑金生：《吸毒石及其传入考》，《中国药学杂志》2003年第7期。
[2] 《续修四库全书》第1137册，上海古籍出版社2002年版，第400页。

潇湘听雨录八卷　（清）江昱撰

江昱（1706—1775），字宾谷，号松泉，甘泉（今江苏仪征）人。贡生，乾隆初举博学鸿词，不就。著有《尚书私学》、《松泉诗集》、《梅鹤词》、《韵歧》等书。生平事迹见《清史列传·文苑传》。

书前有乾隆二十八年（1763）自序，称卷中太半与其弟江恂所共对床听雨，因以名之。① 又有无名氏墨笔识语，称其家学专于金石考订，《清泉志》即父子兄弟所分辑，极有体裁，又称此书亦说部中之可采者。②

是编乃其弟江恂官湖南常宁知县时，江昱奉母就养，因摭见闻，考订故实，著为一编。其书颇重辨伪。如辨衡山岣嵝碑曰："岣嵝碑之伪，始自蔗畦（即江恂）启其疑。余既详辨之，复觊缕其以寄蔗畦长沙。蔗畦答书云：'神禹碑晋已上无明文，疑自徐灵期即为诞妄之根；陈田夫尤荒幻可笑，蜃楼海市，因而何致，则纸上传形；沈镒乃梦中译字，系风捕影，扇播若真，都忘其为子虚乌有。古今断此案者，莫先于朱子，谓为传闻之误；次王弇州云其词未谐圣经；近顾亭林云字奇而不合法，语奇而不中伦，韵奇而不合古，断其伪，极快人意。后此仍欲售欺，岂非不智乎？伊何笨伯凭空结撰，又并管跋和盘托出，茫昧不晓，亦可谓不善作贼者，殊堪捧腹。当时鉴博如竹垞诸公亦信之，徒以未亲到尔。兹被勘破，铁案不移矣。'"《四库全书总目》称其考究详明，知确出近时伪撰，尤足祛千古之惑。又辨

---

① 《续修四库全书》第 1138 册，上海古籍出版社 2002 年版，第 1 页。
② 《续修四库全书》第 1138 册，上海古籍出版社 2002 年版，第 1 页。关于此书与地方文化之关联，参见刘瑞：《〈潇湘听雨录〉对湖湘地方文化的考订》，《邵阳学院学报》2011 年第 2 期；《〈潇湘听雨录〉与永州》，《湖南科技学院学报》2009 年第 7 期。

周子《爱莲说》云："濂溪在庐山下，周子始名之。谓在道州者，妄也。李穆堂宗伯极辩之。《爱莲》，郑东里太守之侨谓意义浅俗，气体卑弱，绝非《通书》、《太极》文字，有辩甚晰。"《四库全书总目》称江昱《潇湘听雨录》力攻其出于依托，然亦别无显证云云。

此本据天津图书馆藏清乾隆二十八年春草轩刻本影印。

茶余客话二十二卷 （清）阮葵生撰

阮葵生（1727—1789），字宝诚，号唐山，山阳（今江苏淮安）人。乾隆中以内阁中书入直军机处，官至刑部右侍郎。著有《风雅蒙求》、《七录斋诗文钞》等书。生平事迹见《国朝耆献类征》卷九十六。[①]

此本为二十二卷足本，卷一曰政，卷二曰士，卷三曰农，卷四曰礼、祀神，卷五曰婚丧，卷六曰兵刑，卷七曰户吏，卷八曰杂、明清史事，卷九曰学术，卷十曰儒，卷十一曰诗话，卷十二曰联话，卷十三曰天文、地理，卷十四曰释，卷十五曰道，卷十六曰科举、语言，卷十七曰书画，卷十八曰习俗、信仰、迷信、戏曲、小说，卷十九曰篆刻、文具，卷二十曰文物、饮食、道存、传语。卷二十一、卷二十二曰淮故。内容庞杂，然每卷之内则相对集中。阮氏留心西学，故书中颇存科技史料。[②]

此书大旨主于通经致用。"读经须识世务"条曰："盖五经四子之书，其精多，其用宏矣。汉儒引经率非本旨，而皆有裨于世务。后人治经株守前说，而反无益于身心。汉儒虽误而有济，后人似正而无功。岂唯无功，抑犹有害！""《诗经》不必作经读"条曰："三百篇

[①] 关于阮葵生的研究，参见王泽强：《阮葵生年谱》，《淮阴师范学院学报》2006年第1期。
[②] 参见王泽强：《清代笔记名著〈茶余客话〉的文献价值》，见《新国学》第7卷，巴蜀书社2008年版。

正不必作经读，只以读古诗乐府之法读之，真足陶冶性灵，益人风趣不少。"葵生不喜宋儒之学，故曰："宋儒学无根柢，不考经制，徒取其能行周礼而究仪章制度，不亦悖乎！"又论明代学术之坏："潜邱（阎若璩）尝发愤叹息，谓明三百年学问文章，不能远追汉、唐及宋、元者，其故有三：一坏于洪武十七年甲子定制以八股取士，尽废注疏，其失也陋；再坏于李梦阳倡复古学，而不原本六艺，其失也俗；三坏于王守仁讲致良知之学，而至以读书为禁，其失也虚。"阮氏又厌恶通俗小说："《续文献通考》以《琵琶记》、《水浒传》列之经籍志中，虽稗官小说，古人不废，然罗列不伦，何以垂后？"葵生于诗文之道具有独见，如曰："昔人谓作诗如食胡桃、宣栗，剥三层皮，方见佳味。作而不改，与食青皮胡桃、带毛栗子何殊？作诗有甘苦，独喻人不能知之境。"曰："评断古人诗文，最忌耳食，随声褒贬，不足为定论也。"曰："陆放翁云：'文章本天成，妙手偶得之。'此不可摹肖者，可为学究下针砭。陈三所云：'学诗如学仙，时至骨自换。'此必须工候者，未许躁心人问津。"曰："宋人好以虚字入诗，介甫、东坡皆多警句。其流极至不可救药，初学不可效。"

乾隆五十八年癸丑（1793）其子钟琦跋称，所记自经史及国朝典故、淮阴事迹，下及书画禽鱼之类，靡不讲贯精核，独出己见，论断而折衷之云云。周中孚称所记多有未经人道，为说部诸家所不及者。[①]李慈铭称其书颇多记国朝掌故，娴于文献之学，间及考古，则多疏舛。[②]刘咸炘亦称多记掌故，取资不穷，间有琐屑，无伤大体。[③]

此书稿本藏国家图书馆。通行刊本有二：一为戴璐校刊

[①] （清）周中孚著，黄曙辉、印晓峰标校：《郑堂读书记》，上海书店出版社2009年版，第1076页。
[②] （清）李慈铭：《越缦堂读书记》，上海书店出版社2000年版，第878页。
[③] 刘咸炘：《内景楼检书记·子类》，《推十书》丁辑第2册，上海科学技术文献出版社2009年版，第582页。

十二卷本，即乾隆五十八年七录斋活字印本，此系删节本，每条妄加标题；一为光绪十四年铅印二十二卷本，此为足本。删节本条目仅及原书五分之一。中华书局《清代笔记丛刊》本据上海文明书局十二卷本影印，可谓劣本。《清代笔记小说大观》本以中华上编本为底本，重加标点，并与光绪二十二卷本复校一过，改正底本中若干讹误之处，复增补个别条目中脱落之文字，为当今之佳本。此本据复旦大学图书馆藏清光绪十四年铅印本影印。①

水曹清暇录十六卷 （清）汪启淑撰

汪启淑（1728—1800），字慎仪，一字秀峰，号讱庵，歙县（今安徽歙县）人。治盐于浙，寓居钱塘。援例为工部郎，擢兵部职方司郎中。藏书甲江南，有开万楼。著有《印人传》、《讱庵诗存》、《飞鸿堂印谱》等书。生平事迹见《（光绪）重修安徽通志》、《徽州府志》及金天翮《皖志列传稿》卷四。

卷首有乾隆五十七年（1792）钱大昕序，称其体裁本于庞氏《文昌杂录》，而间及时贤诗词，则又兼能改斋、苕溪渔隐之长，且复留心掌故，迩言必察，识大识小，足补孙耳伯、朱锡鬯诸公之所未备。②又有乾隆四十六年（1781）其叔存宽序、同治六年（1867）马贞榆识语，书末乾隆四十六年翟槐跋。

---

① 邓之诚谓二十二卷本与十二卷本应并存，参见氏著《邓之诚读书记》，中华书局2012年版，第249页。王泽强称阮氏当时震于文字狱，生前未敢刊行，殁后二年始由同僚戴璐节录刻印；1888年王锡琪征得书稿，资助出版，但印数甚少。参见氏著《清代笔记名著〈茶余客话〉的文献价值》，见《新国学》第7卷，巴蜀书社2008年版，第325页。
② 《续修四库全书》第1138册，上海古籍出版社2002年版，第163—164页。

是编成于汪氏官水曹时，因以名书。随笔所记，故不以目录分次第，所辑亦不皆工部事，凡载籍可采，与得诸当时传说，或目所备见，以及词人学士吟咏之什，有可录者，辄录以备忘，岁久成帙。书中多记人物，如称朱筠品学兼优，洵为一代文人，视学安徽时，提拔孤寒，表扬节烈，而以江永、汪绂入祀乡贤祠，尤为善政。又称莫太史瞻菉字青友，别号藕人，河南卢氏县人，壬辰进士，馆选，学问赅博，善画墨兰，交友亦极诚笃。于其长婿洪榜记载尤为详尽。书中间记文物，如记越窑秘色磁器："曩在姚征士培谦家，见柴窑茶盏一枚，翠光璀璨，陆龟蒙所谓'九秋风露越窑开，夺得千峰翠色来'，信非虚语。"书中亦间辨文献真伪，一论孔明《心书》："前明胡少室以为历代艺文书目从未见载，遽斥为伪。然其辞气醇雅，恐苏明允尚难拟议，岂近世人所能假托耶？"二论《相牛经》："不著作者姓氏，托名宁越，亦犹《禽经》托名师旷，《鹤经》托名浮邱耳。然《齐民要术》已载其文，似两汉人之书。"三论《碧云騢》："盖魏泰所作，嫁名于梅尧臣。当时士大夫每以私怨肆口谤人。此书幸人皆知出于魏手，故圣俞不蒙其咎。至元人陆辅之一跋，全未深晰，极称许其足补当时遗事，非后人可拟，殊属愦愦。"今考，《碧云騢》确为梅尧臣之作，录以备参。

谢国桢称此书叙述燕都掌故，既不像孙承泽《春明梦余录》、朱彝尊《日下旧闻》记载全面，又不如刘侗《帝京景物略》生动，亦不如戴璐《藤阴杂记》详细渊博。[①]此书虽非精心之作，亦不乏可取之处。

此本据南京图书馆藏清乾隆五十七年汪氏飞鸿堂刻本影印。

此书又有日本刻本。

---

① 谢国桢：《明清笔记谈丛》，上海书店出版社2004年版，第64页。

檐曝杂记六卷附录一卷 （清）赵翼撰

赵翼（1727—1814），字云崧，号瓯北，阳湖（今属江苏常州）人。乾隆二十六年（1761）进士，官至贵西兵备道。著有《廿二史劄记》、《陔余丛考》等书。生平事迹见《清史稿·文苑传》、《清史列传·文苑传》、姚鼐《贵西兵备道赵先生翼家传》、孙星衍《瓯北先生墓志铭》。

此书非一时之作，乃其一生零散笔记文字之汇辑。正文六卷，附录一卷。何秋涛《北徼汇编》称此书成于嘉庆庚午（1810）。书中杂记清代朝野事迹。卷一述朝廷政事。所记军机处沿革掌故，虽可供参考，然未能越《内阁小志》、《啸亭杂录》诸书之范围。"烟火"条详记乾隆时元宵节烟火晚会，文字生动，历历如画，似将二百年前之太平盛事径作现场直播矣。卷二记人物逸事。如记杭应龙先生玉成之力，又记汪文端公、傅文忠公、总宪观公保之爱才，多涉及人物事实，向为史家所重。他如"殿试送卷头"、"徐健庵"条，亦可考科举制度之利弊。又详记辛巳殿试之经过，自述经历，应属可信。卷三、卷四记风土人情。赵翼尝官桂、滇、黔、粤，故多记诸地之气候水土、风光胜景、特产奇珍、习俗民情。[1]卷五、卷六为读书笔记。今人来新夏称颇为凌杂，李解民亦称不如前四卷记叙有绪、条理井然，似未经整理，可取之处不多[2]。

前人对前四卷多持肯定，而对后二卷则多有批评。如平步青《霞外捃屑》卷六云："卷一、二载朝章沿革，卷三、四纪滇黔粤西

---

[1] 参见徐燕、朱端强：《云南史料笔记随录（二）》，《昆明大学学报》2001年第2期。
[2] （清）赵翼著，李解民点校：《檐曝杂记》，中华书局1982年版，"点校说明"第3页。

风土人物，魏默深《经世文编》多采之，足资援证。五卷则录《池北偶谈》、《居易录》诸书，昔人成说，无所参订，且杂以隐语。六卷并附方药，又多复出，殆茅檐曝背，随手拉杂书之，授梓时不加芟削，读者取瑜略瑕可也。"钱林《文献征存录》卷六称其体例稍杂，未为善本，然国家掌故及滇黔各省土风物产，观览略备，益足增长见闻，通知时事，较之佗谈考据，于日用事物之间毫无裨补者胜之。

此本据复旦大学图书馆藏嘉庆间湛贻堂刻《瓯北全集》本影印。

黄奶余话八卷 （清）陈锡路撰

陈锡路，约为乾嘉时人，字玉田，归安（今属浙江湖州）人。举人，嘉庆间任教谕。生平事迹见《（民国）杭州府志》卷一百四。

黄奶，典出梁元帝《金楼子》："有人读书握卷而辄睡者，梁朝有名士呼书卷为黄奶，此盖见其美神养性如奶媪也。"黄奶余话者，读书余话也。

前有乾隆三十七年（1772）曾光先序，称此编具有理致，令阅者心开目明。[1]

此书乃陈氏读书有得之作，逐条为之标目，于经史子集有所品评，而于诗为多。此书尤重文章修辞。卷一"文章稳字"条开宗明义："文章下字，最贵是稳，而得之或难易不同。朱文公云：'作文自有稳字。古之能文者才用便用着。'宋景文云：'人之属文有稳当字，第初思之未至也。'二公皆甘苦有得之言。"此书亦重版本校勘。如论读书耐讹字："昔人云：'读书须耐讹字。'陈眉公谓：'如登山

---

[1] 《续修四库全书》第1138册，上海古籍出版社2002年版，第365页。

耐仄路，踏雪耐危桥，闲居耐俗汉，看花耐恶酒。'此四语比况最好，可谓曲尽神致。因念北齐邢子才有书不甚雠校，以为误书思之，更是一适，正以缘耐得思，缘思得适，初非有二旨也。"耐字绝妙，雠校之深意在焉。又如论东坡贫家诗：'尝见罗大经《玉露》记东坡诗云："贫家净扫地，贫女巧梳头。下士晚闻道，聊以拙自修。"以为朱文公每借此句作话头，接引穷乡晚学之士。窃疑'贫女巧梳头'，'巧'字与下'拙'字相左，但所见数本皆然，后阅苏集，是'好'字，为之首肯，岂罗亦漫忆之而漫笔之，或传写之讹。"前者主于不校而书存，后者主于校勘而义明。合而论之，校勘之理始备。

周中孚称其间亦多考据，非纯作空言者。[1]至于《侯鲭录》、《太真外传》、《汉成帝内传》皆伪妄之书，而漫加引用，未免不辨真伪矣。

此书有清乾隆三十七年芸香窝刻本、嘉庆八年精写刻本、光绪二年葛氏啸园刻本。此本据北京大学图书馆藏清乾隆间刻本影印。

定香亭笔谈四卷 （清）阮元撰

阮元（1764—1849），字伯元，号芸台，仪征（今江苏仪征）人。乾隆五十四年（1789）进士，官至大学士，加太子太保，进太傅，卒谥文达。著有《研经室集》，编有《广陵诗事》、《淮海英灵集》、《经籍籑诂》等书。生平事迹见《清史列传》、《清史稿》本传。[2]

---

[1] （清）周中孚著，黄曙辉、印晓峰标校：《郑堂读书记》，上海书店出版社2009年版，第1687页。

[2] 关于阮元的研究，参见郭明道：《阮元评传》，社会科学文献出版社2005年版；陈居渊：《焦循阮元评传》，南京大学出版社2011年版；王章涛：《阮元年谱》，黄山书社2003年版。

书前有嘉庆五年（1800）阮元自序，称督学浙江时，随笔疏记近事，名曰《定香亭笔谈》，属吴澹川、陈曼生、钱金粟、陈云伯诸君重订正之。①所谓定香亭者，杭州学使署西园荷池中之小亭，阮元用陆游诗"风定池莲自在香"意名之。

集中所载诗歌连篇累牍，间有论学文字，如谓："经非诂不明，有诂训而后有义理。许氏《说文》以字解经，字学即经学也。"又谓："修书与著书不同。余在京奉敕修《石渠宝笈》，校太学石经，又常纂修国史及《万寿盛典》诸书，自持节山左、浙江以来，复自纂《山左金石志》、《浙西金石志》、《经籍籑诂》、《淮海英灵集》、《两浙輶轩录》、《畴人传》、《康熙己未词科摭录》、《竹垞小志》、《山左诗课》、《浙江诗课》诸书，皆修也，非著也。学臣校士颇多清暇，余无狗马丝竹之好，又不能饮，惟日与书史相近，手披笔抹，虽似繁剧，终不似著书之沉思殚精。"又谓："《荀子·性恶篇》：'人之性恶，其善者讹也。''讹'当读如'平秩南讹'之'讹'。讹，化也。《老子》：'夫佳兵者，不祥之器。''佳'字，古'惟'字。'夫惟'二字乃引出之词，今读为'佳'字，且习用之，误矣。""佳兵"之释，与王念孙《读书杂志》暗合。又以舜葬苍梧、禹葬会稽为古人死陵葬陵、死泽葬泽，亦足破千古之疑。其《刻七经孟子考文并补遗序》、《四六丛话序》、《里堂学算记序》已收入集中，而未收篇目有《重刻测圆海镜细草序》、《海潮辑说序》、《秦汉十印记》、《周五戈记》，可补文集之阙。

胡玉缙《许庼经籍题跋》称全书雅人深致，足以考见当时人物，当与《小沧浪笔谈》并传。②今考，书中多收他人之作，如焦循《番薯行》、吴锡麒《西湖泛月图记》、李锐《测圆海镜跋》，而所录己作不多，未免喧宾夺主。此书看似总集，亦似笔记，又似诗话，可谓编次

---

① 《续修四库全书》第1138册，上海古籍出版社2002年版，第431页。
② 胡玉缙撰，吴格整理：《续四库提要三种》，上海书店出版社2002年版，第664页。

无法，丛脞无伦，名为"笔谈"，实为杂编矣。

此本据清嘉庆五年扬州阮氏琅嬛仙馆刻本影印。

循陔纂闻五卷 （清）周广业撰

周广业（1730—1798），字勤补，一字耕厓，号莑园，海宁（今浙江海宁）人。乾隆四十八年（1783）举人，明年应春闱试，不第，留京佐沈嵩门校四库书二年。朱珪聘主广德复初书院。广业性耿介，不与俗谐，归家著述以终。著有《孟子四考》、《读相台五经随笔》、《经史避名汇考》、《蓬庐文钞》等书。[①]生平事迹见《清史列传·儒林传》、吴骞《愚谷文存·周耕厓孝廉传》、吴庆坻《（民国）杭州府志·儒林》。

书前有嘉庆二十五年（1820）赵怀玉序，称其持论平允，讽刺深长，不泥于古，不背于今云云。[②]怀玉当时号为大师，不知何故如此吹捧耕厓，抑微词相讥乎？

其书名"循陔"者，当为居家奉养父母时所作。此书间有名物考证。如谓："伞一作繖，即古之盖也。"又辨牺象曰："按《博古图》载，周时牺尊二，皆有盖，以口为流，四足无铭，并全牛像之形，而凿背为尊。象尊有盖，四足有提梁，无铭，全作象形，开背为尊。据此，则今庙中所用正合古制，而牺、象本是二器，注家谓画凤尾而饰以象骨者，大误矣。"偶有文献辨伪资料，如辨《鬻子》曰："鬻子名熊，殷人，年九十，为文王师，周封为楚祖。著书二十有二

[①] 张元济搜集周氏刊稿若干种，今藏上海图书馆，沈文倬曾撰文介绍过《客皖记行》、《客皖录》、《季汉官爵考》等书，分别载于《文献》1981年第3期、《社会科学战线》1980年第4期。周氏颜其书室曰种松书塾。尝命画工作一图，名曰种松，取闭户著书之意以自寿。

[②] 《续修四库全书》第1138册，上海古籍出版社2002年版，第557页。

篇，为子书之冠，见《汉书·艺文志》道家，今佚不传。其散见者，贾谊《新书·修政篇》所引七条，《文选注》所引一条，今《世本》所存十四篇皆无之……明杨文宪公慎《鬻子论》据此断《世本》为赝，而欲取贾谊书中七条以补之，诚为有见。又末篇昔者鲁周公使康叔往守于殷云云，皆极其浅陋，决为伪书。升庵又称《新书》七条如'和可以守，而严可以守，不若和之固也'云云，皆正言确论。则知二公所言但指《世本》为伪。如刘炫之伪《三坟》，张霸之伪《书》，刘歆之伪《周礼》，李荃之伪《阴符》，阮逸之伪《元经》耳，非谓本无此书，而后人凭空结撰也。"

今考，此书实杂抄四部，缀辑成编，征引虽博，弋获无多，中间多采杂说，皆不著所出。自称"纂闻"者，似有瞒天过海之嫌。此书可谓之书抄，亦可谓之笔记，然与成一家之言之著作固有别矣。[1]

此本据国家图书馆藏清抄本影印。

履园丛话二十四卷　（清）钱泳撰

钱泳（1759—1844），原名鹤，字立群，号台仙；改名后，更字梅溪，号梅溪居士，金匮（今属江苏无锡）人。一生艰于科举，以诸生客游毕沅、秦震钧、张井诸大僚幕府。毕生以访碑、刻帖、著述为事。著有《履园金石目》、《说文识小录》、《梅溪诗钞》等书。生平事迹见胡源、褚逢春《梅溪先生年谱》[2]。

书前有道光十八年（1838）《履园丛话序目》，曰："昔人以笔札为文章之唾余，余谓小说家亦文章之唾余也。上可以纪朝廷之故实，

---

[1] 周氏代表作为《孟子四考》。《循陔纂闻》不过杂抄而已，不可视为经心之作。
[2] 参见《北京图书馆藏珍本年谱丛刊》第122册，北京图书馆出版社1999年版。

下可以采草野之新闻,即以备遗忘,又以资谭柄耳。以所居履园,名曰'丛话'。虽遣愁索笑之笔,而亦《齐谐》、《世说》之流亚也。"[1]又有道光五年(1825)孙原湘序,称其曰旧闻,识轶事,备野乘也;曰阅古,释所见三代、秦、汉以来法物而资小学也;曰考索,杂取古书事物疑义以证心得也;曰水学,专为三吴水利,辑录先世旧文而增益之,以纪时事也;曰景贤,劝薄俗,垂典型也;曰耆旧,思老成,奉模楷也;曰臆论,警颓风也;曰谭诗,正雅音也;曰碑帖,从所好也;曰收藏,慨烟云之过眼也;曰书画,示正法眼藏也;曰艺能,即形下以见道也;曰科第,纪人材之盛也;曰祥异,明天地之大也;曰鬼神、曰精怪,穷阴阳之变也;曰报应,昭天人之合也;曰古迹、曰陵墓、曰园林,记雪泥之鸿爪也;曰笑柄,寓庄于谐也;曰梦幻,示实于虚也;而以杂记终焉。[2]

书凡二十四卷,大致一门为一卷。碑帖、收藏、书画、艺能、阅古诸卷,为本书精华之所在。对历代石刻、拓本、法书、名画,或叙述源流,或评骘得失,或品第甲乙,或鉴别真伪。如卷九碑帖"伪法帖"条曰:"吴中既有伪书画,又造伪法帖,谓之充头货。"卷十收藏"总论"曰:"考订之与词章,固是两途,赏鉴之与考订,亦截然相反,有赏鉴而不知考订者,有考订而不明赏鉴者。宋、元人皆不讲考订,故所见书画题跋殊空疏不切。至明之文衡山、都元敬、王弇州诸人,始兼考订。若本朝朱竹垞、何义门、王虚舟辈,则专精考订矣,然物之真伪,恐未免疏略。"又曰:"收藏书画有三等,一曰赏鉴,二曰好事,三曰谋利。看书画亦有三等,至真至妙者为上等,妙而不真为中等,真而不妙为下等。上等为随珠和璧,中等为优孟衣

---

[1] 《续修四库全书》第1139册,上海古籍出版社2002年版,第2页。
[2] 《续修四库全书》第1139册,上海古籍出版社2002年版,第1—2页。今按:关于此书的专题研究,参见单海萍:《浅谈〈履园丛话〉中的诗论》,《新西部》2010年第9期;李扬:《〈履园丛话〉小说作品研究》,山东师范大学2013年硕士学位论文。

冠，下等是千里马骨矣。然而亦要天分，亦要工夫，又须见闻，又须博雅，四者缺一不可。诗文有一日之短长，书画有一时之兴会，虽真而乏佳趣，吾无取也。"

其书资料翔实，辨析精审，学林重之。叶昌炽《缘督庐日记钞》卷三录阮元书曰："《履园丛话》已经披读一过，付与儿辈观之。其中颇多嘉庆十年前后之人之事，如忆旧学，如见古人，非公载笔，化为太虚矣。"王伯祥亦称其人精于金石碑帖之学，赏鉴刻画，靡所不能，尤拳拳于先辈行事，兼亦涉及时政利弊，并关心三吴水利，不徒托空言，故钱梅溪之名震于嘉、道之间。①

此本据华东师范大学图书馆藏道光十八年述德堂刊本影印。

竹叶亭杂记八卷　（清）姚元之撰

姚元之（1773—1852，一作1776—1852），字伯昂，号荐青，又号竹叶亭生，桐城（今安徽桐城）人。嘉庆十年（1805）进士，官至左都御史，以事降调内阁学士。著有《荐青诗集》。事迹见《清史稿》、《清史列传》本传。

其家近浮山，老屋数楹，内有竹叶亭，因以自号，兼以名书。此书为其平生读书闻见之得，杂录成稿，生前未曾付梓。当其殁后，从孙姚谷据其遗稿，编校刊行。卷首有姚谷序，称其官京朝数十年，每就见闻所及，成《竹叶亭杂记》十万余言，一时士大夫相与传录，凡国家掌故、四方风俗、前贤遗事，下及物理小识，各以类次。②

书凡八卷，内容广博。卷一叙清廷掌故、礼仪官制、进贡之礼，

---

① 王伯祥：《庋榢偶识》，中华书局2008年版，第11页。
② 《续修四库全书》第1139册，上海古籍出版社2002年版，第371—372页。

卷二述科场官宦典制、关市税收、灾患时弊，卷三述民俗古迹、名胜奇景、异域听闻，卷四述金石雕刻、典籍文物，卷五、卷六多记官僚文人、同乡亲人行迹故事，卷七为杂说考辨之属，卷八记花草石木、虫鱼鸟兽。

元之曾从学姚鼐，书画并工，尝参与高宗、仁宗实录及《大清一统志》编纂，其于朝廷典制、宫廷内幕、诸事礼仪悉数明了于心，所记本朝时政朝章诸条，如卷一所记嘉庆时事，地方、外国每岁进贡方物之制，卷六所记抄录奏稿，近于实录。其中御用时宪书规制、嘉庆十七年壬申三月二十日皇帝幸南苑事诸条，记载尤为详赡。时吏治衰微，官贪肆敛，鬻爵成风，为所欲为。元之痛陈时弊，揭露吏治黑幕，以示警惕。又记州县中差役之扰乡民，其术百端。言民间遇有窃案，呈报之后，差役将被窃邻近之家资财殷实而无顶带者，扳出指为窝户，拘押索钱。每报一案，牵连数家，名曰"贼开花"。乡曲无知，惧干法网，出钱七八千至十数千不等。胥役欲壑既盈，始释之，谓之"洗贼名"。故孙宝瑄《忘山庐日记》称其多载本朝天家轶事，足备掌故。来新夏亦称所记多耳目见闻，所言颇为近实，为清人笔记之佳作。[①]

此书稿本藏国家图书馆。此本据复旦大学图书馆藏清光绪十九年姚虞卿刻本影印。（龙文真拟草）

尖阳丛笔十卷续笔一卷　（清）吴骞撰

吴骞（1733—1813），字槎客，号兔床，原籍安徽休宁（今安徽休宁），占籍浙江海宁（今浙江海宁）。贡生。著《愚谷文存》、《拜

---

① 来新夏：《清人笔记随录》，中华书局2005年版，第328页。

经楼诗集》、《拜经楼文集》等书，辑有《拜经楼丛书》。生平事迹见《清史列传·文苑传》、《杭州府志·文苑》。①

吴骞家近海上之尖山，故名之曰《尖阳丛笔》。《丛笔》十卷，《续笔》一卷，皆不分门类。大体考辨经史，订其讹谬。于经史诗文、金石碑铭之外，亦涉典册藏书，搜罗轶闻逸事，叙文士事迹，载复社姓氏，所记端溪之砚、郁金类别、传国玺、骨牌之制诸事，皆广见闻。如卷五杜牧诗"禅智山光好墓田"条，考徐骑省《寄乔亚元歌》，言"山光"为桥名，辨何义门以为寺名之误。卷六"《通雅》官制门"条，据《云麓漫钞》善本有枝官碑，辨方以智《通雅》以为"枝官，校官也"之误。卷八"子贡诗传"条，据沈耿严所作《子贡诗传辨》，辨《子贡诗传》真赝参半。卷六以汲冢出土之竹书校之于传世文献，载其异同。卷三据绍兴崇化寺砖塔记所载延福之名及其封号，证叶九来《金石录补》所言崇化寺在临安城之讹。卷一又谓《水经》创自东汉，而魏晋人续成之，其名无可考，非一时一手之书。又谓昔人慎重家忌，女子既嫁，犹守其私忌，可见宋时礼教之重。

此书为其孙之淳据所存遗稿编辑而成。书末有之淳识语，称此书虽未尽所蕴，而其援据详明，议论精确云云。②然刘咸炘称其考证尚多而皆琐屑，又称兔床本无专长，经、史皆罕实得。③平心而论，究以刘评为定论矣。

此书有《张氏适园丛书》本、《丛书集成初编》本。此本据国家图书馆藏清抄本影印。（龙文真拟草）

---

① 关于吴骞的研究，参见阙晓云：《吴骞及其拜经楼藏书研究》，台北花木兰文化出版社2008年版；吕延林：《吴骞年谱》，黑龙江大学2011年硕士学位论文。
② 《续修四库全书》第1139册，上海古籍出版社2002年版，第517页。
③ 刘咸炘：《内景楼检书记·子类》，《推十书》丁辑第2册，上海科学技术文献出版社2009年版，第589页。

桃溪客语五卷　（清）吴骞撰

吴骞生平见前《尖阳丛笔》提要。

此书前有乾隆五十三年（1788）周广业序，称其客游宜兴，著述其间，搜剔溪山，爬梳人物，博而且精云云。①又有丁亥（1767）吴骞自序，称结庐国山之下，日与田更野老相往还，偶有闻见，笔而识之，命曰《桃溪客语》。②

此书五卷，为吴氏闲谈随笔，因其客居桃溪而专录此地见闻，或述山川地理，奇山异石；或记风光胜景，赋诗酬唱；或载碑刻铭文，叙及历史故实；或传写人物，铺陈生平事迹；或记奇闻逸事，涉及民俗风情。或来自历史典籍，或来自笔记杂录，或来自地方文献，或来自野老传闻，或来自实地考求，皆渊源有自。如卷一以国山与吴孙晧封禅碣所在之董山有别，辨《常州府志》所载之误。卷二据《吴书》、《茅山志》、《吴志·陆抗传》辨"立信"实为吴时官号。卷三周孝侯墓碑文意与史传乖谬，且文势不贯，辨其所言韩信事实为后人窜入。卷四据《新唐书·戴叔伦传》，辨常州荆溪古冢碣所言叔伦事甚谬，实为其后好事者伪造。以唐李戡史传与杜牧为之所作墓志铭相参证，疑《游善权》一绝非李戡诗。据刘三吾《坦庵集》载洪武二十七年为耿炳文撰《三代祖墓神道碑》，辨朱彝尊所载刘三吾为耿炳文刻墓碑事实误。然亦有可议之处，如言明沈敕

---

① 《续修四库全书》第1139册，上海古籍出版社2002年版，第519页。又见（清）周广业：《蓬庐文钞》卷四《跋桃溪客语》，燕京大学图书馆铅印本。
② （清）吴骞：《愚谷文存》卷三《桃溪客语序》，清嘉庆十二年刻本。吴氏本为藏书大家，所得不下五万卷，筑拜经楼为藏书室，铭之曰："寒可无衣，饮可无食，至于书，不可一日失。此昔贤诒厥之名言，允可为拜经楼藏书之雅率。"

编《荆溪外纪》所载诗文多不可信。①

此书稿本藏上海图书馆，钱大昕、吴骞校清抄本藏国家图书馆。又有乾隆嘉庆间《拜经楼丛书》本、光绪十一年《重刊拜经楼丛书》七种本、光绪二十年《重校拜经楼丛书》十种本。此本据复旦大学图书馆藏清乾隆吴氏刻《拜经楼丛书》本影印。（龙文真拟草）

镫窗丛录五卷补遗一卷 （清）吴翌凤撰

吴翌凤（1742—1819），初名凤鸣，字伊仲，号枚庵漫士，休宁（今安徽休宁）人，侨居吴县（今属江苏苏州）。诸生。中岁应湖南巡抚姜晟之聘，主浏阳南台书院。著有《与稽斋丛稿》、《吴梅村诗集笺注》、《国朝文征》等书。生平事迹见《清史列传·文苑传》、《(同治)苏州府志》卷八十三。②

此书为吴氏读书笔记，正录五卷，补遗一卷。卷一议论文字，记称谓忌讳、社集始末、风俗趣闻。卷二记本朝图书典籍、文士诗赋、太学典制、前朝旧臣及夏代建寅之制。卷三记官宦臣僚事迹，载名士传闻及民间风俗。卷四叙本朝时政、前朝遗事，兼及经史杂文。卷五记名士佚闻、钱币税制、医药杂方。

此书注重经史订误。如郑氏解《周礼》"奚三百"曰："古者从坐，男女没入县官为奴，无才知者为奚，即今之侍史官婢。"吴氏据《周礼》无"县官"之文驳之。书中亦杂记名物、风俗。古时凡物皆可云"床"，宋时称床为座，如屏风一床；南朝呼笔四管为一床；

---

① 王火青认为此书是一部具有地方特色的杂俎集，详参氏著《藏书家吴骞的小说》，《明清小说研究》2000年第4期。
② 关于吴翌凤的研究，参见王幼敏：《吴翌凤研究》，上海文艺出版社2008年版。

《北史》有"强弩一二床";又北齐赋民之法称一夫一妇为一床。又古者居室,贵贱皆称"宫",初未尝分别。秦汉以来,始以天子所居为宫。又记燕北风俗,不问士庶,皆自称"小人"。又谓骂僧曰"贼秃",本诸梁荀济表文:"朝夕敬妖怪之胡鬼,曲躬供贪淫之贼秃。"又谓"朝廷不以语言文字罪人",尤为快论矣。

书末有庚申(1920)孙毓修跋,称此录或记载客语,或抄撮古书,时与《东斋脞录》相出入云。[1]

此书向未刊行,抄本后为上海商务印书馆涵芬楼藏。此本据民国十五年铅印《涵芬楼秘笈》本影印。(龙文真拟草)

瑟榭丛谈二卷 (清)沈涛撰

沈涛(1792—1861),字西雍,号匏庐,嘉兴(今浙江嘉兴)人。嘉庆十五年(1810)举人,咸丰初署江西盐法道,随巡抚张芾守南昌,拒太平军,授兴泉永道,未到官,病卒。著有《论语孔注辨伪》、《说文古本考》、《柴辟亭诗集》、《十经斋文集》、《匏庐诗话》等书。生平事迹见《清史列传·儒林传》,附见《清史稿·黄易传》。

此书系沈氏任宣化府知府时所撰。瑟榭者,宣署居室名也。书前有道光十年(1830)沈涛自序,称廨之西偏有射圃,为宾从游燕之所,隙地十笏,老屋数楹,水木清华,几格明净,颜曰瑟榭,因名此书为《瑟榭丛谈》。[2] 书末有吴更生《瑟榭记》。

此书为沈氏读书笔记之一,分上下两卷。上卷记宣府掌故、建置沿革、风土人情,多以经史考证地理。如"鹞儿岭"条,言鹞儿岭为

---

[1] 《续修四库全书》第1139册,上海古籍出版社2002年版,第615页。
[2] 《续修四库全书》第1139册,上海古籍出版社2002年版,第617页。

唐李可举破李克用兵之处，引《旧唐书·僖宗纪》、《五代史》、《唐本纪》、《唐书·地理志》为证，辨《新唐书·藩镇传》所称"可举遣军司马韩玄绍击沙陀药儿岭"事实谬。下卷多搜罗俗语旧闻。如谓浙江乍浦之"光饼"为戚继光行军时作，原为三军裹粮之用。又谓世井中窃钩之徒窜身都市，潜于人丛中割取佩物，俗呼"剪绺"。又游手剽窃之人有剪脱衣物环佩者，谓之"觅贴儿"，此风南宋已然。又称世人以乞养他人子称为"过房"，北宋已有此称。又世俗以麦间小虫为"麦秋"，北人指七月间小蜻蜓为"处暑"。又谓族侄世枚客宣郡十余年，土风民俗、轶闻琐事记忆甚多，沈氏撰《丛谈》颇资讨论之力。

此本据南京图书馆藏清道光刻本影印。（龙文真拟草）

醒世一斑录五卷附编三卷杂述八卷　（清）郑光祖撰

郑光祖（1775—1853），字梅轩，琴川（今属江苏常熟）人。少曾随父宦游云南，足迹遍布西南诸省，大约中年后即家居，以儒家自命，敦品力行，抗心古学，事迹不甚可考。据道光二十五年（1845）自序，知尚有《舟车所至》（丛书名），皆前人记边境域外风土人情者。

书前有道光十八年（1838）顾恩序，称其言天地、物理、鬼神，提要钩玄，入深出显，即格致之学；仙佛与杨墨同害而辟之，而人心始正，人道乃立，即诚正之学。[①] 又有道光二十四年（1844）邵渊懿序、道光二十二年（1842）朱邦任题辞。道光二年（1822）光祖自序，谓此书之作，其意总期醒世。又云："天地者，人所戴履者也，故首之。人事者，人所当尽者也，故次之。物理者，人之所宜知者也，复次之。方外、鬼神者，人所易惑，不可不力为剖析者也。"又

---

① 《续修四库全书》第1139册，上海古籍出版社2002年版，第642页。

曰："余著此书，冀与二三知己，守正理，由正路，不至于匪僻。"①
《后言》称俾读者细想立身行己之要务，勿为万物所涸，勿为众欲所乘，勿误信仙佛而攻异端，勿误信鬼神而惑妖术，庶几于理不悖，于己无伤云云。②其著书宗旨于此可见一斑矣。

此书又名《一斑录》，记录观察心得与游历见闻。全书五卷，分天地、人事、物理、方外、鬼神，人事、物理各居其一，实则五篇皆言物理，亦均为人事。《附编》三卷，附权量、勾股、医方各一卷。《杂述》八卷。此书虽未极精深，然旨在醒世振俗。今观此书，如天文参西法，而不信天主所居之名；说地理穷北极，而独得中旋潆入之真；诠物理通古今，能综其蕃变纷纭。兼采泰西声光电化之学，以探阴阳消长之机。鬼神祸福之说，本智者之所不道，故光祖辟之尤力。其可贵处在致意于人情、物理之真，究天地、人物、物理之原，辟前贤名宿之谬，释俗传邪说之妄，记物产物价，多有可采。如有关盲鱼之记载，为世界上最早之科学描述。他如谓卜筮不可误信，风水亦难深信，符咒纯是妖灵；谓学贵守约，为人必藉乎学，读书难尽信；谓人戒轻薄，人宜自省，人毋自欺；谓嗜古不可泥；谓礼义塑人；谓郭巨埋儿必非孝道；谓妇人再嫁与男子再娶略同；谓《红楼梦》立意高而奇，传情深而确，皆有可取焉。

此书于道光二年写成初稿，初刊于道光十九年。《杂述》初稿为六卷，重刊本增为八卷，又有增损移易。此书流传绝少，盖咸丰时苏、浙一带军火频仍，道、咸间所刻书较乾、嘉间刻书反少见。此本据浙江图书馆藏清道光二十五年刻咸丰二年增修本影印。

---

① 《续修四库全书》第1139册，上海古籍出版社2002年版，第645—646页。
② 《续修四库全书》第1140册，上海古籍出版社2002年版，第48页。

费隐与知录一卷　（清）郑复光撰

郑复光（1780—？），字浣㝏，一字浣香，号元甫，歙县（今安徽歙县）人。监生，以算术闻名。与程恩泽交善，尝拟共同修复古仪器。[1]著有《镜镜詅痴》[2]、《郑元甫札记》、《郑浣香遗稿》等书。生平事迹见《安徽通志稿》、《歙县志》。

王锦光《费隐与知录发凡》称，"费隐与知"取自《中庸》"君子之道，费而隐。夫妇之愚，可以与知焉"。以"费隐与知录"名书，盖引泰西之说，而取其可信者录之。此书前有道光二十二年（1842）包世臣序，称其书不仅能穷物理之极，且使天下嗣后见事之奇怪者，知物理自然之常，真宇宙不可少之书云云。[3]

此书采用主客问答体，所涉多为格致之学，凡天文五行、日月星辰、风云气候、潮汐月相、饮食烹调、纸墨笔砚、器物制作、虫鱼鸟兽诸项，皆有记载。复光引介泰西之学，探研格物原理，倡导科学实验。如"隙无定形漏日恒圆"条，论小孔成像原理。又论指南针原理曰："针为铁造，铁顺地脉，向南向北，自因生块本所致然，理也。追制成针，铁向南处，未必恰值针秒，且针本不指南，磨磁乃然。"此书为科普作品，亦多载生活常识，析之以理，往往征实可信，切于实用。其记气象小识，如曰"西风多燥间亦致雨"，"地湿成雨多在夏时"，"雨有浮沤雨不遽止"，"寒日久雨必雪乃晴"，皆言之

---

[1] （清）诸可宝：《畴人传三编》卷二"程恩泽"条，见《畴人传合编校注》，中州古籍出版社2012年版，第522页。
[2] 《镜镜詅痴》是我国19世纪上半叶的一部光学专著，详参宋子良：《郑复光和他的〈镜镜詅痴〉》，《中国科技史料》1987年第3期。
[3] 《续修四库全书》第1140册，上海古籍出版社2002年版，第279页。

成理。他如井为止水无有虫毒，蓄水生虫无害于水，人粪有毒粪清解毒，石羊胆寒故能止喘，湿地之害甚于舟居，饮食滋益过则为灾，皆有裨于实用。明末清初，西方格致之学渐染中国，有识之士放眼西方先进技术及科学，倡导经世致用之学。此书析物穷理，依意取舍，旨在实用焉。

此本据清道光二十二年活字印本影印。（龙文真拟草）

读书小记一卷因柳阁读书录一卷 （清）焦廷琥撰

焦廷琥（1782—1821）[1]，字虎玉，江都（今属江苏扬州）人。焦循之子。优贡生。性情醇笃，善承家学。著有《尚书伸孔篇》、《春秋三传经文辨异》、《蜜梅花馆文录》等书。[2]事迹附《清史列传》、《清史稿》之《焦循传》末。

此书为焦氏随笔札记，于民情风俗多探其源。如贱者之称曰"白衣"，见《汉书·两龚传》。今之风筝，古谓之"纸鸢"，据宋曾敏行《独醒杂志》云汉时陈豨反于代，高祖自将征之，淮阴与豨约从中应，作纸鸢以为期，谋败身戮。又"亲家母"之称始于《旧唐书·萧嵩传》。今之候选于京者，窘乏则必借贷，期以得官乃还，谓之"京债"，唐时已有此积习。今俗以纸寓钱，用诸祠祭，始创于唐。俗语于病之难治者，而强治之，多曰"死马作活马医"，此语始于宋时。酒家揭帘，俗谓之"酒望子"，宋时已有此语。宾客往来投刺，每于朿面书一"正"字，明时已然。古俗谓尽死杀人为"麚糟"，今世以"麚

---

[1] 关于焦氏的生卒年，参见闵尔昌：《焦理堂先生年谱》，见《扬州学派年谱合刊》上册，广陵书社2008年版。
[2] 详参《焦虎玉先生著书目》，见《扬州学派年谱合刊》上册，广陵书社2008年版，第358页。

糟"为龌龊琐屑之称。此书篇幅虽小，足与钟褒《考古录》并驾焉。

此书有徐氏《许斋丛书》本。此本据国家图书馆藏稿本影印。（龙文真拟草）

卝兮笔记二卷　（清）管庭芬撰

管庭芬（1797—1880），原名怀许，字培兰，号芷湘，海宁（今浙江海宁）人。诸生。少时博览群书，能诗文，善画山水，尤善画兰竹，精鉴赏、校勘。尝佐钱泰吉纂修《海昌备志》。著有《芷湘吟稿》、《芷湘笔乘》、《渟溪日记》等书，辑有《天竺山志》、《花近楼丛书》。生平事迹见《海宁州志稿》卷二十九、《海昌艺文志》卷十七、庄一拂《古典戏曲存目汇考》及《嘉兴市志》。

书前有道光二年壬午（1822）庭芬自序，称携十年前笔存之册，汰去二三，取《毛诗》"总角卝兮"之义，题曰《卝兮笔记》。[1]古时儿童束发为两结，向上分开，形状如角，故称总角，又称卝角。

此书为管氏童年读书笔记，皆抄自他书。如引杨升庵曰："李密《陈情表》有'少仕伪朝'之句，责备者谓其笃于孝而妨于忠。尝见佛书引此文，'伪朝'作'荒朝'，盖密之初文也。'伪朝'字盖晋改之以入史耳。刘静修诗：'若将文字论心术，恐有无边受屈人。'盖指此类乎？"今按：此抄自《升庵集》卷四十七"李密《陈情表》"条。此书为古人所谓童子功之证据，不可径以著述视之。

此书向无印本，稿本藏国家图书馆，清抄本收入《中国稀见史料》第一辑（厦门大学出版社2007年版）。此本据国家图书馆藏稿本影印。

---

[1]《续修四库全书》第1140册，上海古籍出版社2002年版，第353页。

冷庐杂识八卷续编一卷　（清）陆以湉撰

陆以湉（1801—1865），字敬安，号定圃，又号冷庐，桐乡（今浙江桐乡）人。道光十六年（1836）进士，十九年（1839）任台州府教授，二十九年（1849）调杭州教授，同治四年（1865）受聘为杭州紫阳书院讲席。著有《苏庐偶笔》、《冷庐诗话》、《冷庐医话》等书。生平事迹见《两浙輶轩续录》卷三十六。

书前有咸丰六年（1856）以湉自序，称随笔漫录，搜探未精，稽考多疏，论说鲜当云云。① 词气谦逊，可见其人品醇厚。曰"湉"曰"安"，号"定"号"冷"，传统学者之低调形象已栩栩如生矣。

此书乃以湉读书笔记，间及平生见闻，凡八卷。大体载经史著作、诗词典故、金石碑文、文字书画，述清代及清以前文人学者之学行、经历及交游，记姓名、字号、谥号、避讳，录诗词、联帖、印文、砚铭、箴言，及于三吴山水名胜。末附《续编》一卷，重次《千字文》为《冷庐臆言》。此书以品论艺文为主。如谓吴石华所著《桐花阁词》"清空婉约，情味俱胜，可称岭南词家巨擘"。谓金岱峰诗"气格高爽，雅近中唐"。谓姚鼐诗清俊可诵。谓徐应秋《玉芝堂谈荟》"类摭故实，累牍连章，可称华缛。然其书尚有二失：一则搜罗未遍，即正史犹有所遗；一则援引昔人文辞，每不标明某书。前之失犹可言也，后之失既乖体要，且蹈攘善之愆矣"。又赞徐霞客其人其书："盖他人之游，偶乘兴之所至，惟霞客聚毕生全力，专注于游，勇往独前，性命不顾。其游创千古未有之奇，其《游记》遂擅千古未有之胜。霞客亦能诗，《题小香山梅花堂》云：'春随香草千年艳，

---

① 《续修四库全书》第1140册，上海古籍出版社2002年版，第387页。

人与梅花一样清。'流利可讽。"书中间有考证。如卷一"破邪论序"条,据叶奕苞《金石录补》、姚鼐《惜抱轩笔记》,辨《破邪论序》非虞永兴所书,实乃唐时僧徒伪托之作。"王伯厚"条,据史言王伯厚家世宦,无贩马之事,其弟晚伯厚八年,以此辨陆子元《声隽》及褚氏《坚瓠集》所传乃为污蔑之词。"西游记"条,据淮安府康熙初旧志艺文书目,谓是其乡嘉靖中岁贡生、官长兴县丞吴承恩所作,且谓《记》中所述大学士、翰林院、中书科、锦衣卫、兵马司、司礼监皆明代官制,又多淮郡方言,足以正俗传以为出自元邱处机手之讹。

卷五论为学之道曰:"凡为学之道,见闻欲其博,术业欲其约。"又引毛奇龄之言曰:"动笔一次,展卷一回,则典故纯熟,终身不忘。日积月累,自然博洽。"又引徐嘉炎之言曰:"读古人书,就其篇中最胜处记之,久乃会同。"又引王鸣盛之语:"彼好多能,见人一长,辄思并之,夫专力则精,杂学则粗。"于此数语可窥其治学宗旨矣。李慈铭称其学识有限,见闻亦隘,而言多切近,小有考据,颇有史学,记时事亦多可观,较近时梁绍壬《两般秋雨庵随笔》、梁章钜《归田琐记》诸书为胜一筹。①

此本据清咸丰六年刻本影印。此书又有光绪十九年乌程庞氏刊本。(龙文真拟草)

春在堂随笔十卷 (清)俞樾撰

俞樾(1821—1906),字荫甫,号曲园,德清(今浙江德清)人。道光三十年(1850)进士,咸丰五年(1855)任河南学政,罢归。所著凡五百余卷,统曰《春在堂全书》。缪荃孙《艺风堂文续集》卷二

---

① (清)李慈铭:《越缦堂读书记》,上海书店出版社2000年版,第725页。

有俞氏行状。生平事迹见《清史稿》卷四百八十二、俞樾《曲园自述诗》、徐澄《俞曲园先生年谱》、周云青《俞曲园先生年谱》。①

周云青称其训诂主汉学，义理主宋学，教弟子以通经致用，蔚然为一时朴学之宗。②此书乃俞氏平素所作笔记，计十卷，或订讹误，或考风土，或记轶闻，间及议论时政。卷二据《慧因寺志》辨《湖壖杂记》载"佛无灵"之说为流俗谬传。卷三记《明纪》刻书始末。卷四记包立身率包村人众抗贼就义事。卷九载《况太守集》"况钟"本作"黄钟"事，皆补史书之未载。书中引金石碑铭与史实相参，洵为难能可贵。如卷一以薛尚功《钟鼎款识》之文，证《尚书·尧典》"巽朕位"之"巽"为"篡"之假字。卷二以三老碑拓本与周清泉释文题跋相互参证；以苏州白善桥观音殿文庙编钟拓文，与《元史·礼乐志》所载铸钟事互证；以浙江余姚汉碑证古代经史之文。卷七以偃王庙碑拓片与清刻《东雅堂韩集》相互印证。

曾国藩尝戏曰："李少荃拼命做官，俞荫甫拼命著书。"然俞樾著书之外，亦复关心时政。此书编撰之日，时势日非，内有游民举事之乱，外有列强侵陵之患，书中多载爱国志士言行事迹。如赵景贤守湖州三载而亡，卷三记其言曰："作一日事，尽一日心。"曰："力竭矣，而心不敢谓竭。势危矣，而身不以为危。守死善道，以尽臣子之责而已。"卷七又叙及鸦片烟危害中国至深，引戒烟之方，以救其危厄。

书中记何子贞言："治经使人静细，治史使人躁浮。"又言："经有学，史无学。"俞氏则曰："经学无底，史学无边。经学深，故无底；史学太汗漫，故无边。"

刘咸炘称《随笔》考订记事，多可取，少纤琐语，特势利夸谓

---

① 关于俞樾的研究，参见马晓坤：《清季淳儒：俞樾传》，浙江人民出版社2006年版。
② 《晚清名儒年谱》第8册，北京图书馆出版社2006年版，第363页。

语亦不免耳。①

此书稿本今藏北京师范大学图书馆。②此本据清光绪二十五年刻《春在堂全书》本影印。(龙文真拟草)

止园笔谈八卷　(清)史梦兰撰

史梦兰(1813—1898),字香崖,号砚农,乐亭(今属河北唐山)人。道光二十年(1840)举人,官山东朝城知县。咸丰十年(1860),僧格林沁为抵御英法联军,至永平府加固海防,史梦兰招乡勇团练,事平授五品衔。光绪十六年(1890)授四品卿衔。光绪二十四年(1898)加授国子监祭酒。卒后入祀畿辅先哲祠。著有《叠雅》、《畿辅艺文考》、《尔尔书屋诗钞》等书。生平事迹见《清史列传·文苑传》。③

书前有光绪四年戊寅(1878)梦兰自序,称所居濒海无山,因于碣石买山田百亩,规以为园,种松三万株,杂果数百,取"黄鸟丘隅"之意,名之"止园"。又称遇有可以资劝惩、广见闻者,亦收拾缀辑,至如诬谩失真之语,妖妄荧听之言,则不敢阑入云云。④

此书为史氏晚年备忘录,分为八卷,不分门类,内容博杂,或传人物轶事,或述轶闻谐语,或记天文历法,或言文字方言,或叙清朝时政,或载边疆史实、域外风土习俗及宗教事。此书颇涉考订。如

---

① 刘咸炘:《内景楼检书记·子类》,《推十书》丁辑第2册,上海科学技术文献出版社2009年版,第581页。
② 于天池:《跋〈春在堂随笔稿〉》,《北京师范大学学报》2000年第2期。今按:于氏详细比较了稿本与《全书》本之异同。又按:此稿本应影印出版。
③ 关于史梦兰的研究,参见高周:《史梦兰年谱》,山西师范大学2012年硕士学位论文;吴晶:《史梦兰研究》,苏州大学2009年硕士学位论文。
④ 《续修四库全书》第1141册,上海古籍出版社2002年版,第119页。

卷二考《孝烈将军祠像辨正记》及来氏《樵书》，称所指"木兰"与乐府《木兰词》中之"木兰"相去甚远。卷五辨《开成石经》缺损字非王尧惠等补，辨乐亭城北古冢非李晋王墓，辨《宋史》"倪若水实名若冰"之误。卷六称稗官小说不尽凿空，必有所本。称施耐庵《水浒传》中有三十六人姓名见于龚圣予赞，其首篇叙高俅出身事，与《挥麈后录》所载一一吻合。说部历来被斥为九流之末，学人士子皆不以为然，更少采信其说者。史氏此语，可谓发前人之未发。至论秦始皇坑儒事，疑为掩其不知而加害，非真设为陷阱而坑杀之。卷八以秦之权臣赵高之窃权覆国，因其出身赵国，故于赵可为忠臣。如此标新立异，未免逞臆而谈，不足为凭矣。此书所记大多全其始末，叙事详明，为清人笔记可资参证之一种。①

　　　　此本据辽宁省图书馆藏清光绪四年家刻本影印。（龙文真拟草）

蕉轩随录十二卷　（清）方浚师撰

　　方浚师（1830—1889），字子严，晚号梦簪，定远（今安徽定远）人。咸丰乙卯（1855）举人。官至侍学讲士、直隶永定河道。著有《退一步斋文集》、《退一步斋诗集》、《二程粹言直解》等书。生平事迹见《晚晴簃诗汇》卷一百五十四。

　　书前有同治十一年（1872）李光廷序，称："自稗官之职废，而说部始兴。唐、宋以来，美不胜收矣，而其别则有二：穿穴罅漏，爬梳纤悉，大足以抉经义传疏之奥，小亦以穷名物象数之源，是曰考订家，如《容斋随笔》、《困学纪闻》之类是也；朝章国典、遗闻琐

---

① 来新夏：《清人笔记随录》，中华书局2005年版，第401页。

事，巨不遗而细不弃，上以资掌故，而下以广见闻，是曰小说家，如《唐国史补》、《北梦琐言》之类是也。"①

此书乃据其笔记整理而成，凡十二卷。或述经史异文，辨讹纠谬；或载清廷时事及前朝旧事；或记奏疏章表、圣谕制诏；或言寺庙宝刹、金石铭文；或论时人名贤及域外人士事迹；或节录诗词曲赋、序跋题记、书画图赞、书信楹联；或载清廷狱案始末。他如典章名物、职官制度、边疆史实、域外见闻，无所不载。方氏长期任职内阁及总理各国事务衙门，于宫廷内幕、时政外交多有接触，故其所录较为可信。多记乾隆以来震动朝野之大案，如卷一"伪稿案"，卷四"徐文诰案"、"戊午科场案"，卷六记"甘肃收捐监谷案"，卷八"吕留良论南雷文案"、"两淮提引案"，反映清廷吏治衰微、官员贪污、官场倾轧之情状。亦载中外交涉之事，如卷十载"书用外国银两事"，卷八"海洋记略"条辑录清廷有关洋务活动及海防事宜之章奏文书，亦颇具史料价值。

李慈铭称方氏其人本不足齿，而复强作解事，妄谈经学，中言诗文，谄附时贵，卑鄙无耻，文理又极不通，梨枣之祸，至于此极，乃鬼奴之为害烈也；至其赞吕晚村而诋黄梨洲、阎潜邱，极颂袁子才而痛诋王述庵、包安吴、潘四农，所谓虺蝮之性，迥殊好恶，非特蜉蝣撼树而已；谓阮元因谄事和珅，大考"眼镜诗"，和授以意旨，得列第一，尤小人狂吠之言云云。②几乎全盘否定，未免太过矣。祁龙威称是书褒贬分明，颂清官廉法爱民，斥权贵淫奢祸国，足资警世。③

此本据清同治十一年退一步斋刻本影印。（龙文真拟草）

---

① 《续修四库全书》第1141册，上海古籍出版社2002年版，第235—236页。
② （清）李慈铭：《越缦堂读书记》，上海书店出版社2000年版，第722页。
③ 祁龙威：《读〈蕉轩随录〉札记》，《扬州大学学报》2011年第3期。

蕉轩续录二卷 （清）方浚师撰

方浚师生平见前《蕉轩随录》提要。

是编杂考经史，择录前贤时人诗作文集，载记史事，间及礼仪官制。大旨主于经世之学。其论为政当依俭防奢。如"光禄寺厨役"条详载宫廷奢侈之习，称明光禄寺职上膳馐及宴享诸务，与阉寺交涉，蠹耗至不可纪极；其上供品物，皆榷之长安中贾人，不时予其直，积负万计，贾人多破产者；南京光禄寺岁进酒十万瓶，由军民转运，遇有稽延，属吏往往获罪。其论为民利疏河道。如"西湖"条称自明季以来，各闸废坏，而沙土多淤，继且并其淤者而听佃于民，则山与湖隔绝，源流既损，而湖利遂微，退田还湖，不仅开通水源，便利灌溉，亦以贻万世无穷之利。凡此皆可供为政者兴农事、修水利时参考焉。

书中间或品评人物。如"李不器"条，详述道士李不器诬捏岳钟琪一案始末，称自古良能之臣最是难得，且多遭谗臣诬陷构害，是以叹曰："人臣功高震主，一经谣诼，鲜克令终。襄勤以大将专征，屡遭宵小播惑，非赖圣明洞鉴，其身顿成齑粉矣。"又如"张玉父子夺门"条，详载明人张玉出策助明成帝窃权，其子张辄助英宗复辟事，曰："成祖窃位，其罪浮于唐太宗，英宗复辟，其名亦不及唐太宗之正。若张玉父子，先后五十年间，均以夺门得爵，联姻帝室，富贵绵长，天道实有不可知者。后世臣工，与人国家，处人骨肉，使皆如张氏父子居心，三纲不几几沦灭耶？"

方氏评骘诗文，亦有可观。如论《冰鉴》议论微妙，宛似子家，可备甄识人物之一端。又录朱彝尊《读书诗》十二首，并载林芗溪之论曰："子知宋儒之学极精也，至论五行，则未免失之粗；子知宋儒之学极实也，至论太极，则未免近于玄虚。子试于精粗虚实间求之，思过半矣。"然评李卓吾《开卷一笑集》曰："猥鄙淫亵，污秽满纸，屠隆等从而夸赞，阅之令人欲呕。"此论未免失之偏激矣。

书末有其子臻喜光绪十七年辛卯（1891）跋，称将其所作联语附于此录之后，以见翰墨余事亦原本学术云。①

此本据清光绪刻本影印。（龙文真拟草）

章安杂说 （清）赵之谦撰

赵之谦（1829—1884），字益甫，又字㧑叔，号悲庵，会稽（今浙江绍兴）人。咸丰九年（1859）举人，官至江西鄱阳、奉新知县。著有《补寰宇访碑录》、《六朝别字记》、《国朝汉学师承续记》等书，编有《鹤斋丛书》。生平事迹见程秉铦《清故江西知县会稽赵君墓志铭》、叶昌炽《赵之谦益甫事实》、《两浙𬨎轩续录》卷四十五。②

《章安杂说》原稿书法妙曼，系之谦三十三岁后所作。咸丰十一年（1861），之谦应朋友之邀，客居温州，与友人讨论艺文，所作札记，都计八十一则。前有咸丰十一年五月之谦自序，称自客章安，得识江弢叔湜于永嘉，上下论议，互有弃取，简札既多，笔墨遂费，因随所得录之，题曰《杂说》，志无所不有云云。③

书中所论以书画碑碣为多，其中颇多精论。如曰："学祖晋人，

---

① 《续修四库全书》第1141册，上海古籍出版社2002年版，第636—637页。
② 关于赵之谦的研究，参见张小庄：《别有狂言谢时望，但开风气不为师：赵之谦生平及其艺术研究》，南京师范大学2005年博士学位论文；徐海：《赵之谦篆刻研究》，中国艺术研究院2010年博士学位论文；王家诚：《赵之谦传》，百花文艺出版社2007年版；张钰霖：《浮生印痕：赵之谦传》，浙江人民出版社2007年版。
③ 《续修四库全书》第1141册，上海古籍出版社2002年版，第639页。

书祖二王。二王之书传世皆唐人摹勒，阁帖所搜失当，实不及绛州本，今人即据唐人摹勒者称二王，不知二王书果如此乎？"曰："六朝古刻，在耐看。猝遇之，鄙夫骇，智士哂耳。瞪目半日，乃见其一波磔、一起落，皆天造地设，移易不得，必执笔规模，始知无下手处。不曾此中阅尽甘苦，更不解是。"曰："《瘗鹤铭》自是仙迹。大书至此，乃入超妙地位。六朝古刻无疑，唐人无是也。"曰："书家有最高境，古今二人耳。三岁稚子，能见天质；绩学大儒，必具神秀。故书以不学兼不能书者为最工。夏商鼎彝、秦汉碑碣、齐魏造像、瓦当砖记，未必皆高密、比干、李斯、蔡邕手笔，而古穆浑朴，不可磨灭，非能以临摹规仿为之，斯真第一乘妙义。后世学愈精者去古愈远，一竖曰吾颜也、柳也，一横曰吾苏也、米也，且未必似之，便似，亦因人成事而已。有志未逮，敢告后贤。"曰："求仙有内外功，学书亦有之。内功读书，外功画圈。"曰："见担夫争道，观公孙大娘舞剑，皆古人得笔法处也。"赵氏为金石画派与碑派书法开新路，于此亦可见端倪焉。

此本据国家图书馆藏稿本影印。

庸闲斋笔记十二卷 （清）陈其元撰

陈其元（1811—1881，一作 1812—1882），字子庄，号庸闲老人，海宁（今浙江海宁）人。诸生。入资为金华训导，旋擢富阳教谕，任官至江苏南汇、上海县令，晋阶知府，加道员衔。晚年辞官，优游武林，著述自娱。生平事迹见《庸闲老人自叙》。左宗棠为撰墓志，《海宁州志稿》有传。

此书为笔记小说，多记有清一代历史掌故，上自典章制度、经济民生、军情夷务，次及家门盛迹、风俗民情、先世轶事，下迄读书心得及诙谐游戏之类。营萃一编，尤详述游宦见闻之吏治得失、功过利弊，有裨史乘焉。

其元讲求经世之学，列强入侵之际复留心世事之学，故其书可谓有体有用。卷三记其祖论为官之道："居家俭，则居官廉。吾历官数十年，见奢者未尝不以贪败。"卷九曰："做官不可有邀功心。"皆可为官箴。陈氏又反对贪腐，抨击贪官，如卷四"冥司勘校侵用勇粮"条载戴熊兆直斥贪官之言，卷五"侵赈之报"条直斥贪污救灾款项之山阳教谕。书中所记官场恶行，类多近实。卷四"制造食物之秽"条，言"饮食日用之物，非目睹不知其制造之秽"。如福建制冰糖者，皆杂以猪脂；兰溪制南枣，用牛油拌之，乃见光彩，故嗅之微有膻气；富阳竹纸名天下，造时竹丝不用小便煮则不能烂；淮甸虾米贮久变色，浸以小便，即红润如新；河南鱼鲊有败者乃以水濯，小便浸一过，肉益紧而味回。食品安全早成问题，阅此为之心惊！卷二有"难博学"条，卷四有"考据之难"条、"读书贵识字"条，可见其于读书治学亦有会心。然书中涉神鬼怪异之事、轮回之说，多不可信矣。

此书始纂于同治十年（1871），成于光绪元年（1875）。卷首有同治十二年（1873）其元自序，称以唐李肇《国史补》为法。[1] 又有同治十三年（1874）俞樾序，称其书首述家门盛迹，先世轶事，次及游宦见闻，下逮诙谐游戏之类，斐然可观云云。[2] 然李慈铭称其书多载旧闻，间及近事，颇亦少资掌故；惟太不读书，叙次亦拙，不

---

[1] 《续修四库全书》第1142册，上海古籍出版社2002年版，第2页。
[2] 《续修四库全书》第1142册，上海古籍出版社2002年版，第1页。又见（清）俞樾：《春在堂杂文》续编卷三《陈子庄太守庸闲斋笔记序》，清光绪二十五年刻《春在堂全书》本。

足称底下书耳。①李氏之指责乃因撰者之自夸，未免意气之争。薛福成亦讥其"每于左文襄公事，颇觉推崇过当"，而于曾、左间龃龉之事，"则更持议颇偏，褒贬失当"。②

　　此本据华东师范大学图书馆藏清同治十三年刻本影印。（龙文真拟草）

白虎通疏证十二卷　（清）陈立撰

　　陈立（1809—1869），字卓人，又字默斋，句容（今属江苏镇江）人。道光二十一年（1841）进士，由庶吉士改刑部主事，累官云南曲靖府知府，会道梗不克之任，流转东归。著有《公羊义疏》、《尔雅旧注》、《句溪杂著》等书。生平事迹见《清史稿》卷四百八十二。

　　书前有道光壬辰（1832）陈立自序，称耻向壁之虚造，守先儒之旧闻，不揣梼昧，为之疏证，凡十二卷；只取疏通，无资辨难，仿冲远作疏之例，依河间述义之条，析其疑滞，通其结辖，集专家之成说，广如线之师传云云。③

　　陈立少客扬州，师从江都梅植之，受诗古文辞，又师从江都凌曙、仪征刘文淇，尽通《说文》、《春秋公羊》、郑氏礼学，独于《公羊》用力犹深。以徐氏作疏，只知疏通字义，《公羊》微言大义，昧乎未闻。清儒孔氏《通义》，虽为汉学家专门之学，然"三科九旨"语多立异，已非复邵公之家法。乃钩稽贯串，成《公羊义疏》七十六卷。又以《公羊》一书，多言礼制，而礼制之中，有周礼有殷礼，以

---

① （清）李慈铭：《越缦堂读书记》，上海书店出版社 2000 年版，第 878 页。
② （清）薛福成：《庸庵笔记》卷三"《庸闲斋笔记》褒贬未允"条，清光绪二十三年遗经楼刻本。
③ 《续修四库全书》第 1142 册，上海古籍出版社 2002 年版，第 206 页。

孔子有"舍文从质"之说，故言礼多舍周而用殷。殷周典制既迥然不同，故欲治《公羊》必先治三礼。而《白虎通德论》实能集礼制之大成，且书中所列大抵皆公羊家言，而汉代今文、古文之流别亦见于此书，诚可谓通全经之滥觞；乃别撰《白虎通疏证》十二卷，取古代典章制度——疏通证明。

曹元弼《礼经学·流别第七》称凌氏学术至正，故一传为陈氏立，作《白虎通疏证》，沉实精博，蔚为礼家巨观云云。叶昌炽《缘督庐日记钞》卷二亦称其书援据赅洽，而于古今文源流派别，言之尤能凿凿焉。

此书稿本藏国家图书馆，谢章铤校本藏福建省图书馆，王仁俊校本藏辽宁省图书馆。此本据清光绪元年淮南书局刻本影印。

新刻释常谈三卷　佚名撰

《释常谈》三卷，不著撰人名氏。《四库全书总目》卷一百二十六称："考陈振孙《书录解题》曰：《续释常谈》二卷，秘书丞龚颐正养正撰。昔有《释常谈》一书，不著名氏，今故以续称，凡常言俗语，皆著其所始。然则此书之作在龚颐正之前，当出北宋人手矣。"

陆心源《皕宋楼藏书志》称："采古经之秘义，掇前史之奥词，仅以成编，随目注解，总得二百事，名曰《释常谈》。"而此本仅一百二十六事，疑后人有所刊除。谢肇淛《文海披沙》"释常谈"条云："《释常谈》一书，作者不著名氏，其中援引芜陋，极有可笑；至以鹅为右军，筯为赵达，盲为小冠子夏，瘿为智囊，醉为倒载，觅食为弹铗，五迁为盘庚，子死为丧明，聋为齤舿，皆谬误不经，似村学究所为。其引负荆一段，尤似打鼓上场人语也。"今核其书，如谓程普为程据，谓夫妇不睦为参商，谓戴帽为张盖，卸帽为倾盖，谓凤兮凤兮为孔子之语，谓屦步为不乘鞍马，谓膏肓之疾为晋悼公，谓秦医为卢医，谓董宣封强项侯，谓饮酒烛灭为绝缨，谓自称己善为自媒。其书浅陋鄙俚，灾梨祸枣，故《四库全书总目》讥之曰"齐东之语展卷皆是"，并非刻核之论。周中孚亦称援引谬误，触处皆然，似不类北宋人所为；且其自诩为不愧博学，而望后之继玉麈尾者，亦太不自量矣。①

书前又有万历二十一年（1593）胡文焕序，称释之者不知何人，而文焕重为梓之。②庄汝敬序曰："是集假字借名，或根自典故，或摘自成语，虽则便捷，义则隐奥。"③万历癸巳（1593）光盛跋曰："搜罗日用切要之语，而佥为之训释，使读之者即其理义而通其辞。"④

此书有《格致丛书》本、《唐宋丛书》本、《说郛》本。此本据国家图书馆藏明万历二十一年胡文焕刻本影印。

困学纪闻注二十卷　（清）翁元圻注

翁元圻（1751—1826，一作 1760—1837），字载青，号凤西，余姚（今浙江余姚）人。生平事迹见《晚晴簃诗汇》卷一百四、《国朝耆献类征》卷一百九十二、朱彭寿《清代人物大事纪年》。

书前有道光六年（1826）胡敬序，称其于宋王厚斋书《困学纪

---

① （清）周中孚著，黄曙辉、印晓峰标校：《郑堂读书记》，上海书店出版社 2009 年版，第 880 页。
② 《续修四库全书》第 1142 册，上海古籍出版社 2002 年版，第 383 页。
③ 《续修四库全书》第 1142 册，上海古籍出版社 2002 年版，第 383 页。
④ 《续修四库全书》第 1142 册，上海古籍出版社 2002 年版，第 402 页。

闻》尤笃好之，尝辑阎若璩、何焯、全祖望诸家之说，益以己所心得为之注，可谓集大成云云。①又有道光五年（1825）元圻自序，称《纪闻》一书实集诸儒之大成，征引浩博，猝难探其本源，虽以阎潜丘、何义门、全谢山三先生之渊雅，尚未尽详其出处。又称幼嗜此书，通籍后备官礼曹，尝质疑于中，表邵二云。二云教之曰："阎、何、全之评注，略举大意，引而不发。子盍详注之，使览者不必翻阅四库书而了然于胸中乎？"②

卷首有凡例八条，略曰：卷中于阎氏、全氏语皆全录，何氏注有与阎氏同者，则存阎而删何。阎注标"阎按"，何注标"何云"。全注则于首一条标"三笺本全云"，以后所云"全氏"，皆"三笺"所载也；全氏另有所释而不载于"三笺"者，另标出处。三笺本兼载方朴山、程易田、方心醇、屠继序诸公之说，虽不全录，亦标明姓氏。近刻有万希槐《集证》，亦多采录。元圻自注，见于句下者，加"案"字以别之；总注于后者，加"元圻案"以别之，仍于上加一"〇"；或于自注后更引他人之说者，亦加"〇"以别之。

此书汇集前人成果，翁氏集注分量亦较大，几占全书篇幅一半以上。《书目答问》于《困学纪闻》诸多版本之中，独举二部以示后学，一为万希槐《七笺集证》，一即元圻《集注》。范希曾《书目答问补正》亦曰："此注更胜七笺本。"然李慈铭颇持异议："此书十年前观之颇熟，以为遗漏者鲜矣。今重复之，则觉经说中可补正者甚多，盖翁载青全是谱录，略无心得。而王氏于经虽喜搜罗古义，其于名物训诂领会未深，多囿于宋季义理肤浅之谈，而汉儒家法动多窒碍。故近儒如张皋文、丁小雅谓王氏尚未与言郑学也。载青历官中外，夺于吏事，其自序言质于中，表邵二云，同年王谷塍成此书，盖极一生之

---

① 《续修四库全书》第1142册，上海古籍出版社2002年版，第409页。
② 《续修四库全书》第1142册，上海古籍出版社2002年版，第410页。

力。肯夫言曾见其稿本,皆取名刺纸背,杂抄碎录,散夹书中,因荟萃而条附之,实未有所辨证也。安得取其说经诸条,依据汉学,疏通证明,则裨益后人,功尤巨矣。《纪闻》阎注之精、何评之简、全笺之核,皆非易及。"①此论未免过苛矣。刘咸炘亦称廖芷湘合正文及注标题其要目,盖为对策计;标举多无例,刻亦不精云云。②

此书稿本、李慈铭批注本均藏国家图书馆,杨守敬批校本藏湖北省图书馆。此书有余姚守福堂初刻本、杭州爱日轩重刻本、咸丰元年小娜嬛山馆本、光绪十五年石印本。此本据国家图书馆藏清道光五年余姚守福堂刻本影印。

箐斋读书录二卷　（明）周洪谟撰

周洪谟（1420—1491）,字尧弼,号箐斋,又号南皋子,长宁（今四川长宁）人。正统十年（1445）进士,官至礼部尚书,谥文安。著有《群经疑辨录》、《箐斋集》、《南皋集》等书。生平事迹见《明史》本传、徐溥《故太子少保礼部尚书谥文安周公神道碑铭》③。

"箐"本指山间大竹林,然洪谟《箐斋说》云:"余故乡方言,凡竹木茂者皆呼为箐,竹曰竹箐,木曰木箐。名其读书之所亦曰箐斋,不忘乡土之思也。"④

此书分上下两卷,凡二十九篇三十七条。卷首一行题"南皋子述",篇中皆自称"南皋子"。前有正德二年（1507）陈旦《引词》,

---

① （清）李慈铭:《越缦堂读书记》,上海书店出版社 2000 年版,第 660 页。
② 刘咸炘:《内景楼检书记·子类》,《推十书》丁辑第 2 册,上海科学技术文献出版社 2009 年版,第 564 页。
③ 参见（明）徐溥:《谦斋文录》卷四,文渊阁四库全书本。关于周氏的生平,参见周兴福:《周洪谟年谱》,中国文史出版社 2013 年版。
④ 参见《（光绪）叙州府志》卷十四,《中国地方志集成》本,巴蜀书社 1992 年版。

称此录羽翼经传，阐明意义，最为精切云云。上卷"黑水"、"和夷"之辨，略见考辨。又有《三皇制器论》、《尧俭德论》、《殷民叛周论》、《周顽民论》、《豫让论》、《项羽论》、《留侯论》、《韩信论》、《邓攸论》诸文，皆肤辞剩义，文尤平浅。如《项羽论》一篇，称羽但知天之亡己，而不知己之所以获罪于天耳。下卷辨论周正凡十余条，力主蔡氏改时不改月之说，反诋孔、郑为非，极为博辨。至于辨云梦非泽，可谓不必辨而辨。书中又颇轻视《汲冢周书》，称其文体浅露，词意疏迂，无百篇雄厚沉雄气象。又曰："学者以其先秦古书而备观览可也，若取之以实先王之事则不可也。"皆不免迂腐之谈矣。

今考，此书大部分内容与《群经疑辨录》所载大体相同，仅有《尧俭德论》、《豫让论》、《项羽论》、《留侯论》、《邓攸论》、《读汲冢书》等六条不见于《疑辨录》[1]，录以备参。

此本据国家图书馆藏清抄本影印。

两山墨谈十八卷　（明）陈霆撰

陈霆，字声伯，号水南，德清（今浙江德清）人。弘治十五年（1502）进士，授给事中，抗直敢言，以忤逆刘瑾逮狱，谪判六安。瑾诛，复起，迁山西提学佥事。以师道自任，士习丕变，致政归。雅好诗文，既谢尘鞅，结庐两山之间，居左右图书，放情山水，锐意述作。著有《唐余纪传》、《渚山堂词话》、《水南集》等书。生平事迹见《万姓统谱》卷八、《两浙名贤录》卷二十四。[2]

嘉靖十八年（1539）德清县令李檗为付之梓而序之，称其书大

---

[1] 参见王水龙：《〈疑辨录〉与〈箐斋读书录〉之关系及流传考论》，《东华理工大学学报》2010年第4期。

[2] 参见王磊：《陈霆研究》，复旦大学2005年博士学位论文。

则根经据史，订疑考误，采之足以备史，资之足以宏识云云。① 末有嘉靖十八年陈氏自跋，称邑侯双崖先生雅尚文事，因就予取阅，遂斥俸付之梓，且命邑民沈怀调度其事。②

此书《千顷堂书目》、《明史·艺文志》小说家类著录。《四库全书总目》入杂家类存目，称此书考证古籍，颇为详赡，而持论每涉偏驳。王士禛《香祖笔记》卷八称《两山墨谈》甚有义理。周中孚亦称是编乃其告归两山之间，考验古书而作，根柢经史，析疑订误，颇为详富，而持论或平或驳，未能悉归于醇。③ 缪荃孙称此书考证古籍，颇为详赡，在明代已属赅博，与焦弱侯、杨升庵不相上下云云。④

陈霆于辨伪具有特识。如辨《鹖子》："疑其书非鹖子自作。盖东汉以后，好事者掇拾其语，而汇集成篇者也。不然，汉所存止六篇，而今至十四篇之广，安知非后人附益哉？"又辨《子华子》："《子华子》信是赝作。其文气全不类《国语》、《左氏》……此乃近世习为文者之语，春秋之世岂有如此语言哉？故吾决其伪作者，必晋宋时人。"陈霆衡文亦具只眼。如谓："文章好作奇语，自是一病。盖大手之文不为诡异之体，而自然宏富；不为险怪之辞，而自然典丽。奇寓于纯粹之中，巧藏于和易之内。大率理到意到，则自然辞直气昌，文从字顺，虽不求过人，而亦不能不超众矣。其有时而奇，忽焉而巧，则因事感触，遇物发越。譬之长江大河，浩漫千里，而因风触石，则洄波洑流，变态百出，久之而澄静宁帖，亦复平正。此天下之至文也。不善作者，理既晦背，意亦浅狭，而务求美于文彩辞句之间，犹黄潦无根之源，而欲其泻千里，极变态，多见其窘陋矣。"

---

① 《续修四库全书》第 1143 册，上海古籍出版社 2002 年版，第 223—224 页。
② 《续修四库全书》第 1143 册，上海古籍出版社 2002 年版，第 355 页。
③ （清）周中孚撰，黄曙辉、印晓峰标校：《郑堂读书记》，上海书店出版社 2009 年版，第 1676—1677 页。
④ 缪荃孙等撰，吴格整理点校：《嘉业堂藏书志》，复旦大学出版社 1997 年版，第 449 页。

书中所谓"古今纪录之书多承讹踵谬",可谓一语破的,诚为快论。至其论"斧声烛影"之疑案,偏信琼台丘氏之辩,又误信程克勤《宋史受终考》一书,未免先入为主,而失之不考。所称苏轼有妹嫁秦观之说,《戒庵老人漫笔》亦斥之为诞妄矣。①

此书有明嘉靖十八年刻本、《惜阴轩丛书》本、《吴兴丛书》本。此本据天津图书馆藏嘉靖十八年李檗刻本影印。

䇿林伐山二十卷 （明）杨慎撰

杨慎(1488—1559),字用修,号升庵,新都(今属四川成都)人。正德六年(1511)状元及第,授修撰。因议大礼刺配云南。杨慎垂髫赋《黄叶诗》,为茶陵李东阳所知,登第又出其门下,诗文衣钵实出指授。及北地哆言复古,力排茶陵,海内为之风靡,杨慎乃沉酣六朝,揽采晚唐,创为渊博靡丽之词,其意欲压倒李、何,为茶陵别张壁垒。生平事迹见《翰林修撰升庵杨公墓志铭》、钱谦益《列朝诗集》丙集第十五。②

䇿林,即艺林。伐山,即伐山语,指骈体文中引用之生僻典故。宋王铚云:"四六有伐山语,有伐材语。伐材语者,如已成之柱楣,略加绳削而已;伐山语,则搜山开荒,自我取之。伐材,谓熟事也;伐山,谓生事也。"宋陈鹄《耆旧续闻》卷五亦云:"古人作文,多为伐山语,盖取诸书句要入之文字中,贵其简严。"

---

① 《两山墨谈》严于夷夏之辨,于金兵多所指斥,故被四库馆臣列入存目。陈霆又有《宣靖备史》一书,更是关于靖康之耻的血泪控诉。
② 关于杨慎的研究,参见王文才:《杨慎学谱》,上海古籍出版社1988年版;杨钊:《杨慎研究——以文学为中心》,四川师范大学2010年博士学位论文;韦家骅:《杨慎评传》,南京大学出版社1998年版。

此书《千顷堂书目》、《明史·艺文志》小说家类著录二十卷，《国史经籍志》仅作四卷。综观全书，大致可分四类：一为疑难词语。如影国犹云附庸，佛寺曰仙陀，槐序指夏日，阐士、开士皆僧之称，皆可资考证。二为诗赋佳句。如曰："人远精神近，寤寐梦容光。"（无名氏）"生无一日欢，死有万世名。"（《列子》）"善御不忘马，善射不忘弓。"（《韩诗外传》）"荆工不贵玉，鲛人不贵珠。"（《韩诗外传》）"仲尼长东鲁，大禹出西羌。"（《晋书·戴叔鸾传》）三为子书、传记语似诗者。如曰："美色不同面，悲音不共声。"（《论衡》）"代马依北风，越鸟翔故巢。"（《吴越春秋》）四为四六奇句。如曰："纵横经库，甲乙丙丁四部之书；驰骤词垣，天地风云八方之阵。"曰："五更三点之鸳行，已迷旧梦李梅亭。"

翁方纲所拟《提要稿》曰："《艺林伐山》二十卷，明新都杨慎著。慎诗文集外，著述凡百余种，盖以六朝之才兼有六朝之学者。此书既不限于对偶，又不专为考证，昔人所讥慎著书之弊，此书实罕涉之。而其荟粹钩索，良足鼓吹艺苑，取材奥博，无愧书名。较诸《丹铅》之录、《谢华启秀》之编，尤足以资扬挖者也。末有隆庆六年吴郡凌云翼、万历元年永阳邵梦麟二跋，盖即其时所开雕者，而传本甚少。应刊刻之。"①然其议未予采用。

前有万历三十五年（1607）李云鹄序，称是书荟撮坟典，以及仙经佛偈、齐谐唐韵，凡天地之征，人物之变，与夫夭乔走飞、法书彝尊、茶寮酒酱之属，尽从单词片字中挖冥搜玄，折疑掊豫云云。然周中孚称此书乃采撷经史、诸子、释典、文集中字句，以供词章之需，故有考证者颇鲜。盖其随笔记录，自备遗忘，本不足以当著书，后人得其遗稿，因其人而重其书，遂传抄成帙，大都与其所著《丹铅杂录》、

---

① （清）翁方纲纂，吴格整理：《翁方纲纂四库提要稿》，上海科学技术文献出版社2005年版，第599页。

《谭苑醍醐》互相出入云。①周氏未究作者苦心，未免误导居后焉。

此书虽不专为考证而作，然城门失火，殃及池鱼。晚明陈耀文误读此书，其《正杨》操考据之术，驳之甚厉。惟胡应麟亦步亦趋，仿撰《艺林学山》，成书八卷。

此本据华东师范大学图书馆藏嘉靖三十五年王诇刻本影印。此书又有隆庆六年凌云翼刻本、万历元年邵梦麟刻本、万历三年许岳刻本、万历三十四年杨芳刻本、万历三十五年孙居相刻本、万历忠正堂熊龙峰刻本。

读书呓语十卷 （明）李元吉撰

李元吉，字允庆，号履斋，大荔（今陕西大荔）人。万历八年（1580）进士，官户部郎中。著有《老庄蠡测》、《屯居隐怃编》、《真定公集》等书。生卒年不详，生平事迹据金毓峒序推得。

全书十卷，卷一《四书》，卷二《易经》，卷三《书经》，卷四《诗经》，卷五《春秋》，卷六《礼记》，卷七《左传》，卷八《国语》，卷九《战国策》，卷十《史记》。

书前有崇祯十六年（1643）金毓峒序，曰："圣道之在五经，如日月丽天。不读五经，则古圣贤之精神不出；而不究心《十三经》与汉儒诸注疏，则训诂所载多龃龉而不能合。"所见甚正大。又谓其书自四书五经暨《左传》、《国语》、《史记》各有论著，阐微言，析疑义，每树一解，多发昔贤之所未发，折衷于汉、宋之间，务求至当云云。②未免溢美之词。

---

① （清）周中孚著，黄曙辉、印晓峰标校：《郑堂读书记》，上海书店出版社2009年版，第896—897页。
② 《续修四库全书》第1143册，上海古籍出版社2002年版，第441—443页。

其名"呓语",盖取梦话。此非谦辞,实乃解嘲之语。如曰:"医道甚难,巫术最贱,而夫子以病无恒而并举之,岂昔之巫真能降神附体而为人造福耶?"又曰:"缘木求鱼,或谓非求鱼木上,是求鱼不以钩饵网罟,而但以一木取鱼也,固亦有理。然今南蛮人往往以木叉叉鱼,是缘木亦可求鱼也。"又曰:"淫威,旧说亦未尽善,余意即'寅畏'之误耳。言其客有此寅畏之德,故周天子嘉之,而锡之以甚大之福也。"如此别解,殆类呓语。

通观全书,亦间有嘉言。如曰:"古人之学,以明人伦为急。"又曰:"自秦法既行,而君臣上下之情殊不洽,则固当以和为贵也。"又曰:"治民莫善于礼。"又曰:"曾子释'一贯'以忠恕,此自曾子之实见实功,非止就学者之事以晓门人也。"又曰:"正名之言,殊自难行。"又曰:"君子非欲广土众民也,欲其道之得行也。"又曰:"舍田芸人田,乃是弃本而务末。言不在带,而行不在身也,不止为不守约而务博。"如此忠言,岂类呓语?

此本据中国科学院图书馆藏明崇祯十六年河滨公署刻本影印。

戏瑕三卷 (明)钱希言撰

钱希言(1562—1638?),字简栖,号象先,常熟(今江苏常熟)人。以布衣居词坛领袖。著有《剑策》、《狯园》、《松枢十九山》等书。生平事迹见钱谦益《列朝诗集》丁集第十五。[①]

其书名"戏瑕"者,取刘勰所云"尹敏戏其深瑕"义也。然此语出《文心雕龙·正纬篇》,"戏"字颇无义理,故朱谋㙔等校本皆以为"诋"字之讹,其说不为无见。希言以其新异,采以名书,不免好奇焉。

[①] 关于钱希言的研究,参见袁媛:《钱希言研究》,西南大学2009年硕士学位论文。

明万历间刻本有钱氏自序，此本无之。

此书三卷，多考证之文。有辨伪者，如"赝籍"条曰："昔人著赝籍，往往附会古人之名，然其名虽假托乎，其书不得谓之伪也。今人则鬻其所著之书，为射利计，而所假托者不过取悦里耳足矣。夫赝至今人而浅陋则已极也。坊刻《大唐西域记》后乃杂三王太监下西洋事，令玄奘绝倒地下矣。近吴中官刻几汗牛，烂用贵人千金，以冯观察诸公言之，并是伪托者，余欲起而纠缪，闻者不腊其舌乎？""御赐月儿羹"条曰："世传《龙城录》是柳宗元撰，而近见一书，载柳诚悬尝作《龙城记》，为锦样书以进，唐文宗方御煎面月儿羹，命分赐之，不知何所据也，抑《龙城记》又别一书耶？小说并称宋人王铚撰，托名柳州。"皆考辨伪书，得失参半耳。有辨误者，如引陆龟蒙诗证宋玉真有《微咏赋》，引《梁书》证梁皇忏郗后化蟒之妄，《四库全书总目》称可资参考。

书中颇以博识自炫，而所言茫昧无征。周中孚称："简栖学既浅肤，见复卤莽，所考皆浅近之事，而犹不免于疏舛，况其大焉者乎？间有可采之处，亦寥寥可数。《续说郛》仅节录十余条，亦非其极诣也。"[①]

此书有《借月山房汇钞》本、《指海》本、《泽古斋重钞》本、《式古居汇钞》本。此本据安徽省图书馆藏明万历刻本影印。

玉唾壶二卷　（明）王一槐撰

王一槐，仁和（今属浙江杭州）人。正德十一年（1516）举人，嘉靖八年（1529）升湖广华容知县，万历间官临淄县知县。著有《九

---

① （清）周中孚著，黄曙辉、印晓峰标校：《郑堂读书记》，上海书店出版社2009年版，第897页。

华山志》。生平事迹见《（嘉靖）铜陵县志》卷五、《七修类稿》卷五十一。

此书即其在临淄时所作，皆辨证经史之言。前有一槐自序，谓王子为齐都卒五月，读书于齐，寄相于阁，书之朽墙，敛之唾壶，满而册脱，因以名焉。又称其言杂而寡要，其事隐而不伦。①

全书二卷，卷上、卷下均为十九条。阮元《文选楼藏书记》卷四称此书杂考经籍及诗文等类。如"后唐始税耗"条曰："三代以来，什一而税，更不闻有加耗，租税有加耗，不知始于何时。后唐明宗尝入仓观受纳，主吏惧责其多取，固为轻量。明宗曰：'仓廪宿藏动经数岁，若取之如此，后岂无折缺乎？'吏因曰：'自来主藏者，所以破家竭产以偿欠，正为是耳。'明宗恻然，乃诏自今石取二升为雀鼠耗，粮有加耗实昉于此。后世官贪而吏奸，其害不可言矣。""韩文正误"条，据《尔雅》"食苗心曰螟，食叶曰蟘，食节曰贼，食根曰蟊"，驳韩文"根节之螟"句为误，可资考订。至如"兰亭考异"条，谓《兰亭序》"曾"字作"僧"，乃原作立人，钩进行里，后人临摹误加，而不知为徐僧权押缝题名，"权"字灭而"僧"字存；"落霞孤鹜释"条，以王勃名句"落霞与孤鹜齐飞"之"落霞"为鸟名；"曹娥碑八字辩"条，以曹娥碑"幼妇"为"昌口"，改"绝妙"为"绝唱"，则穿凿太甚矣。"西王母考"条，称世传西王母之事不足信，未能区分神话与历史；又称《汲冢周书》荒唐夸诞，不近人情之言，且断为伪书，亦不免武断。

此本据国家图书馆藏明抄本影印。

---

① 《续修四库全书》第1143册，上海古籍出版社2002年版，第593页。

日知录集释三十二卷刊误二卷续刊误二卷
（清）黄汝成撰

黄汝成（1799—1837），字庸玉，号潜夫，嘉定（今属上海）人。嗣父黄钟为钱大昕弟子，汝成少承家学，又事钱大昕再传弟子毛岳生。早岁久困场屋，不得一第，遂发愤攻读经史，尤好《日知录》一书。不幸英年早逝，毛岳生为撰墓志铭，李兆洛、葛其仁为撰传。生平事迹见符葆森《国朝正雅集》。

关于此书编纂者，历来聚讼不已。光绪间藏书家朱记荣断言纂辑者为李兆洛，黄汝成窃李稿为己有。宣统初名儒李详《愧生丛录》卷二称此书系李兆洛与吴育、毛岳生共撰，借刻于黄氏。王欣夫亦云："顷以黄汝成《集释》本对读，乃恍然知为宝山毛生甫手校，即为黄氏纂《集释》之初本。案《李申耆年谱》，黄氏之纂《集释》，虽李主之，实出自吴山子、毛生甫二人之手。"[1]惟陈祖武独持异议，力证此书不伪。[2]

此书前有顾炎武自记、康熙三十四年（1695）潘耒序及道光十四年（1834）汝成自叙。道光初，《日知录集释》三十二卷纂成，题黄汝成撰，是为黄氏西溪草庐重刊本。此本以遂初堂本为底本，参以阎若璩、沈彤、钱大昕、杨宁四家校本；复得《日知录》原写本（黄氏曾见原删录本，而未见初刻八卷本），并参以陈䜣、张惟赤、蘧园孙氏、楷庵杨氏校语，撰《日知录刊误》二卷；后又得陆筠校本，撰《续刊误》二卷。

---

[1] 王欣夫撰，鲍正鹄、徐鹏标点整理：《蛾术轩箧存善本书录》，上海古籍出版社2002年版，第1467页。
[2] 陈祖武：《清儒学术拾零》，湖南人民出版社1999年版，第47—51页。

《集释》收录道光以前九十余位学者对《日知录》之研究成果，参考原写本并汲取诸家校勘成果。此书一出，传诵士林，读者称便。但其缺失亦有四端：一曰未能正本。潘耒刊定《日知录》时，惩于史祸，故于原文多所窜乱挖改，如删去卷六"素夷狄行乎夷狄"及卷二十八"胡服"二条。黄氏等人虽多所是正，然于原本禁讳之语犹待阙疑，仍不敢将原写本中若干违碍文字，贸然校改遂初堂本，未足餍读者之意。后黄侃得校张继所藏雍正年间旧抄本，正误补遗，撰为《校记》，原本面目始得以复见于世。二曰未能清源。《日知录》引书例不注卷数，又不注起止，每每与自己文章相混，宛如天衣无缝，读者往往不能分辨何者为引文，何者为亭林议论。《集释》不能分辨顾氏原文与引文，甚至将原书引文截断，更易生误解矣。三曰注释不精。《集释》按《日知录》之目录，按图索骥，以清人相类之文章，如《经世文编》等，汇抄附录于原文之末，未免抄撮过冗，故其注释往往与《日知录》原文渺不相关。四曰出处不清。《集释》所引者凡九十余家，其言应一一列举其书名、卷次，但举其官，或称姓氏，或称谥号，或称官职，无甚意义。经陈垣考证，潘耒、陆世仪、魏禧、徐乾学等三十八家，实转引自《经世文编》。李慈铭称其畸零漏略，采择不当，间下己意，亦鲜所发明，非善本也。[1]刘咸炘谓："潜夫《集释》，详博有用，间订顾误，亦不阿好。潜夫诚非无学，与李申耆、毛生甫等交游，是编必有相参订处。序文颇似生甫、申耆文章。然潜夫亦阳湖派中人，安知其不能为此也。"[2]

此书稿本存八卷（藏北京大学图书馆），刻本甚多，以道光十四年家刻本为佳，此本据以影印。

---

[1] （清）李慈铭：《越缦堂读书记》，上海书店出版社2000年版，第774页。
[2] 刘咸炘：《内景楼检书记·子类》，《推十书》丁辑第2册，上海科学技术文献出版社2009年版，第564页。

日知录之余四卷 （清）顾炎武撰

顾炎武（1613—1682），本名绛，明亡后改名炎武，字宁人，学者称亭林先生，昆山（今江苏昆山）人。明末诸生。著有《音学五书》、《日知录》、《左传杜解补正》、《天下郡国利病书》、《肇域志》等书。生平事迹见张穆《顾亭林先生年谱》等。[1]

书前有宣统二年（1910）邹福保序，称亭林所辑《日知录》，孤怀闳识，殚见洽闻，国史本传称之为精诣之书，然止云三十卷；潘稼堂所刊三十二卷，已溢出原数之外；此四卷又溢出于稼堂所刻之外，虽残编断简，至一句一字之微，后之人往往撷拾而珍惜之。又谓先生之学卓然成大家，凡群经诸史、金石图篆、文编说部有关于历代掌故、国家典制、天文舆地、河漕兵农之属，咸悉心研撢，穷极根柢，因原竟委，考正得失；此编于邹氏家藏旧书中检得，原板已亡，士林罕见，重写授梓。[2]此书为潘刻《日知录》所未收，当时曾别刻单行，而流传未广，士林罕见。宣统二年（1910），元和邹福保为之重梓，以广其传。

是编四卷，卷一论书法、隶书源流，卷二述官禁之事，卷三辟佛道异端，卷四论杂事。广辑史料，明其由来。如卷一"隶书"条，旁征博引，说明隶书之形成及其演变。卷二"禁造铜器"条，记宋孝武帝孝建三年（456）、唐代宗大历七年（772）、唐德宗贞元九年（793）、唐宪宗元和元年（806）、唐文宗开成三年（838）禁造铜器之

---

[1] 关于顾炎武的研究，参见周可真：《顾炎武年谱》，苏州大学出版社1998年版；陈祖武：《顾炎武评传》，中国社会出版社2010年版；许苏民：《顾炎武评传》，南京大学出版社2006年版。

[2] 《续修四库全书》第1144册，上海古籍出版社2002年版，第585—586页。

事；"禁酒"条，考历代禁酒之事。遍考官方禁令，且多关系国计民生之大事，乃此书一大特色。考据与经世之关系，于此可窥其玄机矣。世人徒以考据为治学方法，不思考据原为经世之利器。

刘咸炘称《余录》为鄂润泉所搜得，刊于成都，其书皆随笔记录，抄自《实录》，多禁令而少断语。[①] 今按：此书于《实录》之外，多抄正史。虽少断语，实则论断寓于叙事之中。如"风闻言事"条仅录二则史料，一曰"愿勿听小人销骨之谤"，一曰"如此非所广聪明也"。巧借他人之口，将"风闻言事"之法否定。此乃顾炎武惯用之法，不可以今日之标准衡之耳。

此书清抄本藏南京图书馆，清道光二十四年潘道根抄本藏湖南图书馆。又有《风雨楼丛书》本。此本据清宣统二年吴中刻本影印。

修洁斋闲笔八卷 （清）刘坚撰

刘坚，字青城，无锡（今江苏无锡）人。生卒年及事迹均不详。

书前有乾隆六年辛酉（1741）刘氏自序，称俯仰萧闲，南窗默坐，炉香盂茗，万念俱捐，时检说部诸书，随意披览，有会于心，辄掌录之。年来翻阅再过，汰其什七，仅存三百余条。又称同邑顾宸有《辟疆园习察》一书，缀缉未竟，复刺取数十则以附益之。[②] 今书中不加标识，亦不知孰为顾氏之语。书末又有乾隆十八年（1753）识语，称《闲笔》之刻倏逾十载，近复增益四卷，随见随录，类例不分。[③]

---

① 刘咸炘：《内景楼检书记·子类》，《推十书》丁辑第2册，上海科学技术文献出版社2009年版，第564页。
② 《续修四库全书》第1144册，上海古籍出版社2002年版，第639页。
③ 《续修四库全书》第1144册，上海古籍出版社2002年版，第731页。

此书为刘氏读书笔记。全书八卷，一卷七十二条，二卷一百二条，三卷一百四十四条，四卷九十三条，五卷八十条，六卷一百二十四条，七卷九十五条，八卷六十六条，凡七百余条，皆杂论掌故、字义。此书大抵从《容斋随笔》、《北梦琐言》、《老学庵笔记》、《鹤林玉露》、《尧山堂外纪》、《襄阳耆旧传》、《疑耀》、《茅亭客话》、《笔丛》、《春明退朝录》、《清异录》、《扪虱新话》、《古今事物考》、欧阳《诗话》诸书中录出，然多不注明出处。四库馆臣列入杂家类存目，良有以也。然此书可考俗语词（如晚明俗语以银钱为"精神"），亦可探闲适文化。

此本据华东师范大学图书馆藏清乾隆六年刻增修本影印。

古今释疑十八卷　（清）方中履撰

方中履（1638—1686），字素北，自号龙眠小愚，又号合山逸民，桐城（今安徽桐城）人。方以智之第三子。天才捷悟，少随父崎岖岭峤，时人拟东坡之有苏过。晚筑稻花斋于湖上，手不释卷，足不出户，离世远俗，刻私印一方，曰"躬耕·采药·读书"。著有《汗青阁集》、《理学正训》、《学道编》等书。生平事迹见《清史稿·遗逸传》、《清史列传·儒林传》、《文逸公家传》[①]、马其昶《桐城耆旧传》卷七。

前有康熙二十一年（1682）张英序，康熙十七年（1678）杨霖序、吴云序，康熙二十六年（1687）黄虞稷、戴移孝、潘江序，康熙十八年（1679）马教思、方中通序，康熙十九年（1680）方中德序及《寄谢竹庵先生为刻古今释疑五十有二韵》，卷末有杨嗣汉跋。

此书十八卷皆考证古今疑义之文。卷一至卷三论经籍，卷四至

---

① 参见《桐城方氏七代遗书》卷首，清光绪十四年刻本。

卷九论礼制，卷十论氏族姓名，卷十一论乐律，卷十二、卷十三论天文历法，卷十四论地理，卷十五论医学，卷十六至卷十八论小学、算术。凡例云："以所闻于父师者，自经史礼乐、天地人身，及律历音韵书数，有承讹踵谬，数千年不决者，辄通考而求证之，随笔所至，久而成帙，谓之《古今释疑》。此书必载先儒旧说，何人驳之，今或驳其所驳，或断论孰是，期于发明疑案。"[1]大体分类考究，剖析详明，尤于承讹踵谬之处毫厘必辨。《四库提要》谓其持论皆不鄙陋，然镕铸旧说以成文，皆不标其所出，其体例乃如策略，不及其父《通雅》之精核云云，故仅存其目。然李慈铭称其好诋訾先儒，深不满于郑注及许氏《说文》，至极詈《周礼》，以为不经，又贬《礼记》为非先圣之书，辩《左传》为非丘明作，则悍而肆云云。[2]盖方氏初撰是集，年甫弱冠，志气甚锐，故有此失焉。

　　此书有清康熙间方氏汗青阁刻本。此本据中国科学院图书馆藏清康熙十八年杨霖序刻本影印。

群书疑辨十二卷　（清）万斯同撰

　　万斯同（1638—1702），字季野，号石园，鄞县（今属浙江宁波）人。从黄梨洲游，与闻蕺山刘氏之学，以慎独为主，以圣贤为必可及。专意古学，博通诸史，尤熟于明代掌故。康熙十八年（1679），诏征博学鸿词，巡道许鸿勋以先生荐，力辞免。明年，修《明史》，徐元文延至京师，以布衣参史局。著有《丧礼辨疑》、《石经考》、《儒林宗派》等书。生平事迹见刘坊《万季野先生行状》、《清史列传·儒

---

[1]　《续修四库全书》第1145册，上海古籍出版社2002年版，第24页。
[2]　（清）李慈铭：《越缦堂读书记》，上海书店出版社2000年版，第774页。

林传》、《清史稿·文苑传》。①

此书为其考经证史心得之汇编。卷一至卷三皆考论经传，卷四杂论古今丧礼，卷五辨周正及《春秋》、《孟子》，卷六为禘说及房室、夹室、祔庙、迁庙考，卷七为周、汉、晋、唐、宋、明庙制考，卷八辨石鼓文、古经、隶书、五经皆有古文说，卷九杂论《说文》及书法碑帖，卷十辨昆仑河源，卷十一、卷十二杂论宋、元、明史传记。全书以论丧礼及明史者为最精。

此书系斯同殁后其乡人汇辑而成。首卷《易说》，开端即云："《易》非道阴阳之书也。《易》以道阴阳，此庄周之言，儒者所不道也。"当时人颇疑之。严可均《铁桥漫稿》卷四答丁生问曰："《群书疑辨》，鄞人续编耳，《易说》非季野作也。"又曰："不知何人掇拾为《群书疑辨》，以《易说》冠于卷端，经义乖违，与季野文不类。"铁桥所言，殊无实证。其实，斯同之学，诚为广博，精悍之处，亦人所难及。然勇于自信，好出新意。其辨《古文尚书》，不信其伪，而谓伏生所传《今文尚书》非《尚书》原本。其论《诗》，则显攻《小序》，又以己意重分为风、雅、颂。其论《礼》，则好诋郑玄。其论《春秋》，则喜辟左氏。汪廷珍序称其间有考之未详者，有可备一义而未敢信为必然者，有勇于自信而于古未有确证者。②李慈铭亦称："万氏兄弟之学，颇喜自出新意。充宗所著《仪礼商》、《周官辨非》诸书，多立异说，而精悍自不可废。季野较为笃实，其经学尤深于礼，其史学尤详于明，所作《历代史表》，已成绝诣。此书得失，山阳汪文端一序已尽之。大抵以第四及十一、十二、十三卷最精。论丧礼一卷，酌古礼以正时俗凶礼之失，皆切实可行，不为迂论。论史两卷，

---

① 关于万斯同的研究，可参见朱端强：《布衣史官：万斯同传》，浙江人民出版社2006年版；方祖猷：《万斯同评传》，南京大学出版社1996年版；陈训慈、方祖猷：《万斯同年谱》，香港中文大学出版社1991年版。

② 《续修四库全书》第1145册，上海古籍出版社2002年版，第468页。

具有卓识。惟深讥元之刘因,痛诋明之张居正,则尚考之未审。其论《礼》好违郑注,论《春秋》好辟《左传》,皆与充宗相似。至于极言《古文尚书》之真,而诋《盘庚》、《周诰》为不足存;力驳《毛诗·小序》之谬,而谓二南国风皆未删定,则近于猖狂无忌惮矣。汪序谓其间有考之未详者,有勇于自信者,盖谓是也。"[①] 汪、李之论,皆切中肯綮矣。

此本据湖北省图书馆藏清嘉庆二十一年刻本影印。

畏垒笔记四卷　（清）徐昂发撰

徐昂发(？—1740),榜姓管,字大临,号䌷庵,自号畏垒山人,原籍长洲(今江苏苏州),后移居昆山(今江苏昆山)。康熙三十九年(1700)进士,官至江西学政。著有《畏垒山人诗文集》。生平事迹见《清史列传·文苑传》、《国朝耆献类征初编》卷一百二十一、《(乾隆)江南通志》卷一百六十五、《(同治)苏州府志》卷八十八。

此书成于康熙五十七年(1718),书前有昂发是年题词。大体先录古人成说,后断以己见。如"阿房宫"条:"秦之阿房宫,非宫名也。《史记》阿房宫未成,成欲更择令名名之。作宫阿房,故天下谓之阿房宫。地志云:秦阿房宫亦曰阿城,在雍州长安县西北十四里。师古云:阿,近也,以其去咸阳近,且号阿房。又云:阿房者,言殿之四阿皆为房也。一说,大陵曰阿,言其殿高若于阿,上为房也。呜呼!以秦之威力,宫室未成,嘉名未立,而天下叛之。《易》曰:'丰其屋,蔀其家,三岁不觌,凶。'岂非万世之炯鉴哉!"

此书历来评价不一。《四库全书总目》贬入杂家类存目,称其书

---

① (清)李慈铭:《越缦堂读书记》,上海书店出版社2000年版,第777页。

大抵皆采掇旧闻，断以己意，爱博嗜奇，随文生义，未能本末赅贯云云。《郑堂读书记》卷五十五亦贬之曰："是编乃其随笔札记，多单文孤证，不足以为定评。且于前人伪托之书亦援以为据，并时文谬用《管子》，亦烦其辞说。其视顾氏《日知录》、阎氏《潜丘札记》诚不可相提而论，以较滥恶说部则翛然远矣。"[1]然潘景郑对此书评价甚高，称："专记读书所得，有裨闻见，参以臆说，俾前人结轖处得迎刃而解，非好学深思，胡能臻此？其书阐述《史》、《汉》为多，证群义以折衷一说，确有见地。斯书虽不逮《日知》、《养新》二录之富，其精核实不多让耳。"[2]平心而论，此书旨在"有裨见闻，增长智识"，欲将历史经验教训转化为后世智慧资源，其意甚善，显与庸常杂抄有天壤之别矣。

此书有清康熙写刻本，写刻甚精而流传颇罕，后为罗振玉所得，编入《殷礼在斯堂丛书》，底本又传与谢国桢。又有《昭代丛书》本、《丛书集成续编》本。此本据清康熙桂森堂刻本影印。

隙光亭杂识六卷　（清）揆叙撰

揆叙（1675—1717），字恺功，号惟实居士，姓那拉氏，满洲正白（或作正黄）旗人。明珠之子，纳兰容若之弟。官至左都御史，卒谥文端。少有诗才，问诗法于查慎行。著有《益戒堂诗集》。生平事迹见《满洲名臣传》卷三十二。

此书为揆叙之读书笔记。书中多涉考证。析而言之，约有五端，

---

[1] （清）周中孚著，黄曙辉、印晓峰标校：《郑堂读书记》，上海书店出版社2009年版，第903页。

[2] 潘景郑：《著砚楼读书记》，辽宁教育出版社2002年版，第391页。

即考真伪，考沿革，考俗语，考俗字，考版本。卷五、卷六讨论《尚书》，尤其关注其真伪问题。又辨佛道文献之真伪："宋潜溪云：道家诸书多寇谦之、吴筠、杜光庭、王钦若之徒所撰，文多鄙俚，独《度人经》号为雅驯。《唐·艺文志》颇著其目。余按：道家天尊、道士等称并见佛经。沙门自称贫道，见于《世说》诸书。此其偷窃之至微者，然亦可以见其无所不窃矣。"又辨《庄子》之真伪："《汉书·艺文志》载《庄子》五十三篇，今存者三十三篇，其中《让王》、《说剑》、《渔父》、《盗跖》四篇，苏子瞻以其浅陋，不入于道，删去之，是也。《说剑》篇差爽健，以战国策士之文。"又辨《左氏春秋》之真伪："明陆子余著《左氏春秋镌》，疑其书未必尽出丘明，或战国之初有淑于七十子之徒者为之，故其指意所存往往不中于道。余颇匙之……余谓此理之所必无者，宜乎陆氏之致疑也。"又论附益："圣经贤传，每叹为后人附益淆乱，然终难以掩天下万世之耳目。其最甚者，无如《书经》……又太史公没于武帝时，而《贾谊传》言贾嘉至孝昭时列为九卿，《司马相如传》引杨雄语，皆出后人之手，何疑？"又论宋儒疑古之不可信："夫子请讨陈恒，胡氏云：'仲尼此举先发后闻可也。'盖宋儒于昔贤每多吹毛索瘢，此则并夫子而不满其意矣。杨升庵云：'果如胡氏之言，则不告于君而擅兴甲兵，是孔子先叛矣，何以讨人哉？与宋岳武穆之意正同。'其语亦甚快，惜乎胡氏不闻斯言也。"书中间有考之未详之处，如谓："张伯雨诗谓陶隐居别号外兵，未知所出，俟考。"至于祈梦之类，数数道之，未能免俗焉。

此本据中国科学院图书馆藏康熙谦牧堂刻本影印。

读书记疑十六卷　（清）王懋竑撰

王懋竑（1668—1741），字予中，号白田，宝应（今江苏宝应）人。康熙五十年（1711）进士，授安庆府教授。雍正元年（1723）被召引见，授翰林院编修，命在三阿哥书房行走。二年（1724），以母忧去官。明年，入都谢恩毕，遂以老病辞归，杜门著书，不闻外事。著有《白田草堂存稿》、《朱子年谱》等书。生平事迹见《清史稿·儒林传》、《清史列传·儒林传》、钱大昕《王先生懋竑传》[1]、佚名编《白田王公年谱稿》[2]。

书前有同治十一年（1872）俞樾序，称此书乃随笔札记之作，名曰"记疑"，实所以祛千载之疑云云。[3]清萧穆《敬孚类稿》卷五《跋读书记疑》，称其书多微言奥论，考订群书字句谬误，均确有根据，实开高邮王氏父子《读书杂志》、《经传释词》、《经义述闻》等书之先声云云，拟之失伦矣。

全书十六卷，卷一《周易》，卷二《尚书》、《毛诗》，卷三、卷四《礼记》、《左传》、《论语》、《孟子》，卷五音韵考，卷六至卷十史，卷十一《国语存校》、《庄子存校》、《荀子存校》，卷十二《后汉书存校》，卷十三《南史存校》，卷十四、卷十五《北史存校》，卷十六《读杜工部集》、《读昌黎集》、《读河东集》、《读庐陵集》、《读老泉集》、《读东坡集》、《读颍滨集》、《读南丰集》、《读临川集》。

此书论经子多涉真伪之辨。如辨《易序》非程子作，辨《书序》

---

[1] （清）钱大昕撰，吕友仁校点：《潜研堂集》卷三十八，上海古籍出版社2009年版，第692—697页。
[2] 参见《扬州学派年谱合刊》上册，广陵书社2008年版，第25—71页。
[3] 《续修四库全书》第1146册，上海古籍出版社2002年版，第145页。

曰："朱子断以为非安国作，今云至刘歆、班固则真以为安国作矣。此注《朱子文集》无之。"辨《大禹谟》曰："典以纪事，谟以纪言，而《大禹谟》乃杂乱其体，可怪也。其中精言不一，必非后之人所能赝作。意残编断简，或有存者，而依仿增益以成之与？亦不可考矣。"辨《大全》所载朱子语多赝："《大全》所载朱子语往往有《语类》、《文集》所不载者，不知何本。考《诗传遗说》亦无之，其有自他处采来。可考者凡十之二三。有坊本《诗传折衷》，多载晦庵新说，皆是赝作。后人不察，以广取博采为务，而不复辨其真伪。凡《大全》所载必出于此等赝书也。"辨《后出师表》曰："《蜀志·诸葛武侯传》不载《后出师表》，以中多斥操语也。晋承魏后，故寿为讳之，所载《前出师表》中亦有删改。"又曰："《后出师表》，《纲目》删曹操二段，疑非朱子意，当补入。"《读南丰集》曰："《听琴序》语多难解，此决非南丰作。"读史亦间有闪光点，如曰："古今之变不同，后世必有不可复者，封建、井田是也。"曰："张衡言图谶之非经，其言最明，而又称律历、卦候、九宫、风角之书。齐固失矣，而楚亦未为得也。"曰："史例历官不尽书，然前后不容疏脱。"读唐宋八大家文集亦颇有一孔之见。如论苏轼《代张方平谏用兵书》，称所言深切著明，老臣惓惓忠君爱国之意溢于言表，千载而下犹为感泣，当为奏疏第一。又如《读临川集》曰："《桂州新城记》总归在法度上。公之学问根本如此。"由苏、王之文集而探其学术之根柢，可谓善读书矣。

　　此书稿本藏中共中央党校图书馆。此本据复旦大学图书馆藏清同治十一年福建抚署刻本影印。

燕在阁知新录三十二卷 （清）王棨撰

王棨，约生活于清初，字勿蕢，号曼山，歙县（今安徽歙县）人。自称少有志功名之路，老无成就，不得已以笔墨依人，糊口于邗江云云，似为幕客者流。生卒年及事迹均不详。与王概合撰《诰授资政大夫吏部右侍郎加督察院左都御史予告先考念庵府君年谱》[1]。

书前有康熙五十六年（1717）王棨自序，称以涉猎为樗蒲，以名理为艳冶，以议论为歌板，以诗书为酒食，遇会心之处，即书之残简，名曰"知新"，亦不过于穷愁中强为欢娱云云。[2]书首有凡例十余条，大要曰：此书采集皆属前人议论，间参以己意；佛道与儒教不合，书《闲道录》数十则，使人知有方向；稗官说海、搜神异域等书，无关于世教，皆摈弃不录；立言须有警劝，所誉者书之以风世，所惑者书之以警世，是在观者言外悟之。[3]

此书三十二卷，按类撰编，不立部目。以礼乐、名数、阴阳、土地、星辰、方药六类为主，涉及饮食、艺术、动植、佛道、山川、人物等。每论一事立一标题，且博采众家之说，详细考辨，间或阐述个人观点。如"御史风闻言事"条称："凡事在隐微，关系社稷，形状未著，一发则事不可支，苏子瞻所谓始以台谏折之而有余，终以干戈取之而不足，故贵于风闻言事也。若捕风捉影，吹毛吹疵，以此邀名，其害不小。故魏廷尉袁翻奏请凡涉风闻者悉不断理，诚哉仁人之用心也。棨按：御史得以风闻言事起于武则天，此最不善，后世遵

---

[1] 今藏中国国家图书馆。
[2] 《续修四库全书》第1146册，上海古籍出版社2002年版，第435页。
[3] 《续修四库全书》第1146册，上海古籍出版社2002年版，第436—437页。

行为故事,其遗害不浅也。"又如"颂德政"条,称风俗之坏在于不立廉隅,而最无耻者,士人颂有司德政,如去任后立德政碑之类。盖其初为有司爪牙,夤缘为奸,不可深诘,至于颂大臣德政,尤为不可。又如"论古"条,称天下之患最患于似是而非之论,不以诚心推究圣人之所以然,而以私意借圣人之言以文其过,后之人侧身于学问之途,而胸无真宰,好偏执一意,往往堕于鬼魅而不自觉,此亦名教之罪人也,故善读书全要在处事上参考古人得失,论古不精,便不能论断今人云云。

《四库全书总目》列入杂家类存目,称此书采摭颇富,而多不著所出,大旨欲仿顾炎武《日知录》,然不过《谈荟》、《樵书》之流亚云云。[①]

此书有清康熙五十六年刻本。此本据山东省图书馆藏清康熙刻本影印。

柳南随笔六卷续笔四卷 (清)王应奎撰

王应奎(1684—1759?),字东溆,号柳南,常熟(今江苏常熟)人。诸生。八入棘闱皆不售,退隐山居。家多藏书,筑兰风书屋、柳南草堂。著有《柳南诗文钞》、《海虞诗苑》。生平事迹见《(同治)苏州府志》卷一百一及《清诗别裁集》卷二十八。其后裔王伊《柳南公小传》称嗜学汲古,至老不释卷,所交皆知名士,工诗文辞,为文博综典赡,有修洁之致,而诗品更高云云。

《随笔》六卷,大致可归为两类:一记读书所得,考诗之源流,

---

① 关于此书的研究,参见李俊玲:《〈燕在阁知新录〉民俗语汇研究》,沈阳师范大学2011年硕士学位论文。

究名物之根柢，订史实之谬误。二记所见所闻。应奎广闻多识，喜访旧事轶闻，书中多记明清之际士大夫文人遗闻轶事、社会习俗、风土人情。如卷一论句读之难，卷四论严衍辑《通鉴补》之甘苦，辨陈眉公《秘笈》解"廉能"为"后世不熟经术之论"之谬，皆颇见功。于钱谦益、王士禛、赵执信、冯班诸人皆有所臧否，于复社、同声社、应社、东林党之史事亦有所涉及。

《续笔》四卷，杂记琐闻，亦兼载风土俗语，体例同于前编。应奎自叙称："以视前书，或少纰缪。"①如卷一"文章正宗"条曰："义门先生谓《文章正宗》只是科举书，不但剪裁近俗，亦了未识《左》、《史》文章妙处，局于南宋议论，与韩、柳、欧、曾之学相似而实不同。又所选《国语》、《国策》之文，愚意只应就每篇首句为题，方为得体，而希元必以己意另撰，大似小说标目，亦乖大雅。"卷四"修志所难"条曰："窃谓凡修志者，不当仅以前志为蓝本，须遍考名人文集，凡有前志所不载而见于集中者，悉当补入。然所谓名人者，又必视其品诣以为重轻。诚哉修志之难，难于人物也！"此论颇知修志之甘苦矣。

《随笔》前有乾隆五年（1740）顾士荣序，称其书搜遗佚，则可以补志乘；辨讹谬，则可以正沿习云云。②卷末黄廷鉴跋云："所撰《随笔》六卷，多记旧闻轶事。其考证经史，论说诗文，亦杂见焉。体例在语林、诗话之间。故其书雅俗俱陈，大小并识，吐晋人之清妙，订俗学之谬讹。"③《续笔》前有乾隆二十八年（1763）邵齐焘序，称卷中所载略同前编，或语传流俗，不道于搢绅，或论涉诗文，有资于风雅。④谢章铤称其书多记清初老辈遗事，笔墨娟洁，在说部中允为翘楚。又称其于钱谦益虽为同乡，不为盛名所怵，时有微辞，尤足

---

① 《续修四库全书》第1147册，上海古籍出版社2002年版，第400页。
② 《续修四库全书》第1147册，上海古籍出版社2002年版，第319页。
③ 《续修四库全书》第1147册，上海古籍出版社2002年版，第399页。
④ 《续修四库全书》第1147册，上海古籍出版社2002年版，第439页。

见好恶之公。①胡玉缙《许庼经籍题跋》称其书记述琐闻，如严讷父子、孙艾、顾耿光、钱籍诸人事，往往不见于他说，谈论文艺，亦间有考证，在说部中尚为善本云云。②叶廷琯《吹网录》卷五称二书于近代说部杂家中颇为有名，然舛驳亦时有之。

《柳南随笔》初刊于乾隆五年，《柳南续笔》初刊于乾隆二十二年。嘉庆十七年张海鹏将《随笔》、《续笔》合刻，收入《借月山房汇钞》。其后又有道光四年陈璜刻《泽古斋重钞》本、光绪四年《申报馆丛书》本，均以《借月山房汇钞》本为祖本。此外尚有传抄本多种。此本据中国科学院图书馆藏清嘉庆刻《借月山房汇钞》本影印。③（龙文真拟草）

韩门缀学五卷续编一卷谈书录一卷　（清）汪师韩撰

汪师韩（1707—1780？），字抒怀，号韩门，又号上湖，钱塘（今属浙江杭州）人。雍正十一年（1733）进士，后官湖南学政。晚年主保定莲池书院讲席。著有《观象居易传笺》、《诗学纂闻》、《文选理学权舆》等书。事迹见《上湖纪岁诗编》、《杭州府志》及《清史列传·文苑传》。

《韩门缀学》五卷，卷首有汪师韩题辞，曰："韩门，余所自号，

---

① （清）谢章铤：《赌棋山庄集》卷四，清光绪刻本。
② 胡玉缙撰，吴格整理：《续四库提要三种》，上海书店出版社2002年版，第660页。
③ 中华书局《清代史料笔记丛刊》本（由王彬、严英俊点校）是目前最完整的本子，但仍有讹误。李烨据抄本对被删改的部分做了补充，详参氏著《王应奎与〈柳南随笔〉和〈续笔〉》，《常熟理工学院学报》2007年第5期。岳世显《〈柳南随笔〉黄批六则与原刊本辑佚八则》（《文献》1990年第1期）亦可供比勘。《借月山房汇钞》本颇多窜改，据此本影印颇为失策。《柳南随笔》原刊本今藏于广西师范学院图书馆，黄权才以原刊本校之通行本，多有异同，详参氏著《〈柳南随笔〉与钱谦益》，《广西师范学院学报》2002年第3期。因此，此书应据原刊本重新整理。

取《唐书》'韩门弟子'之语；缀学，则刘歆所谓'分文析字，烦言碎辞'者也。"又称生平无他嗜好，观书遇有疑惑，必博引旁搜，以求通其故云云。①

此书正编五卷，卷一说经，卷二论史，卷三杂录，卷四天文星象、历法时令、五行卜卦、志书地理，卷五石刻碑铭、人物传闻。书中订讹匡谬之处甚多。如卷三元刘国杰因功赐号"霸都"，又呼为"拔都儿"，其实一人，据此辨《元史》以为两人之误。间亦论及水利，如卷三"河淤田"条论淤田之法。《续编》一卷，记载典籍者，如《永乐大典》、《古今图书集成》、《清文鉴》。间或考证地名，如考南岳衡山、霍山实为一山之二名。又辨"平于国"之"于"字，自《魏志·地形志》讹作"干"字。又载俚语俗闻，如冰床、飞放泊、梁山泺、假面、绳伎、天竺风俗，皆可广见闻。《谈书录》一卷，记载多为杂闻琐事，如记杨六郎、宋江之轶事。

卢文弨跋称其书仿顾氏《日知录》之体例，先经次史，以及古今事始与杂辩证，征引详洽而考订精核，为近代说部之佳者。②

此书有乾隆《上湖遗集》本、光绪十二年汪氏长沙刊《丛睦汪氏遗书》本。《谈书录》有《昭代丛书》本。此本据上海图书馆藏清乾隆中刊《上湖遗集》本影印。（龙文真拟草）

全谢山先生经史问答十卷　（清）全祖望撰

全祖望（1705—1755），字绍衣，号谢山，自署鲒埼亭长，鄞县（今属浙江宁波）人。乾隆元年（1736）荐举博学鸿词，同年中进士。

---

① 《续修四库全书》第 1147 册，上海古籍出版社 2002 年版，第 443 页。
② （清）卢文弨：《抱经堂文集》卷十一《书韩门缀学后》，中华书局 1990 年版，第 159 页。

先后主讲浙江蕺山书院、广东端溪书院。著有《汉书地理志稽疑》、《鲒埼亭集》等书。生平事迹见《清史稿·儒林传》、《清史列传·儒林传》、严可均《全绍衣传》、刘师培《全祖望传》、董秉纯《全谢山年谱》。①

此书十卷，前七卷为经，后三卷为史，皆设其门人问而谢山答之。卷一答董秉纯问《易》，卷二答董秉纯问《尚书》，卷三答张炳问《诗》，卷四答蒋学镛问《三传》，卷五答全藻问《三礼》，卷六答范鹏问《论语》，卷七答卢镐问《大学》、《中庸》、《孟子》、《尔雅》，卷八答郭景兆问诸史，卷九答卢镐问诸史，卷十答董秉纯问诸史。谢山上承黄宗羲经世致用之学，精通经史，元元本本。小扣大鸣，颇见功底。如问："《孔丛子》，世亦以为赝书，然否？"答："不敢谓其为西京之书，亦并不类东京之书，然东发先生有言，其文笔虽卑弱，而义理颇醇。"问："《子华子》，世皆以为赝书，而水心先生笃信，是何说也？"答："水心讲学，虽不合于朱子，然其卓然之见，不可谓非魁儒。至于极口称《子华子》，则好奇之过矣。"

谢山自称："愚生平于解经未尝敢专主一家之说，以放口舌之争，但求其是而已。"②虽无宗主，但有宗旨。问："一贯宗旨，圣学之枢纽也。诸儒旧说，牵率甚多。先生一举而空之，愿闻其详。"答："一贯之说，不须注疏，但读《中庸》，便是注疏。一者，诚也。天地一诚而已矣，其为物不贰，则其生物不测。维天之命，于穆不已，天地之一以贯之者也。诚者，非自成己而已也，所以成物也。成己，仁也。成物，知也。性之德也，合外内之道也。故时措之宜也，圣人之一以贯之者也。"于此一问一答间，不难窥其学术宗旨矣。谢

---

① 关于全祖望的研究，参见詹海云：《全祖望学术思想研究》，台湾师范大学 2000 年博士学位论文；蒋天枢：《全谢山先生年谱》，上海商务印书馆 1930 年版；王永健：《全祖望评传》，南京大学出版社 1996 年版。

② （清）全祖望：《经史问答》卷二，清乾隆三十年刻本。

山私淑梨洲，且以其"经史兼读，经术必证明于史籍"之说为旨归，故于此书可见以史解经、经史互证之法。论者以为其意在寓先贤经世之学于日常教学之中。①

其书虽不如顾炎武《日知录》之博大，但论识高远，当时罕见其匹，诚如阮元所谓足以继古贤、启后学也。谢山以为当时无能序其书者，亦可见其自负之深矣。然其间尚待商榷而遂难以为定论者，正复不少。刘咸炘称其学希厚斋，不出宋人范围，考订议论要多可取，惜少识力，即其论《汉书》可知。又称此十卷中，《易》互体及地理尤详，而于礼名物甚略。②清人孙志祖又撰《经史问答校记》一卷，收入《会稽徐氏铸学斋丛书》，亦可参阅焉。

此本据清乾隆三十年刻本影印。

订讹类编六卷续补二卷　（清）杭世骏撰

杭世骏（1696—1773，一作1695—1772），字大宗，晚号堇浦老人，又号秦亭老民，仁和（今属浙江杭州）人。乾隆元年（1736）召试博学鸿词，授翰林院编修，因直言夺职罢归，后主讲扬州安定书院、广东粤秀书院。著有《石经考异》、《续方言》、《道古堂诗文集》等书。生平事迹见《清史稿·文苑传》、应澧《杭大宗墓志铭》、龚自珍《杭大宗逸事状》、汪曾唯《杭堇浦轶事》。

正编前有世骏自序，称自解组归田，偃仰湖山之侧，无他嗜好，惟手一编，以与水色岚光朝夕相娱乐而已；讽诵之下，见古人行事与古书纰缪处，辄为摘记，参互考订，校正其非，积成卷帙，藏之箧

---

① 参见徐炜君：《全祖望〈经史问答〉研究》，上海社会科学院2011年硕士学位论文。
② 刘咸炘：《内景楼检书记·子类》，《推十书》丁辑第2册，上海科学技术文献出版社2009年版，第566页。

筒，非敢云枕中秘也，亦聊以自怡悦耳。①续编自序称其书辟伪纠谬，自谓稍稍有功于后学，因考订续补，得如干条，依前类编分为上下二卷，以成完书。②书末有民国七年（1918）刘承幹跋，称其书取古人行事与古书纰缪处参互考订，讹者正之，谬者纠之，不作一模棱语，斯博学者之实功，求学者之宝鉴也。又称此书无刻本，叶奂彬以汉阳叶氏敦夙好斋精抄本见示，即以付刊，俾知先辈读书独有心得，断不随人作计云云。③

此书正编六卷，续补二卷，其目曰义讹、事讹、字讹、句讹、书讹、人讹、天文讹、地理讹、岁时讹、世代讹、鬼神讹、礼制讹、称名讹、服食讹、动物讹、植物讹、杂物讹，凡十七类。细核全书，有订而未讹者，有讹而未订者，有数典忘祖者，有以讹传讹者，有越订而越讹者，有不必订者，亦有未必讹者。大体而言，引据典核，多有可观，"书讹"部分尤为精彩。如"子贡《诗传》申公《诗说》"、"《文选》缪陋"、"孔子未尝删《诗》"、"香奁集"、"吟窗杂录"、"黄庭经"、"杭本《唐诗纪事》错讹"、"《管子》非真管仲作"、"《圣教序》非褚公书"、"江文通拟古"、"《刀剑录》之讹"、"注疏中引书之误"、"李白《姑苏十咏》之伪"、"鹅群帖"、"笔阵图"、"草书《心经》"等条，多涉及辨伪。然讹与伪究非一事，不可混为一谈耳。

全书以正误之辨、是非之辨为主体，涉及真伪之辨、有无之辨。真伪之辨者多见精彩，然有无之辨则匪易事，如西施无泛湖事、范蠡无生子事、武王无赐鲁重祭及天子礼乐事、李后主无歌舞事、孙夫人无自尽事、孔子无须，诸如此类，谈何容易！④

---

① 《续修四库全书》第1148册，上海古籍出版社2002年版，第1页。
② 《续修四库全书》第1148册，上海古籍出版社2002年版，第111页。
③ 《续修四库全书》第1148册，上海古籍出版社2002年版，第164页。
④ 朱仙林认为，《续补》部分的著述体例存在不规范之处，致使有些原本是其他作者著作中的考证文字，被误认为是杭氏本人的读书心得。详见氏著《杭世骏〈订讹类编·续补〉著述体例考辨》，《古籍整理研究学刊》2013年第3期。

此书清抄本藏上海图书馆，清叶氏敦夙好斋抄本藏复旦大学图书馆。此本据民国七年刻《嘉业堂丛书》本影印。

随园随笔二十八卷　（清）袁枚撰

袁枚（1716—1798），字子才，号简斋，学者称随园先生，钱塘（今属浙江杭州）人。乾隆四年（1739）进士，历任江苏溧水、江浦、沭阳、江宁等县知县。后隐居江宁随园以终。著有《小仓山房诗文集》、《随园诗话》等书。生平事迹见《清史稿·文苑传》、《清史列传·文苑传》及方浚师《随园先生年谱》。[1]

此书为袁氏考据笔记。全书二十八卷，分类二十，曰诸经、诸史、金石、天时地志、官职、科第、各解、典礼、政条、称谓、辨讹、存疑、原始、不可亦可、应知不知、不符、诗文著述、古姓名、杂记、术数。辨讹类多有可观，存疑类更见其治学态度。

袁枚自序曰："著作之文，形而上；考据之文，形而下。各有资性，两者断不能兼。汉贾山涉猎，不为醇儒；夏侯建讥夏侯胜所学疏阔，而胜亦讥其繁碎。余故山、胜流也。考订数日，觉下笔无灵气，有所著作，惟捃摭是务，无能运深湛之思。本朝考据尤盛，判别同异，诸儒麻起。予敢披腻颜帢，逐康成车后哉？以故自谢不敏，知难而退者久矣。"[2] 考据、辞章，两美难并。当乾嘉考据学派勃兴之际，袁枚提倡性灵，昌言反击，公然与之对垒，晚年又折节读书，步康成之后尘，复堕入形而下矣。

杨钟羲《雪桥诗话》卷七称："（赵翼）所撰《廿二史劄记》等

---

[1] 关于袁枚的研究，参见郑幸：《袁枚年谱新编》，上海古籍出版社 2011 年版；王英志：《袁枚评传》，南京大学出版社 2002 年版。
[2] 《续修四库全书》第 1148 册，上海古籍出版社 2002 年版，第 165 页。

书，为袁、蒋所无。王兰泉侍郎诗：'清才排奡更崚嶒，袁赵当年本并称。试把《陔余丛考》读，随园那得比兰陵。'亦定评也。"袁枚与赵翼诗名相埒，此书亦与《陔余丛考》风格相近，各有千秋，不必妄加轩轾。方浚师《蕉轩随录》卷十二"伊川错引《论语》"条："番禺陈兰浦学博，腹笥最富，曾与浚师评本朝人物，谓袁简斋先生不喜考据之学，而《随园随笔》一书实考据家所不能及者。"

此本据华东师范大学图书馆藏清嘉庆十三年刻本影印。

援鹑堂笔记五十卷 （清）姚范撰

姚范（1702—1771），字南青，号姜坞，桐城（今安徽桐城）人。乾隆七年（1742）进士，授编修，充三礼馆纂修、甲子顺天乡试同考官。学行自高，无所依附，在翰林不十年，遂归。著有《援鹑堂集》。生平事迹见《清史列传·文苑传》、包世臣《清故翰林院编修崇祀乡贤姚君墓碑》[1]、马其昶《姚编修范庶子传》[2]。

此书为姚氏读书笔记。全书五十卷。卷一至卷十四为经部，卷十五至卷三十五为史部，卷三十六为子部，卷三十七至卷四十九为集部，卷五十为续编。遍及四部，尤以九经、四史、《文选》、韩文为详。桐城派主张读常见书，此亦一证。

《中论·治学第一》曰："凡学者大义为先，物名为后，大义举而物名从之。然鄙儒之博学也，务于物名，详于器械，考于诂训，摘其章句，而不能统其大义之所极，以获先王之心云云。"姚范按之曰："自唐、宋以后，学者习为是论，而伟长生于汉季，意乃不为

---

[1] （清）包世臣：《艺舟双楫》卷四，清道光安吴四种本。
[2] （清）马其昶：《桐城耆旧传》卷九，清宣统三年刻本。

马、郑之学所囿，亦可谓超然自得者矣。"于此可见其大旨。姚范之学，上承方苞，下启姚鼐。《安徽通志·儒林传》称其为文沉邃幽古，务求精深，不事华藻，又以考据、义理两家互相讥诋，其流弊至无所归，故于学无所偏主，自经史、百家、小学、训诂无不精通条贯，而践履笃实，一以程朱为归云云。

此书由其曾孙姚莹自群籍中录出①，取扬雄《法言·寡见》"春木之芚兮，援我手之鹑兮"句意名书，意指援引而进于纯美之境界。然此书编次无法，未克臻此美境，向来褒贬不一。姚鼐称此为其一世之业。沈维𫓶序称凡经史百家爬梳剔决，条贯出之，杂录遗闻，皆资考镜，其著述殆可与王厚斋比云云。②杨钟羲《雪桥诗话续集》卷五称此书兼综四部，谈艺尤精。然曾国藩曰："《援鹑堂笔记》，粗阅一二卷，殊不惬意。凡读书笔记，贵于得间。戴东原谓阎百诗善看书，以其能蹈瑕抵隙，能环攻古人之短也。近世如高邮王氏，凡读一书，于正文、注文一一求其至是，其疑者、非者不敢苟同，以乱古人之真，而欺方寸之知。若专校异同，某字某本作某，则谓之考异，谓之校对，不得与精核大义、参稽疑误者同日而语。今观援鹑堂所记《幽通》、《思玄》二赋，多云何云某字，《后汉书》作某，是义门校对之字，而姜坞抄誊之也。闲观他卷，亦多誊义门语而已，无所质正于其间，当时批写书眉，本不以为著述之事，后人概以编入笔记之内，殆非姜坞及惜抱之意。若得有识君子披沙拣金，非无可采，然非大为淘汰，恐无益耳。"③惟李慈铭持论较允，称："自经、史、子、集以至说部、佛经，皆摘录

---

① 姚莹《姚先生鼐家状》记其事云："编修公（范）已殁，先生（鼐）欲修其遗说，编辑成书而不就，仿《日知录》例，成经、史各一卷，曰《援鹑堂笔记》，以授小子莹，令卒其业，且戒之曰：'纂葺《笔记》，此即著述，不可草草。大约欲少而精，不欲多而芜。近人著书，以多为贵，此但欺俗人耳。吾阅之，乃无有也。'莹受教，未及成书而先生殁矣。"
② 《续修四库全书》第1148册，上海古籍出版社2002年版，第403页。
③ （清）曾国藩：《曾文正公书札》卷六《覆张廉卿》，清光绪二年传忠书局刻增修本。

其异文佚义，多所辨正。极推服义门何氏及同时定宇惠氏，凡二家所校定经史，悉据其本录之，不更加论断。书共五十卷，乃其曾孙石甫臬使莹所辑，而邑人方植之东树为之校正。姚氏文义简涩，其书大半从平日所批注群籍中录出，往往不具首尾，亦多未定之语。石甫校刊不精，讹夺甚众。植之所附按语，虽亦时有精义，然屡诋近世诸儒之为汉学者，于惠氏亦讥其阿郑太过，每失之愚；至谓近日学者，痛诋唐、陆、孔而推臧琳，痛诋程、朱而推戴震，为猖狂之尤。其于《三礼》、《三传》校订颇密，殊足为姚氏功臣也。"[1]言之凿凿，颇得其实矣。

此书有嘉庆二十四年刻本、道光十五年姚莹刻本。清方东树有《勘误》、《勘误补遗》各一卷。此本据清道光姚莹刻本影印。[2]

群书拾补不分卷 （清）卢文弨撰

卢文弨（1717—1795），字绍弓，一作召弓，号檠斋，更号弓父，学者称抱经先生，仁和（今属浙江杭州）人。乾隆十七年（1752）进士，历官左春坊左中允、翰林院侍读学士、湖南学政。乾隆三十三年（1768），以学政言事不当例，部议左迁。明年，乞养归。主讲书院二十余年。所校勘典籍多达二百余种，汇成《抱经堂丛书》十五种。著有《抱经堂文集》、《礼仪注疏详校》等书。生平事迹见《清史列传·儒林传》、《清史稿·儒林传》及柳诒徵《卢抱经先生年谱》。

书前有乾隆五十五年（1790）钱大昕序，称凡所校定，必参稽

---

[1] （清）李慈铭：《越缦堂读书记》，上海书店出版社2000年版，第778—779页。
[2] 关于此书的版本，参见王晓静：《〈援鹑堂笔记〉版本考》，《西南交通大学学报》2013年第3期；周怀文：《姚范及其〈援鹑堂笔记〉研究》，安徽师范大学2006年硕士学位论文；王晓静：《论方东树与〈援鹑堂笔记〉的整理》，安徽师范大学2010年硕士学位论文。

善本，证以他书，即友朋后进之片言，亦择善而从之，有合于颜黄门所称者。[1]又有乾隆五十二年（1787）卢文弨小引，称先举缺文断简讹缪尤甚者，摘录以传诸人，则以传一书之力分而传数书，费省而功倍，就余力所能，友朋所助，次第出之，名曰《群书拾补》。[2]

此书为卢氏校书笔记之汇编，所校皆据善本，于原书脱漏讹误者多有校正。所校之书曰《五经正义表》、《易经注疏》、《周易略例》、《尚书注疏》、《春秋左传注疏》、《礼记注疏》、《仪礼注疏》、《吕氏读诗记》、《史记惠景间侯者年表》、《续汉书志注补》、《晋书》、《魏书》、《宋史·孝宗纪》、《金史》、《资治通鉴序》、《文献通考·经籍》、《史通》、《新唐书纠谬》、《山海经图赞》、《水经序》、《盐铁论》、《新序》、《说苑》、《申鉴》、《列子张湛注》、《韩非子》、《晏子春秋》、《风俗通义》、刘昼《新论》、《潜虚》、《春渚纪闻》、《啸堂集古录》、《鲍照集》、《韦苏州集》、《元微之集》、《白氏长庆集》、《林和靖集》，凡经八种，史十二种，子十二种，集五种，共计三十七种。

此书问世之初，黄丕烈、顾千里皆有微词，其后渐趋于肯定。如周中孚称：" 抱经家藏群书，皆手自校勘，精审无误。凡所校定，必参稽善本，证以他书，即友人后进之片言，亦择善而从之。向推何义门《读书记》点校诸书皆极精审，抱经此编，固当与何氏书并称矣。"[3]刘咸炘亦称其"为功后学不小。经疏校正，犹非罕见，然创始之功已不可没。至于《新序》、《说苑》、刘昼《新论》，更无善本，惟赖此书校正"[4]。张之洞《书目答问》胪列清代校勘学家，以戴震、卢

---

[1] 《续修四库全书》第1149册，上海古籍出版社2002年版，第215—216页。
[2] 《续修四库全书》第1149册，上海古籍出版社2002年版，第216—217页。又见（清）卢文弨：《抱经堂文集》卷七《群书拾补小引》，中华书局1990年版，第97—98页。
[3] （清）周中孚著，黄曙辉、印晓峰标校：《郑堂读书记》，上海书店出版社2009年版，第905—906页。
[4] 刘咸炘：《内景楼检书记·子类》，《推十书》丁辑第2册，上海科学技术文献出版社2009年版，第586页。

文弨、丁杰、顾千里为最，良有以也。

此本据《抱经堂丛书》本影印。（王献松拟草）

钟山札记四卷　（清）卢文弨撰

卢文弨生平见前《群书拾补》提要。

前有乾隆五十五年（1790）文弨自序，称古之君子闻善以相告也，见善以相示也。鹿得美草，尚呼其群，而况于人乎？故随得辄录之，不暇诠次，分为四卷。前后忝钟山讲席最久，故以"钟山札记"标其目云云。①

此书为卢氏考据笔记。书凡四卷，大体刊正古代经史典籍讹谬，于古书体式、古籍整理及俗语探源尤有独到之见。或关于古书体式，如卷三"大题小题"条曰："古书大题多在小题之下，盖古人于一题目之微，亦遵守前式，而不敢纷乱如此。今人率意纷更，凡疏及释文所云云者，并未寓目，题与说两相矛盾，而亦不自知也。"又如卷四"《史》、《汉》目录"条曰："《史记》、《汉书》书前之有目录，自有版本以来即有之，为便于检阅耳。然于二史之本旨，所失多矣。夫《太史公自序》即《史记》之目录也，班固之《叙传》即《汉书》之目录也。乃后人以其艰于寻求，而复为之条列，以系于首。后人又误认书前之目录，即以为作者所自定，致有据之妄訾謷本书者。明毛氏梓《史记集解》，葛氏梓《汉书》正文，其前即据《自序》、《叙传》为目录，亦为便于观者，而尚不失其旧，在诸本中为最善矣。"又如"两排读法"条曰："古书两重排列者，皆先将上一列顺次排讫，而后始及于下一重。自后人误以一上一下读之，至改两重为一列，亦依

---

① 《续修四库全书》第1149册，上海古籍出版社2002年版，第639页。今按：卢氏与钟山书院之关系，参见余九红：《卢文弨与钟山书院》，《南京晓庄学院学报》2009年第2期。

今人所读，而大失乎本来之次第矣。《史记正义》所载《谥法解》，亦本是两重改为一列，文多闲杂，亦当改正。但其中颇多讹脱，与《逸周书》亦不尽合，今虽分之，未能如云台之一转移即是也。末三十余谥，美恶杂糅，似为后人所乱云。"或关于古籍整理，如卷一"蔡中郎集"条曰："凡传古人书，当一仍其旧，慎勿以私见改作。疑者宁阙，以俟后之人或有能通其意者。"卷二"大成午"条曰："古书之不可轻议更改也。"又"王菩"条曰："故古书虽明知其误，毋宁姑仍之之为愈。"凡此皆为古籍整理之法戒。或关于俗语探源，如卷四"摸索"条、"师子吼"条皆是其例。

此书颇为学界肯定。如周中孚称凡名物训诂、声音文字，无不辨析精详，足与顾亭林、阎若璩方驾。[1]李慈铭亦称其书与钱大昕《十驾斋养新录》颉颃。[2]刘咸炘亦曰："抱经自言服膺曾子博学屡守之语，此记详审之至，真有屡守之趣。当古学初兴之时，独以校正名发例开途，有益后学不少，可与《养新录》并美，不可以少与琐而忽之。"[3]

此本据复旦大学图书馆藏卢氏抱经堂本影印。（龙文真拟草）

龙城札记三卷 （清）卢文弨撰

卢文弨生平见前《群书拾补》提要。

书前有嘉庆元年（1796）钱馥序，称其有所得辄随手札记，此三卷则缮写成篇，与《钟山札记》并行云。[4]是编为文弨掌教常州龙城

---

[1] （清）周中孚著，黄曙辉、印晓峰标校：《郑堂读书记》，上海书店出版社2009年版，第1677页。
[2] （清）李慈铭：《越缦堂读书记》，上海书店出版社2000年版，第781页。
[3] 刘咸炘：《内景楼检书记·子类》，《推十书》丁辑第2册，上海科学技术文献出版社2009年版，第587页。
[4] 《续修四库全书》第1149册，上海古籍出版社2002年版，第693页。

书院时所记，刊于身后。严元照《书卢抱经先生札记后》云："书院之在江宁者曰钟山，在常州者曰龙城。先生归田后，主讲两书院最久，故以名其书。"

此书亦为卢氏考据笔记。全书三卷，为经史、文字考辨之属。书中间论古书体例，如卷一"鲁公为字禺人"条曰："古人行文当有迁就之处。如曰'为为此祸也'，迭两'为'字，颇不清楚，想公当日亦以不顺口之故而改称其字，非传家之修饰也。如北魏当曹魏未禅晋之时，而《魏书》即称曹魏为晋，此史家有意相避。后校者一一改正，是则是矣，而失其本意。"又卷三"表德两字可不全举"条曰："《史》、《汉》注中引邹诞生、郦道元诸人语，多只称邹诞、郦元，《书·舜典》正义中称钱乐之，亦不连'之'字。'之'字本语词，如羲、献父子不相避，义尤可省。"又卷一"伪《尚书》古文不可废"条："《尚书》伪古文，东晋时始出，宋、元以来疑者众矣，近世诸儒攻之尤不遗余力。然虽知其伪，而不可去也。善乎白田王氏之言曰：'东晋所上之书，疑为王肃、束皙、皇甫谧辈所拟作。其时未经永嘉之乱，古书多在，采撼缀缉，无一字无所本。特其文气缓弱，又辞意不相连属，时事不相对值，有以识其非真。而古圣贤之格言大训往往在焉，有断断不可以废者。'"

此本据复旦大学图书馆藏清《抱经堂丛书》本影印。（龙文真拟草）

蛾术编八十二卷　（清）王鸣盛撰

王鸣盛（1722—1797），字凤喈，号礼堂，又号西庄，晚号西沚，嘉定（今属上海）人。乾隆十九年（1754）进士，授翰林院编修，迁侍讲学士，充日讲起居注官，擢内阁学士兼礼部侍郎，寻授光禄寺卿。癸未（1763），遭母忧，去职；以父年高，遂不赴补。著有《尚书后案》《十七史商榷》《西庄始存稿》等书。生平事迹见《清史稿·儒林传》《清史列传·儒林传》。[①]

迮鹤寿，字兰宫，号青崖，长洲（今江苏苏州）人。道光六年（1826）进士，改池州府学教授。自少治经，特精考据。著有《齐诗翼氏学》《帝王世纪地名衍》《孟子班爵禄正经界两章考疏证》。置田赡族，卒祀乡贤。生平事迹见《（同治）苏州府志》卷一百七。

此书为王氏考据笔记，迮鹤寿刊之。书前有道光二十一年（1841）梁章钜序。[②]又有陶澍《蛾术编序》，称其书网罗繁富，六艺百氏，旁推交通，多所发明；其言经义主郑康成，文字主许叔重，宗尚既正，凡乡塾虚造、汗漫不根之谈，攻瑕倾坚，不遗余力。[③]

书名"蛾术"，盖取《礼记·学记》"蛾子时术之"一语。"蛾"同"蚁"，蚁虽小虫，有时时习衔土之能，积渐而成大垤，喻学问须经长期积累乃有成就。全编原为一百卷，其目有十：说录、说字、说地、说人、说物、说制、说集、说通、说刻、说系。此本八十二卷，无说刻、说系二目。全书重点有四，一为典章制度之考辨，二为历史地理之考证，三为语言文字之考证，四为学术史之贯通。[④]

王氏自称："我于经有《尚书后案》，于史有《十七史商榷》，于子有《蛾术编》，于集有诗文，以敌弇州四部，其庶几乎？"足见其自视甚高。江藩《国朝汉学师承记》卷三称其书辨博详明，与洪容斋、王深宁不相上下。然李慈铭称西庄气矜好骂，自为学问之累。青

---

① 关于王鸣盛的研究，参见《清王西庄先生鸣盛年谱》及《传记资料》，均见《嘉定王鸣盛全集》第11册，中华书局2010年版。
② 《续修四库全书》第1150册，上海古籍出版社2002年版，第1页。
③ （清）陶澍：《陶文毅公全集》文集卷三十六，清道光刻本。
④ 参见施建雄：《王鸣盛学术研究》，中国社会科学出版社2009年版。

匡补正甚多，然峻词诘难，同于反唇，是非校注之体。又称王氏气矜，好诋诃，心又不细。青匡随事驳之，言亦甚峻。然王氏虽潜心考据，而所学实未完密，青匡泛览探索之功亦云勤矣，而措大之气两君俱不能免，失之眉睫者亦复多有。① 文廷式称其书心得甚稀，而谬误处不可胜乙，又出所撰《十七史商榷》之下矣。又称其谓顾亭林为鄙俗，谓戴东原为不知家法，皆失之轻诋；其论小学，则谓栖字始于隋，是《娄寿碑》亦未之检；谓称人才为人物始于宋，是忘魏刘卲有《人物志》也。其他类此者甚多，不必悉为之辩。②

此书清抄本藏国家图书馆。此本据清道光二十一年世楷堂刻本影印。

十驾斋养新录二十卷余录三卷 （清）钱大昕撰

钱大昕（1728—1804），字晓徵，号辛楣，又号竹汀，嘉定（今属上海）人。乾隆十九年（1754）进士，官至詹事府少詹事、广东学政。引疾归，不复出。历主钟山、娄东、紫阳书院。生平著述极富，后人汇刻为《潜研堂全书》。生平事迹见《清史稿·儒林传》、《清史列传·儒林传》。③

此书前有嘉庆四年（1799）自序及嘉庆九年（1804）阮元序，末有嘉庆十六年（1811）其孙师康跋。自序谓"养新"二字，乃其祖取自宋儒张载《芭蕉》诗："芭蕉心尽展新枝，新卷新心暗已随。愿

---

① （清）李慈铭：《越缦堂读书记》，上海书店出版社2000年版，第732页。
② （清）文廷式：《纯常子枝语》卷五，民国三十二年刻本。
③ 关于钱大昕的研究，参见（清）钱大昕：《竹汀居士自订年谱》，清道光十一年刊本；张涛、邓声国：《钱大昕评传》，南京大学出版社2011年版。

学新心养新德，长随新叶起新知。"①阮序称："国初以来，诸儒或言道德，或言经术，或言史学，或言天学，或言地理，或言文字音韵，或言金石诗文，专精者固多，兼擅者尚少，惟嘉定钱辛楣能兼其成。"且约举"九难"之义，许为当代大儒。②

此书乃竹汀晚年精心结撰之学术笔记。其书不分门目，而编次先后则略以类从。前三卷皆论经学，卷四、卷五皆论小学，卷六至卷九皆论史学，卷十论官制，卷十一论地理，卷十二论姓名，卷十三、卷十四论古书，卷十五论金石，卷十六论词章，卷十七论术数，卷十八论儒术，卷十九、卷二十为杂考证。卷一"易韵"条，揭示《易象传》六十四卦皆有韵；"协句即古音"、"以重言释一言"、"《毛传》多转音"诸条，皆发明《诗经》义例。卷三"孟子章指"、"《孟子正义》非孙宣公作"二条，辨《孟子正义》之伪。卷四"《说文》举一反三之例"、"《说文》连上篆字为句"、"《说文》读若之字或取转声"、"二徐私改谐声字"、"唐人引《说文》不皆可信"，亦多为前人所未道。卷五论声韵，则发明古今声变之理，倡"古无轻唇音"、"古无舌上音"、"古人多舌音"之说，尤具卓识，于文字声韵观其会通，得古人声音文字之本。章太炎《与友人书》论近世治声韵"最精者为钱晓徵，独明古纽与今纽有异"。卷八末条以《金史》纪传证《南迁录》之伪，首发难端。卷九于《元史》匡正尤多。卷十一"《水经注》难尽信"条亦为真实不欺之言。卷十二"家谱不可信"条标举古人姓名异同及割裂现象，特别指出"私谱杂志不敢轻信"。卷十三证今本《竹书纪年》、《十六国春秋》、《东家杂记》等书之伪，均可信从。卷十四"日知录"条，辨正顾炎武讹误二条；"星经"条，称俗传《甘石星经》为伪撰，但考之未详；批注《直斋书录解题》之随斋，本

---

① 《续修四库全书》第1151册，上海古籍出版社2002年版，第88页。
② 《续修四库全书》第1151册，上海古籍出版社2002年版，第87—88页。

为程榮,详见沈叔埏《颐彩堂集·书直斋书录解题后》,又见钱泰吉《曝书杂记》卷中,而钱氏误为元时之杨益,则考之未审矣。卷十六"古人文字不宜学"、"文集须良友删削"二条,堪称箴言。卷十八大旨主于独尊儒术,贬抑二氏(见"语录"、"引儒入释"等条);独尊朱熹(见"朱文公议论平实"条),贬抑宋儒(见"宋儒经学"条)。"士大夫不可以无学";"有官君子最忌二事:在己则贪,在公家则聚敛";"论学术勿为非圣悖道之言,评人物勿为党同丑正之言";"文人勿相轻",皆持论正大。"文人浮薄"、"诗文盗窃"二条,亦切中隐微深痼之疾。卷十九"引书注卷数"条,涉及学术规则。

《余录》分为上中下三卷,上卷论经,中卷论史,下卷为杂谈。末有嘉庆十一年(1806)其子东塾跋。

要之,此书虽不无白璧微瑕,但大体精审工致。书中创新之论,络绎不绝;真知灼见,所在多有。清代学术笔记如林,一时难见比肩之作。

此本据复旦大学图书馆藏清嘉庆间刻本影印。

陔余丛考四十三卷　（清）赵翼撰

赵翼生平见前《檐曝杂记》提要。

书前有乾隆五十五年(1790)赵翼小引,称自黔西乞养归,问视之暇,仍理故业,日夕惟手一编,有所得,辄札记别纸,积久遂得四十余卷。以其为循陔时所辑,故名曰《陔余丛考》云云。[1]

此书为学术笔记,乃《廿二史劄记》之基础。全书四十三卷,不分门目,而编次先后则略以类从。大抵前四卷论经义,卷五至卷

---

[1] 《续修四库全书》第1151册,上海古籍出版社2002年版,第374页。

十四论廿四史，卷十五论《通鉴》、《纲目》，卷十六至卷二十杂论故事，卷二十一至卷二十四论艺文，卷二十五论年号，卷二十六、卷二十七论官制，卷二十八、卷二十九论科举，卷三十、卷三十一杂论名义，卷三十二论丧葬礼俗，卷三十三论器物，卷三十四、卷三十五论术数神佛，卷三十六至卷三十八论称谓，卷三十九至卷四十二为杂考证，卷四十三为俗语词。

关于此书作者问题，一度引发争议。李慈铭称此书与《廿二史劄记》乃是"赵以千金买之一宿儒之子"①。张舜徽亦不相信出于赵一人之手。②陈祖武力证此书为赵翼之作③，证据确凿，几成定谳，然犹有遗漏。今考，赵翼于自撰诸书中数数道之，如《檐曝杂记》卷六"洛阳伽蓝记"条："佛教之入中国，已见《陔余丛考》。"《廿二史劄记》卷一："古书凡记事立论及解经者，皆谓之传，非专记一人事迹也。说见《陔余丛考》。"《廿二史劄记》卷三十"一母生数帝"条："前代有一母生数帝者，《陔余丛考》所载尚未备，今更详录于此。"《瓯北诗话》卷八："遗山复句最多……已见《陔余丛考》。"凡此诸条，连环互证，皆可补证陈说。录以备参。

周中孚《郑堂读书记》卷三十五主张以《陔余丛考》与《廿二史劄记》互相证明，其说极是。然周中孚对此书批评颇多，《郑堂读书记》称："云菘本词赋家，于经从无所得，故考论经义率皆门外之谈。惟史学颇称熟悉，曾著有《廿二史劄记》，此间十一卷已得其大略，盖作于《劄记》之前者，而杂论故事数卷尚多可取，余所考证，其细已甚，不足以当大方之一噱也。"④《郑堂札记》称："赵耘菘词章

---

① （清）李慈铭：《越缦堂读书记》，上海书店出版社 2000 年版，第 610 页。
② 参见张舜徽：《中国史论文集》，湖北人民出版社 1956 年版，第 195 页。
③ 参见陈祖武：《清儒学术拾零》，湖南人民出版社 2002 年版，第 44—51 页。
④ （清）周中孚著，黄曙辉、印晓峰标校：《郑堂读书记》，上海书店出版社 2009 年版，第 907 页。

之士，于经本无所得。其《陔余丛考》首列考经四卷，大都取前人之说，改头换面，即如考《易》，只有"画卦不本于河图"、"《易》不言五行"、"河图刻玉"三则，全袭《易图明辨》，其余概可见矣。"①中孚火气过大，有失公允。清王端履《重论文斋笔录》卷十一："《陔余丛考》阅过，仅胜席上谈天，只可场中对策，无补经术。"亦只见其经学之短，未见其史学之长。清王昶《春融堂集》卷二十四《常州赵观察云松》："清才排奡更崚嶒，袁赵当年本并称。试把《陔余丛考》读，随园那得比兰陵。"刘咸炘亦称："考订甚广，未尽精粹，识力亦差，而抄纂荟萃，无妄谈，无苟作。因有益于后学，有可拣，非《随园随笔》所可拟也。经少史多，考俗事尚详核。瓯北言法则谬，但能抄撮事实耳，故抄纂往往似类书。于史本有工夫，然取多而不精，能证而不能订。"②平心而论，此书瑕瑜互见，经短史长，弃短取长可也。

此书有乾隆五十五年湛贻堂刻本，此本据以影印。

惜抱轩笔记八卷 （清）姚鼐撰

姚鼐（1732—1815），字姬传，学者称惜抱先生，桐城（今安徽桐城）人。乾隆二十八年（1763）进士，历任礼部主事、刑部郎中、四库馆纂修官。历主扬州梅花书院、安庆敷文书院、歙县紫阳书院及江宁钟山书院。著《惜抱轩全集》。生平事迹见《清史稿·文苑传》、《清史列传·文苑传》、毛岳生《姚先生墓志铭》、吴德旋《姚惜抱先生墓表》、陈用光《姚先生行状》、姚莹《刑部郎中从祖惜抱先生行

---

① （清）周中孚：《郑堂札记》卷四，清光绪刻《仰视千七百二十九鹤斋丛书》本。
② 刘咸炘：《内景楼检书记·子类》，《推十书》丁辑第2册，上海科学技术文献出版社2009年版，第569页。

状》、郑福照《姚惜抱先生年谱》。①

书前有道光元年（1821）梅曾亮跋，称姬传先生所著《后集》十一卷、《笔记》八卷，未及刊而卒。②

此书为姚氏读书笔记。凡八卷，分类编纂，按四部排列。卷一《易》、《书》；卷二《诗》、《周礼》、《仪礼》、《礼记》；卷三《春秋》、《左传》、《公羊传》、《论语》、《孟子》、《尔雅》，附小学；卷四《国语》、《史记》、《汉书》；卷五《后汉书》、《三国志》、《晋书》；卷六《隋书》、《唐书》、《五代史》、《宋史》、《辽金元史》，附地舆；卷七《荀子》、《庄子》、《法言》、《司马法》、《盐铁论》，附杂记；卷八《文选》、《五言诗选》、《杜子美集》、《李义山集》、《苏子瞻集》，附杂记。

书中虽以考证为主，亦间有通论。如论《尚书》曰："《尚书》为伪作古文者窜增，以乱圣籍，固可恶矣。而自汉以来所传之《今文尚书》亦颇为所改易，转失其真。"论《周礼》曰："《周礼》一书，何休以为六国阴谋之书，非也。郑康成云：周公居摄，作六典之职。宋儒亦信以为周公所为。此亦非也。刘歆以谓周公致太平之迹，谓之迹，非谓其书周公作也。其语差近实矣。吾则以谓其书非一时之书。汉郑仲师以为即《尚书·周官篇》，后儒多讥其误。吾以谓仲师虽误，然其说亦有失中之得焉。"姬传学宗程、朱，却大胆批评朱子混淆明道、伊川之学："朱子以明道、伊川二程子之学如一人，故于《集注》内但称程子，更不分别，有连引二人之说者，但以又曰隔之，正以为如一人也。在朱子之义止取明义理，而不复较其语之出于两贤，此自是著书之变体。若以文字之体言之，似不若明白分出之之为当也。"

---

① 关于姚鼐的研究，参见周中明：《姚鼐研究》，安徽大学出版社2013年版；孟醒仁：《桐城派三祖年谱》，安徽大学出版社2002年版。
② 《续修四库全书》第1152册，上海古籍出版社2002年版，第143页。

周中孚称其书引据古义，考证字句，无不精详切要，有益学者。[1]刘咸炘亦称惜抱说经成篇者已见《经说》，此则零碎者及子史考订、评说并存；惜抱不苟立说，文词雅洁，固无饾饤之弊。[2]皆为持平之论矣。

此书收入《惜抱轩全集》，有嘉庆六年、二十一年、二十二年刻本。此本据同治五年省心阁刻《惜抱轩全集》本影印。

读书脞录七卷续编四卷　（清）孙志祖撰

孙志祖（1737—1801），字诒谷，亦作颐谷，号约斋，仁和（今属浙江杭州）人。乾隆三十一年（1766）进士，官至江南道监察御史。著《家语疏证》、《后汉书补正》、《文选李注补正》等书。生平事迹见《清史稿·儒林传》、《清史列传·儒林传》。

此书为孙氏晚年随笔疏记。正编七卷，成于嘉庆四年（1799），凡说经二卷，说子史二卷，杂识三卷；续编四卷，凡说经二卷，说子史及杂识各一卷。

书前有志祖自识，称丙申岁（1776）陈情归里，瑟居多暇，偶有所得，随笔疏记，积久成帙。[3]潘世恩序其书，称兼采汉、宋，统会群说，其言约而赅，醇而确，蓄之有源，而出之有本云。[4]阮元《儒林传稿》卷四亦称其考论经子杂家，折中精详，不为武断之论云云。

此书重点在于勘正经籍文字。如"《舜典》无错简"条，辨《史记·舜本纪》于"命夔"之下亦有"夔曰于"十二字，而非错简。又

---

[1] （清）周中孚著，黄曙辉、印晓峰标校：《郑堂读书记》，上海书店出版社2009年版，第1680页。
[2] 刘咸炘：《内景楼检书记·子类》，《推十书》丁辑第2册，上海科学技术文献出版社2009年版，第566页。
[3] 《续修四库全书》第1152册，上海古籍出版社2002年版，第213页。
[4] 《续修四库全书》第1152册，上海古籍出版社2002年版，第214页。

辨《大戴礼·劝学篇》"珠者阴之阳也"一段，凡七十四字，与上下文语意不属，疑为他处错简。此书亦留意古书体式。如"古书重文"条，载《大戴礼·诰志篇》"此谓表里时合"，杨慈湖《先圣大训》"表里"作"表表里里"，盖当是"此谓表表里里时合"也。丁小山云："古书重文，表＝里＝，如今人书何＝如＝、千＝万＝之例。"

《续编》四卷，未定草稿，由其子元同辑成。体例大致与正编相近，尤为注重平议史家作法。如"南北史两传"条，批评李氏自乱其例。"南北史列传附载子孙"条，谓史家列传之体与谱牒不同，其子孙功名不甚显著者，本可不载。"史家虚张传目"条，谓史家有虚张传目而实无其传者，盖由采自旧史，失于检照，或作非一手，删改未尽矣。

此书有清嘉庆四年自刻本，内有陈鳣墨笔案语。此本据国家图书馆藏清嘉庆间刻本影印。（龙文真拟草）

南江札记四卷　（清）邵晋涵撰

邵晋涵（1743—1796），字与桐，又字二云，号南江，余姚（今浙江余姚）人。乾隆三十六年（1771）进士，会开四库馆，特诏征入馆编纂，授编修，擢侍讲学士，充文渊阁直阁事、日讲起居注官。著有《尔雅正义》等书。生平事迹见《清史稿·儒林传》、《清史列传·儒林传》及黄云眉《邵二云先生年谱》。

此书乃邵氏考据笔记，晋涵卒后其子秉华辑刊。书凡四卷。卷一《春秋左氏传》二百十三条，《穀梁传》十四条。卷二《仪礼正误》三十四条，《礼记》一条，《三礼》论天帝郊丘之祭七条，亦皆驳郑玄之说。卷三《孟子》三百七十四条，盖即其《孟子正义》之稿本。卷四《史记》十九条、《汉书》七条、《后汉书》三条、《三国志》四十九条①、《五代史》十七条、《宋史》四十九条。

此书多列经史异文，颇具校勘价值。《札记》尤以见日常用功之途，虽局限于字句订正，然亦不可或缺之备料工序。今考，其中间有独具一说者，如卷四辨《后出师表》之非伪，与时人伪作之说相歧。②录以备参。

清张鉴《冬青馆集》乙集卷七有《南江札记跋》，称世徒惊其殚洽，不知其根柢深茂，此记一二字皆可引而伸之。又称此记为先生未竟之稿，然远胜阎氏之《潜丘札记》。刘咸炘称其中有精语，第一卷《左传》、第三卷《孟子》均校证甚详，论《三国志》书法数条极有识云云。③

此书有嘉庆八年邵氏面水层轩原刻本、《南江邵氏遗书》本、光绪间《式训堂丛书》本、《仰视千七百二十九鹤斋丛书》本、《绍兴先正遗书》本。此本据嘉庆八年面水层轩刻本影印。（龙文真拟草）

烬掌录二卷　（清）汪启淑辑

汪启淑生平见前《水曹清暇录》提要。

曰"烬掌"者，谓苦学者自灼其掌，以警因睡而废读。此书皆其生平所读书之札记，凡一百十条，多取琐事碎语而考证之，而于高

---

① 《史记》、《汉书》、《后汉书》、《三国志》部分全与何焯《义门读书记》相同，估计是邵氏手录其说，辑刊时误入。参见张涛：《邵晋涵与〈南江札记〉》，《浙江学刊》1995年第3期；陈光荣：《〈南江札记〉收有他人之作》，《古籍整理研究学刊》1991年第3期。
② 来新夏：《清人笔记随录》，中华书局2005年版，第261页。
③ 刘咸炘：《内景楼检书记·子类》，《推十书》丁辑第2册，上海科学技术文献出版社2009年版，第567页。

且远者置之不论。录分上下卷,以《史记》、《前汉书》、《后汉书》、《三国志》、《晋书》、《南北史》、《唐书》、《五代史》、《宋史》、《辽史》、《金史》、《元史》、《明史》为次。

书前有杭世骏序,称:"六艺之旨,精微难窥。选事者辄复离文析辞,造端指事,以疏导其所得,而卮言出矣。浮休、乾馔①,吾议其浅;《齐谐》、《诺皋》,吾病其诞。提挈盛轨,约有数家。王楙《丛书》辨而肆,沈括《笔谈》典而深,程大昌《演繁露》博而核。外此皆其支流余裔,屡更仆而不能悉其失得也。钱唐汪君秀峰,年少而气锐,发箧而探索之。其高者远者,故嗛嗛以有待,而特比切其事,危疑其论,以求前哲之间,得毋傲与嚚与?崇且琐与?'甚察而不惠,辨而无用,多事而寡功'与?虽然,为之犹贤乎已。秀峰无亦以是为始基,锲而不舍,以驯致乎高且远者,则几矣。"②颇有微词。然焦循识语则反唇相讥:"嘉庆甲戌二月录十数条入《道听录》。杭氏序讥之,余谓此书胜杭氏所为《文选课□[虚]》□[多]多矣。谓察而不惠,辨而无用,非也。"③又曰:"是书考证经史简核,颇资于学者之参订,在近年新出诸说部之上。秀峰来扬,访江都汪容甫明经,见面两相争詈。尝饮于汪对琴比部家,擎杯忽大恸,举座为之罢席,亦奇士也。"④周中孚称其引据分明,以求前人之间,究与游谈无根者有上下床之别矣。⑤谢国桢称其书琐碎饾饤,为清代第三流考据书,毫无发明。⑥细核全书,当以杭、谢二氏之言庶几近之矣。

  此书有汪氏开万楼自刻本,刻印极精,纸墨俱佳。此本据国家图书馆藏汪氏开万楼自刻本影印。

---

① 浮休,唐张鹭自号浮休子;乾馔,唐温庭筠自号乾馔子。
② 《续修四库全书》第1152册,上海古籍出版社2002年版,第395页。
③ 《续修四库全书》第1152册,上海古籍出版社2002年版,第395页。
④ 《续修四库全书》第1152册,上海古籍出版社2002年版,第417页。
⑤ (清)周中孚著,黄曙辉、印晓峰标校:《郑堂读书记》,上海书店出版社2009年版,第908页。
⑥ 谢国桢:《明清笔记谈丛》,中华书局1960年版,第85页。

读书杂志八十二卷余编二卷 （清）王念孙撰

王念孙（1744—1832），字怀祖，号石臞，高邮（今江苏高邮）人。乾隆四十年（1775）进士，任翰林院庶吉士，历官工部主事、工部郎中、监察御史、吏科给事中、直隶永定河道。著有《广雅疏证》、《释大》等书。生平事迹见闵尔昌《王石臞先生年谱》、刘盼遂《高邮王氏父子年谱》。

念孙幼事戴震，长游四库馆，得读人间未见之书，晚年父子商榷学问，极学人之乐事。念孙自称："桑榆暮景，得以优游宴息，皆朝廷之赐也。自顾生平读书最乐，乃以著述自娱。"《读书杂志》所考订之书，曰《逸周书》、《战国策》、《史记》、《汉书》、《管子》、《晏子》、《墨子》、《荀子》、《淮南子》。《余编》二卷，上卷六种：《后汉书》、《老子》、《庄子》、《吕氏春秋》、《韩子》、《法言》，凡一百二十条；下卷二种：《楚辞》、《文选》，凡一百四十一条。书后有道光十二年（1832）王引之跋。

此书为"高邮王氏四种"之一，为乾嘉考据之典范杰作。曾国藩《曾文正公家训》卷上称："本朝善读古书者，余最好高邮王氏父子，曾为尔屡言之矣。"《求阙斋日记类钞》卷下称："王怀祖先生《读书杂志》所校《管子》各条，似不如校他书之精实。"俞樾《春在堂杂文》五编卷七《左衽文诸子补校序》称高邮王氏《读书杂志》精密之至，然喜据《群书治要》改易旧文，不知此书来自东洋，彼国于校雠之学固不甚精，而以改吾中国相传之本，往往得失参半，此亦通人之一蔽云云。杨树达《训诂学小史》称："综观其训诂学之所以绝人者，约有四端：一曰了彻音义相通之故，二曰能钩古义之沉，三曰审句例，四曰审词气。"① 虚实交会，故能独步千秋焉。

此书最初刻为墨钉本，只印《汉书杂志》十六卷。次刻于嘉庆间，计四十三卷，只印《史记杂志》六卷、《汉书杂志》十六卷、《晏子春秋杂志》二卷、《逸周书杂志》四卷、《汉隶拾遗》一卷、《管子杂志》十二卷、《太岁考》二卷。又后印本增《战国策杂志》三卷、《墨子杂志》六卷、《荀子杂志》八卷《补遗》一卷、《淮南子杂志》二十二卷《补遗》一卷，惟阙《太岁考》二卷。又道光十二年其子引之刊足本，作八十二卷，附《余编》二卷。又同治庚午金陵书局重刊道光十二年刻本。②此本据天津图书馆藏清道光十二年刻本影印。

柚堂笔谈四卷 （清）盛百二撰

盛百二（1720—1785后），字秦川，号柚堂，秀水（今浙江嘉兴）人。乾隆二十一年（1756）举人，官淄川知县。晚主山东藁城书院。著有《尚书释天》、《皆山阁诗集》、《柚堂文集》等书。生平事迹见梅花村人《柚堂居士著述序》③，《清史列传》附见《范家相传》。

书前有乾隆三十四年（1769）潘莲庚识语，称其不屑屑于章句，随意涉猎经史，辄有妙悟，不与世同。所著《尚书释天》若干卷，论者谓当与胡东樵《禹贡锥指》并传。若先生之学，固有不谓之通儒而不得者云云。④

---

① 杨树达：《积微居小学述林全编》，上海古籍出版社2007年版，第616—621页。
② 雷梦水：《古书经眼录》，齐鲁书社1984年版，第114页。
③ 参见（清）盛百二：《柚堂文存》卷首，清乾隆五十七年宝纶堂刻本。
④ 《续修四库全书》第1154册，上海古籍出版社2002年版，第1页。按：潘莲庚为潘耒之孙、盛百二之表弟。潘耒序《日知录》云："有通儒之学，有俗儒之学。"

此书为盛氏之读书札记。书凡四卷,卷一、卷二解说经史,卷三记前贤诗文,卷四杂记名物度数,间有考订。大体而言,此书要旨有二:一曰道术并举。如论治家之道曰:"凡为天下国家有九经,所以行之者一也。一者,诚也。"论治家之法曰:"其上利导之,其次教诲之,最下者与之争,故人乐有贤父兄也。"论修身之术曰:"明于盈虚刚柔之理者,可以处忧患。"又曰:"学者当居正穷理,尽人以听天。拘忌妄想,与夫戾俗鸣高,二者皆无所用之。"二曰汉宋兼采。柚堂虽以汉学名家,亦不菲薄宋学。如论太极,或曰:"朱子谓《易》之至极,此图尽之。然《易》以两仪生八卦,此以两仪生五行,五行,《易》之所未有也,毋乃其凿枘欤?"对曰:"理是一理,法是活法。由太极而两仪,而四象,而八卦,八八六十四卦,此《易》先天之法也。六生三三,而九九,而八十一,此三统九畴及太元之法也。卦之德方,故八八六十四。蓍之德圆,故七七四十九。《周易》言四象,周子又言五行,胶柱而调,处处皆碍矣。总之,通其源者,自能变化无穷。"又极力赞同元儒程畏斋读书之法:"《朱子读书法》六条,总言之不越乎熟读精思、切己体察两条。盖熟读精思即博文之功,而切己体察即约礼之事。"身处汉学极盛之时,不为风气所囿,不为习俗所移,殊为难得矣。

周中孚称其议论纯正,颇有裨于风教,又称其所考证亦皆精切不移。[①]然亦有可议之处。如曰:"敦煌产瓜,瓜之长者,狐入瓜中,食之首尾不出,故狐字从瓜也。"又曰:"菩萨二字从草,必皆草名也。"如此说字,殆类笑话矣。盛氏后又撰《柚堂续笔谈》三卷,收入《槜李遗书》中。《续修四库全书总目提要(稿本)》云:"《笔谈》传为中年以前作,多商榷书史文义,以四部为后先。虽有引证,究未

---

① (清)周中孚著,黄曙辉、印晓峰标校:《郑堂读书记》,上海书店出版社2009年版,第907页。

脱结习，说亦未能尽安。《续笔谈》则晚年手订定稿，虽名为谈，颇有矫改旧说未洽者。"

此本据山东省图书馆藏清乾隆三十四年潘莲庚刻本影印。此书又有乾隆五十七年宝纶堂刊本，光绪四年秀水孙氏望云仙馆刊《檇李遗书》本。

觉非庵笔记八卷　（清）顾堃撰

顾堃（1740—1811），初名陶尊，字尧峻，号思亭，长洲（今属江苏苏州）人。乾隆三十八年（1773）举人，乾隆辛亥、壬子间官丹徒教谕。著有《思亭诗钞》、《思亭文钞》。生平事迹见冯桂芬《苏州府志》卷八十九、法式善《槐厅载笔》卷七。

书前有嘉庆二十三年（1818）蔡之定序，称其综述古今，博采典籍，遵唐贤之轨则，集艺苑之精华，不仅学古有获，其辅翼世道人心处，亦复不少云云。[1] 又有光绪八年（1882）其子镇生跋，称其性好读书，每遇切理餍心之处，随手札记，岁月既多，积成稿本八卷，颜之曰《觉非庵笔记》。[2]

书凡八卷，不分门目，而编次先后，略以类从。大抵前四卷论经学、小学，卷五论史事，卷六论艺文，卷七论书画、碑版及杂缀，卷八论风俗、政治。卷中撮录《周易古义》、《容斋随笔》、《癸辛杂志》、《敬斋古今黈》、《畏垒笔记》、《围炉诗话》、《考古质疑》、《清异录》、《霏屑录》、《雪浪斋日记》、《池北偶谈》、《日下旧闻》、《赘言》、《戴东原集》诸书，又节录王应麟、戴震、钱大昕、段玉裁诸家之说。

---

[1]《续修四库全书》第1154册，上海古籍出版社2002年版，第47页。
[2]《续修四库全书》第1154册，上海古籍出版社2002年版，第130页。

胡玉缙《许庼经籍题跋》卷三称其纂录有法，又称其颇见审慎，标举出处，尤合体例，所附诸条，亦资参考云云。[①]今按：此书编次甚劣，不过摭拾旧说，聊备遗忘，如卷八自称："余读冯氏景集，每多见道之言，因摘录以备观省。"此书不足以名著述，故应入杂纂之属。

此本据上海辞书出版社图书馆藏清光绪八年刻本影印。

过夏杂录六卷过夏续录一卷　（清）周广业撰

周广业生平见前《循陔纂闻》提要。

唐世举子进京赶考，下第后不复出京，退而肄业，以待再试，谓之过夏。宋时多借静坊庙院及闲宅居住，作新文章，谓之夏课。至明初，则有寄监读书，以俟后举者。清代其风犹存。广业于乾隆四十九年甲辰（1784）春闱下第，遂留京佐沈嵩门校四库书者二年。书中"蜘蛛"条曰："甲辰七月，从陈太史观楼（指陈昌齐——引者注）借得《四库目录》十册，手录其书名，撮其大概，其已经目者略之。时以校雠余暇，急手写毕，腕几欲脱，目为肿。"可见四库校书之劳倦。广业于胝沫之暇，随笔记录，故题曰《过夏杂录》。

全书六卷。前三卷为读书杂抄及零星考证。"诸经古注疏"条曰："元、明以来，习科举者墨守宋、元儒注，是以一家之言包括数圣人之微言大义，本属未尽。明中叶后，渐悟其非，于是有称述古注而疑宋人为杜撰者。本朝名儒硕学尤锐意于汉魏晋人之学，而宋学仅以供场屋之用而已。偶阅《孙明复小集》中有《上范天章书》……广读此未竟，辄抚卷长叹，以为刘歆所谓信口说而背传记，是末师而非往古者，其明复乎？自此宋学兴，而汉晋之书俱废，拘墟穿凿之

[①] 胡玉缙撰，吴格整理：《续四库提要三种》，上海书店出版社2002年版，第662页。

说贻误学者不浅，罪归作俑，非明复而谁？"由此可窥其重汉学轻宋学之学术倾向。"从圣经看来"条曰："魏了翁答周子曰：'向来多看先儒解说，不如一一从圣经看来。盖不到地头亲自涉历一番，终是见得不真。'案：此真善读书人语。然圣经不易看，息心静气，反复涵泳，犹未必有得。"其读书方法在于回归原典。后三卷多载京师掌故，而太学石鼓、辟雍二则考之尤详。考订名物确有过人之处，如"青桐"条曰："《月令》：'桐始华。'此青桐，非梧桐也。青桐三月开花，淡红色而无子，《尔雅》所谓荣桐木也。梧桐四月开淡黄小花而多子，《尔雅》榇梧是也。陶隐居曰：'桐有四种：青桐叶皮青，似梧而无子；梧桐色白，叶似青桐而有子；白桐与冈桐无异，唯有华子尔；冈桐无子，材中琴瑟。'《埤雅》非之，反以青桐为即今梧桐，谬矣。余辛丑晚春入南山省墓，见有花满树，艳若朝霞，全未有叶，山中人呼为青桐。《南越志》：'青桐花似木绵，而辉熏过之，最善名状。'《本草衍义》谓梧桐即《月令》之桐，尤谬。"考证之外，又加以目验，故能精审入微矣。然书中亦间有考之未深者。如"奇智"条曰："《易·临》六五：'知临，大君之宜，吉。'李杞《详解》云：'凤有利觜，众鸟不宾。麟有利角，众兽不驯。君有奇智，天下不亲。'此六句如古箴铭，惜未详所出。"今按：此六句出自《化书·异心》。

书前有其宗叔周春嘉庆辛未（1811）序，称兹录考订精详，不减洪容斋一流；间及时事，则渔洋山人《居易录》例云云。[①]王欣夫谓后三卷可作《帝京景物略》、《日下旧闻考》读。[②]

此书稿本藏上海图书馆、浙江省博物馆，清种松书塾抄本藏国家图书馆，清抄本藏上海图书馆。此本据国家图书馆藏清种松书塾抄本影印。

[①] 《续修四库全书》第1154册，上海古籍出版社2002年版，第131页。
[②] 王欣夫撰，鲍正鹄、徐鹏标点整理：《蛾术轩箧存善本书录》，上海古籍出版社2002年版，第591页。

群书札记十六卷 （清）朱亦栋撰

朱亦栋，字献公，号碧山，上虞（今浙江上虞）人。乾隆三十三年（1768）举人，官平阳教谕。著有《松云楼稿》、《群书札记》、《十三经札记》等书。生平事迹见《两浙輶轩续录》卷十。

书前有光绪四年（1878）冯一梅序，称其学淹通博贯。[1]李慈铭称其书杂考古义，颇有心得，惟读书未多，时有村塾陋语。[2]

此书为其考据笔记。如"坑儒"条，据下文长子扶苏谏曰"诸生皆诵法孔子，今上皆重法绳之，臣恐天下不安"，驳"始皇所坑者乃方士，非儒生"之说。"得象忘言"条曰："《庄子·外物篇》：'筌者所以在鱼，得鱼而忘筌。蹄者所以在兔，得兔而忘蹄。言者所以在意，得意而忘言。吾安得夫忘言之人而与之言哉？'王弼《周易略例》：'夫象者，出意者也；言者，明象者也。尽意莫若象，尽象莫若言，意以象尽，象以言著。故言者所以明象，得象而忘言，象者所以存意，得意而忘象。犹蹄者所以在兔，得兔而忘蹄；筌者所以在鱼，得鱼而忘筌也。然则言者象之蹄也，象者意之筌也，然则忘象者乃得意者也，忘言者乃得象者也，得意在忘象，得象在忘言。'此段全学《庄子》。""西京杂记"条曰："世以《西京杂记》为吴均作，非也。考《酉阳杂俎·语资篇》，庾信作诗用《西京杂记》事，旋自追改曰：'此吴均语，恐不足用也。'案：此乃子山作诗，其事用《西京杂记》，其语偶与吴均同，故旋自追改曰'此吴均语，恐不足用'，非以《西京杂记》为吴均语也……皆西京笔墨也，而谓必六朝

---

[1] 《续修四库全书》第1155册，上海古籍出版社2002年版，第1—5页。
[2] （清）李慈铭：《越缦堂读书记》，上海书店出版社2000年版，第793—794页。

人为之，多见其不知量矣。"

此本据上海辞书出版社图书馆藏清光绪四年武林竹简斋刻本影印。

蠡勺编四十卷　（清）凌扬藻撰

凌扬藻（1760—1845），字誉钊，号药洲，番禺（今属广东广州）人。乾隆时诸生，一生长于考证，为巡抚朱珪所赏识。著有《海雅堂诗文集》、《四书纪疑录》等书，晚年纂辑《国朝岭海诗钞》。其季子湘芸撰行状，吴应逵撰墓志，刘达成撰《枥鸣生传》、《药洲事略》，生平事迹见《番禺县志稿》、陈璞《尺冈草堂遗集》卷四、张维屏《国朝诗人征略二编》卷五十六。

此书皆凌氏读书笔记，以四部为次，卷二十五至卷三十四杂记制度名物，卷三十五以后又杂记经史。其体例仿《经稗》。《蠡勺编》卷三十五"经稗"条曰："《经稗》六卷，建安郑方坤荔芗撰，采诸家笔记中说经之语，排次成书，以补传注之阙。因多采自说部，故取稗官之义，以稗为名。盖传注之文，全释一经，或不免敷衍以足篇目，杂家之言，偶举一义，大抵有所独得，乃特笔于书，说多可取，良以此也。凡《易》、《书》、《诗》、《春秋》各一卷，《三礼》共一卷，《四书》共一卷，见《四库提要》。愚之《蠡勺编》，其体例实肇诸此也。"书后有同治二年（1863）伍崇曜跋，称《经稗》专采说经之语，此编则搜罗四部，博观约取，尤为其难云云。[①]叶封翁亦称其书实足为经史子集之翼，亦《陔余丛考》之亚。李慈铭称其书多直载古今人之说，罕所折衷，间有论辨，亦不甚精；然浩博可观，所引诸书亦

[①]《续修四库全书》第1155册，上海古籍出版社2002年版，第581页。

有非习见者。又讥其所载《相里金碑》碑文不知出于何书。①

此书或采择先哲著述，或纪录同时师友讲论之言，或断以己意。"蠡勺"云者，谓学问之道，渺无涯涘。此区区四十卷书，真如以蠡测海。其论学以躬行为本，以无自欺为端，以期于有用为归宿。今考其书，多论辨伪，殊为难得，不可轻忽之。②

此本据华东师范大学图书馆藏清同治二年伍氏粤雅堂刻《岭南遗书》本影印。

晓读书斋杂录八卷　（清）洪亮吉撰

洪亮吉（1746—1809），字稚存，号北江，歙县（今安徽歙县）人，后入江苏阳湖（今属江苏常州）籍。乾隆五十五年（1790）进士。嘉庆四年（1799）上书军机王大臣言事，极论时弊，免死，戍伊犁。次年诏释还，居家十年而卒。著《春秋左传诂》、《补三国疆域志》等书。生平事迹见《清史稿》卷三百五十六、《清史列传·儒林传》及吕培《洪北江先生年谱》。③

此书凡八卷，初录二卷，又有二、三、四录，每录亦各二卷。是编考证经史百家，而以史部居多。其论学颇有精要语，如曰："人才古今皆同，本无所不有，必视君相好尚所在，则人才亦趋集焉。汉尚经术，而儒流皆出于汉；唐尚词章，而诗家皆出于唐；宋重理学，而理学皆出于宋；明重气节，而气节皆出于明。所谓下流之化

---

① （清）李慈铭：《越缦堂读书记》，上海书店出版社2000年版，第744—745页。
② 凌氏本为诗人，其词采华赡，尤长于古凤，不以考据名家也。论者以"学者型诗人"许之，详参陈凯玲：《一位不该被遗忘的广东诗人：凌扬藻生平与创作述略》，《五邑大学学报》2009年第1期。
③ 关于洪亮吉的研究，参见陈金陵：《洪亮吉评传》，中国人民大学出版社1995年版。

上，捷于影响也。"曰："古人才识皆自学问中来。"曰："汉儒重老子，次则文子，而绝不及庄、列。盖老子、文子之道可以治天下，而庄、列不能也。"曰："知老子之学者，莫如河上公。"曰："管子、晏子皆自成一家。前史艺文志入之儒家既非，唐柳宗元以为墨氏之徒亦前后倒置，特其学与墨氏相近耳。"曰："前人云杜预为左氏功臣，颜师古为班史功臣，不知乱左氏者杜预也，乱《汉书》者颜师古也。必欲寻左氏功臣，则贾逵、服虔诸人是。必欲寻班史功臣，则苏林、张晏诸人是。至若刘炫《规过》，则杜预之诤友也。《史记正义》、《索隐》之拾遗，则颜师古之诤友也。"曰："前人旧说，学者所宜时时寻览者矣。"曰："余颇不喜人持轮回之说，以为即有此理，亦置之不论不议之列而已。"粗疏之处间亦有之，如曰："释氏出于道家，故古人皆言道、释。"

亮吉自称："余自绝域生还，或扃户浃旬，或授徒百里，皆日课读书二卷，非人事牵率，岁腊侄偬，未尝辍也。偶有所得，辄笔之于书，非敢云质之同人，聊自记其不废学云。"书前有奕经序，称此书皆考订经史疑义，精核通博，与顾征君《日知录》、阎征君《潜邱札记》诸书足以抗行千古，而尤所致意者，为训诂、地理，盖先生于二者固为专门绝学云云。[1]然李慈铭称其中颇不免疏漏，盖随时札记，未及审正，又称其言汉制一金直千贯之说不可信。[2]此书包罗虽广，然运思不细，检核不周，固不能条条精当耳。

此书有《洪北江全集》本、《续刻北江遗书》本。此本据中国科学院图书馆藏道光二十二年刻本影印。

---

[1] 《续修四库全书》第1155册，上海古籍出版社2002年版，第584页。
[2] （清）李慈铭：《越缦堂读书记》，上海书店出版社2000年版，第740—742页。

炳烛编四卷 （清）李赓芸撰

李赓芸（1754—1817），字生甫，号书田，自号许斋，嘉定（今属上海）人。乾隆五十五年（1790）进士，累官福建布政使。著有《稻香吟馆诗文集》。生平事迹见《清史稿》卷四百七十八、《清史列传》卷七十五、秦瀛《福建布政使许斋李君墓志铭》、阮元《福建布政使良吏李君传》。

此书前有同治十一年（1872）潘祖荫识语，称其学有师法，中岁服官，治尚廉静；《炳烛编》凡四帙，为目至繁，文率未竟，盖初稿之俟更定者，故世不克见。①

此书四卷，卷一说经；卷二为古字通假举例、文字证古、《说文》衍脱；卷三记文字音韵；卷四记《荀子》音韵句读，校定《老子》、《吕览》、《说苑》，订正《汉书》、两《唐书》志、传之讹，并杂考金石跋文、礼仪官制。此书多考订经史讹误。如"敬用五事"条，《汉书·艺文志》引"次二曰羞用五事"，言进用五事以顺五行。李氏引《汉书·五行志》、《孔光传》皆作"羞用五事"，据此辨"敬"当为"羞"字之讹。

李慈铭称："郑庵所刻书，以此种为最善。许斋著述，余无所传，片羽吉光，尤足宝贵。其书博综经史，确守竹汀钱氏家法，多核实之言，闻其稿本有四巨册，郑庵属陈、胡两君录存其要，两君去取既不能尽善，又参以吾乡妄人（指赵之谦——引者注）凭臆颠倒，校勘粗疏，为可惜也。"②又称："许斋笃守其师钱竹汀家法，随时考订，

---

① 《续修四库全书》第1155册，上海古籍出版社2002年版，第655页。
② 《续修四库全书》第1155册，上海古籍出版社2002年版，第655页。

皆实求其是，不为高远惊俗之谈。其书既未写定，又中夺于仕宦，未老横殒，故所著精密远不逮其师，然有订正《养新录》及《金石跋尾》者各数条，皆足为詹事功臣。"①俞樾《春在堂杂文》续编卷二称《炳烛编》有《文字证古》一篇，辨明某字之为某字，亦不下百余条，然未有专著一书为后学准绳者。刘咸炘称："札记体，中有举古字通假、定荀子《成相篇》句读，考宋官制，大抵从钱竹汀之说推衍，大体与《养新录》同。盖许斋本竹汀门人也。潘郑庵同众编刻。可取处亦不多，说古音声近者尤多伤附会泛滥。"②

此本据国家图书馆藏清同治十一年潘祖荫刻《滂喜斋丛书》本影印。

札朴十卷　（清）桂馥撰

桂馥（1736—1805），字冬卉，又字天香，号未谷，曲阜（今山东曲阜）人。乾隆五十五年（1790）进士，官云南永平县知县。著有《说文义证》、《缪篆分韵》、《晚学集》等书。生平事迹见《清史稿·儒林传》、《清史列传·儒林传》、蒋祥墀《桂君馥传》。③

嘉庆纪元之岁，由水程就官滇南，舟行无以遣日，追念旧闻，随笔疏记，到官后续以滇事，凡十卷。以其细碎，窃比匠门之木柹，题曰"札朴"。凡分六门，一曰温经，二曰览古，三曰匡谬，四曰金石文字，五曰乡里旧闻，六曰滇游续笔。

---

① （清）李慈铭：《越缦堂读书记》，上海书店出版社2000年版，第742页。
② 刘咸炘：《内景楼检书记·子类》，《推十书》丁辑第2册，上海科学技术文献出版社2009年版，第565页。
③ 关于桂馥的研究，参见张毅巍：《桂馥年谱》，哈尔滨师范大学2011年硕士学位论文；孙雅芬：《桂馥研究》，人民出版社2010年版。

书前有嘉庆十八年（1813）段玉裁序，称其考核精审，有资于博物者，不可枚举。[1]又有嘉庆十八年翁广平序，称古之学者有四，曰义理之学，曰经学，曰史学，曰辞章之学，而考据不与焉。非无考据也，考据即寓于四者之中也。今读其书，而服其学之有兼长云云。[2]周中孚称其书皆根究其原委，剖析其疑似，引证奥博，词藻古雅，其有资于博物者亦不可枚数，洵考据之专门，而自成一家之言者。[3]刘咸炘称其考古多求本字，无荦荦之识，佳处在此，不足自立处亦在此。其证字又不甚能通贯，但有少许证据，或罗列易见之证据，博则博矣，精则未也。[4]

此书有清嘉庆十八年绍兴小李山房刻本、光绪十九年长洲蒋氏心矩斋校刊本。此本据国家图书馆藏清嘉庆十八年李宏信小李山房刻本影印。

愈愚录六卷 （清）刘宝楠撰

刘宝楠（1791—1855），字楚桢，号念楼，宝应（今江苏宝应）人。为诸生时，与仪征刘文淇有"扬州二刘"之目。道光二十年（1840）进士，历任文安、元氏、三河、宝坻等县知县。著有《论语正义》、《释穀》、《念楼集》等书。生平事迹见《清史稿·儒林传》、《清史列传·儒林传》及刘文兴《刘楚桢先生年谱》[5]。

---

① 《续修四库全书》第1156册，上海古籍出版社2002年版，第1页。
② 《续修四库全书》第1156册，上海古籍出版社2002年版，第2页。
③ （清）周中孚著，黄曙辉、印晓峰标校：《郑堂读书记》，上海书店出版社2009年版，第908页。
④ 刘咸炘：《内景楼检书记·子类》，《推十书》丁辑第2册，上海科学技术文献出版社2009年版，第591—592页。
⑤ 参见《扬州学派年谱合刊》，广陵书社2008年版。

此录六卷，则其读经史时考据笔记。书原不分卷，以记载之先后为次。当其未没时，曾手自录其精说为六卷，授山阳丁寿昌阅定，丁氏为加按语甚夥。厥后其子恭冕又厘定其未录者为八卷，合为十四卷。

书中颇有佳处，如论《诗》"日之方中"、"定之方中"，谓为向中，引《史记·天官书》"日方南"、"日方北"，《索隐》"方犹向也"为证，辟传、笺以方为四方之非。又如论《诗·河广》"一苇杭之"，谓杭与舤同，引《说文》"舤，方舟也"为证，又云《后汉书·文苑·杜笃传》"造舟于渭北，舤泾流"，李贤注"舤，舟度也。"《太玄》更首"次六"："人入水载车，出水载杭。"剧首"上九"："海水群飞，弊于天杭。"皆用杭字，杭、舤同音假借，辟或以诗为字误之非。其他诸说，亦多相似，皆言必有证。惟此书中次第似多紊乱耳。

此本据上海辞书出版社图书馆藏清道光十五年广雅书局刻本影印。

经史杂记八卷　旧本题（清）王玉树撰

王玉树，字松亭，又字廷桢，安康（今陕西安康）人。乾隆五十四年（1789）拔贡生，官广东州判。著有《说文拈字》、《志学录》、《芎林草堂文钞》等书。生平事迹见《越缦堂日记》光绪丙戌（1886）八月初五日。

书前目录后有道光十年（1830）玉树识语，称公余读书，每究寻经史，偶有所得，辄笔记之，间有他说，亦附益焉，日月既深，纸墨遂多，爰择其有关考证者，荟萃成编，题曰《经史杂记》；惟是义鲜发明，语无诠次，缅彼前修，瞻望弗及云云。[①] 今按：王氏之言未

---

① 《续修四库全书》第1156册，上海古籍出版社2002年版，第306页。

免自欺欺人，决不可信。

　　玉树少驰骋于考订文字之学，晚乃宗其乡前辈李二曲之学，揭出"存心"二字，为主身摄性之宗。今考，此书为欺世之伪作。细核其书，考其来源，勘定其抄袭成书，尤以《廿二史劄记》、《四库提要》为多，详见拙撰《经史杂记疏证》。录以备参。

　　此本据南京图书馆藏清道光十年芳樱堂刻本影印。

雪泥书屋杂志四卷　（清）牟庭相撰

　　牟庭相（1759—1832），又名牟庭，字默人，一字陌人，栖霞（今山东栖霞）人。乾隆六十年（1795）优贡生，任观城县训导。与同县郝懿行相友善，同研朴学。著有《楚辞述芳》、《同文尚书》、《诗切》等书。① 生平事迹见《畴人传三编》卷二。

　　书前有道光二十八年（1848）王东槐序，称其书无一语不见精心，虽出于百衲之集，自衷然成一家言，深可宝贵。② 后有咸丰五年（1855）其子牟房跋，称仿郑小同《郑志》之意，且以其中体例不一，题之曰《雪泥书屋杂志》。③

　　此书杂论经史、诸子、天文、地理。如论韩非子曰："韩非淫辞靡辩之才，能为文章，而不知道德。然其书有《解老》、《喻老》二篇者，盖为慕老子之高名，而附托声价，妄作解论，欲借此以为重也。老子之学过于高，韩非之识过于卑，以韩解老，譬如赴火飞蛾而语冰也。"论颜李之学曰："颜李之学不学文，此颜李之一病也。盖不学文则无以摆脱其时文酸俗之气，而其发之于言也，欲达意而不能

---

① 参见许维遹：《栖霞牟默人先生著述考》，《清华学报》1934年第2期。
② 《续修四库全书》第1156册，上海古籍出版社2002年版，第468页。
③ 《续修四库全书》第1156册，上海古籍出版社2002年版，第533页。

达意，欲记实而不能记实，欲动人而不能动人，时文酸俗之气害之也。"论《商君书》曰："唐后商鞅书亡，今所行《商子》是后人伪造……所言开塞，全非商君意，盖此人未见《索隐》，又不旁考韩非，率尔作伪，甚浅妄也。"又如论《洪范五行传》曰："今世所传《洪范五行传》一篇，或出刘歆，或出许商，皆不可知，然必知其非伏生书也。"论《五行志》曰："西汉儒者丑陋不通之文，尽在《五行志》矣。呜呼！秦焚书而正道弛，汉求书而邪说作，西汉言灾异，而东汉言谶纬，儒之道灭久矣，然后佛法出而乘之，岂偶然哉？"论《周礼》曰："荀子时秦未焚书，而诸侯已去其籍，荀子撷拾遗文，仅得《序官》数百言，而记之于此，亦足以证明《周礼》一书非古书也。"论李贽曰："李卓吾评东坡《与李方叔书》云：'此等人如何与说此言？'卓吾性情薄恶，看东坡却是如此，此真佛地位人也，卓秃枉做和尚耳，独怪其嗜读东坡文，乃不能变化气质，何哉？"又曰："学士不通古今方语者，不可以读古书也。"

此本据上海图书馆藏咸丰安吉官署刻本影印。

菽厓考古录四卷　（清）钟褱撰
校记一卷　鲍鼎撰

钟褱（1761—1805），字保其，号菽厓，甘泉（今属江苏扬州）人。未弱冠，补县学生。省试十三次不第，嘉庆九年（1804）举为优贡生。著《春秋考异》、《说书》等书。生平事迹见《国朝汉学师承记》卷七、《国朝先正事略》卷三十六及焦循《皇清优贡生钟君墓志铭》。鲍鼎（1898—1973），字扶九，号默庵，丹徒（今属江苏镇江）人。1941年任大夏大学兼无锡国专教员，著有《金文略例》、《《铁云藏龟〉释文》、《〈铁云藏龟之余〉释文》等书。

书前有阮元序。又有嘉庆十三年（1808）阮亨序，称其中若"毛郑昏月辨证"、"春秋卫辄据国罪案"诸说，皆阐前贤之奥论，启后学之真修云云。①

《考古录》乃杂论经籍之作，系焦循编次而成。焦氏《皇清优贡生钟君墓志铭》称："君卒之明年夏四月，君之子负二囊来，皆君著述草稿，乞循为理之……其余零星断烂，卷帙未完，穷三日力，刺其精华，为君写之，统得四卷，名之曰《敔厓考古录》。"书中所记，多考订字义，辨析名物者。如"校正字画"条称："校正字画自以《说文》为主，而参之以《释文》，从古而不必泥，博考以折其衷。"又如"省字当读生上声"条称："可知省察之省，古正读如台省之省，即《周易》之省方、《论语》之三省，无不当读为生上声者，盖显有确据。"又如"敦字十音"条称"审音繁于辨形"，并列敦字有十音以证。又有考论著作得失者，如"《论语》注有得失"条称："读书固资实证，亦贵虚会，要衷之于理而已。"又有考辨汉朝经师博士者，如"五经博士辨证"、"石渠论五经殿中平公穀同异诸儒"、"白虎观诸儒考证"、"师傅诸儒"诸条。

《校记》一卷，校正讹误甚多，皆切实可信。书末有辛未（1931）鲍鼎识语，称："是书刊行未久，即遭赭寇之乱，板毁于兵，故传本极少。岁丙寅，上虞罗经之振玉世丈得抄本，文字多舛误，属为雠校，未能尽加是正也。今年春，闻南陵徐积馀乃昌年伯藏有刊本，因假以比勘，有抄本不误而刊本误者，有刊本不误而抄本误者，亦有两本皆误者，知抄本别有所本，非由刊本传抄，因参稽各书，逐一详校，成《校记》一卷。"②

---

① 《续修四库全书》第1156册，上海古籍出版社2002年版，第536页。
② 《续修四库全书》第1156册，上海古籍出版社2002年版，第565—566页。

《蒐厓考古录》据湖北省图书馆藏清嘉庆十三年阮元刻本影印，《校记》据民国二十年鲍鼎稿本影印。（王献松拟草）

二初斋读书记十卷卷首一卷 （清）倪思宽撰

倪思宽（1729—1786），原名世球，字存未，号二初，华亭（今属上海）人。乾隆恩贡生。见知于学政雷翠峰，尝与戴震交。著有《经籍录要》、《文选意义订正》、《二初斋诗文集》等书。生平事迹见倪元坦所撰行略。

卷首有沈业富序，称所作《读书记》十卷，随时登录，或亦间采前人，《困学纪闻》、《黄氏日钞》之亚匹。[1]盛灏元跋称其书兼有闻道、致用之学，他若博综群经义疏、诸子百家，贯穿天文、舆地、律吕等学，抑其余事。[2]卷一前有思宽自序，称温习故学，心有所得，辄自录记，以待他时再思，名曰《读书记》。[3]

是编乃倪氏读书札记，大旨宗朱斥陆。书中所记，多论经义。如曰："大《易》精深，两经十翼，其源为卜筮之书，而圣人因以显义，吉凶消长之理，进退存亡之道，发明最为详尽，故曰可无大过。末流之弊，杂乱于术数家言，世应、飞伏、游魂、归魂、纳甲之说，讲解愈精，而道理反晦。"又曰："读《豳风》，知古人思患豫防之道至矣尽矣。"又曰："《仪礼》一书，生养葬祭，一切完备，实是全书。前人以为不全者，非也。"又曰："《仪礼》中字法极精，作古文可用。"又论经解，如谓："胡胐明《禹贡锥指》用意深远，经济之书也。惜其说太古，有不可行于今者耳。"又谓："《尚书》蔡传，世

---

[1] 《续修四库全书》第1156册，上海古籍出版社2002年版，第567页。
[2] 《续修四库全书》第1156册，上海古籍出版社2002年版，第569页。
[3] 《续修四库全书》第1156册，上海古籍出版社2002年版，第574页。

儒每以考订有讹，动多指摘，不知道理之正大，议论之痛快，读之使人感发兴起，即以媲美《伊川易传》，无不可者。若夫名物度数之微，原可俟后人徐为参核，于蔡氏原书无加损也。"又曰："《伊川易传》虽不讲象数，而有合于圣人加年学《易》之本意，要为千古《易》理之宗，与朱子《四书章句集注》同为义理之总汇。至《周易本义》，不过补《程传》之阙耳。"

周中孚称其说之精妙者，大都皆本古义而推衍之，而其所自为说，殊少至理名言，真末流语录习气，适足以秽其书云云。[1]然李慈铭称其书多考据经义，间及古人诗赋，虽未为博奥，而实事求是，亦汉学之有根柢者。[2]

此本据上海辞书出版社图书馆藏清嘉庆八年涵和堂刻本影印。

瞥记七卷　（清）梁玉绳撰

梁玉绳（1744—1819），字曜北，号谏庵，钱塘（今属浙江杭州）人。增贡生，家世贵显，不志富贵，自号清白士，乡试九次不第，年未四十，即弃举业，潜心著述。著有《史记志疑》、《清白士集》等书。生平事迹见《清史稿·儒林传》、《清史列传·儒林传》。[3]

此书七卷，卷一、卷二论经，附《檀弓剩义》、《说文称经附证》；卷三、卷四论史；卷五论子，附《列女传补勘》；卷六论诗文；卷七记杂事，附《日本碎语》。取王德柔语"遇有瞥观，皆即疏记"之义，名曰《瞥记》。

---

[1]　（清）周中孚著，黄曙辉、印晓峰标校：《郑堂读书记》，上海书店出版社2009年版，第953—954页。
[2]　（清）李慈铭：《越缦堂读书记》，上海书店出版社2000年版，第794页。
[3]　关于梁玉绳的研究，参见李淑燕：《梁玉绳研究》，山东大学2010年博士学位论文。

此书为梁氏读书札记。书中多辨伪之言。如谓："今所传《易林》乃《周易卦林》，献王在永平时已用为占，则亦非东汉人所为，或后来有所羼入耳。"又谓："孔安国《书序》、《书传》皆后人伪作，其真者不可见，盖久逸矣。或谓安国得古文，只读而写之，未尝为传，似未确。"又谓："《汤征》一篇，今存《史记·殷本纪》中，未尝亡也。"又谓："《左》、《国》记事多异，文体亦殊。傅玄谓《国语》非丘明作，甚是。见哀十三疏。《困学纪闻》六引刘炫说同，即如《汉·艺文志》有《公羊外传》五十篇、《穀梁外传》二十篇，并佚不传，岂出二子之手乎？"又谓："《书·金縢》一篇，今古文皆有，太史公载之《鲁世家》，然先哲多疑其伪，余据《淮南子》金縢豹韬语，疑古别有《金縢》之书。"又谓："《管子》之文厚重奥峭，在诸子中别自一格，然多后人羼入，不独《弟子职》一篇附列也。"又谓："杨朱之书，不著汉录。案《列子》有《杨朱篇》，此必朱所作，误合于《列子》尔。刘向言此篇惟贵放逸，与《力命篇》乖背，不似一家书，斯政误合之谥，而其书恐不止此。"又谓："《子华子》不见前录，《通考》引朱子及晁氏、周氏、陈氏，极论其伪，考《吕氏春秋·贵生》、《先己》、《诬徒》、《明理》、《知度》，俱有引子华子语，今分见伪书各篇，知先秦有其人著书传世，特久亡佚尔。"又谓："《亢仓子》即庄周所谓庚桑楚，其书九篇，伪也。"又谓："《家语》十卷，王肃伪撰，孙颐谷侍御作疏证，以发其伪，惟所引颜子之言，未尽获出处。案《韩子·显学》云：自孔子之死也，有颜氏之儒。则颜子固有书矣。宋石经后有书目，一碑中列《颜子》，岂其书不载诸史艺文，别传于世，至南宋犹存乎？胡应麟《甲乙剩言》，明初朝鲜国曾以《颜子》献朝，议以伪书却之。"又谓："《孔丛子》晚出，盖依托也。其言颇杂，多不可信，并有猥亵之语，断非出于孔氏。如子鱼谏陈王，以近事为喻，云梁人阳由者，其力扛鼎，然无治室之训，妻不畏惮，方怒，妻左手建杖，右制其头，妻授以背，而捉其阴，由乃伏地气绝，邻人趋而救之，妻不肯舍，或发其裳，乃解。何取喻鄙俗至此，与《国策》秦宣太后谓韩使者尚靳之言何异？"又谓："今所传《西京杂记》二卷，或以为晋葛洪著，或以为吴均伪撰，据洪序以为本之刘歆，洪特抄而传之。"又谓："陶元亮著《四八目》，宋以前无异称，司马贞《史记·留侯世家》索隐、鲍彪《战国韩策》注俱引之，不知何时改名《圣贤群辅录》。吴礼部注《国策》，便已改称，当是宋人妄易其名也。"又谓："《杜诗千家注》有东坡，汪应辰《文定集·书少陵诗集正异》云：'闽中所刻《东坡杜诗事实》者，不知何人假托，皆凿空撰造，无一语有来处。'朱子云：'闽中郑昂伪为之。'盖此犹王梅溪《苏诗注》，亦伪托也。"

陈寿祺称其钩深索隐之功甚至。[1]周中孚称其所考证颇有心，足征其学有本原焉。[2]张舜徽称考证经史自多精义，不失为说部中之铮铮者。[3]

此本据清嘉庆刻《清白士集》本影印。（王献松拟草）

庭立记闻四卷 （清）梁学昌等辑

梁学昌，字蛾子，晚号道子，钱塘（今属浙江杭州）人。梁玉绳之子。著有《蕉屏覆瓿集》。生平事迹见《两浙輶轩续录》卷十一。

书前有嘉庆十七年（1812）诸以敦序，称此书皆记乃翁考古答

---

[1] （清）陈寿祺：《左海文集》卷四上《与仁和梁曜北书》，清刻本。
[2] （清）周中孚著，黄曙辉、印晓峰标校：《郑堂读书记》，上海书店出版社2009年版，第909页。
[3] 张舜徽：《清人文集别录》，华中师范大学出版社2004年版，第210页。

问之语，及撰造所未刻者，因题曰《庭立记闻》云。① 书后有嘉庆十六年（1811）陆准跋，称戊辰冬仲，复至武林，得读莱子昆季所辑《庭立记闻》，出经入史，援据精确云云。②

此书为问答体，共四卷。卷一为补《史记志疑》及《清白士集》六种，题梁学昌辑；卷二至卷四为玉绳与诸子问答语，分别题梁耆、梁众、梁田辑。书中所记，有关辨伪者，如称："《许彦周诗话》载子厚石刻云：龙城，柳神所守，驱厉鬼，山左首，福土氓，制九丑。与许周生所藏石刻文小异，盖仍《龙城录》之伪也。"又称："《孟子》古注，惟赵氏得存。海宁杨文荪云：《后汉书·儒林传》程曾作《孟子章句》，高诱《吕氏春秋序》曰诱正《孟子章句》，又《隋志》有郑康成注《孟子》七卷，今皆无传，诸书均未引及。《宋史·艺文志》有扬雄注，似伪托。"又论《尚书》云："百篇之《序》，真不敢臆决。但子长去孔子时未远，其言必有师承，盖从孔安国问，故而得之尔。至《大戊》一篇，不见于《序》，当是脱逸。朱竹垞《经义考》谓即《咸艾》四篇之一，盖因《殷纪》连及而为之说。《九共》九篇，不闻异名，何独《咸艾》之篇别名《大戊》乎？其为《书序》所遗可见。《左传》定四年有《伯禽》、《唐诰》二篇，《书大传》有《掩诰》，《汉》志引《月采》、引《丰刑》，亦《书序》所无。秦火之后，各经尚多失亡，《书序》之阙，无足怪矣。《墨子》所引有《总德》，有《武观》，有《禽艾》，有《竖年》，有《去发》，皆《汲冢书》篇目，与《尚书》不合。"又论《竹书纪年》曰："裴骃《史记·魏世家》集解引和峤云：《纪年》始自黄帝，终于魏之今王。则非后人羼入矣。"又论《子夏易传》曰："崔秋谷尝谓余曰：《子夏易传》或云韩婴作，或云丁宽作。司马贞称刘向《七略》有之，则其来古矣，

---

① 《续修四库全书》第1157册，上海古籍出版社2002年版，第87页。
② 《续修四库全书》第1157册，上海古籍出版社2002年版，第148页。

见《唐会要》。李鼎祚《集解》亦引《子夏传》，则唐时犹存。通志堂所刻完然无阙，顾李氏引者反无之，疑非唐之旧也。《困学纪闻》谓《子夏传》张弧作，考尤延之《遂初堂书目》，有《卜子夏易传》，有张弨《解卜子夏易传》，弨盖弧之讹。然毕竟是两书，今本乃弧之《解传》，而误以为子夏尔。弧著《素履子》十四篇，援经据义，实儒家流派，未必有意作伪如此。案《汉书·儒林传》，《易》者有沛人邓彭祖，字子夏。唐以前所传者，或彭祖之书，今所传者，即张弧之《解传》欤？"又论读经史之法曰："经须逐字钻研，更参异同，于别条而融贯之。史须逐事检对，先分门类，于胸中而粹聚之。诸葛公略观大意，靖节翁不求甚解，似非读书常法。"

徐时栋称："余谓大约玉绳自著，而分属于其子者。"[1]张舜徽亦称："此为玉绳自记以补《瞥记》者，乃嫁名为其四子所分辑。子录父言而名《庭立记闻》，则立于庭者谁乎？所闻之事，又得之自谁？其后徐时栋《烟屿楼读书志》已斥其名之不通。"[2]

此本据清嘉庆刻《清白士集》本影印。（王献松拟草）

简庄疏记十七卷 （清）陈鳣撰

陈鳣（1753—1817），字仲鱼，号简庄，海宁（今浙江海宁）人。嘉庆三年（1798）举人。雅好藏书，遇宋元佳椠及罕见之本，不惜重值收之，与吴骞、黄丕烈等互相传抄。其向山阁足与黄丕烈百宋一廛及吴骞千元十驾媲美。著有《论语古训》、《礼记参订》、《经籍跋文》等书，辑郑玄《孝经郑注》、《六艺论》。生平事迹见《清史稿·儒林

---

[1] （清）徐时栋：《烟屿楼读书志》卷十六，民国十七年铅印本。
[2] 张舜徽：《清人笔记条辨》，华中师范大学出版社2004年版，第151页。

传》、《清史列传·儒林传》。①

　　段玉裁序仲鱼文集，亟称其考证之精核。阮元亦称仲鱼经学最为精深。书末有民国四年（1915）张钧衡跋，称此书分疏各经，诠释字义，颇与《经义杂记》、《读书杂志》相近。②

　　此书为疏解《十三经》之作，卷一《易》，卷二《书》，卷三至卷五《诗》，卷六、卷七《周礼》，卷八《仪礼》，卷九、卷十《礼记》，卷十一《春秋左氏传》，卷十二《春秋公羊传》，卷十三《春秋穀梁传》，卷十四《论语》，卷十五《孟子》，卷十六《孝经》，卷十七《尔雅》。如谓"易之字取诸蜥易"，驳"日月为易"之非，"易字象形，而非会意。《乾凿度》云：'易一名而含三义，所谓易简也，变易也，不易也。'俱望文生义，非正训也"。又论董逌《广川诗故》曰："《读诗纪》所载董氏说即此人，其言《齐诗》及石经、崔灵恩《集注》、江左古本多伪托，《诗考》误信之。"今按：此书诠释经义，实为读《十三经》札记，应入经部群经总义类中。台湾新文丰出版公司《丛书集成续编》入群经总义类，是也。

　　此书底本系张钧衡抄自武进盛氏，前六卷为写定本，后八卷则手稿。此本据民国四年张氏刻《适园丛书》本影印。

合肥学舍札记十二卷　（清）陆继辂撰

　　陆继辂（1772—1834），字祁孙，阳湖（今属江苏常州）人。嘉庆五年（1800）举人，历官合肥县训导、江西贵溪县知县。陆氏为阳湖派代表作家，其古文婉挚多情，独具一格。著有《崇百药斋文集》。

---

① 参见陈鸿森：《陈鳣事迹辨正》，见《传统中国研究辑刊》第1辑，上海人民出版社2006年版。

② 《续修四库全书》第1157册，上海古籍出版社2002年版，第291页。

生平事迹见《清史稿·文苑传》、《清史列传·文苑传》、《国朝耆献类征》卷二百四十六及李兆洛《贵溪县知县陆君墓志铭》。

此书为继辂主讲合肥学舍时所作札记，书中以论诗之语为多。如"江西诗"条称："予交江西诗人最多，曾宾谷先生燠、蒋藕船知让、吴兰雪嵩梁、乐莲裳钧殆可称四大家矣。然三家托兴深远，深得古人所言在此所指在彼之旨。藕船有赋而无比兴，固应不逮。且三家如侧生果，色香味俱备。藕船如槟榔，非癖嗜不能时时下咽也。"又如"唐人诗学汉魏"条称："义山五七律，极有似老杜者，然遂以为义山学老杜，则非也。义山志洁物芳，深得国风、骚辨之旨，变为今体，生面独开，可谓自致青云，不由依傍。宋、明人推尊老杜太过，凡中晚间作者，辄谓瓣香所在。其实乐天、长吉、文昌、仲初，学汉魏而各得其性之所近，亦非肯远舍古人，别求规范者也。即以杜诗言之，《石壕》诸吏，《新昏》诸别，前后《出塞》等作，皆力追汉魏长篇，如《北征》苦心学蔡文姬，形迹未化，已雄视一代矣。其纵笔自为之者，即间有粗率生硬牵凑之病，学古亦何负于人哉？彼还珠买椟者，不足引为口实也。"又卷十一"诗学举隅"条论诗学曰："诗以意为主，气韵次之，至于字句，其粗迹也。然非字句之工，即意何所附以传世而行远？"又曰："五言短篇，须令气格宽纵。"又曰："作诗虽不尚考据，然亦不可过于牵凑。"又曰："作诗尤忌趁韵。"又曰："读靖节诗，胸中便有冲淡二字；读香山诗，胸中便有坦率二字；读昌谷诗，胸中便有俶诡二字；读玉溪诗，胸中便有繁缛二字。自论者唱之于前，耳食者和之于后，并为一谭，可为三叹。"又如"今之学者为人"条称："古之学者但为己而已，无为人之责也。自司徒之属皆废其职，学者当以世道人心为己任。孔子诲人不倦，无行不与，不得中行，必也狂狷，何其孳孳于为人也，自来注家，皆误会经意。"

书前有李兆洛序，称其书义理不必深微，考证不必精凿，要是随学力所及，平心易气而出之，不为矫伉，无有偏诡，足以引翼后学，于王阮亭《居易录》最为近之云。[①] 杨钟羲《雪桥诗话》亦称此书称心而言，老辈谈艺语亦多见其中云云。

此本据华东师范大学图书馆藏清光绪四年兴国州署重刻本影印。（王献松拟草）

过庭录十六卷　（清）宋翔凤撰

宋翔凤（1776—1860，一作 1779—1860），字虞庭，又字于庭，长洲（今属江苏苏州）人。嘉庆五年（1800）举人，官至湖南宝庆府同知。著有《小尔雅训纂》、《尔雅释服》、《朴学斋文录》等书，又辑《五经要义》、《五经通义》。生平事迹见《清史稿·儒林传》、《清史列传·儒林传》。

翔凤为庄述祖之甥，主今文经学，为常州学派代表人物。此书为宋氏读书札记，始撰于道光二十九年（1849），成书于咸丰三年（1853）。全书十六卷，卷一论《易》，卷二、卷三为《周易考异》，卷四、卷五为《尚书略说》，卷六为《尚书谱》，卷七论《诗》，卷八论《礼》，卷九论《春秋》，卷十杂说《论语》、《孝经》、《尔雅》、《孟子》，卷十一、卷十二论史，卷十三、卷十四论子，卷十五、卷十六论文。其论经学者，如"《仪礼》为本《周礼》为末"条称："《仪礼》十七篇，始于冠、婚，以重成人之事，谨人伦之始，终于丧、祭，明慎终追远之义。《丧服》一篇，所以定亲疏，决嫌疑。人心风俗之所系，不可变易，故谓之本。《周礼》设官分职，一代之书，有

[①]《续修四库全书》第1157册，上海古籍出版社2002年版，第293页。

所损益，故谓之末。而贾氏序《周礼》则云：'《周礼》为本，《仪礼》为末。'此疏家各尊其经，非至论也。""道学"条谓："朱子得程氏正传，以周、程、张、邵列《道学》之首篇，而朱子继之，凡程朱门人，各以类从，传称旧史列邵雍于隐逸未当。自孔孟之后，异端纷扰，惟董仲舒独言正谊明道，韩氏后为《原道》，学者始知道学为正宗。至濂洛数子，穷极性命，发挥义理，讲明切究，以归实用。朱子搜辑《二程遗书》，而后洛学大备。朱子之学，自足继往开来，非他儒所能及。"又有辨伪书者，如"鬻子"条曰："《鬻子》书已不传，今传逢行珪注《鬻子》乃是伪书。惟《新书·修政语》二篇当采自《鬻子》，凡文王以下问者，皆在下篇，其上篇载黄帝、颛顼、帝喾、尧、舜、禹、汤之言，皆《鬻子》所述以告文王以下者也。道家之言，皆托始黄帝，故《七略》列于道家而以为人君南面之术，固治天下之书也。汉人言黄老，知老子亦出黄帝。"又如"宋广平《梅花赋》宋元间人伪托"条称："广平之赋久佚不传，今传《梅花赋》，其中多袭忠定之语，是通篇亦多袭李意，知伪作自有蓝本。王志坚谓今《梅花赋》为明人拟作，刻《文致》中。然元刘埙《隐居通议》载广平《梅花赋》二篇，其一即今所传之赋也，又一篇绝异，又用唐末宋初事，《通议》亦断为他人所作，则此二篇皆宋元间人依托。"他如"木兰诗"、"近人妄改元白诗"等条亦涉及辨伪。

李慈铭称其学亦主公羊，而湛深古义，纷纶推绎，多有可观。[①]刘咸炘称其以《归藏》诠老子，谓老子同黄帝，以《礼运》大同之说证孔、老同，浮屠、黄、老一家，则皆非浅人所能言，但不尽醇耳。此编第十三卷诠《老子》，惜未成书。其他考据精当，原原本本，颇近理初。论道学不非程、朱，论文笔不主阮说，及论唐文皆卓荦不群。

---

① （清）李慈铭：《越缦堂读书记》，上海书店出版社2000年版，第785页。

谭献称为精研绝学，洞识本原，未免阿好，要之大卓小精云云。①

此本据中国科学院图书馆藏清咸丰浮溪精舍刻本影印。此书又有光绪七年章寿康刻本。（王献松拟草）

读书丛录二十四卷 （清）洪颐煊撰

洪颐煊（1765—1837）②，字旌贤，号筠轩，晚号倦舫老人，临海（今浙江临海）人。嘉庆六年（1801）拔贡生。馆孙星衍所，为撰《孙祠内外书目》、《平津读碑记》，考据明审。于唐代地理殊多心得。纳资为州判，署广东新兴知县。著有《汉志水道疏证》、《诸史考异》、《经典集林》等书。生平事迹见《清史稿·文苑传》、《清史列传·儒林传》、《临海县志》。

书前有道光元年（1821）颐煊自序，称五十以后始抵粤东，趋走之暇，闭门却扫，于是重取经史百家，朝研夕稽，证其异同，辨其得失，以声音文字通其原，以转写讹舛穷其变云云。③

此书二十四卷，仿钱大昕《十驾斋养新录》而作，杂考群经子史。书中多考证群书字词，亦有通论之语。如论《易》曰："阳象天道，故以乾坤、天地为始，以坎离、日月为用；阴法人事，故以咸恒、男女为始，以既济未济、水火为用。天道有屯亨，故以泰、否居中；人事有得失，故以损、益居中。"论佛书俗字曰："西域以音，中国以字，自佛书入中国，翻译者随意创造，而俗字始多矣。"又论

---

① 刘咸炘：《内景楼检书记·子类》，《推十书》丁辑第2册，上海科学技术文献出版社2009年版，第567页。今按：论者以为其古籍整理工作较之乾嘉诸老已大为不如，详参徐兴海：《〈过庭录〉古籍整理工作论析》，《西安联合大学学报》2004年第3期。
② 徐三见：《洪颐煊卒年正误》，《史学史研究》1992年第2期。
③ 《续修四库全书》第1157册，上海古籍出版社2002年版，第553页。

反切曰："反切之学，创于魏晋，其时已萌芽矣，舌腹、舌头、横口、合唇、蹙口、开唇，此即西域四十二字母之所自始。"他如辨《公羊疏》为梁齐间旧帙无疑，谓《孟子外书》四篇是后人所益，又谓《老子》"今本王弼注明代始出，或后人掇拾为之"，又证颜师古《汉书集注》多掩他人之说以为己说。

周中孚称是帙皆于原书中摘句为解，繁简适均，考据精确，绝无向壁虚造、剿袭陈言之病，而于辨证舆地，尤简而明。[1]刘咸炘称此本可取者甚多，然举义不大，毛举细碎，又多孤证，好据类书，不及《养新录》之精慎。[2]

此书有道光四年富文斋重印本、光绪十三年吴氏醉六堂刻本、《传经堂丛书》本、《广雅丛书》本。此本据国家图书馆藏道光二年富文斋刻本影印。（王献松拟草）

郑堂札记五卷　（清）周中孚撰

周中孚（1768—1831），字信之，号郑堂，乌程（今属浙江湖州）人。嘉庆十五年（1810）举拔萃科。长于目录之学。著有《郑堂读书记》、《顾职方年谱》、《子书考》等书。生平事迹见《两浙輶轩续录》卷二十七及戴望《外王父周先生述》。

书中多评论著作利弊之语，如曰："王文简《精华录》出于门下士选定，文简在日已刊行，故诗至庚辰而止，自辛巳以下十二年，盖

---

[1]　（清）周中孚著，黄曙辉、印晓峰标校：《郑堂读书记》，上海书店出版社2009年版，第909页。

[2]　刘咸炘：《内景楼检书记·子类》，《推十书》丁辑第2册，上海科学技术文献出版社2009年版，第566页。今按：关于此书的研究，参见李祥：《洪颐煊〈读书丛录〉探颐》，湖北大学2011年硕士学位论文；贾慧如：《试论洪颐煊〈读书丛录〉的文献学成就》，北京师范大学2007年硕士学位论文。

阙焉。然视全集，不过存十之四耳。后之注家，宜取全集笺释之，庶有功前贤，嘉惠来哲不浅。乃惠定宇栋作《训纂》，金林始荣作《笺注》，只为《精华录》而设，此避难趋易，急于成名，均未当也。"又曰："归震川长于文而短于诗，夫人而知之也。汪尧峰酷爱其文，并及其诗，因撰《归诗考异》一卷，刻入《钝翁类稿》，此则误用心思，不得著述之要领矣。"其评赵翼《陔余丛考》、王鸣盛《十七史商榷》之语颇多。又有论诗文者，如论王、孟诗曰："王诗秀，孟诗清。杜少陵《解闷》诗，于右丞则曰'最传秀句寰区满'，于襄阳则曰'清诗句句尽堪传'。诗史品题，千古定论。"又曰："凡诗集中载他人赠倡之作，当列于本人答和诗之前，他人答和诗之作，当附于本人赠倡诗之后，题目亦不得改削，唐人集皆如此。今人则一概附后，并将题目删繁就简，如赠诗、答诗、原倡、和作之类，非古法也。"又曰："陶靖节诗只百余首，有唐王、孟、储、韦、柳诸公，得其一体，无不名家，可知好诗不贵多也。"

书末有赵之谦跋，称其以纪事纂言为己任，殁后其家鬻书他氏，并手稿弃之。又称此札记为其外孙戴子高所得，之谦校雠梓行。张文虎称其书考证肤浅，多人所已言。[①]

此本据清光绪赵氏刻《仰视千七百二十九鹤斋丛书》本影印。（王献松拟草）

柿叶轩笔记一卷　（清）胡虔撰

胡虔（1753—1804），初名宏慰，改名虔，字恭孟，一字雒君，号枫原，桐城（今安徽桐城）人。嘉庆元年（1796）举孝廉方正，赐

---

① 张文虎：《张文虎日记》，上海书店出版社2009年版，第72页。

六品顶戴。工古文辞，精经史考据，尤长于目录、地理之学。著有《识学录》、《战国策释地》、《桐城志艺文目录》等书。[①]生平事迹见方东树《胡虔传》、马其昶《桐城耆旧传》卷十、刘声木《桐城文学渊源考》、《（光绪）重修安徽通志》卷二百二十三。[②]

书前有道光十九年（1839）方东树序。书中多有"损之按"，即方东树按语。后有民国五年（1916）赵诒琛跋，称其名不著于江南，平生著述多他人主名。[③]今按：胡虔尝助谢启昆著《西魏书》、《小学考》、《南昌府志》、《广西通志》，助毕沅著《两湖通志》、《史籍考》。

其书于史部、金石、地志等论说尤极有见地。如称："府县志体例，本于史部之地理，而附益以传记。专详地理，若《太康地记》、朱育《会稽土地记》之类是也；纪载一方大事，若应思远《洒南故事》、晋世朝《三辅故事》之类是也；郡县沿革，若《并帖省置诸郡旧事》之类是也；星土之记，若《海中二十八宿国分》之类是也；疆界道里，若易被《禹贡疆里广记》之类是也；户口田赋，若《元康六年户口簿记》、《元和会计簿》之类是也；风俗物产，若万震《南州异物志》、《陈留风俗传》、《隋诸郡土俗物产》之类是也；山川水利，刘澄之《永初山川古今记》、单锷《吴中水利》之类是也；建置古迹，若《列国都城记》、《三辅黄图》、《洛阳宫殿簿》、羊衒之《洛阳伽蓝记》、刘璆《京师寺塔记》、李彤《圣贤冢墓记》之类是也；艺文金石，若宋孝王《关中风俗》、刘泾《成都刻石总目》之类是也；人物有传，若《兖州先贤》、《襄阳耆旧》之类是也；贤惠

[①] 袁行云：《谢启昆〈西魏书〉等书为胡虔代撰》，见《文史》第14辑，中华书局1982年版。
[②] 关于胡虔的研究，参见尚小明：《胡虔生平系年》，《中国典籍与文化》2005年第4期；张振广：《胡虔学术研究》，广西师范大学2008年硕士学位论文。
[③] 《续修四库全书》第1158册，上海古籍出版社2002年版，第47页。

有传，若刘向《列女》、杜预《女记》之类是也；方外有传，若刘向《列仙》、宝唱《名僧》之类是也；征辟科第，若《宋登科录》、《五代登科录》之类是也；职官名宦，若《魏晋百官名》、胡纳《民表录》之类是也；缀辑见闻，若《钱塘逸事》、龚明之《中吴纪闻》之类是也；选录诗文，若孔延之《会稽掇英》、程遇孙《成都文类》之类是也。凡此皆各自为书，分门著录，作地志者，合诸体例成一书，又必分诸书以还各体，方为体备而用宏。"又称："地志有三重，曰图，曰沿革，曰掌故。若名胜古迹，则诗人文士之所资耳，无关典要也。"又记科举事者，如称："明中叶以后，右文轻武，武生三中乡试，始予会试。吾家效宾公中隆庆庚午、万历癸酉、丙子三武科，及会试，屡不第，盖精神消耗于乡试久矣。人材衰沮，宜张、李一乱，而天下亡也。"

叶昌炽以此书多考证舆地家言及志乘条例，近于实斋章氏之学。[①] 然萧穆《跋柿叶轩笔记四则》称此记载乾隆初谢济世诋毁朱子《大学中庸章句》一条，事迹未了，文气未完，大抵未深悉此事原委之故。[②]

此本据上海辞书出版社图书馆藏民国五年赵氏刻《峭帆楼丛书》本影印。（王献松拟草）

拜经日记十二卷 （清）臧庸撰

臧庸（1767—1811），本名镛堂，字在东，后改名庸，字用中，号拜经，武进（今属江苏常州）人。国子监生。阮元编纂《经籍籑诂》、《十三经注疏》，多所襄助。著有《拜经堂文集》、《月令杂说》、《臧

---
① 叶昌炽：《缘督庐日记钞》卷十六，北京图书馆出版社2007年版，第577页。
② （清）萧穆撰，项纯文点校：《敬孚类稿》卷六，黄山书社1992年版，第148页。

氏文献考》等书。生平事迹见《清史稿·儒林传》、《清史列传·儒林传》。阮元《研经室二集》卷六有《臧拜经别传》，宋翔凤《朴学斋文录》卷四有《亡友臧君诔》。①

臧庸拟《经义杂记》而作《拜经日记》。《日记》所研究者，一曰诸经今古文，二曰王肃改经，三曰四家《诗》同异，四曰《释文》义疏所据旧本，五曰南北学者音读不同，六曰今人以《说文》改经之非，七曰《说文》讹脱之字，而于孔孟事实考之尤详。臧氏尝曰："学问之道，贵平心以求是非，而无取于苟焉好异。"②又曰："学问之道，贵在虚己受益，亦贵独断不疑。"③高邮王念孙亟称之，用笔圈识其精确不磨者十之六七，其《拜经日记叙》称："及余罢官，养疴都下，与用中所居相去数武，晨夕过从，而益以知其人之朴厚、学之精审也。用中绍其先玉林先生之学，撰《拜经日记》十二卷，考订汉世经师流传之分合、字句之异同，后人传写之脱误、改窜之踪迹，擘肌分理，剖豪析芒，其可谓辩矣。若其说经所旁及者，叔孙《礼记》、南斗文昌之类，皆确有根据，而补前人所未及。"④周中孚称其书专于发挥经义，推见至隐，直使读者置身两汉，若亲见诸家之说者；其余泛论学问无关于经义者，亦皆穷源竟委，钩贯会通云云。⑤然刘咸炘云："叶焕彬谓：'臧琳《经义杂记》全与乾嘉诸儒所著书相类。方东树谓是镛堂窜乱，余则谓直是镛堂一手改定。阎序不见于《潜丘札记》，附刻诗文内，其为伪托，又无可疑。镛堂《拜经日记》

---

① 关于臧庸的研究，参见漆永祥：《乾嘉考据学家臧庸》，《西北师大学报》1995年第5期；吉川幸次郎：《臧在东年谱》，见《经学研究论丛》第11辑，台北学生书局2003年版。
② （清）臧庸：《拜经堂文集》卷二《题蜀石经毛诗考证》，民国十九年宗氏石印本。
③ （清）臧庸：《拜经堂文集》卷三《与庄葆琛明府书》，民国十九年宗氏石印本。
④ （清）王念孙：《王石臞先生遗文》卷二，民国十四年罗振玉刻《高邮王氏遗书》本。
⑤ （清）周中孚著，黄曙辉、印晓峰标校：《郑堂读书记》，上海书店出版社2009年版，第909页。

体例，与此如出一手。'"① 段玉裁称其学识远超孙星衍、洪亮吉之上，良非虚语。

    此本据北京大学图书馆藏清嘉庆二十四年拜经堂刊本影印。

蕙榜杂记一卷　（清）严元照撰

  严元照（1773—1817）②，字久能，一字九能，号悔庵，又号蕙榜，归安（今属浙江湖州）人。贡生。绝意仕进，致力经传，于声音训诂之学多所阐发。著有《尔雅匡名》、《悔庵学文》、《柯家山馆诗集》、《柯家山馆词集》等书。生平事迹见《清史稿·儒林传》、《清史列传·儒林传》、《国朝耆献类征》卷四百二十二。

  书中多论学术之语，如论朱子之学曰："朱子之学，由博反约，非空谈性理者也。而学朱子之学者，往往流于空疏。予最重王深宁、黄东发两公所著书，是真能诵法朱子者，学者不可不留意也。"论陆王心学曰："象山、阳明之学，说者谓近于禅，诚是。而世之人同儒、释者，辄喜援其语以为证，则学者之过也。独不观莲池尊者《竹窗随笔》乎？其言曰：'新建创良知之说，是其识见学力深造所到，非强立标帜，以张大其门庭者。然好同儒、释者，谓即是佛说之真知，则未可。'"又曰："《孔丛子》云：'心之精神是谓圣。'杨慈湖平生学问以是为宗，然更浅于良知，均之水上波耳。尊者剖判真确，绝不假借，凡改头换面，以簧鼓众听者，皆尊者之罪人也。"又论禅解

---

① 刘咸炘：《校雠丛录》，《推十书》丁辑第2册，上海科学技术文献出版社2009年版，第437页。
② 彭喜双：《严元照生卒年考辨》，《湖州师范学院学报》2008年第5期。清陆心源《三续疑年录》卷九："严修能四十五，生乾隆三十八年癸巳，卒嘉庆二十二年丁丑。章绶衔《严先生传》。"

《中庸》曰："大慧杲禅师论《中庸》云：'天命之谓性，便是清净法身；率性之谓道，便是圆满报身；修道之谓教，便是千百亿化身。'此与张子韶之甥难问而发。子韶作《中庸解》，首标此说，朱子曾力辟之。莲池尊者《竹窗三笔》云：'妙喜一时比拟之权辞，非万世不易之定论，作实法会则不可。'予谓尊者卓见，实非子韶可及。"又论援儒证佛曰："儒名而墨行者，喜援儒书以证佛语，亦不足深怪，但不可故为割截，以逞其私见。罗举人台山《答汪大绅书》云：孟子教学人切实下手处，只'必有事焉而勿正心'一语，当下便是不生不灭本体，此非故为割截乎？《大学》明言'欲修其身者，先正其心'，孟子奈何教人勿正心乎？"

书中又有论辨伪之语，如称："慈相寺在德清北门外，有半月泉，泉上刻东坡五绝一首，实伪作也。近汤纬堂《炙砚琐谈》曾辩之，予见壁间有宋人草书断碑，奇逸可喜，又有徐波诗石刻，惜无好事者磨拓之。"又称："《千字文》云：'孟轲敦素。'未详敦素所出，盖《孟子外篇》语也。兴嗣梁人，当及见其书。今所传者乃伪书，丁小雅教授曾作《疏证》辨之。"又称："郑所南《心史》明末始出，顾亭林有诗记之。然实伪书也。阎百诗谓是姚士粦叔祥所撰，见《尚书古文疏证》卷五上第六十九条下。阎云闻之曹秋岳，当非妄语。"今按：《心史》并非伪书，元照未免随人说短长矣。

此书有《新阳赵氏丛刊》本、《峭帆楼丛书》本。此本据国家图书馆藏清劳权抄本影印，书前有残缺。

娱亲雅言六卷　（清）严元照撰

严元照生平见前《蕙榜杂记》提要。

书前有嘉庆元年（1796）钱大昕序，称其以读书为家法，而取之富，而择之精。① 又有嘉庆十二年（1807）元照自序，称嘉庆丙辰，先人年六十三，患河鱼之疾②，思以此娱之，因以"娱亲"名书；其曰"雅言"，先君所定名云云。③ 又有嘉庆三年（1798）吴兰庭序、嘉庆十四年（1809）段玉裁序。

此书六卷。卷一《周易》、《尚书》；卷二《毛诗》；卷三《三礼》，附《大戴礼》；卷四《春秋三传》，附《国语》；卷五《论语》、《孝经》、《孟子》；卷六《尔雅》。故书中考论皆关经传，应入群经总义类。书中间录师友之论，以钱大昕、段玉裁、臧在东诸人之说为多。其大旨主实事求是，如引钱大昕曰："说经不蕲乎新，而蕲乎确。此古今不易之论，宋儒之病，亦在求新。"其论汉儒家法曰："汉儒经师家法，建安丧乱之后，渐失其传。如何晏于经学本无所得，其撰《论语集解》兼采众说，不欲墨守一师之言，两汉专门名家之学自兹遂破。"

此书以考证经传文字音义为主，亦有总论经传者。如论《周礼疏》曰："《周礼疏》前有《序周礼废兴》一篇，此非贾氏特作此文以冠篇首者，乃后人从疏录出，妄题之曰《序周礼废兴》也。元照以《仪礼》校之，首篇先小题'士冠礼第一'，则为之疏，次大题'仪礼'，又为之疏，次'郑氏注'，又为之疏。《周礼》当与之同，乃今唯《天官·冢宰》上及郑氏注有疏，而大题'周礼'无疏，盖即《序废兴》之篇也，而毛刻本并大题'周礼'二字删之，尤误矣。"又论疏体曰："疏体于注经之人所作之序，皆随为之疏，《尚书》、《三传》、《论语》、《孝经》皆然，宋人疏《论语》、《尔雅》者遵之。即《孟子》之疏，虽删其篇叙，乱其章指，而于题辞亦未敢弃。独贾氏之疏《周礼》，不疏郑君之序，驯至散失，今可见者，唯疏中所自变量语，深可惜也。"

---

① 《续修四库全书》第1158册，上海古籍出版社2002年版，第244页。
② 河鱼之疾，指腹泻。
③ 《续修四库全书》第1158册，上海古籍出版社2002年版，第241—242页。

《两浙輶轩续录》卷三十称此书与赵氏《陔余丛考》命意相似，严稍详于经传。嘉庆七年（1802）徐养原序亦称其书于经钩核异同，宣释疑滞，于《尔雅》尤多发明，往往补郭氏所未备，其他议论亦俱不苟云云。①

此本据上海辞书出版社图书馆藏清光绪十一年弢园老民刊木活字摆印本影印。（王献松拟草）

养吉斋丛录二十六卷养吉斋余录十卷
（清）吴振棫撰

吴振棫（1790—1871，一作1792—1871），字仲云，号毅甫，晚年自号再翁，室名养吉斋，钱塘（今属浙江杭州）人。嘉庆十九年（1814）进士，官至四川总督、云贵总督。著有《国朝杭郡诗续辑》、《黔语》、《花宜馆诗钞》等书。生平事迹见《清史稿》卷四百二十四。

书前有光绪二十二年（1896）谭献序，称以意读定，类次遗编，分别若盛典，若圣德，若故实，若兴革，若异数，继之以嘉言、宸翰、秘书、禁近、宫闱，继之以六曹、行省、民物，而后以辞章、佚事、旧闻为闰余，读之如游治升平之世云云。②

《丛录》二十六卷，卷一至卷三记职官典制；卷四记大臣直房制度；卷五记经筵日讲、御临耕耤、朝政御门制度；卷六记刑部典制与颁朔；卷七、卷八记祭祀；卷九、卷十记科举；卷十一记寿庆；卷十二记列朝庙号，列后尊谥、妃嫔、王、贝勒、群臣谥号；卷十三至卷十五记宫内节庆活动；卷十六记木兰秋狝；卷十七至卷十九记宫殿

---

① 《续修四库全书》第1158册，上海古籍出版社2002年版，第246页。
② 《续修四库全书》第1158册，上海古籍出版社2002年版，第349页。

苑囿；卷二十记内府编纂镂板；卷二十一至卷二十六记铸钱、观象、用印、服饰、膳食、俸禄、赐赏、婚丧、奉藏。

《余录》十卷，卷一至卷三记皇行，颂扬圣德；卷四记康熙己卯科场案及文字狱；卷五记白莲教、滇蜀风情、汉回矛盾；卷六记名胜古迹、奇闻趣事；卷七记书林佳话；卷八录君臣嘉传；卷九、卷十记士林趣谈。

此书《清朝文献通考·经籍考》小说家类著录，以事为主，宗旨明白，不分纲目，以类为次，自八旗源流、内阁、六曹、行省、武备、科举以至宫闱、苑囿、巡狩，条举件系，颇便考查。吴氏闻见博洽，熟谙制度。此书或采自实录、会典，或稽之宫廷档案，或参核群籍，或亲历睹闻，纂录皆有所本。间有所闻异辞，则附为考证。制度先后变化，则述其沿革。凡以己意撮录者，书所自来。其书虽不如法式善、王庆云诸书标明史源，然体制谨严，不发空论，不采小说家言。间或采用传说，仍阙疑存疑，态度审慎。缪荃孙推此录择精而语详。[①]此书于清廷典章制度述之尤详，补官书之不足。

此书有清光绪二十二年刻本，北京古籍出版社1983年鲍正鹄点校本，浙江古籍出版社1985年版，及中华书局2005年《清代史料笔记丛刊》本。此本据上海辞书出版社图书馆藏清光绪刻本影印。（王献松拟草）

经史质疑录不分卷 （清）张聪咸撰

张聪咸（1783—1814），字阮林，号傅岩，桐城（今安徽桐城

[①] 缪荃孙：《古学汇刊序目》，见《古学汇刊》第一集，上海国粹学报社1912年印行。今按：对此有异议者为姜native阁，可参考氏著《养吉斋丛录》所述八旗制度之误，《满族研究》1989年第1期。

人。嘉庆十五年（1810）举人，补觉罗教习。著有《音韵辨微》、《左传杜注辨证》、《傅岩诗集》等书。生平事迹见《（光绪）重修安徽通志》卷二百二十三。

书前有嘉庆十七年（1812）聪咸自序，称与贤士大夫讲习经史，退而寻绎其义，有论难而后得进者，有商榷而不敢附者。①

书中考证，或释名物，如"释袜袷"、"辔说"、"与郝兰皋农部商《尔雅·释山》、《释乐》、《释草》三疏"、"复郝兰皋户部订《尔雅》辔首郭注之误"诸条皆是。或论历法，如"与顾千里明经难《左氏》四事"条谓："聪咸襄治《左氏》，窃谓当阳之学既显，而古学微矣。其大端纰缪，约有四事。《长历》非历也，司马温公、王伯厚已纠其失，至本朝江慎修始以今历推究其置闰之失实，而并《春秋》梓慎、裨灶之流，以为长于占验而不长于推蓰，鄙人不敢以为然也。"或考地理，如"复胡景孟编修论大别书"、"复姚姬传夫子论大别书"等条皆是。

桂文灿《经学博采录》卷八称其语多有补于经义。张舜徽《清人文集别录》卷十五称其与郝氏论雅训二书及"释袜袷"一篇甚有精意，"汉书补注"及"与阮氏论晋逸史例"等篇颇有条贯，足为理董诸史之式。

此书有光绪间《聚学轩丛书》本。此本据国家图书馆藏清嘉庆二十三年刻本影印。（王献松拟草）

交翠轩笔记四卷　（清）沈涛撰

沈涛生平见前《瑟榭丛谈》提要。

是编为沈涛官大名知府时所记。交翠轩为大名试院之室，沈氏

---

① 《续修四库全书》第1158册，上海古籍出版社2002年版，第537页。

视事之所。书前有道光十六年（1836）沈涛自序，称大名试院之后庭有古柏二株，繁荫翳日，奇态万状，学使德文庄公颜其室曰交翠轩。又称日与苍官相对，暇则考订金石，浏览坟籍，或与宾从僚佐擘笺分韵，有得即随笔疏记，积日成帙，编为四卷，即命曰《交翠轩笔记》云。① 书末有道光十八年（1838）汤璥后序，称凡群经诸史、地舆名物、凡将滂喜、时语方言以至友朋投赠之什、名贤题咏之篇，莫不月旦其词，绳纠其舛云云。②

此书四卷，卷一记大名建置沿革，并记金石器物；卷二记大名地方人物轶闻，间评诗文；卷三、卷四杂辨经史，于俗语及诗词书画皆有探析。此书尤其重视金石考证。如石门方铁珊参军所寄古铜器，沈氏考其形制，断其为古之錾器。又据款识"秉仲作用"四小篆字，断此铜器乃由"秉仲"造于周末。又如以金石证史，如辨大名建置时间。又以金石补史之阙，如沈氏于长垣蓬子祠中得魏兴和二年造象，铭文中有"佛弟子程荣以去天平二年遭大苦霜"字，考《魏书·孝静纪》但载春之旱，而不纪秋之霜，盖史书之漏略。又以金石证金石，如魏兴和二年造象铭文中有"去天平二年"字，沈氏言此当为古句法，并引《樊毅复华下租田口算碑》"臣以去元年十一月到官"、《白石神君碑》"去光和四年三公守民为无极山求法食此"为证。

李慈铭称其杂考群书，多有异闻，其第三卷考据经史，最为精密。③ 1966年5月6日谢国桢跋曰："西雍著作湛深典雅，实较小茗《耐冷谭》高出远甚，盖青出于蓝也。"

此书有道光十八年嘉兴沈氏刊本、道光二十八年自刻本、

---

① 《续修四库全书》第1158册，上海古籍出版社2002年版，第561页。
② 《续修四库全书》第1158册，上海古籍出版社2002年版，第607页。
③ （清）李慈铭：《越缦堂读书记》，上海书店出版社2000年版，第723—724页。李氏又讥其不免好异之见。

《聚学轩丛书》本。此本据上海辞书出版社图书馆藏道光间刻本影印。（龙文真拟草）

铜熨斗斋随笔八卷　（清）沈涛撰

沈涛生平见前《瑟榭丛谈》提要。

铜熨斗者，乃沈氏所得天和三年之器，据其考订，为曹魏明帝太和年间物[①]，故以此名斋，又以之名书。

此书八卷，卷一至卷三考群经，卷四至卷六考诸史，卷七、卷八考子书及字词俗语。以局部考证为主，亦有论及著作者。如"兼明书"条称："《宋史·艺文志》邱光庭《兼明书》既入经部礼类，又入经解类，一卷之中，重复如此，实则应入子部杂家类也。"又如"《竹书》非《纪年》"条称："《史记·五帝纪》正义引《括地志》云：故尧城在濮州鄄城县东北十五里。《竹书》云：昔尧德衰，为舜所囚也。又有偃朱故城，在县西北十五里。《竹书》云：舜囚尧，复偃塞丹朱，使不与父相见也。案《晋书·束皙传》，《竹书》自《纪年》十三篇外，尚有《师春》、《琐语》等七十五篇，则所引《竹书》，不知在何篇之中，非《纪年》之文也。今本《纪年》固非晋时旧文，而或据此以疑《纪年》之伪托，则非矣。"

此书于考订笔记中，颇见功力，不仅于古籍之文字错讹、释义不洽者多所订正，尤能不为名家成说所囿，自出新见。俞樾称其考证经史，颇为精审。刘咸炘称："西雝乃茂堂弟子，校勘细密，八卷中无甚苟且语，好以《说文》本字证书，是其师法，而论《尚书》古今

[①] 参见（清）沈涛：《交翠轩笔记》卷一，《续修四库全书》第1158册，上海古籍出版社2002年版，第567—568页。

文、《诗》三家、《论语》古鲁诸异字,往往武断,亦似其师。西雍以《论语》孔注为伪,已难令人信从,此又以史迁书为用《古文尚书》与臧、王及其师说争,弥觉可憎矣。"①

此书初刻于咸丰七年,别有《式训堂丛书》本、《校经山房丛书》本。此本据天津图书馆藏清光绪间会稽章氏刻本影印。

(王献松拟草)

经史答问四卷 (清)朱骏声撰

朱骏声(1788—1858),字丰芑,号允倩,自署石隐山人,吴县(今属江苏苏州)人。嘉庆二十三年(1818)举人。道光六年(1826)始用大挑诠黟县训导。咸丰元年(1851)缮定所著书,由礼部进呈御览,赏国子监博士衔,寻升扬州府学教授。引疾,未之官,侨居黟县石村,后卒于此。著有《六十四卦经解》、《说文通训定声》、《传经室文集》等书。②生平事迹见《清史稿》卷四百八十一、《清史列传》卷六十九、朱孔彰所撰《朱骏声行述》及朱骏声自编《石隐山人自订年谱》。

书前有光绪二十年(1894)其子朱孔彰序,称其与黟汪文台、俞正燮、程鸿诏及弟子程朝钰、朝仪等质疑问难,有《经史答问》一编,乱后颇有散失云云。③孙诒让亦称:"尝与嘉定葛其仁、朱右曾,黟俞正燮、汪文台、程鸿诏论经史事及门人程朝钰、程朝仪等问答,

---

① 刘咸炘:《内景楼检书记·子类》,《推十书》丁辑第2册,上海科学技术文献出版社2009年版,第587—588页。
② 参见刘跃进:《朱骏声著目述略》,《清华大学学报》1987年第1期。
③ 《续修四库全书》第1159册,上海古籍出版社2002年版,第1页。

有《经史问答》若干卷。"[1]

  此书原为二十六卷,今存四卷,为问答体,未注问人姓字,凡五百余条。涉及群经、《汉书》、《史记》、《战国策》、《论衡》、《淮南子》,究以论经之语为多。如答《易经》爻词俱与彖通而不与大象通曰:"爻、彖通者,公宗文王之旨也;不与大象通者,公非豫为孔子释也。爻词为占《易》者言,大象为学《易》者言。"又论毛奇龄《古文尚书冤词》之说曰:"伪《书》有确可证者,断非冤狱。"并详列证据十二条。又论《子贡诗传》曰:"鲁赐《诗传》与申培《诗说》大同小异,余以为鲁申培弟子有东海太守鲁赐,明嘉靖中丰坊所作伪书二种,一《诗说》,一《诗传》,非托于卫端木赐,乃托于东海太守——培之弟子耳!后人以讹传讹,遂以为孔子弟子子贡也。"论郑樵《通志》曰:"郑渔仲词章之学略可观览,其傲睨一世、自命不凡者,由其天分甚高,涉猎该博,精力又自过人。惜乎学未邃、养未醇也。《二十略》果事事深造,岂非千古一人哉?即如《六书》一略,浅陋乖舛,师心立说之处,如同呓语。未入门庭,而反诃诋叔重,不亦妄乎!"

  此本据上海辞书出版社图书馆藏清光绪二十年刻本影印。

(王献松拟草)

萝藦亭札记八卷 (清)乔松年撰

  乔松年(1815—1875),字健侯,号鹤侪,徐沟(今山西清徐)人。道光十五年(1835)进士。官至陕西巡抚,授河东河道总督。卒谥勤恪。咸、同间在泰州时广招词人,主持风雅。著有《纬捃》。生平事

---

[1] (清)孙诒让:《朱博士事略》,见《碑传集补》卷四十,民国十二年刊本。

迹见《清史稿》卷四百二十五、方浚颐《太子少保东河总督乔公墓志铭》①。

书前有同治十二年（1873）松年自序，称穿穴群言，差胜博弈，勒成一编，可佐燕谭云云。②

此书卷一论《易》、《书》、《诗》，卷二论《春秋》、《三礼》、《论语》、《孟子》、《孝经》、《尔雅》，卷三论天文、地理、《史记》、《汉书》，卷四论《说文》、音韵、诗文、金石墓志，卷五至卷八杂考字词俗语、人物著作。论经以《书》、《诗》、《春秋》、《三礼》为多。如辨《古文尚书》之真伪，称："毛西河谓古文不伪，作《冤词》以折梅、阎，此亦爱古守旧之意，与其轻疑，不如过信，亦未可全非。特作伪之显而易见者，莫甚于割《尧典》以为《舜典》，增出二十八字。彼姚方兴者何所受之，直臆造而已。臆造而割裂之，致《尧典》止于'帝曰钦哉'，尧之事未终，而'二十有八载，帝乃殂落'，入于《舜典》矣。《孟子》引此语而曰《尧典》，真铁案也。"又如论《毛诗序》，称："三百四篇之序，虽长短不同，而非出一人之手。然愚细审序语，其发端一二语或至三语发明大意者，则古序，在毛公之前者也；其推阐之语，则后儒衍之，或即卫敬仲所附益。序后推阐之语，为后儒附益无疑。"论以经断狱曰："汉人以经断狱，传为美谈，实不可为训。大抵出于两途：迂儒不达人情，不明事理，但执半言单词以为断，由于拘固；憸人逢迎世主，巧于比附，借经语为舞文之具，（者）[由]于谲诡。两者之心术不同，而无当于经义则一。"又论史书曰："作史最难，其文工者，其事疏；其事详者，其文冗。《史》、《汉》之文雄奇，而纪或失实，传多不备，后人作史，于事详矣，而文不足传。准古酌今，惟当取法欧阳《五代史》，简练综核，

---

① 参见《续碑传集》卷二十七，清宣统二年江楚编译局刊本。
② 《续修四库全书》第1159册，上海古籍出版社2002年版，第77页。

亦可称良矣。元人修《宋史》多腐语，其论事亦多迂见，而不切事情。"又论诗文曰："柳子厚文字雄视百代，而言有极迂者。"曰："古人文字，但期不悖于道，不似后世字梳而句栉之。"曰："钟、谭败坏风气，即如袁子才鼓动流俗，皆诗教罪人。幸世不乏知诗者，力遏其流，披猖尚未甚久，其焰近稍息矣。"

此书有《山右丛书初编》本。此本据湖北省图书馆藏清同治刻本影印。（王献松拟草）

管见举隅一卷 （清）王培荀撰

王培荀（1783—1859），字景淑，号雪峤，又号雪道人，淄川（今属山东淄博）人。道光元年（1821）举孝廉方正，历官四川丰都、荣昌、新津、兴文知县，又特授嘉定府荣县知县。归里后，主讲般阳书院。著有《乡园忆旧录》、《听雨楼随笔》、《学庸集说》等书。生平事迹见《（道光）济南府志》卷四十二。

此书共收文十五篇，前五篇专论六经，后十篇为《井田论》、《气数论》、《书韩文公〈原道〉后》、《三教论》、《为政宽猛论》、《天论》、《正统论》、《大人小人论》、《财论》、《封建论》。如论《周易》曰："他经言理，《易》独标象。言理则语落边际，举此遗彼，立象则大小精粗无不包括，举一可该万也。"论《诗经》曰："观于《诗》而后知圣王之教人，普以周，显而切也。"《井田论》称："后世儒者好言井田，迂论也，断不可行。虽然，儒者多未察其理，拘于相传之一二语。依其言，不独今不可行，即古亦不可行；通其意，不独古可行，即今亦可行。夫今非能取田而井之也，而其法可师。"《正统论》称："古有正而不统者，有统而不正者。既正矣，虽未一天下，亦可以正统归之，如昭烈偏安，而《纲目》以之接献帝是也。得统矣，而未出于正，如秦以暴，隋以篡，不能不以统归之，而谓为正统，不可也。"

书前有道光二十八年（1848）培荀自序，称间述旧闻，不泥一家，为童蒙计，非敢陈于博雅士。①论者以为，培荀之学，华而不实，议论多而考证少，诸所议论，亦无所见地。②

孙殿起《贩书偶记》载："《管见举隅》二卷，《读书绪论》二卷，淄川王培荀撰，道光戊申至己酉荣梨官廨刊。"孙乃瑶《王雪峤先生行略》亦谓此书五卷。而此本版心有"卷一"字样，则此一卷本决非全本。此本据中国科学院图书馆藏清道光二十八年荣梨官廨刻本影印。（王献松拟草）

菉友蛾术编二卷　（清）王筠撰

王筠（1784—1854），字菉友，又字贯山，一字泉友，安丘（今山东安丘）人。道光元年（1821）举人，二十四年（1844）以国史馆誊录议叙选山西乡宁知县，并曾权知曲沃、徐沟二县。精文字之学，与段玉裁、桂馥、朱骏声并称清代说文四大家。著有《说文释例》、《说文句读》、《说文系传校录》等书。生平事迹见《清史稿》卷四百八十二、《续安丘新志》卷十六。③

---

① 《续修四库全书》第1159册，上海古籍出版社2002年版，第183—184页。
② 《续修四库全书总目提要（稿本）》第1册，齐鲁书社1996年版，第88页。今按：刘芹从新的角度对王培荀予以肯定，参见氏著《王培荀对传统史学的发展与创新》，《管子学刊》2009年第4期。刘玉湘等人也从文献学角度予以肯定，参见刘玉湘、姜艳平：《略论清代著名学者王培荀之有功于文献》，《济南职业学院学报》2012年第4期。
③ 关于王筠的研究，参见张玉梅：《王筠汉字学思想述论》，上海交通大学出版社2009年版。

书末有咸丰九年（1859）其子彦侗识语，称此书甫属草稿，因与玉山先生校而刊之。①

此书二卷，上卷杂论诸经，以论《毛诗》者为多；下卷多考《汉书》、《说文》、《楚辞》、《文选》及俗语。又有论读书者曰："今人所作之书，未尝酝酿全书于胸中，只是零星凑泊，则我之读之也，亦到处可住耳。若读后汉以前之书，必须穷数十昼夜之力，一气读之，先得其命意若何，立格若何；再读第二遍，则须一二年工夫，逐篇细审其字句，庶或得其书一半。若枝枝节节读之，先与他作书时不相似，仍是他底书，不是我底书。"

此书为王筠晚年随笔记录之本，间议经义及琐事，不专讲许学，而发明许书者居其泰半，故亦列之小学类中。其书释义内容丰富，包括对通假字、古今字、异体字、正俗字等用字现象予以辨析，以方言俗语探求词义。内容涉及多种典籍，旁征博引，对于古人不当之说敢于怀疑。论者以为，菉友之学，积精全在《说文释例》，标举分别，疏通证明，能启许慎未传奥旨；此编则其读书之札记，虽非其精力所注，然所考论，持平心以求实义，触类引伸，而无破碎支离之语云云。②

此本据上海辞书出版社图书馆藏清咸丰十年宋官疃刻本影印。

癸巳类稿十五卷　（清）俞正燮撰

俞正燮（1775—1840），字理初，黟县（今属安徽黄山）人。道

---

① 《续修四库全书》第1159册，上海古籍出版社2002年版，第258页。
② 《续修四库全书总目提要（稿本）》第12册，齐鲁书社1996年版，第104页。今按：关于此书的专题研究，参见张小梅：《〈菉友蛾术编〉训诂研究》，曲阜师范大学2011年硕士学位论文。

光元年（1821）举人，游幕四方，佣书为业，晚主江宁惜阴书舍。撰辑《五代史补注》、《宋会要》，著有《癸巳存稿》、《四养斋诗稿》等书。生平事迹见《清史稿》卷四百八十六、《清史列传》卷六十九及王立中《俞理初先生年谱》。

书前有道光十三年（1833）王藻序，称理初有《类稿》三十余卷，尚未付梓，商诸及门孔继勋、邱景湘、吴林光，醵金为付剞劂，厘其校正者十五卷为正集，余为外集，以俟续梓。①目录后有道光十三年程恩泽记，称凡学无门径则杂，杂则经学溷汉、宋，天文学溷推步、占验；执一则隘，隘则暧暧姝姝，悦一先生之言，墨守训故，甚且持古疾以病今，理初先生忧之，于是察两汉门径，端其趋向云云。②

正燮治经以汉儒为主，谓秦汉去古不远，可信者多。生平除治经外，于史学、诸子、天文、舆地、医方、星相以及释、道之书，无不探其源。③尝谓："通人不专家，专家无通人。"俞氏具有朴素之人权观念与平等思想。《贞女说》谓后世女子不肯再受聘者，谓之贞女，其义实在未安。《娣姒义》谓"礼本人情"，《征商论》谓"商贾，民之正业，不得以为贱"，《严父母》谓不知古人言严者皆敬也，《师道正义》谓师可敬则道尊，非为暴酷。然《妒非女人恶德论》谓依经史正义言之，妒非女人恶德，妒而不忌，斯为上德云云，未免标新立异，似非通论矣。

---

① 《续修四库全书》第 1159 册，上海古籍出版社 2002 年版，第 259 页。
② （清）程恩泽：《程侍郎遗集》卷十《癸巳类稿序》，咸丰五年《粤雅堂丛书》本。按：此与《续修四库全书》本目录后程恩泽《易安居士事辑》部分文字不同，但观点更鲜明，表述更准确。
③ 关于俞正燮学术思想的研究，参见贾艳艳：《俞正燮学术研究》，华中师范大学 2011 年硕士学位论文；孙建美：《俞正燮考据学研究以女性人物为中心的考察》，淮北师范大学 2011 年硕士学位论文。

梁启超称其学杂博，长于局部考证。[1]刘咸炘称其考据极博，文多征引密塞，自成一体，有前后互证之妙。又称其中精语可举为读书法者："《诗》无达诂，得其句例即达诂。《春秋》占验，多断章展转生义。"[2]然李慈铭称其书引证太繁，笔舌冗漫，而浩博殊不易得。又称理初博综九流，而文繁无择，盖经学之士，多拙于文章云云。[3]

此本据国家图书馆藏道光十三年求益斋刻本影印。

癸巳存稿十五卷　（清）俞正燮撰

俞正燮生平见前《癸巳类稿》提要。

正燮于道光癸巳年（1833）刻其文稿，因号《癸巳类稿》，余未刻之文悉存箧中，遂题曰《癸巳存稿》。书有道光二十九年（1849）张穆序，称理初足迹半天下，得书即读，读即有所疏记，每一事为一题，巨册数十，鳞比行箧中，积岁月，证据周遍，断以己意，一文遂立。又称读其书者如入五都之市，百货俱陈。[4]

此书十五卷。卷一、卷二为经说，卷三以下为书后、杂说、论说、考字、道释、诗文。俞氏主张男女平等，如卷四"女"、"妻"、"女人称谓贵显"、"出夫"诸条，为妇女大鸣不平。卷五"会通河水记"，卷六"喀尔喀伊犁"、"蒙古"，卷十"亩制"、"尺"、"石斗升"、"宋秤"等条，均具史料价值。梁启超谓俞氏之学长于局部考证，其实已开后人专题论文之先河。

---

[1]　参见梁启超：《近代学风之地理的分布》，《清华学报》1924年第1期。
[2]　刘咸炘：《推十书》丁辑第2册，上海科学技术文献出版社2009年版，第389、404—405页。
[3]　（清）李慈铭：《越缦堂读书记》，上海书店出版社2000年版，第782—783页。
[4]　《续修四库全书》第1159册，上海古籍出版社2002年版，第607—608页。

书中颇多精语，如诋宋人说《礼》，谓好以大言说经，不曾省视经文。又如谓古人训语委曲，在不肯失字本义，故能简。又论古书奇伟事，谓以义推之，非有奇异。又谓古人注书不论书，论书则多言多败。又谓自单行古文说兴，惟韩愈、欧阳修、曾巩咨于故实而又不失格调，他或不顾也。又谓古作者赏论文字，专重谋篇。又谓录有取舍，选亦必有取舍。校者详其异同以见古人之趣，非有彼此是非之见，凡校书皆然。又谓汉儒短在务攻异己，长在精思古训，不作无稽之言。又谓胡氏《春秋传》不足为书，辨者亦疏于披览。至于"科举之学不坏人材论"，未免腐论之讥矣。

李慈铭称其书杂记古今，不分门类，亦无目录，较之《类稿》，为无伦次。所采浩博，兼综说纬，固多可观，而笔舌冗漫，有学究气，且时杂以戏谑不经之辞。又称其学务杂博，而时有小说气。"酷儒莠书"、"愚儒莠书"诸条所征，挂漏之甚，而又多不确当。[①]

此本据上海辞书出版社图书馆藏道光二十八年灵石杨氏刻《连筠簃丛书》本影印。

癸巳剩稿一卷卷首一卷附录一卷 （清）俞正燮撰

俞正燮生平见前《癸巳类稿》提要。

书前有同治八年（1869）胡澍《癸巳存稿目并遗篇题辞》，又录叶名沣《桥西杂记》记俞正燮者二条。目录后有丙申（1836）正燮记，又有同治七年（1868）赵之谦题记。

此书为俞氏剩稿，系当日一再刊落之文。其中大块文章首推《积精篇》，其篇末曰："房术语杂出，忽狂忽狷，皆有小道可观之

---

① （清）李慈铭：《越缦堂读书记》，上海书店出版社2000年版，第784—785页。

长。世儒不明其终始,乍见一二语,为所震荡,则足以为世害。男女居室,人之大伦,庸德则康强,无逸则长寿。要在知其派别,悉其难易,博学审问,慎思而明辨之,则能笃行儒修,知生理之原,绝众害之萌,而合阴阳自然之数也。"张穆以为此文非后学所能遽解,则汰去之。邓实称此为俞氏极用意之作,于男女相感之微,洞彻罔遗,文极有关于生理学,不可以其涉于男女之事而掩秘,故刊于《国粹学报》。然孙宝瑄称此篇不过拉杂引房中术,别无精义云云。[①]

蔡元培《俞理初先生年谱跋》极力推崇俞氏之学,称其特点有二,曰认识人权,曰认识时代,既能以男女平等之立场发言,复能随时代而进步云云,实则以"有学问之思想家"或曰"有思想之学问家"视之。今按:俞氏三书,实则为一书。然今人整理之《俞正燮全集》,既不按文体编排,又不按年月编次,且此书中文章亦未能尽收其中,可谓卤莽灭裂。此为考据家之文集,似按文体编排为佳。

此书稿本今藏上海图书馆,国家图书馆藏有清抄本。此本据清抄本影印。

强识编四卷续一卷　（清）朱士端撰

朱士端(1786—?),字铨甫,宝应(今江苏宝应)人。道光元年(1821)举人,选广德州训导。著有《强识编》、《说文校定本》、《宜禄堂收藏金石记》等书,辑为《春雨楼丛书六种》。士端与山阳丁晏为同岁生,释经义、论《说文》颇相吻合。时广东学海堂方搜辑经解,士端著述不及寄呈,识者以未登阮录为憾。其所未刊者尚有《齐

---

① 孙宝瑄:《忘山庐日记》上册,上海古籍出版社1983年版,第628页。

鲁韩三家诗辑》、《说文形声疏证》、《知退斋笔记》三种云。①

　　书前有道光十三年（1833）汤金钊序，称博稽往籍，研究古义，声音诂训，尤多心得语，有益经传之作云云。②又有咸丰十一年（1861）士端自序，又附陈宗彝与朱士端二书，单懋谦、丁晏与朱士端各一书，王寿同与朱士端二诗，姚元燮与朱士端一诗，张宝德与朱士端二诗，杨后与朱士端二诗。书后有同治元年（1862）士端跋、咸丰十一年（1861）张宝德跋。

　　正编四卷，卷一杂考群经，卷二释《尔雅》，卷三证《说文》，卷四辨古音、子史。此书以考证为主。卷三后有士端自识，称："右弟三篇，专研小学，谨依《玉篇》、《汗简》，暨欧、赵诸录，薛尚功、王复斋款识，并近世大儒王石臞先生《读书杂志》、阮相国太夫子《钟鼎款识》诸书，寻许氏之源流，正后儒之删改，非好异矜奇，亦非乡壁虚造，此余《说文校定本》所由著也。盖经传由古文而篆，由篆而隶，或以形近传讹，或以声近致误，即文字假借亦由声音，可不合古文、篆、隶互为推求邪？"续编一卷，亦多考经传诸子、音韵字书。

　　此本据复旦大学图书馆藏清同治元年刻本影印。

东塾读书记二十五卷　（清）陈澧撰

　　陈澧生平见前《公孙龙子注》提要。

　　书前有同治十年（1871）陈澧自述，称："少好为诗，及长弃去，泛滥群籍。中年读朱子书，读诸经注疏子史，日有课程。尤好读《孟子》，以为《孟子》所谓性善者，人性皆有善，荀、杨辈皆未

---

① 《清朝续文献通考》卷二百七十一"春雨楼丛书"条，浙江古籍出版社1988年版，第10155页。

② 《续修四库全书》第1160册，上海古籍出版社2002年版，第431页。

知也。读郑氏诸经注,以为郑学有宗主,复有不同,中正无弊,胜于许氏《异义》、何氏《墨守》之学。魏晋以后,天下大乱,而圣人之道不绝,惟郑氏礼学是赖。读《后汉书》,以为学汉儒之学,尤当学汉儒之行。读朱子书,以为国朝考据之学源出朱子,不可反诋朱子。又以为国朝考据之学盛矣,犹有未备者,宜补苴之。"《东塾集》卷四《复刘叔俛书》亦称:"中年以前,治经每每有疑义,则解之,考之。其后幡然而改,以为解之不可胜解,考之不可胜考,乃寻求微言大义、经学源流正变得失所在,而后解之,考之,论赞之,著为《学思录》一书,今改名曰《东塾读书记》。此书自经学外,及于九流诸子、两汉以后学术。至宋以后,有宋元、明《学案》之书,则皆略之,惟详于朱子之学。大旨在不分汉宋门户,其人之晦者则表章之。"《东塾读书论学札记》之五曰:"余之学以考据为主。论事必有考据,乃非妄谈;说理必有考据,乃非空谈。"①此乃夫子自道之语,可窥其旨趣矣。

是编乃陈澧晚年所著,皆积学有得之言。全书虽标二十五卷,实为十五卷,乃陈氏七十岁时手订付刊。卷一《孝经》,卷二《论语》,卷三《孟子》,卷四《易》,卷五《书》,卷六《诗》,卷七《周礼》,卷八《仪礼》,卷九《礼记》,卷十《春秋三传》,卷十一小学,卷十二诸子,卷十五郑学,卷十六三国,卷二十一朱子。卷十三、卷十四、卷十七至卷二十、卷二十二至卷二十五未成。门人廖廷相称其余未成稿本十卷,遗命名曰《东塾杂俎》②。此书旨在探寻微言大义及经学源流正变得失。遵郑氏《六艺论》,以《孝经》为道之根源、六艺之总会,学《易》不信虞翻之说,学《礼》必求礼意;次考周秦诸子流派,抉其疵而取其醇;其次则表章汉晋以后诸

---

① (清)陈澧:《陈澧集》第2册,上海古籍出版社2008年版,第357页。
② 《东塾杂俎》收入《敬跻堂丛书》,于1943年由北京古学院刊刻成书。《东塾杂俎》稿本今藏中山大学图书馆。

儒粹言至论。

陈氏《学思录序目》自称："余为《学思录》，所引之书大约注疏、正史、朱子书为多。可谓醇正矣，于近人所谓渊博，则未也。"刘咸炘称其考订不下嘉、道儒者，而能求大义，不为委琐，则又胜之。又称兰甫可谓能嚼家常饭者，其言醇醇有味云云。[1]李慈铭称其谓《左传》多后人增入语，取姚姬传、吴起辈附益之说；谓荀子所谓学者止欲求胜前人，其《非十二子》中尤专攻子思、孟子，盖其失甚矣；又谓荀子诋子游氏之言甚于子张、子夏氏，或以子思、孟子之学出于子游，则诬说游辞云云。[2]今按：全书实事求是，言必有征，可谓不朽之作矣[3]。

此书有广州镕经铸史斋刊本、光绪二十四年纫兰书馆重刊本、《海粟楼丛书》本。此本据上海辞书出版社图书馆藏光绪间刻本影印。

攀古小庐杂著十二卷 （清）许瀚撰

许瀚（1797—1866），字印林，一字元翰，号培西，室名攀古小庐，日照（今山东日照）人。道光十五年（1835）以拔贡举顺天乡试，官峄县教谕。所校刊宋、元、明书籍，精审不减黄、顾。著有《攀古小庐古器物铭释文》、《攀古小庐碑跋》、《攀古小庐文》等书。[4]

---

[1] 刘咸炘：《内景楼检书记·子类》，《推十书》丁辑第2册，上海科学技术文献出版社2009年版，第565页。
[2] （清）李慈铭：《越缦堂读书记》，上海书店出版社2000年版，第796页。
[3] 关于此书考释的得失，参见杨海文：《〈孟子〉引论〈诗〉〈书〉的文献地图——兼评陈澧〈东塾读书记〉考释的得失》，《现代哲学》2011年第4期。
[4] 参见袁行云：《许瀚著述知见录》，《社会科学战线》1981年第4期。《山东文献集成》（山东大学出版社2006年版）收入许瀚著述二十种。

生平事迹见《清史列传·儒林传》、《清史稿·儒林传》及袁行云《许瀚年谱》①。

《攀古小庐文》前有丁晏序,称印林邃于小学,如所论《说文》或体、重文,深明佽长六书之旨,而讲求古韵又极尽其能事,乃汇录其杂文及读书札记,蔚为一编。②《杂著》书前有叶景葵识语,称其《韩诗外传校议》一卷精思入微。③王献唐《古今字诂疏证叙》称《杂著》为许氏弟子吴仲贻刊。

此书为许瀚读书札记。卷一至卷三为《经传说》,附杂考,卷四、卷五为《小学说》,卷六至卷十为《金石说》,卷十一、卷十二为跋。如"《伪古文尚书》袭《墨子》误断句说"条称:"《伪古文尚书》割裂《论语》、《墨子》及真《泰誓》为《武城》'予小子既获仁人'一段,《泰誓》中虽有'周亲'一段,阎百诗、宋半塘、王西庄论之详矣。瀚谓伪《书》不仅剽窃,并不识《墨子》句读。伪《书》取裁《墨子》以成文,痕迹显然,而《墨子》之言亦未可据。武王伐纣,会师孟津,军于牧野,安得有事于泰山隧?作伪者知其不合事实,故屏弃泰山等字,而唯攘其文字,狡矣。或武王初巡方,东岳告祭之辞,亦可通去,要非伐商时誓辞也。泰山疑即涉《泰誓》传闻致误。""辨诬"条称:"乾隆间修《四库全书》,馆臣上提要,于《韩诗外传》摘其疵语六,非事实者五,一条重见者二。"并辨其疵语第一条"称彭祖名并尧禹"、非事实第三条"谓舜生于鸣条一章为孔子语"、一条重见第二条"申鸣死白公之难事"之误。卷三有"读《四库全书提要》志疑"条,涉及《史记》、《周秦刻石释音》、《水经注

---

① 袁行云:《许翰年谱》,齐鲁书社1983年版。关于许瀚的研究,参见范晓娟:《许瀚学术研究》,扬州大学2010年硕士学位论文;丁原基:《许瀚之文献学研究》,台北华正书局1999年版;曹汉华:《增广许瀚年谱》,九州出版社2011年版。
② 谢国桢:《江浙访书记》,上海书店出版社2004年版,第225页。
③ 《续修四库全书》第1160册,上海古籍出版社2002年版,第651页。

碑目》、《焦山古鼎考》、《金石文字记》、《古今印史》、《孔北海集》、《定斋集》、《文心雕龙》、《唐子西文录》、《恬志堂诗话》、《帝范》诸种提要，为《四库提要》之研究资料。卷四"尚书韵"、"论语韵"、"孟子韵"、"左传韵"、"孝经韵"诸条讨论声韵。

谢国桢称书中所考汉代石刻汉嵩山三阙、三公山碑、元氏封龙山碑等旧拓本，审定行款，辨析文字，征引史事，详考其制度，尤启发研治两汉史迹之事。至其所释六朝造像石刻中"维那"二字，为总摄一寺，即后来僧官之称；张绍《瘗鹤铭辨》阁本引"顾起元"为"顾元庆"之误，皆确凿有据，足为考史之资云云。[1]卷五《小学说》中"求古韵八例"、"转注举例"二条，归纳求古韵之道有八，转注之例有七，均发前人之所未发。

此本据上海图书馆藏清咸丰间刻本影印。

丁戊笔记二卷　（清）陈宗起撰

陈宗起（1798—1832），字敬庭，号叔度，丹徒（今属江苏镇江）人。道光五年（1825）选贡成均，以母老不赴。著有《周礼车服志》、《养志居文集》、《养志居仅存稿》等书。生平事迹见《晚晴簃诗汇》卷一百三十二。

此书二卷，为其读书杂考之作。书中以考史为主，凡天文、地理、字词、制度、人物、称谓等，皆有涉及。如"万岁"条，谓此二字古人不专以颂君，亦不始于武帝时。又如"二声一字"条，称此说虽多巧合，然如叵字本从反可，与不可字各有义训，非若随以一字呼为二声、以二字呼作一声者比，又以徵定读胫，音类稍隔，至谓起于

---

[1]　谢国桢：《江浙访书记》，上海书店出版社 2004 年版，第 226 页。

西人，则尤不然。

其书实事求是，不杂浮辞，训诂、史地、杂事之属，皆有据依。然间有失误，如"谶纬"条，据《史记·赵世家》扁鹊"昔秦穆公尝如此，七日秦谶于是乎出矣"一语，断定谶纬不始于东汉，未免不辨谶、纬之别矣。

此本据上海辞书出版社图书馆藏光绪十一年《养志居仅存稿》本影印。（王献松拟草）

读书偶记八卷　（清）赵绍祖撰

赵绍祖（1752—1833），字绳伯，号琴士，泾县（今安徽泾县）人。道光元年（1821）举孝廉方正。滁州训导，赏五品衔。后主讲池州秀山、太平翠螺书院。著有《通鉴注商》、《新旧唐书互证》、《校补竹书纪年》、《泾川金石记》等书。生平事迹见《清史稿·文苑传》、《清史列传·文苑传》、陶澍《赵琴士征君墓志铭》、朱珔《赵琴士征君传》。

此书为考证经史之作，前三卷考经，后五卷证史。其学颇重经轻传。如"胥鼓南"条称："后之言义理者，宁背经而不敢背朱；言考据者，宁背经而不敢背郑。"可见其学术倾向矣。全书发凡起例，考证颇为详尽。[①] 又间涉辨伪，如辨《孟子外书》之伪："李赞庵《函海》、吴稷堂《艺海珠尘》皆刻有《孟子外书》四篇，近崇明施彦士集逸文一卷，以附其后，而总刊之，其用心可谓勤矣。然于此亦可见此四卷之非真本，而为后人之所收辑而增益者也。《古文尚书》之疑

[①] 论者将赵绍祖的治学方法归纳为"以经治史"（即"以经证史，经史互训"）、"以金石补史"、"以目录、版本、校勘订史"，详参杨恋恋：《赵绍祖笔记二种历史考订成就初探》，《江南社会学院学报》2005年第4期。

实始朱子，然'人心道心'四语本无大弊，故朱子用以作《中庸序》。近世阎百诗、惠定宇本旌德梅氏之说，以为出于《荀子》，而攻之不遗余力，亦可谓多事矣。后世学者欲阐而明之，何患无辞，不可更作伪以益其伪也。此书卷二中有一章云：'子上谓孟子曰：舜之诰禹曰：人心惟危，道心惟微，惟精惟一，允执厥中。子其识之。'使书中无此四语，而孟子不知，则子上于何书得之？使书中有此四语，则孟子读书岂有不知，而待子上之独举此而语之也？前既无所因而发，后又无所阐而明，而曰子其识之，亦索然而寡味矣。其为伪也决矣。"可谓持之以故，立论不苟矣。

  此本据华东师范大学图书馆藏清道光四年古墨斋刻本影印。

（王献松拟草）

消暑录一卷 （清）赵绍祖撰

  赵绍祖生平见前《读书偶记》提要。

  书前有绍祖自序，称庚辰（1820）之夏，取说部、诗话等数十种拉杂观之，偶有所得，辄笔记之。① 嘉庆二十五年（1820）潘恩简跋亦称："庚辰之夏，溽暑太甚，火云阁雨，枯岸蒸霞，先生则息荫书林，游神艺圃，醰醰古味，索诸室中，虫虫蕴隆，驱之檐外，因取昔人所聚讼不决者，覃思幽讨，厘而辨之，得若干条，汇为一帙，名曰《消暑》。"②

  此书凡五十三则，为绍祖读书笔记，多论史考史之语。如："真宗眷待寇准之衰，容斋谓由于王钦若城下之盟之一言。余谓澶渊之

---

① 《续修四库全书》第1161册，上海古籍出版社2002年版，第108页。
② 《续修四库全书》第1161册，上海古籍出版社2002年版，第107页。

役,莱公本欲战,不欲和,而帝实欲之,岂得以此为准咎也?钦若特借此开端,而惊心动魄,深入真宗之隐者,只是孤注二字。盖帝本不欲亲征渡河,而准强之,其心至是犹悸也,故一闻言而意遂移。容斋不举此而举彼,未为得其情矣。"

此书有清道光元年古墨斋刻本、光绪十三年小古墨斋重刻本。此本据复旦大学图书馆藏清道光元年古墨斋刻本影印。(王献松拟草)

求阙斋读书录十卷　(清)曾国藩撰

曾国藩(1811—1872),字伯涵,号涤生,谥文正,湘乡(今属湖南双峰)人。官至两江总督、直隶总督、武英殿大学士,封一等毅勇侯,谥曰文正。著有《读仪礼录》、《求阙斋文集》等书。生平事迹见黎庶昌《曾文正公年谱》。[1]

曾国藩道光二十五年(1845)撰《求阙斋记》,曰:"一损一益者,自然之理也。物生而有嗜欲,好盈而忘阙。凡外至之荣,耳目百体之嗜,皆使留其缺陷。"故以"求阙"名其斋。

全书十卷,为其平日读书笔记。光绪时王定安乃分门别类,汇集成编。国藩出身翰林,遍读四部要籍,经部除"五经"之外复益之以《国语》、《穀梁传》、《尔雅》,史部除"前四史"外益之以《通鉴》、《文献通考》,子部仅有《管子》、《庄子》、《淮南子》,集部有《楚辞》、《陈思王集》、《阮步兵集》、《陶渊明集》、《谢康乐集》、《鲍参军集》、《谢宣城集》、《李太白集》等三十余种。国藩为文宗桐城,

---

[1] 关于曾国藩的研究,参见何贻焜:《曾国藩评传》,中国文史出版社2013年版;梁绍辉:《曾国藩评传》,南京大学出版社2006年版。

于古文辞用力颇深。如论《韩昌黎集·杂说四》曰:"谓千里马不常有,便是不祥之言。何地无才?惟在善使之耳。"论《伯夷颂》曰:"举世非之而不惑,乃退之生平制行作文宗指。此自况之文也。"论《送王秀才序》曰:"读古人书而能辨其正伪醇疵,是谓知言。孟子以下,程朱以前,无人有此识量。"论《阳明文集》曰:"文章之道,以气象光明俊伟为最难而可贵。如久雨初晴,登高山而望旷野;如楼俯大江,独坐明窗净几之下,而可以远眺;如英雄侠士褐裘而来,绝无龌龊猥鄙之态。此三者皆光明俊伟之象。文中有此气象者,大抵得于天授,不尽关乎学术。自孟子、韩子而外,惟贾生及陆敬舆、苏子瞻得此气象最多。阳明之文亦有光明俊伟之象,虽辞旨不甚渊雅,而其轩爽洞达,如与晓事人语,表里粲然,中边俱澈,固自不可几及也。"非寝馈十年,不能语此矣。曾氏之学,其核心在帝王之学(即君学也),显与儒生之学大异其趣。近来其学复兴,时人欲运用于政经管理之中矣。①

书中于文献辨伪亦颇究心,如辨《惜往日》之伪:"自吴才老疑《古文尚书》为赝作,《朱子语类》亦数数疑之,明宣城梅氏、昆山归氏复申其说,我朝自阎百诗后辨伪古文者,无虑数十百家,姚姬传氏独以神气辨之,曰不类。柳子厚辨《鹖冠子》之伪,亦曰不类。余读屈原《九章·惜往日》,亦疑其赝作。何以辨之?曰不类。"又如辨《陈思王集》之《鰕鲢篇》曰:"按《解题》云:'谓《长歌行》者,以芳华不久,当努力行乐,无至老大乃伤悲也。'此则有远志而思立功于世者,殊与《长歌行》不类。"又疑《阮步兵集》多后

---

① 曾国藩以孔孟之道和程朱理学相标榜,但他并非纯粹之儒家,亦非纯粹之宋学。只要对他有用,什么手段都用,什么思想武器都用。他不但"汉宋兼采",而且"儒法并用"。他早年称:"曰义理之学,曰考据之学,曰词章之学,各执一途,互相诋毁……私意以为义理之学最大。义理明,则躬行有要,而经济有本;词章之学,亦所以发挥义理者也;考据之学,吾无取焉矣。"平定太平天国之后,他又称:"国藩一宗宋儒,不废汉学。"实则外儒内法,刚柔并济,此亦为帝王学之要义。

人所附益，辨第四十八首曰："按《上林赋》注：'焦明似凤，西方之鸟也。'此与鸣鸠并举，殊觉不伦。末二句与前四句尤为不伦，疑后人所附益也。"辨第六十四首曰："首二句与第九首相似，而基字不如岑字之稳，末句思妖姬语尤不伦，疑非阮公诗，后人附益之耳。"辨第八十二首曰："此与四十四首、七十一首语意重复，别无精义，疑亦后人附益之也。"辨《笑歌行》与《悲歌行》为赝作："此首与《悲歌行》二首皆非太白诗也。郭茂倩《乐府》以《悲歌行》录入杂曲歌辞，以《笑歌行》录入新乐府辞，不知有何区别，殆亦强作解事，不辨其为赝作耳。"今按：曾国藩不失为古文大家，喜凭感觉，缺少实证，然辨伪仅凭风格难以定案。

此本据光绪二年传忠书局本影印。

南漘楛语八卷　（清）蒋超伯撰

蒋超伯（1821—1875），初字梦仙，改字叔起，号通斋，自号南漘翁，江都（今属江苏扬州）人。道光二十五年（1845）进士，官至广东按察使。著有《垂金荫绿轩诗钞》、《榕堂续录》、《南行纪程》等书。生平事迹见《国朝御史题名》、《江都县志·蒋超伯传》[1]。

书前有超伯自序，称儒墨相糅，龃差迭见，错杂靡次，轩轾或乖，此荀子所谓楛耳。[2] 又有李承霖序，称是编乃平日随笔所缀，其征引瑰奇，类多俗儒未见之籍，其证佐精审，不为调人两可之词。[3]

此书八卷。卷一至卷六为杂录，间有考证；卷七《管子》、《荀子》、《淮南子》、《鹖冠子》；卷八《庄子》、《列子》、《韩非子》、《法

---

[1] 参见《碑传集补》卷十七，民国十二年刊本。
[2] 《续修四库全书》第1161册，上海古籍出版社2002年版，第272页。
[3] 《续修四库全书》第1161册，上海古籍出版社2002年版，第271页。

言》、《尸子》、《穆天子传》，亦多考订。其论学大旨主"贵悟"之说，又推重汉儒经师家法，但比较轻视明人。如"明人积习"条曰："掊击之习，无过于前明士大夫。剽袭之陋，亦无过于明人。""明人著作多不经"条指斥"明人事求立异"。书中颇重辨伪。如"《关尹子》之谬"条曰："《关尹子》一书，创诡异之篇名（一宇、二柱、三极、四符、五鉴、六匕、七釜、八筹、九药），炫炉鼎之末技（《八筹篇》青蛟、白虎、宝鼎、红炉），乃羽流之余唾，非诸子之训言矣。（焦竑以《文始经》决非关尹作，其说当矣。）"又如"黄石公"条曰："兵书多托名黄石公，不但《素书》而已，另有《黄石公兵书》、《黄石公秘经》、《黄石公记》、《黄石公五垒图》、《黄石公北斗三奇法》、《黄石公阴谋行军秘法》等书。"又如"梅妃"条曰："坊刻丛书有曹邺《梅妃传》，妃事迹不见于史，殆杜撰耳。或云《妆楼记》有之，然《妆楼记》亦无稽小说，非张泌笔也。"又如"太素脉"条曰："《太素脉法》昉于医和，至宋时有僧智缘，与王珪、王安石同时，察脉知人贵贱休咎，其说遂大行于世。俗言传自崆峒樵者，非也。""古书多淆乱"条曰："古书多为后人羼乱。如《庄（休）[子]》之外篇、杂篇有汉人搀入语，其改田恒为田常，即确证也。马迁之《史记》，冯商、孟柳均曾续之，见刘歆《七略》；汉章帝时又曾诏杨终删之，见终本传。则今之迁史，非原书也。《苍颉篇》曰：'汉兼天下。'则非李斯语也。《本草》多汉世郡名，恐非神农作也。《易林》繇词，世疑有崔篆增入者，亦非焦氏本书也。"能窥见古书附益现象，尤为难得。

　　王伯祥称："异闻胜解，络绎腕底。卷尾读《管子》诸篇，尤具特识，为诸子之学者足资采摭已。"①

　　此本据南京图书馆藏清同治十年两罍山房刻本影印。

---

① 王伯祥：《庋稼偶识》，中华书局 2008 年版，第 11 页。

思益堂日札十卷 （清）周寿昌撰

周寿昌（1814—1884），字应甫，一字荇农，晚号自庵，长沙（今湖南长沙）人。道光二十五年（1845）进士，累迁内阁学士兼礼部侍郎。著有《汉书注校补》、《后汉书注补正》、《思益堂集》等书。生平事迹见《清史稿·文苑传》、《清史列传·文苑传》及周礼昌所撰行状。

此书乃其证经考史、谈艺论文之作。其书合说部杂家类体裁，略仿《容斋随笔》。书中记载，颇足资考证。如"窃袭前人书"条，于典籍辨伪颇为留心。"魏默深遗文"条论《水经注》戴袭赵案，以"五妄"之论驳段玉裁，证戴震所校《水经注》乃抄袭赵一清著作而成。咸丰丁巳（1857）夏，胡心耘归自都门，携此书五卷写本示叶廷琯，间有舛误，叶氏尝为之参订。

王先谦《思益堂集叙》称《日札》博综兼搜，尤详掌故，其文词皆清绝可喜，而于骈体文义法尤精云云。然刘咸炘称："故事考订兼有，亦多可取。而卓论不多，无苟且而多不详。荇农于小学不甚深，惟熟《班书》耳。记轶事掌故多有关系，校说《左传》多可取。"[①]

此书有五卷本，当成于道光、咸丰年间，有同治三年铅印本、光绪九年刻本，后由申报馆仿聚珍版式印行，实为未竟之作。此本据复旦大学图书馆藏清光绪十四年刻本影印。（王献松拟草）

[①] 刘咸炘：《内景楼检书记·子类》，《推十书》丁辑第2册，上海科学技术文献出版社2009年版，第572页。

读书杂释十四卷　（清）徐鼒撰

徐鼒（1810—1862），字彝舟，号亦才，别名敝帚斋主人，六合（今江苏六合）人。道光二十五年（1845）进士，授翰林院检讨。官至福建延平府知府。著有《未灰斋文集》《楚辞校注》《小腆纪年》等书。生平事迹见《清史列传·文苑传》。

书前有咸丰十一年（1861）徐鼒自叙，称汉初说经守师法，人治一经，经治一说，无一人兼治数经云云。[1]颇有顾盼自雄之意。

全书十四卷，卷一《周易》，卷二《尚书》，卷三、卷四《诗经》，卷五至卷七《三礼》，卷八《春秋传》，卷九《尔雅》，卷十《孝经》《论语》，卷十一《孟子》，卷十二《夏小正》《吕览》《尚书中候》《老子》《楚词》《史记》、司马贞《史记补》《汉书》《后汉书》《晋书》《水经注》，卷十三《说文》，卷十四《钟鼎彝器款识》《汉碑》《文选》及杂记。此书以考证群经字词为主，亦有通论之语。如"讯申胥"条曰："夫居今日而欲明古音古义，非可凭虚臆断，所赖有古人书耳。岂可以一人之见妄疑古经乎？"又如"鸾路龙鳞"条曰："读书不求善本而徒事辨驳，亦所谓无事而自扰者。"又如《说文》引经不一家"条曰："盖古人著书例宽而义精，今人著书例严而义浅，不得据今人绳古人书也。"又如"视于无形听于无声"条曰："宋儒说经，往往为理学所蒙溷。"

俞樾《徐彝舟先生所著书序》称其说经本之汉儒，为诗古文词本之《史》《汉》《骚》《选》，尽去宋、元以来空疏不学之弊，而亦不为近人穿凿附会之言。祁文端公谓可与亭林、潜邱分席，闻者龈

---

[1] 《续修四库全书》第1161册，上海古籍出版社2002年版，第461页。

之云云。① 然桂文灿《经学博采录》卷六称其以己意商榷折衷者，有《读书杂释》稿本八册，微特浅陋，不足问世云云。前者过于溢美，后者又未免稍苛耳。

　　此书有《敝帚斋遗书》本、《金陵丛书丙集》本、光绪十二年排印本。此本据天津图书馆藏清咸丰十一年刻本影印。（王献松拟草）

诸子平议三十五卷 （清）俞樾撰

　　俞樾生平见前《春在堂随笔》提要。

　　此书三十五卷，计《管子》六卷、《晏子春秋》一卷、《老子》一卷、《墨子》三卷、《荀子》四卷、《列子》一卷、《庄子》三卷、《商子》一卷、《韩非子》一卷、《吕氏春秋》三卷、《春秋繁露》二卷、《贾子》二卷、《淮南内经》四卷、《太玄经》一卷、《法言》二卷。②

　　俞樾《左祉文诸子补校序》谓治经之道，其要有三，曰正句读，审字义，通古文假借；治诸子亦然，然治子难于治经；治诸子者，必以前后文义、全书体例悉心参校，而又博观唐以前诸书所援引，订正异同云云。③《太炎文录》卷二《俞先生传》称其治群经不如《经义述闻》谛，诸子乃与《读书杂志》抗衡。《曾文正公书札》卷十四《覆何子贞》称《群经平议》、《诸子平议》，往往精审轶伦，惟年未五十，成书太速，刻之太早，间有据孤证以定案者，将来仍须大加删订云云。平心而论，俞氏以治群经之法治诸子，故能稍胜于前。

---

① （清）俞樾：《春在堂杂文》四编卷七，清光绪二十五年刻《春在堂全书》本。
② 关于此书的研究，参见李香平：《俞樾〈诸子平议〉研究》，暨南大学 2010 年博士学位论文。
③ （清）俞樾：《春在堂杂文》五编卷七，清光绪二十五年刻《春在堂全书》本。

然其书成于战时，颠沛流离，且无充足书籍比勘，难免差强人意。书中"樾谨按"多达二千四百余次，多出臆测，不足为据。《古书疑义举例》诚为杰作，然两部《平议》岂能与高邮王氏分庭抗礼？

此书有同治九年初刊本。此本据光绪二十五年《春在堂全书》本影印。

古书疑义举例七卷 （清）俞樾撰

俞樾生平见前《春在堂随笔》提要。

书前有俞樾自序，称刺取九经诸子，为《古书疑义举例》七卷，使童蒙之子习知其例，有所据依云云。① 此书所列古书体例，略有三端：一曰古书用字体例。此类有"上下文异字同义例"、"上下文同字异义例"、"两语似平而实侧例"、"倒文协韵例"、"变文协韵例"、"以大名代小名例"、"以小名代大名例"、"以双声叠韵字代本字例"、"以读若字代本字例"、"实字活用例"、"反言省乎字例"、"助语用不字例"、"也邪通用例"等条。二曰古人行文体例。此类有"错综成文例"、"古人行文不嫌疏略例"、"古人行文不避重复例"、"一人之辞而加曰字例"、"两人之辞而省曰字例"、"文具于前而略于后例"、"文没于前而见于后例"、"举此以见彼例"、"因此以及彼例"、"古人引书每有增减例"、"高下相形例"、"叙论并行例"等条。三曰古书讹误原因。此书后三卷，皆论古书讹误之原因，是俞氏总结前代及自身校勘经验所得，于后世之校勘可谓发凡起例。如"两字义同而衍例"、"两字形似而衍例"、"以旁记字入正文例"、"因误衍而误删例"、"因误字而误改例"、"重文作二画而致误例"、"简策错乱例"、"文随义变而加偏旁

---

① 《续修四库全书》第1162册，上海古籍出版社2002年版，第279页。

例"等条。

　　此书一出,影响颇广,后之学者续补之书不断,如刘师培《古书疑义举例补》、杨树达《古书疑义举例续补》、马叙伦《古书疑义举例校录》、姚维锐《古书疑义举例增补》皆是。刘师培《古书疑义举例补小序》称幼读德清俞氏书,至《古书疑义举例》,叹为绝作,以为载籍之中,奥言隐词,解者纷歧,惟约举其例,以治群书,庶疑文冰释,盖发古今未有之奇云云。刘咸炘称荫甫一生著述亦以此为最。①

　　　　此本据光绪二十五年《春在堂全书》本影印。(王献松拟草)

湖楼笔谈七卷　(清)俞樾撰

　　俞樾生平见前《春在堂随笔》提要。

　　书前有俞樾自序,称频年主讲西湖诂经精舍,精舍有楼三楹,可以揽全湖之胜,然其地距城远,宾客罕至,或终日雨,则终日不见一人,无与谈,谈以笔,积久遂多云云。②

　　全书七卷,卷一、卷二论经,卷三谈《史记》,卷四谈《汉书》,卷五谈小学,卷六谈诗文,卷七记杂事。其论经者,如论《周礼》曰:"《周礼》一书,乃周衰有志之士所为,亦欲自成一代之制,以诒百王之法,非周公之书,亦非周制也。"论《尚书》曰:"东晋所出《古文尚书》,正如刻楮为叶,翦彩为华,索索无生气,望而知为

---

① 刘咸炘:《内景楼检书记·子类》,《推十书》丁辑第2册,上海科学技术文献出版社2009年版,第565页。今按:俞书不足之处,缺乏高度的理论概括,编排体例不尽科学。详参刘冠才:《论〈古书疑义举例〉的成就及不足》,《古籍整理研究学刊》2006年第2期。

② 《续修四库全书》第1162册,上海古籍出版社2002年版,第355页。

贋笔，浅人以其文从字顺，而喜读之，皆齐梁小儿之见也。"又曰："战国传闻之事，多好事者为之，往往失真。孟子辞而辟之，卓矣。乃其所载古事，如瞽瞍使舜完廪、浚井之类，不知本何书。近人或据以补《舜典》之逸，恐未必然也。以愚论之，如所称舜避尧之子于南河之南，禹避舜之子于阳城，益避禹之子于箕山之阴，皆好事者为之，而非事实。禹、益事固不可考，若舜事明载《虞书》，曷尝有南河之避乎？"又论三礼曰："《周礼》一书，未必周公所作。即果出周公，亦周之官制耳，非礼经也。汉世初出，本谓之《周官》。王莽时刘歆为国师，始建立《周官经》，以为《周礼》。然东汉时马融作《周官传》、郑康成作《周官注》，未尝竟目为《周礼》也。"又论《辨奸论》曰："老苏《辨奸论》，或谓是坡公所作，此固不然。老苏学识自在二子之上。当荆公未进用时，天下想望风采，老苏独著论力诋之，真不愧见微知著之学。其后东坡与程正叔同朝，恶其不近人情，力言其奸邪，此正用老苏料荆公故智。乃老苏于荆公则受知言之名，东坡于伊川则负失人之咎，益叹老苏高见非坡公所及也。"俞氏长于校雠，而拙于辨伪，故其论多不足据也。

  此本据清光绪二十五年刻《春在堂全书》本影印。（王献松拟草）

悔翁笔记六卷 （清）汪士铎撰

  汪士铎（1802—1889），初名鏊，字振庵，改字晋侯，号悔翁，又号无不悔翁，江宁（今江苏南京）人。道光二十年（1840）举人，光绪中授国子监助教衔。生性恬退，外默内刚，狷介自守，不谐于俗。为学尚博通，中年丧妻之后误娶悍妇，饥驱奔走，游幕四方，自谓不能专思撰成一家之言。论者或许之为中国人口学之"开山大师",或贬之为太平天国时期思想界之"怪物",或诋之为"名教罪人"、"反革命之顽固派"。① 著有《水经注图》、《南北史补志》、《梅村词》、《乙丙日记》等书。生平事迹见士铎自编《汪悔翁自书纪事》、缪荃孙《汪士铎传》②、赵宗复《汪梅村年谱稿》③。

此书为汪氏考证笔记,卷一、卷二考群经,卷三订《尔雅》、《说文》,卷四至卷六杂论史地。以零星考据为主,亦有评论之语。其学根柢经术,以为圣贤大道,有体有用,体原一贯,用则万变。汪氏自述云:"士铎家极贫,然性好读书。先君子好理学,尝训士铎曰:'穷而在下,须记饿死事小四字。'除程、朱经注之外,禁勿观。"汪氏尚友古人,又尝为《种槔老人传》以自况。其词曰:"种槔老人,自忘其氏字,似汉、魏间人,喜种槔,槔成林甚茂……顾年少多忘年交,与北海管幼安、高密郑康成、汝南许慎、南郡庞德公、豫章陶潜、范阳郦道元、京兆杜佑、吴陆德明、洛阳贾公彦、鲁孔颖达往还最数,东海徐陵、南阳庾信亦尝把臂,稍闲辄与诸人议论。槔林闲人笑其迂曲,弗恤也。"士铎尝自品其书,曰:"《笔记》为上,诗次之,词又次之,而文最下。"语虽自抑,庶几近之矣。

汪氏论学无门户之见,曰:"天下学术五,所以行之者三:曰经济;曰汉学之典章制度、朝章掌故;曰宋学修己明理养德;曰词章;曰俗学,遵功令也。上哲一以贯之,下愚一无所得,中人随其性之所近,各得其一二。"然汪氏生不逢时,又乏内助,剑走偏锋,怪论叠出,呵孔骂儒,崇尚申韩,均非探本之论,失之偏宕矣。

    此本据吉林大学图书馆藏清光绪间张氏味古斋刻本影印。

(王献松拟草)

---

① 参见张尔田:《〈乙丙日记〉纠谬》,1941年自刻本;胡思庸:《汪士铎思想剖析》,《历史研究》1978年第2期。
② 参见《续碑传集》卷七十四,清宣统二年江楚编译局刊本。
③ 参见《晚清名儒年谱》第3册,北京图书馆出版社2006年版。

烟屿楼读书志十六卷烟屿楼笔记八卷
（清）徐时栋撰

徐时栋（1814—1873），字定宇，一字同叔，号柳泉，又号西湖外史，鄞县（今属浙江宁波）人。道光二十六年（1846）举人，官内阁中书。两赴会试不第，归而闭户读书。家有烟屿楼①，藏书六万卷，日坐卧其中，上自经训，旁及子史百家，靡不究览。著有《鄞县志》、《柳泉诗文集》、《烟屿楼文集》等书。生平事迹见《两浙𫐐轩续录》卷四十、董沛《清内阁中书舍人徐先生墓表》。

此书目录后有其孙徐方来识语，称其为笔记，非手定本，殁后，请陈咏桥、董觉轩审定，又属冯孟颛校阅，于凡征引必取原书校定，其可类分者厘为《读书志》十六卷。②

《烟屿楼读书志》十六卷，凡经十一卷，史二卷，子二卷，集一卷。卷一、卷二《尚书》，卷三《诗经》，卷四《周礼》、《仪礼》、《礼记》、《大戴礼》，卷五、卷六《左传》、《胡传》，卷七《四书》、《大学》、《中庸》，卷八、卷九《论语》，卷十《孟子》，卷十一群经总义、小学；卷十二《史记》、《汉书》、《后汉书》、《三国志》、《晋书》、《南史》、《北史》、《旧唐书》、《新唐书》、《新五代史记》、《宋史》、《金史》、《明史》，卷十三《通鉴前编》、《甲子会纪》，卷十四、卷十五杂论诸子，卷十六校录集部。《烟屿楼笔记》八卷，凡

---

① 《烟屿楼藏书约》曰："勿卷脑，勿折角，勿唾揭，勿爪伤，勿夹别纸，勿作枕头，勿巧式装璜，勿率意涂抹，勿出示俗子，勿久借他人。"烟屿楼在今浙江省宁波市共青路79号。原在宁波月湖之烟屿，因以烟屿名其楼。徐氏先后共建三个藏书楼，详参骆兆平：《徐时栋和他的三个藏书楼》，《图书馆杂志》1997年第3期。

② 《续修四库全书》第1162册，上海古籍出版社2002年版，第477—478页。

二百九十八条。卷一记风土人情，卷二为掌故佚闻，卷三记碑拓，卷四记丧葬事宜，卷五杂记前人传说之误，卷六为琐闻杂记，卷七记前人文集之误，卷八记对联。其文虽非尽为考据，亦足以资多闻。

徐氏治学，不傍汉，不徇宋，习考证而兼通程朱之学。常主先秦之书，以平众难，故无墨守之弊。其论经，取先秦之说，以经解经，旁及诸子，引为疏证，无汉宋门户之习，考辨凿凿，可息聚讼。其论史，独推史迁，班、范以下则条举而纠之，多发前人所未发。《读书志》卷十一有云："墨守传注，不敢稍闻异议，其失诒而固；排击先儒，以意自创新解，其失凿而妄，皆非也，过犹不及也。余尝谓是非天下之公，争论一己之私。先儒何尝无得失，细心察之自见；先儒何必不非议，平心言之自足也。"此论甚平正。论者以为通儒，良有以也。此书虽不如顾、阎之精博，然亦陈澧《东塾读书记》之流亚矣。

此本据中国科学院图书馆藏民国十七年鄞县徐氏蟫学斋铅印本影印。

东湖丛记六卷　（清）蒋光煦撰

蒋光煦（1813—1860），字日甫，号生沐，海宁（今浙江海宁）人。诸生。太平天国时，避难乡间，闻藏书楼遭焚，呕血而亡。著有《斠补隅录》、《花树草堂诗稿》、《别下斋书画录》等书。生平事迹见《(民国)杭州府志》卷一百四十六。

此书前有咸丰六年（1856）光煦小引，称僻处海隅，见闻寡陋，惟嗜破籍断碑，遂得遂抄，初无义例，丛零掎拾，自备遗忘。[1]

---

[1] 《续修四库全书》第1162册，上海古籍出版社2002年版，第654页。

此书所载，皆光煦读书时所录典籍遗文、序跋及所见钟鼎铭文、碑刻拓本、古人墓志等，各篇之后，间有案语。全书六卷，凡一百四十二条。随意编排，亦不分类。综核其书，大致有三类：其一径录他人序跋。书中一一注明出处，如"元本李善注《文选》跋"条、"元本《春秋左传句读直解》跋"条所录陈鳣跋语，皆见《简庄缀文》。其二补他书之所未备。如"续经义考"条录沈廷芳《续经义考》案语数条，沈书原本散佚，于此可略见其书之立意。"补经义考"条录钱东垣《补经义考》凡例十四则，其书未刊行，于此可见其书之大概。其三录钟鼎碑刻文字跋语。如《姜遐断碑》录九百余字，可补王昶《金石萃编》之不足。

李慈铭称此书杂举秘籍佚文，载其序跋，间及古碑，略如卢文弨《群书拾补》、张金吾《爱日精庐藏书志》之例，而不分门类，多掇纤屑，更出吴兔床、袁寿楷诸君之下，盖近于收藏骨董家，非真知学者也。[①]然俞樾《蒋生沐东湖丛记序》称其书实精审，与同时嘉兴钱警石《曝书杂记》可相伯仲云云。[②]平心而论，李评近之矣。

此本据华东师范大学图书馆藏清光绪九年《云自在龛丛书》本影印。此书又有咸丰六年《别下斋丛书》本。（王献松拟草）

吹网录六卷　（清）叶廷琯撰

叶廷琯（1792—1869），字爱棠，一字紫阳，号调笙、调生、苕生，晚号十如老人、龙威遯隐，吴县（今属江苏苏州）人。廪贡生，候选训导。著有《鸥陂渔话》、《广印人传》等书。生平事迹见《（同

---

① （清）李慈铭：《越缦堂读书记》，上海书店出版社2000年版，第560页。
② （清）俞樾：《春在堂杂文》三编卷三，清光绪二十五年刻《春在堂全书》本。

治）苏州府志》卷八十四。

此书为考据笔记，凡六卷，卷一考证经史，卷二考证《资治通鉴》，卷三考证金石碑刻，卷四、卷五考证评议其他书籍，卷六考述叶梦得著作事迹。叶氏继承吴派家法，以考据之法考史，考订《通鉴》成就尤为显著。前人笔记文献浩繁，叶氏纠谬攻错，尤为尽心。如卷五"《困学纪闻》引叶遵姓误"、"《湛园札记》记事误"、"《养新录》丹元子考证"、"《读书脞录》误校《史记》非虎为误"、"《柳南随笔·续笔》有应订正处"等条，皆言之有据，可备一说。

书前有同治九年（1870）汪曰桢序，称其淡于荣进，潜浸朴学，一以考佐经史为营，垂八十不衰，顾常欿然，无少满假，每草一条，必反复考榷，事隐而得其证，思穷而通其旨，脱然披解云云。[1]又有廷琯自序，称宋方外惠洪述佛印禅师语曰："学者渔猎文字语言中，正如吹网欲满，非愚即狂，以此为好论说、尚著述者儆，诚为切至。"此书所谈虽皆儒家事理，其病根在愚狂，则与前说正相类，知不免为古德所诃。无如结习已深，一旦破除非易，即观惠洪述斯语而载之《林间录》，方欲自去愚狂之弊，不觉已近渔猎所为。言乎儒，则知非而欲寡未能。名书本意，实兼斯二者。若夫离文字语言而求所心得，则透网而出，尚请俟诸异时云。或谓曰："子既以儒家著书，而以释家之语名之，毋乃见讥于识者？"答曰："是说诚然。然宋儒讲学之书，已袭取唐时释子语录之名。下此则小说家有宋人《铁围山丛谈》，近世如纪文达之《如是我闻》、彭甘亭之《忏摩录》，亦皆以释家语命名。拙著盖窃援其例尔。"[2]杨钟羲《雪桥诗话余集》卷七称其书多识吴中掌故，征文考献，足备志乘之遗云。

此本据复旦大学图书馆藏清同治八年刻本影印。

---

[1]《续修四库全书》第1163册，上海古籍出版社2002年版，第1页。

[2]《续修四库全书》第1163册，上海古籍出版社2002年版，第2页。

鸥陂渔话六卷 （清）叶廷琯撰

叶廷琯生平见前《吹网录》提要。

全书六卷，卷一至卷三述遗事逸闻，卷四、卷五杂谈诗文，卷六谈书画，末附奇闻。此书侧重于掌故杂说，杂述宋苏轼、岳飞、李清照，明文徵明、董其昌、张居正，清傅山、沈德潜、陶澍、王昶等名流掌故遗闻、遗诗佚词及经眼书画，以晚明及清代史事居多焉。如"顾亭林勖甥语"条云："亭林先生尝勖其甥徐立斋（徐元文）相国曰：'本体国经野之心，而后可以登山临水；有济世安民之略，而后可以考古论今。'此正先生自道其抱负，一部《郡国利病书》胥在是矣。自汉以下，堪为此语者殆无几人。""附记《遍行堂集》事"、"《劫灰录》李定国事"条与金堡（澹归）、李定国行事有关，"杨大瓢之父遣戍事"条记及清代文字狱事，"和珅诗"条记和珅之附庸风雅，"郑板桥笔榜"条录郑板桥乾隆二十四年自定润格，"绿牡丹传奇"条则考释戏曲《绿牡丹》创作缘起、作者及明末党争情况。

书后有同治元年（1862）金玉曼跋，称自经史群籍、碑版诗画，以及昔贤之清徽亮节、国之轶事遗闻，弥不搜讨极精。①又有同治三年（1864）汪曰桢跋，称考证精密，词气和平，不为奇激之论，陆定圃先生评以为必传之作。②又有徐庠、吴钊森、亢树滋题诗。

此本据上海辞书出版社图书馆藏清同治九年刻本影印。

---

① 《续修四库全书》第1163册，上海古籍出版社2002年版，第187页。
② 《续修四库全书》第1163册，上海古籍出版社2002年版，第187页。

读书杂识十二卷 （清）劳格撰

劳格（1820—1864），字保艾，一字季言，仁和（今属浙江杭州）人。诸生。与次兄权俱以治经名，一时有"二劳"之目。著有《唐郎官石柱题名考》、《唐御史台精舍题名考》等书。事迹见劳桧《亡弟季言司训事略》、《两浙輶轩续录补遗》卷五。

书前有光绪三年（1877）丁宝书序，称："季言竟以忧郁致病，病数月卒。易箦时，以生前丛残手稿十数册付予，云：'平生精力在此，但随得随录，未竟其绪，为憾事，寂寞身后，若为之排比成书，可乎？'予含泪而应之。季言所著虽存，而残缺失次，骤难穷其端委。尝抚编三复，期不负故人之托，而后可适青主，促子董理，踵成其事，爰发箧视之，悉残篇断简，穷数年之力，缀辑成编，为《读书杂识》十二卷。季言习诸史，而尤熟于唐代典故，钱少詹以后一人而已。"[1]

此书为丁兆庆辑其校勘群书之语而成，颇有可采。如"刘爚《云庄集》"条称："此书俱真西山文，系后人羼入。惟奏议从碑本传抄出，节录不全，讲议数首是云庄文。"又如"洪迈《野处类稿》"条称："此即朱松《韦斋集》。案，《大典》本苏过《斜川集》有误入洪迈作者。"

李慈铭称："此书自卷一至卷六，皆杂校群籍，为之补正，一书或不过一二条；卷七亦杂缀，而附以《唐杭州刺史考》，卷八为《读全唐文札记》，卷九、卷十为《宋人世系考》，卷十一、十二亦杂考群书，颇乏伦次，盖编纂之失。其学泛博无涯涘，强识过人，勤于搜采，不

---
[1] 《续修四库全书》第1163册，上海古籍出版社2002年版，第189—190页。

愧行秘书矣。"①陆心源《书劳氏杂识后》："季言熟于唐、宋典故，考订详细，可取者多。惟卷十一'孙奕'一条，颇为全书之累。季言读书精审，犹有此失，况粗莽灭裂者乎？予以叹著书之难也。"②刘咸炘称："季言劬于校书，此乃其友丁宝书自其所校书中采出者，或辑补，或校正，极为零碎，编次未整。观其学术，大氏但知考史，沿竹汀一派，未为超卓，而勤密尚可。丁氏序谓尤熟唐代典故，钱少詹后一人而已。此语非虚。又与陆心源之徒专精宋氏者异也。"③

此本据清光绪四年吴兴丁氏刊《月河精舍丛钞》本影印。

霞外捃屑十卷 （清）平步青撰

平步青（1832—1895），字景荪，别号霞偶，山阴（今浙江绍兴）人。同治元年（1862）进士，任江西粮道，署按察使。后以疾归隐，校辑群书，从事著述。著有《读经拾沈》、《读史拾沈》等书，汇为《香雪崦丛书》。生平事迹见《清秘述闻续》卷七、《晚晴簃诗汇》卷一百六十一。

全书十卷，分立名目。卷一记掌故，卷二记时事，卷三记格言，卷四记里事④，卷五论文，卷六斠书，卷七论文，卷八诗话，卷九记小说，卷十记方言俗语。此书博采众说，辨讹订误，如"《默记》之误"、"《升庵外集》之误"、"《妄妄录》之妄"、"洪刻《名臣言行录》

---

① （清）李慈铭：《越缦堂读书记》，上海书店出版社 2000 年版，第 770 页。
② 陆心源：《仪顾堂书目题跋汇编》，中华书局 2009 年版，第 128—129 页。
③ 刘咸炘：《内景楼检书记·子类》，《推十书》丁辑第 2 册，上海科学技术文献出版社 2009 年版，第 590—591 页。
④ "毛西河"条引铅山（即蒋士铨）言，谓西河奴视朱子，几同雠敌；及病危，自嚼其舌称快，舌尽乃死。平氏不知所本，今朱则杰等人有考辨，详参朱则杰、陈凯玲：《清代诗人轶事丛考》，《浙江社会科学》2008 年第 2 期。

序误"、"《淮海集》刊误"、"《谢叠山行实》之误"、"《玉磬山房文》误"、"《如不及斋文钞》校误"等条皆是。书中颇有心得，如"年谱"条，谓年谱之作，近代最为芜冗，善行嘉言，凭空虚构，读者未终卷，而已知其言之非信史。"以考证入文"条，谓姚姬传论文，谓义理、考证、词章三端皆不可废，其门弟子陈石士时举此以告学子，且云："能以考证入文，其文乃益古。""小说不可用"条曰："古文写生逼肖处，最易涉小说家数，宜深避之。避之如何，勿用小说家言而已矣。明季人犯此病者多，以其时小说盛行，人多喜读之故也。""入情愈工愈成宋调"条曰："文入情，易入稗；诗入情，易入俚。此中消息惟多读书者知之。"

步青亦能讲究读书方法。如"群书编年格"条，详述南昌龚元玠年表制法，即制版四片，分布甲子至癸亥六十年，每版十六行。用十五行列十五年，四版得六十年，余一行各书一补字，以便补正行之录事不尽者。八十叶为一本，甲子得二十周，合一千二百年，印刷四本，得四千八百年。自唐尧甲辰至乾隆己丑四千一百二十六年，尚余六百七十四年，此格经史子集及名臣名儒年谱有国号年月者俱可纪，故曰《群书编年》。但须参考群书，不得妄记，年月既确，则事核情真，无不可通者云云。其法自今视之平淡无奇，然百余年前则不失为良法矣。

此本据上海图书馆藏民国六年刻本影印。

札迻十二卷 （清）孙诒让撰

孙诒让生平见前《墨子閒诂》提要。

书前有光绪二十一年（1895）俞樾序，称其精熟训诂，通达假借，援据古籍以补正讹夺，根柢经义以诠释古言，每下一说，辄使前后文皆怡然理顺。①目录后又有光绪十九年（1893）诒让自序，称此书间依卢文弨《群书拾补》例，附识旧本异文，以备甄考。②

此书乃其三十余年研读校勘古书心得之作，光绪十九年撰成。全书所校典籍，自秦、汉至齐、梁，凡七十八种，订正讹误衍脱千余条。所校典籍次第，略以四部之序列之，卷一、卷二为经，卷三为史，卷四至卷十一为子，卷十二为集。凡孙氏所校，皆于各书之下列底本及所参各家校本。如校《管子》尹知章注，以影宋杨忱刊本为底本，而参考日人安井衡《纂诂》、洪颐煊《义证》、戴望《校正》、王念孙《读书杂志》、俞樾《诸子平议》诸书之校语。正文中，各书有篇章者，先列篇章，次列原文，下著案语；无篇章者，径录原文。

诒让校刊典籍，兼重形音义，自语气、语意而至上下文义、名物制度，皆其校勘之所据，征文考献，语必有证。凡遇证据不足及尚存疑义者，或存而不论，或著一"疑"字，或径书"未详"、"未知孰是"，以示阙疑。如校《春秋繁露》"法不刑有身重怀"，称"此前后文并复赘，未详厥旨"；校《吴越春秋》"藁"字，曰"藁非谷名，疑当作粱，形近而误"；校《竹谱》"籦龙"条，引《初学记》"锺龙"、《文选》"籦笼"、《太平御览》"種龙"诸异文，而言"未知孰是"，皆能存异。

此书所校，多能解惑析疑，使人有拨云雾而见青天之感。其言文字通假，常使文从字顺。然此书亦有考之不密处，如校《老子》"兑"字读为"隧"，不及俞樾读为"穴"（穴与阅通）之善，此由今楚简、帛书本可证。百密一疏，不害全书之精核也。

诒让自序称："凡所考论，虽复简丝数米，或涉琐屑，于作述闳

---
① 《续修四库全书》第1164册，上海古籍出版社2002年版，第1页。
② 《续修四库全书》第1164册，上海古籍出版社2002年版，第3页。

旨，未窥百一，然匡违苴佚，必有谊据，无以孤证臆说，贸乱古书之真，则私心所遵循，而不敢越者。"①章太炎《孙诒让传》称："《札迻》者，方物王念孙《读书杂志》。每下一义，妥耶宁极，渌入凑理。书少于《诸子平议》，校雠之勤，倍《诸子平议》。诒让学术，盖龙有金榜、钱大昕、段玉裁、王念孙四家，其明大义，钩深穷高过之。"②

  此本据华东师范大学图书馆藏清光绪二十年孙氏家刻、光绪二十一年正修本影印。（王献松拟草）

籀庼述林十卷 （清）孙诒让撰

  孙诒让生平见前《墨子閒诂》提要。

  此书十卷，卷一至卷三考证经传文字，卷四至卷六考论典籍，卷七至卷九考辨金石拓片，卷十为论学书信。其考证经传文字，如《礼记郑注考上》归纳其疏牾为六条，曰：有经本用正字，而郑本从后出增修之字者；有经疑用正字，而郑以借字释之者；有经疑用借义，而注以正字释之者；有经字误，而郑校易未允者；有经字不误，而郑误破之者；有经文讹互，而郑注未及考正者。其考辨金石拓片，如《毛公鼎释文》录其所考周毛公鼎铭全文，并总述曰："铭文前后当分四段读之，前三段皆述王锡毛伯之命，末一段则纪所赐车马，及毛公作鼎以答王休之事也。其文奇诡诘屈似《盘》、《诰》，所用通藉之字，多足与经传相证。"其与人论学书信，如《与南海桂孝廉文灿书》、《与梁卓如论墨子书》等条，皆关乎学术。

  此书前有刘师培序，称其囊括古今，综极术艺，闳刘、班之流

---

① 《续修四库全书》第1164册，上海古籍出版社2002年版，第3页。
② 章太炎：《章太炎全集》第4册，上海人民出版社1985年版，第213页。

略，补欧、赵之缺简，意存该综，无假摧陈云云。张舜徽称其书几乎篇篇可传，其中陈义尤精者，若卷一《礼记郑注考》上下篇，卷四《白虎通义考》上下篇，卷九《温州经籍志叙例》诸篇，疏释疑滞，畅通大例，为用益宏。①

此书有手稿本（藏浙江大学）、民国五年刊本。此本据华东师范大学图书馆藏清光绪二十年刻本影印。

舒艺室随笔六卷　（清）张文虎撰

张文虎（1808—1885），字孟彪，一字啸山，号天目山樵、华谷里民，南汇（今属上海）人。由诸生保举训导。后馆金山钱家三十年，遍读其藏书，又三次赴杭州文澜阁，纵览《四库全书》，入金陵书局，校勘《史记》诸书，归后又主讲南菁书院。著有《校刊史记集解索隐正义札记》、《舒艺室杂著》、《舒艺室诗存》、《张文虎日记》等书。生平事迹见《清史稿·儒林传》。②

此书乃其考证校勘经史群书之作。卷一考证群经，《十三经》除《孝经》外，补以《大戴礼记》；卷二、卷三考证《说文》，兼及《玉篇》；卷四校勘《史记》；卷五校正《汉书》；卷六所校书有《后汉书》、《三国志》、《晋书》、《宋书》、《逸周书》、《管子》、《韩非子》、《墨子》、《吕氏春秋》、《淮南子》、《庄子》、《文选》，而尤以《管子》用力最深。此书以校勘考证为主，亦偶有阐发义理之处。如论《中庸》之"时中"曰："时中者，无时无事而不得其中。孟子讥子莫执

---

① 张舜徽：《清人文集别录》，华中师范大学出版社2004年版，第547页。
② 关于张文虎的生平，参见（清）缪荃孙：《州判衔候选训导张先生行状》，见《续碑传集》，清宣统二年江楚编译局刊本；（清）闵萃祥：《州判衔候选训导张先生行状》，见《式古训斋文集》下卷，清光绪三十四年海上刻本。

中无权，权即所以用中，故言中，又言庸。至于小人者，本不知中，又乌知所以用中？然而变乱白黑，自以为中庸，窃君子之似以为祸于天下，此其所以为无忌惮也。王肃于'小人'下增一'反'字，义反浅矣。"又如论《乐府诗集·焦仲卿妻》曰："小吏之母，苛细人也，盖其待妇过严；而兰芝者，巧慧有余，和婉不足；小吏，则爱妻而不知劝诲。彼于为姑、为妇、为夫之道，皆有阙焉，故一言激烈，便尔遣归，怨讟之余，成此事变。妇不能事姑，子不能事母，而姑之不能慈妇，更无论矣。"张氏博学多能，为学不主一家，不徒以校雠为能事矣。

李慈铭称其书实事求是，钩贯邃密，而《说文》为尤精，于近儒段、桂、钱、严之说多有所补正，卓然不刊者也。[①]李笠《史记订补叙例》亦称其书研精覃思，启发奂奥云。

此本据复旦大学图书馆藏清同治十三年金陵冶城宾馆刊本影印。

舒艺室续笔一卷　（清）张文虎撰

张文虎生平见前《舒艺室随笔》提要。

《续笔》所校之书，五经之外，兼及《论语》、《尔雅》、《说文》、《隶辨》、《史记》、《汉书》、《中论》、《素问》、《文选》等，皆文虎续有考校所得，编次而成，以补《随笔》之未备。其中如考《史记·万石张叔列传》"仁为人阴重不泄，常衣敝（布）衣溺袴，期为不絜清"，谓阴重是一事，常衣二句是一事，以证张晏注之误。他若校《说文》、《隶辨》、《中论》、《素问》诸篇，颇多独见。于江、戴、段、

---

① （清）李慈铭：《越缦堂读书记》，上海书店出版社2000年版，第760页。

孔诸家之古韵分部，核其异同，举其委原，皆据以为考订之资。盖文虎之治学，以小学串经史，而归宿于校勘，故其所得，转视卢文弨、顾千里诸人为尤确。书中偶或阐释诗文意义，如王肃以《邶风·击鼓》之三、四章（三章曰："死生契阔，与子成说。执子之手，与子偕老。"四章曰："于嗟阔兮，不我活兮。于嗟洵兮，不我信兮。"）为从军者与其家室诀别之诗，而张氏谓杜甫《新婚别》一篇深得其意，可谓以诗证经，经诗互阐。

是书实事求是，于钱大昕《十驾斋养新录》、王念孙《读书杂志》、段玉裁《说文解字注》间有驳正。书中间有精警之言，如谓君子之利用厚生，自有其大者远者；谓家庭之际，圣人亦有所穷，故曰天地之大，人犹有憾；谓尧之禅舜，盖不得已也，然犹历试诸艰，乃知尧让许由，必无其事。

此书有同治十三年刊本。此本据华东师范大学图书馆藏清光绪五年刻本影印。今按：张氏所校各书之引文，多有讹误衍脱，近年辽宁教育出版社标点本之校勘记为之一一补正，可资参考。

舒艺室余笔三卷　（清）张文虎撰

张文虎生平见前《舒艺室随笔》提要。

卷一考证《诗经》，卷二考证《三礼》、《左传》、《论语》、《孟子》、《尔雅》、《说文》，卷三考证《汉书》、《管子》、《楚辞》、《杜诗》、《白石道人歌曲》，皆文虎续有考校所得，编次而成，以补《随笔》之未备。

其论古书曰："古书可尽信乎？"可见其不轻信古、敢于怀疑之治学态度。其论《诗经》,不宗一家,大旨在阐明诗教。如《扬之水》:"终鲜兄弟,惟予与女。"又曰:"终鲜兄弟,惟予二人。"文虎疑诗人代为忽、突悔过之词,故曰:"《诗》之教,温柔敦厚。"又尊《诗序》而贬《集传》。如《有女同车》以下五诗,《诗序》皆云"刺忽",朱子《集传》断以为淫奔,而极辨昭公之冤。文虎谓:"无论圣人删《诗》,即彼编《诗》者何为广取淫辞乎?"文虎于杜诗体会尤深,如评《哀王孙》曰:"参差错落,看似语言无次,而一种悲凉感叹,满眼泪痕,自在意言之外,此谓天地间至文。"评《丹青引》曰:"每下一笔,必有异样光采,细思之,亦在人意中。不知何以他人写不到,而先生独能之?杜诗全部皆然,不独此篇也。"评《又观打鱼》曰:"打鱼常事耳,而写来如史公书楚汉争衡,范史书昆阳之战,笔力肆横极矣,却又不费浮烟浪墨。'日暮'二句,正如颜鲁公书,力透纸背。又接'干戈'二句,真到二十四分。当观其胸次如何,勿徒赏其笔力。"评《曲江三章》曰:"着笔无多而气象纵逸,尺幅有千里之势。"其校杜诗,于钱笺多所辩驳。又评顾千里校勘之学曰:"校雠固昭其慎,而(顾千里)自谓祛数百年来承讹袭舛,以还唐、宋相传之旧,则恐未也。"谓《管子》一书多袭道家言,史公以老、庄、申、韩同传,有以也。他若校《白石道人歌曲谱》,亦多独到之见,皆可备参考者焉。

此本据华东师范大学图书馆藏清光绪七年刻本影印。

无邪堂答问五卷　(清)朱一新撰

朱一新(1846—1894),字蓉生,号鼎甫,义乌(今浙江义乌)人。同治八年(1869)就学于诂经精舍。光绪二年(1876)进士,改庶吉士,散馆授编修。后官陕西道监察御史,以劾内侍李莲英,降御史候补主事，旋乞归田。历主肇庆端溪书院、广州广雅书院。著有《汉书管见》、《佩弦斋文存》，汇刻为《拙庵丛稿》。生平事迹见《清史稿》卷四百四十五、《清史列传》卷六十九、金武祥《陕西道监察御史朱君传》[①]。

  此书为朱氏晚年主讲广雅书院时答诸生问之笔记。全书五卷，凡一百四十余条。体例以所问诸生为序，或答诸生之问，或评诸生课卷。此书所涉颇广，古今中外、历史地理、政教道德、科学文化、工程时论等，均有言及，颇多独到之处。大旨主于汉宋兼采。如评《明儒学案质疑》条称："宋学之有宗旨，犹汉学之有家法。拘于家法者非，然不知家法不可以治经；好立宗旨者非，然不知宗旨不可与言学术。"评《读李翱〈复性书〉》条云："汉宋诸儒大旨，固无不合，其节目不同处亦多，学者知其所以合，又当知其所以分，使事事求合，窒碍必多，斯穿凿附会之说起矣。"又云："宋学以阐发义理为主，不在引证之繁，义理者从考证中透进一层，而考证之粗迹，悉融其精义以入之，非精于考证，则义理恐或不确。"又评汉学家"训诂、名物，治经之途径"之语曰："其言良有功于经学。第终身徘徊门径之间，而不一进窥宫墙之美富，揆诸古人小学、大学之教，夫岂其然？"朱氏称汉学、宋学皆求道之资，故注重汉宋兼顾，与乾嘉诸老专重汉学异趣。然朱氏之兼采汉宋，实为宋学立场，轻汉重宋。又重经世致用。晚清之时，列强入侵，国家内忧外患不绝，故一新多求制夷安邦之策。书中所评诸生《蕃镇论》、《新疆形势论》、《吉林黑龙江边防考》、《周世宗宋太祖用兵次第论》、《西辽疆域考》，及答诸生所问吉林白稜河、治河方法、《纪效新书》、伊犁边界、新疆造铁路利病诸条，或喻今于古，或直陈利弊，多有通达之见。书中所涉先秦诸

---

① 参见《续碑传集》卷十九，清宣统二年江楚编译局刊本。今按：关于朱一新的研究，参见曹美秀：《论朱一新与晚清学术》，台北大安出版社 2007 年版；蒋晖：《朱一新的学术与生活》，华东师范大学 2008 年硕士学位论文。

子、宋明理学、明清学术、释老学说、桐城古文、四六骈文，皆详辨源流。诚如自序所谓"辨章学术，以端诸生之趋向，则不佞与有责焉"。如论清人之学术逊于明人："康熙时儒术最盛，半皆前明遗老。乾嘉以后，精深或过之，博大则不逮也。"论乾嘉经史校雠之学曰："目录校雠之学所以可贵，非专以审订文字异同为校雠也，而国朝诸儒则于此独有偏胜。"又曰："世徒以审订文字为校雠，而校雠之途隘；以甲乙簿为目录，而目录之学转为无用。多识书名，辨别板本，一书估优为之，何待学者乎？若夫舍经史而言义理，古来无此读书之法。"书中讨论典籍真伪之处甚多，如曰："姚氏《古今伪书考》多出臆断。古来伪书，惟子部最多，经部作伪不易。汉魏六朝经师，一字之殊，斫斫考辨，若张霸、刘炫之伪造者，终不能售其奸。近人动辄疑经，唐以前无是也。《皇清经解》中颇有此弊。大率以己之意见治经，有不合者，则锻炼周内，以证古书之伪，而后可伸其私说。若推此不已，其祸殆烈于焚书。"又论《文中子》非伪，又辨洪承畴《奏对笔记》为伪。

胡玉缙《许庼经籍题跋》称其书于一事一义，往往委曲详尽，注中有注，亦复体例秩然。[①]全书义精识卓之处层出不穷，然亦间有瑕疵。如评戴震曰："戴氏之《孟子字义疏证》、《原善》、《绪言》三书则谬甚。东原误以人欲为天理，宗旨一差，全书皆谬。"王元化称朱氏评东原论"欲"全是宋学立场。[②]朱氏论民主曰："夫民主者，徒便于乱民之借口，而非真能以安其国者也。"未免武断。王元化晚年细读此书，撮其要旨，称朱氏对乾嘉以后之学风嬗变影响甚巨，又称书中亦不乏卫道之言云云，可谓持平之论矣。

此本据湖北省图书馆藏清光绪二十一年广雅书局刊本影印。[③]

[①] 胡玉缙撰，吴格整理：《续四库提要三种》，上海书店出版社2002年版，第657页。
[②] 参见王元化：《九十年代日记》，上海古籍出版社2008年版，第299页。
[③] 张淑琼：《朱一新〈无邪堂答问〉之成书及其版本流传》，《肇庆学院学报》2013年第1期。

泺源问答十二卷 （清）沈可培撰

沈可培（1737—1799），字养原，号蒙泉，晚号向斋，嘉兴（今浙江嘉兴）人。乾隆三十七年（1772）进士，历任江西上高、直隶安肃知县，以事降调，遂不复出。历主潞河、泺源、云门诸书院。著有《夏小正注》、《星度释略》、《依竹山房诗集》等书。生平事迹见《两浙輶轩录》卷三十五、《历代画史汇传》卷五十。

书前有嘉庆八年（1803）钱樾序，称其崇实学，戒谀闻，取古人嘉言懿行，以为英才敦勉，讲明经学，立说皆以汉儒为宗。[1]又有嘉庆十九年（1814）杨复吉序，称其择焉精，语焉详，不在宋王氏《学林》、孙氏《示儿编》、本朝顾氏《日知录》之下。[2]又有嘉庆十三年（1808）朱邦经序，称其博洽似深宁，详核似谢山。[3]又附有沈清瑞《沈山长讲学记》。

此书为问答体，卷一至卷七论群经，卷八至卷十论子史，卷十一论古诗，卷十二论碑铭。如答"《古文尚书》为伪果为千古定论乎"曰："未能定也。凡古文有、今文无之篇，汉、唐诸儒未有疑为伪者，其说始于吴才老，而吴草庐因之。大旨总不出古文易读，今文难读，何以伏生偏记其难，而不能记其易，遂以诘曲聱牙者为真，以文从字顺者为伪。不知文章不论艰深平易，只论义理……若谓古文皆系采辑补缀，无一字无所本，因此遂指为伪，试思《左传》、《国语》、《国策》、《吕览》、《史记》所引之书，及散见于他书为《古文尚书》所无者，作伪之人又何不一一采辑补缀耶？……伏生之书，以高

---

[1] 《续修四库全书》第1164册，上海古籍出版社2002年版，第591—592页。
[2] 《续修四库全书》第1164册，上海古籍出版社2002年版，第592页。
[3] 《续修四库全书》第1164册，上海古籍出版社2002年版，第592页。

年之人追忆少时诵习，加以方言辗转相授，此今文难读之故也。经书
遭祖龙炬后，岂尽完善？生今之世，确守古籍，而阙其疑，乃儒生之
分也。若好新奇之说，一唱百和，拾人牙秽，冀翻前案，得罪先圣，
可胜言耶？"又论《金縢》篇曰："今所传《金縢》一篇，词意浅率，
诚有可疑，至其事则确凿之至，何也？王莽事事学周公，而为平帝请
命，金縢之事，传中再见，非周公实有金縢之事之明征乎？或原文为
秦火所灭，而今所传者乃后人拟作与？"又论《孟子外书》曰："孟
子逸语不尽出于《外书》也。《外书》四篇，邠卿谓其文不能闳深，
不与内篇相似，故其书不甚传，至宋熙时子始为之注。熙时子者，相
传即公非先生刘贡父也。余从座师刘文定公处录副，读其文，不与内
篇相似，信然。然其他逸语散见于子史诸书者，大义微言，似反突过
《外书》。泰山岩岩之气象，往往遇之。"

　　此本据华东师范大学图书馆藏清嘉庆二十年雪浪斋刊本影
印。（王献松拟草）

纯常子枝语四十卷　（清）文廷式撰

　　文廷式（1856—1904），字道希，号云阁、芸阁，晚号纯常子，
萍乡（今江西萍乡）人。生于广东，长于广东，故有"岭南即吾乡"
之句。光绪十六年（1890）进士。因反对慈禧专权，几遭密令缉拿。
戊戌变法后革职。著有《知过轩随录》、《补晋书艺文志》、《文道希遗
诗》等书。生平事迹见钱仲联《文云阁先生年谱》。[①]

　　此书内容广博，涉及政治、经济、商业、历史、地理、风俗、

[①] 关于文廷式的研究，参见肖麦青：《晚清悲风：文廷式传》，江西人民出版社2006年
版；陆有富：《文廷式诗词研究》，中国社会科学出版社2012年版。

语言、文字、民族、宗教诸方面，多有妙论。如谓欲振中国之人才，必自废科举始；谓由公会而有公议，由公议而生律法，其初未尝不与国君争权，其后乃终能为国家立政；谓议院之设，宋太学已开其先声，然正下与上同患之义，非下与上争权之义；谓王船山《读通鉴论》明本及末，知人论世，为奇伟之书；谓文章家不可不通小学；谓元、明经学尤逊于宋，此亦得失之关键；谓三教合一乃不知教者之言，及后世邪教依托之谬；谓愚民之术，后世以科目，乃民亦遂以自愚，非朝廷之独智；谓论古者不宜以成败观人；谓仁非平等之学，义乃平等之学；谓仁者教之宗也，义者政之体也，纯乎义以治国，则法律世界也；谓《阴符经》虽非黄帝书，不出于李筌，其书为兵家之书，不必强入之道家，尤不必附会于释家；谓《意林》兼取诸家，真杂家者流，入之儒家非是；谓唐末学校最衰，故有五季之乱；谓《文中子》似非伪书；谓良知之说，阳明不能守，不如径改曰清净本然，较良知二字为直指本体；谓六朝人犹以儒为一家，不即以为孔教；谓印度语歧异最多，故其种人不相联属。

  文氏早年师承陈澧，略识经学门径，故书中多录其师之言。书中论《四库提要》者多达十余条，如谓刘劭《人物志》本道家之旨，《四库提要》以为其学虽近名家，其理弗乖于儒，犹未推其本；谓纪文达《四库提要》原稿有故事类，又录其序；谓孙渊如《孙祠书目》略得阮孝绪簿录之意，姚姬传《惜抱轩书录》略得曾南丰序书之意，二书源出刘、班，作于《四库提要》之后，皆与纪文达显示异同者。

  此书稿本原藏汉口徐行可处，汪精卫得之，刻于南京。[①]此本据民国三十二年刊本影印。

[①]　参见何东萍：《谈〈纯常子枝语〉之出版》，《萍乡高等专科学校学报》2012年第1期。

师伏堂笔记三卷　（清）皮锡瑞撰

　　皮锡瑞（1850—1908），字麓云，号鹿门，室名师伏堂，善化（今属湖南长沙）人。光绪八年（1882）举人，数应礼部试不第，遂绝意仕进。光绪季年，陈宝箴抚湘时尝赞助时务学堂，又任京师大学堂经学教习。著有《今文尚书考证》、《经学通论》、《经学历史》等书。《清史稿》不为列传。生平事迹见皮名振著《皮鹿门年谱》。[①]

　　前有民国十九年（1930）杨树达序，称得其书于其家，恐其久而散佚，因节脩脯之所入，先取《笔记》付梓云。[②]此书杂论四部，而以考史为主。如论《孔子家语》曰："王肃伪撰《家语》，当时如马昭已明言之，孙志祖作《疏证》以发其覆，陈鱣序以为盗获真臧，其说韪矣。钱馥乃疑诸子传说每多雷同，不知诸子虽多雷同，不过稍有出入，乌有如《家语》之窜易首尾，变乱语气，割裂不通，如《疏证》所云者哉？钱朋于王，乃眯目而道黑白者。"又论兄弟昭穆之制曰："古礼兄弟实异昭穆，各为一代，而太真此议，亦属情理之至。但此事极古今之变，古所未有，制礼之圣人未必豫为之防，逢此极变，固当因时变通。然不得据此以为古礼兄弟当同室之证也。"

　　此本据天津图书馆藏民国十九年杨氏积微居刊本影印。（王献松拟草）

[①] 关于皮锡瑞生平的研究，参见吴仰湘：《通经致用一代师：皮锡瑞生平和思想研究》，岳麓书社2002年版。
[②] 《续修四库全书》第1165册，上海古籍出版社2002年版，第605页。

午窗随笔四卷　（清）郭梦星撰

　　郭梦星（1815—1884），字亦白，亦字西垣，号莲农，室名宝树堂，潍县（今山东潍坊）人。道光二十六年（1846）举人，历任广西候补知县，候选内阁中书，内阁侍读衔。著有《尚书小札》、《汉书古字类》、《花雨轩诗稿》等书。生平事迹见《潍县乡土志》[①]、民国间续修郭氏家谱。

　　书前有孙葆田序，称其性好学，每读一书，必钩玄提要，尤熟于历代史事及本朝掌故，下至当时邸抄，有事关因革黜陟者，辄手录成帙云。[②] 书中所载，多关经史、制度、地理、人物、俗语者。"其恕乎"条曰："知仁信勇，皆美德也。然好仁不好学，其蔽也愚；好知不好学，其蔽也荡；好信不好学，其蔽也贼；好勇不好学，其蔽也乱。是失于一偏，则各有所蔽。忠孝节廉，皆懿行也。而行之过当，则有愚忠、愚孝、小节、矫廉之讥。惟恕违道不远，求仁莫近，本推己及人之意，攸往咸宜，初无失偏过当之虑，故可以终身行之。"于此可见其大旨。此书仿王士禛《居易录》、《池北偶谈》而作。说经之处，多采异说，又不措意于文字声韵，殊非治经之正轨。惟释成语及诗文典故，时有可取之处。考论典章制度，最为有用，洞悉源流，而措语明显，使读之者一目了然。卷四《潍县志拾遗》，亦可补志书之不足矣。

　　此本据南京图书馆藏清光绪二十一年潍县郭氏刊《宝树堂遗书》本影印。（王献松拟草）

[①] 由山东省潍坊市寒亭区史志办公室编印。
[②] 《续修四库全书》第 1165 册，上海古籍出版社 2002 年版，第 629 页。

愚虑录五卷　（清）陈伟撰

陈伟（1840—1889），字耐安，号愚虑，诸暨（今浙江诸暨）人。同治十二年（1873）拔贡，光绪元年（1875）恩科举人，以教谕注铨，例授文林郎。早年肄业诂经精舍，俞樾深赏之，叹为经明行修之士。著有《食古录》、《居求录》、《待质录》等书。光绪间，门人永康应德闳校刊遗著，统名《耐安类稿》。生平事迹见民国十三年《诸暨民报五周纪念册·人物小志》。

书前有光绪二十一年（1895）俞樾序，称其书皆研求经义者也，说经甚精，如辨三老、五更之非三人、非五人，辨《论语》过位升堂非治朝之位、燕朝之堂，又如说冕服十二章，辨郑注周制九章之误，说《吕刑》其罚倍差，辨《孔传》五百锾之非，皆详明有据。[1]又有光绪二十二年（1896）应德闳跋，称其集中考异证同，阙疑征信，大旨不外师平日自道"以汉学为宋学"一语。[2]

此书用编年体，起光绪十年（1884），迄光绪十五年（1889），每文之下注年月。以前三年为多，后二年较少，己丑仅一条。编次失当，应以经书为纲。其书颇有心得，"伟按"多达四百余次，然好驳旧注，是其一短。此书为经义笔记，似应入群经总义类。

此本据华东师范大学图书馆藏清光绪二十二年《耐安类稿》本影印。

---

[1] 《续修四库全书》第1165册，上海古籍出版社2002年版，第679页。
[2] 《续修四库全书》第1165册，上海古籍出版社2002年版，第679页。

丁晋公谈录一卷　旧本题（宋）丁谓撰

今按：书中多称本朝事，每章之首皆称"晋公言"、"晋公尝云"，故此书决非丁谓自撰。陈振孙《直斋书录解题》谓不知何人所作。晁公武《郡斋读书志》以其出于洪州潘延之家，疑即延之所作。延之，丁谓外甥。据此，则此书为丁谓口述，潘延之撰录。

丁谓（966—1037），初字谓之，更字公言，长洲（今属江苏苏州）人。淳化三年（992）进士。召为三司使，加枢密直学士，封晋国公。机敏有智谋，憸狡过人，善于揣摩人意。时寇准为相，尤恶谓，谓媒蘖其过，遂罢准相。既而拜谓同中书门下平章事、昭文馆大学士。仁宗即位，因其前后欺罔及与宦官雷允恭交通，累贬崖州司户参军，先徙雷州，又徙道州。明道中，授秘书监致仕。生平事迹见《宋史》本传。潘延之，名兴，号清逸居士。嗣家豫章东湖上。怀道耽隐，自嘉祐以来公卿交章荐，不起。琴书自娱。尝问道于黄龙南公，得其密意。生平事迹见宋释惠洪《石门文字禅》卷十九、清彭绍升《居士传》卷二十五。

其书皆为丁谓口述当代故事。如记真宗秘闻，凡四则，称"已上四件，皆是真宗亲宣示于晋公，人皆不知也"，其一云："真宗在储贰时，忽一日，因乘马出至朱雀门外，方辰时有大星落于马前，迸裂有声。真宗回东宫惊惧。至第五年，果太宗晏驾。"书中又多记宫廷生活、朝廷典故。

《四库全书总目》称其事皆颠倒是非，有乖公论，即未必延之所作，其出于谓之余党，更无疑义；然称丁谓筹划军糈，决真宗东封之行，以为美谈，则欲誉其才，适彰其附合时局，小人之情状终有不能自掩者云云。未免因人废言。

此书晁公武《郡斋读书志》杂史类著录三卷，小说类又著录一卷，陈振孙《直斋书录解题》传记类著录一卷。《四库全书总目》列入小说家类存目。

此本据民国十六年陶氏影印宋咸淳刻《百川学海》本影印。

续世说十二卷 （宋）孔平仲撰

孔平仲，字义甫，一字毅甫，临江新喻（今江西新余）人。治平二年（1065）举进士，曾任秘书丞、集贤校理、提点江浙铸钱、京西刑狱。著有《珩璜新论》、《孔氏谈苑》等书。生平事迹见《东都事略》卷九十四、《宋史》卷三百四十四、《名贤氏族言行类稿》卷三十四。

此书十二卷，卷一德行、言语，卷二政事、文学，卷三方正、雅量、箴规，卷四品藻、识鉴、夙慧、捷悟，卷五赏誉、宠礼、任诞、容止，卷六术解、巧艺、排调，卷七自新、企羡、简傲、尤悔，卷八栖逸、轻诋、贤媛，卷九惑溺、黜免、伤逝、汰侈，卷十直谏，卷十一忿狷、仇隙、纰漏、俭啬，卷十二假谲、邪谄、谗险、奸佞，凡三十八类。较《世说新语》三十六类，少豪爽一类，而多直谏、邪谄、奸佞三类。《世说新语》专尚清谈，此书故事多取自史传杂著，甄别筛选，依类而主，要而不烦，信而可考。

此书所记，皆宋、齐、梁、陈、隋、唐、五代事迹，多采自《南史》、《北史》、《旧唐书》、《旧五代史》及前人笔记小说。如"言语"类记徐坚议集贤院学士当罢，"政事"类记冯道论刘审交之为政爱民，"文学"类记巾箱五经始自齐王钧，"箴规"类记陆贽遇事极言无隐,"品藻"类记张说论后进文之优劣,"识鉴"类记裴行俭论初唐四杰之才气。"巧艺"类记柳公权书法,谓"当时公卿大臣,碑板不得公权手笔者,人以为不孝",记高丽重欧阳询书法,记王维书画之妙。"简傲"类记杜审言之矜诞,尝谓人曰:"吾之文章,合得屈宋作衙官;吾之书迹,合得王羲之北面。""仇隙"类记牛李之党挟邪倾轧事。秦果序称此书发史氏之英华,便学者之观览云云。①

此书有上海图书馆藏明抄本、守山阁本、《宛委别藏》本。此据清嘉庆间抄《宛委别藏》本影印。②（王献松拟草）

续墨客挥犀十卷　旧本题（宋）彭乘撰

彭乘（985—1049）,字利建,益州华阳（今四川成都）人。大中祥符五年（1012）进士及第,累迁工部郎中。生平事迹见《宋史》卷二百九十八。

此书为《墨客挥犀》之续编。陈振孙《书录解题》则前、续二编俱载,共二十卷,然不著撰人姓氏。明商浚刻《稗海》,题彭乘之作,盖以书中所自称名为据。涵芬楼本《说郛》亦署为彭乘撰,并摘录十九条,为《古今说海》所收。元、明间罕见刊本。

此书十卷,内容庞杂。今考,张文虎《舒艺室杂著》甲编卷上《复朱述之大令书》称,来教以《续墨客挥犀》多掇拾他书,疑非真本;今检全文,出《梦溪笔谈》者二十八条,出《冷斋夜话》者二十条,出《遁斋闲览》者十三条,又"李主簿"条见《闲窗括异志》,"王学士"条见《东轩笔录》而文小异,"唐龙图"条已见前编,而此

---

① 《续修四库全书》第1166册,上海古籍出版社2002年版,第9页。
② 《宛委别藏》稿本今藏国家图书馆。

复出，"谢泌"条亦与前编"谢谏议"条略同，来教所举邱浚《群书方抄》引"蜂螫"一条在今第八卷，末尝缺，此条亦出《笔谈》，谓为赝作，诚是，而鄙意犹有疑焉。明商浚《稗海》所刻《墨客挥犀》十卷，《四库全书总目》疑其原本残缺，后人又有所窜入。今考之，其出《笔谈》者四十六条，出《夜话》者十八条，出《闲览》者十二条，出《因话录》者三条，出《晋书》者二条，出《北魏书》、《耆旧续闻》者各一条，其"渊材好谈兵"及"彭渊材初见范文正画像"二条亦类《冷斋夜话》，今本《夜话》及《遁斋闲览》俱不全，盖其所掇拾有今所未见者。又续编"应天鳗井"条本《笔谈》文，而前编"蟹泉"条末云"此亦应天鳗井之类"，句意相应，语气亦绝类沈括，安知非《笔谈》佚文？然则不特续编非真本，即前编亦为赝作云云。余嘉锡亦考证其为伪作。[①] 举以备参。

阮元称卷中所载轶事遗闻以及诗话文评，征引颇为详洽，足补前编之所未备；其所议论多推重苏、黄，亦与前集相同，合之以为完书云云。张金吾《爱日精庐藏书志》卷二十七称此本系明人旧抄，亦为希觏之书云云。然阮、张二氏均未能辨别真伪。

此书有明正德四年志雅斋抄本、惠氏红豆斋本、《宛委别藏》本、《涵芬楼秘笈》本、《殷礼在斯堂丛书》本。此本据嘉庆间抄《宛委别藏》本影印。

醉翁谈录五卷　（宋）金盈之撰

金盈之，约1126年前后在世。今按：盈之家世汴京，南渡后官从政郎、衡州录事参军。

---

① 参见余嘉锡：《四库提要辨证》卷十七，中华书局1980年版，第1077—1081页。

此书杂记宋都城、仕宦、风俗、寺院、平康市陌琐事。全八卷，凡七十事。《千顷堂书目》、《宋元旧本书经眼录》均著录八卷。《百川书志》亦著录八卷，称分"名公佳制"、"荣贵要览"、"京城风俗记"、"琐闼异闻"、"禅林丛录"、"平康巷陌记"六目，通载七十事，缺一事。然陆心源《皕宋楼藏书志》著录四卷，阮元《研经室外集》著录五卷。此本为残本，仅存五卷，卷各为名。卷一曰"名公佳制"，载宋以降名卿大夫诗文。如"司马温公联句"条，记司马光《岭头诗》之本事。卷二曰"荣贵要览"，述唐宋时恩荣遗制。如"曲江之晏"条，记曲江池佳节盛况。卷三、卷四曰"京城风俗记"①，记汴京风物繁华之盛。前有小记，称世居京城，自南渡以来，每思风物繁盛，则气拂其膺，暇日因命儿侄辈抄录一年景致及风俗好尚，无不备载云。此二卷所记风俗节日，皆按月日排列，于元旦、人日、送穷、立春、上元、社日、寒食、清明、上巳、浴佛日、端午、七夕、中秋、重阳、冬至、除夜皆有所记。卷五曰"琐闼异闻"，记奇闻异事。如"雕木为则剧术"条，记倭人韩志和善雕木作鸾、鹤、鸦、鹊之状，饮啄动静，与真无异，且可凌云奋飞。

此书与《东京梦华录》、《梦粱录》、《武林旧事》诸书均记当时之盛，且缅怀旧事。故阮元《四库未收书提要》卷一称书中所载诗文杂事虽属琐碎，然博闻洽见，足资谈助，可与《梦华》、《梦粱》等录并传云云。

此本据清嘉庆间抄《宛委别藏》本影印。此书有国家图书馆藏明抄本（存四卷）、《宛委别藏》本、《碧琳琅馆丛书》本、《适园丛书》本、《芋园丛书》本。

---

① 黄永年怀疑这是从一本失传的小书《京城风俗记》中抄袭而成。详参黄永年：《说〈醉翁谈录〉及其撰人金盈之》，见《历史文献研究》总第18辑，华中师范大学出版社1999年版，第122—124页。而考证后发现，其大部分抄录自现已亡佚的《岁时杂记》《岁时广记》中保留了部分内容。详参蔡际青：《以金盈之〈醉翁谈录〉为个案的笔记小说研究》，黑龙江大学2012年硕士学位论文，末附八卷本之校点本，甚便研习。

静斋至正直记四卷 （元）孔齐撰

孔齐[①]，字行素，号静斋，别号阙里外史，曲阜（今山东曲阜）人。本洙泗苗裔，而流寓平陵。事迹史传未载。据《四库全书总目》，知其父退之曾任建康书吏，孔齐随父迁居溧阳（今江苏溧阳）。元末至正年间又避居四明（今浙江宁波），撰成此书。

书前有嘉靖三十八年（1559）归有光《静斋类稿引》，称其书盖至正间旧物，历世绵远，已不免有模糊脱漏之患。又称其时丁胜国末造，兵燹猬兴，人无宁宇，于崎岖避地之际，备得人情物态之详。虽其文未雅驯，而持己处家之方，贻谋燕翼之训，亹亹乎有当乎道，诚举而体诸身心，见诸行事，即进而亟于古人不难云云。[②]深得此书要旨。今检《震川集》诸本不载此篇，或疑出依托，然其文不及四百字，序述详尽，时有超逸之气，实非震川不能为之。卷一前有至正二十年（1360）孔齐《杂记直笔》，称："杂记者，记其事也。凡所见闻，可以感发人心者，或里巷方言，可为后世之戒者，一事一物，可为传闻多识之助者，随所记而笔之，以备观省，未暇定为次第也。"[③]末有季锡畴跋，称此书琐杂不伦，惟中寓劝惩之旨，尚为可取云云。[④]

名曰"直记"，义取直笔。此书又名《静斋类稿》，纪至正间杂事，于掌故、典章之外，尚涉及书画、戏剧、文物收藏等。所记多有可观，如"画兰法"条记郎玄隐授画兰之法甚详，"学书法"条谓凡

[①] 参见顾诚：《〈至正直记〉的作者为孔克齐》，见《元史论丛》第6辑，中国社会科学出版社1997年版；尤德艳：《〈静斋至正直记〉及作者考述》，《中国典籍与文化》2003年第3期。
[②] 《续修四库全书》第1166册，上海古籍出版社2002年版，第211—212页。
[③] 《续修四库全书》第1166册，上海古籍出版社2002年版，第213页。
[④] 《续修四库全书》第1166册，上海古籍出版社2002年版，第462页。

学书字，必用好墨、好砚、好纸、好笔，皆于初学者有益。"乡中风俗"、"浙西风俗"、"村馆先生"、"鄞人虚诈"诸条，亦可见当时士风民俗之大概。"学文读《孟》"条谓："学作文不必求奇，但熟读《孟子》足矣。以韩、柳、欧、曾间架活套为例程，以《孟子》之言辞句意行之于体式之中，无不妙也。盖《孟子》之言有理有法，虽太史公亦不能及。徒夸艳于美观耳，吾不取也。"此数语皆自家体贴得来，非深于《孟子》者不能道也。而如"中原雅音"条，谓北方声音端正，谓之中原雅音，而南方读书字样皆讹，轻重开合不辨，不得其正，则未免苛刻。至其称"年老多蓄婢妾，最为人之不幸，辱身丧家，陷害子弟，靡不有之"，其论甚有理，亦颇有证父攘羊之直，不得以播家丑而斥之。书中又记纸币、铜钱之流行，记色目人欺凌南方人，记各种手工业品之制作工艺等，皆可补正史之未备。

《四库提要》称此书亦陶宗仪《辍耕录》之类，所记颇多猥琐，中一条记元文宗皇后事，已伤国体。《铁琴铜剑楼藏书目录》卷十七称其叙述琐杂，略寓劝惩之旨，亦间及当时巨公轶事。萧穆《敬孚类稿》卷九《记旧抄本至正直记》称所记遗闻轶事，且多警世之言。刘咸炘称其书家常语而多有味。[1]

此书有抄本、《粤雅堂丛书》本、《学海类编》本。此本据国家图书馆藏清毛氏抄本影印。[2]

---

[1] 刘咸炘：《余力录·论学钞》，《推十书》丁辑第2册，上海科学技术文献出版社2009年版，第405页。今按：许家林等人认为此书中有会计发展史料，详参许家林、沈贞玮：《中国会计发展史海沟沉之四：〈至正直记〉中的簿记思想》，《财会通讯》2011年第1期。赵立艳认为其中有小说史料，详参氏著《元代笔记中的小说史料研究》，山东大学2010年硕士学位论文。

[2] 关于此书的著录情况，参见韩峰：《元代文言小说叙录》"至正直记"条，扬州大学2010年硕士学位论文。

冀越集记二卷 （元）熊太古撰

熊太古，字邻初，号寒栖子，丰城（今江西丰城）人，熊朋来之孙。至顺三年（1332）中乡试，又登进士。官至江西行省郎中。至正末，天下盗起，太古力陈守御计，当事者不能从，遂弃官去，隐楮山。明初征校雅乐，毕，告老归。《元史艺文志》卷四著录《爇余集》、《熙真集》。生平事迹见《元史》本传、《（万历）新修南昌府志》卷十七、《江西诗征》卷四十一。

此书记元代典章，并五行、四气、花木、鸟兽、杂说。所记多为其生平游历之所见闻，又多议论。如"庄子佛经"条，谓鲲鹏之语犹诳人以理之所有，而佛经所谓罗汉、阿修罗王化形入海、头等须弥之事，则真诳人以理之所无。又有记博物者，如记猪、羊、马、牛、驼、象习性之异诸条，皆足以博见闻。明李时珍撰《本草纲目》，颇援引之。

书前有至正十五年（1355）太古自序，称平生两至京师，得亲硕老名儒，广见洽闻之士，掌故所藏，悉得览之；奋然南归，留滞于江之东西，驰骛于湖之南北，游嬉于浙右，放浪于两广，遵于海隅，极于交界，凡耳之所闻，目之所睹，旁稽于言论，因书以备遗忘；不特可以资言谈，亦足以助其学之博者云云。[1] 书后有乾隆四十八年（1783）吴翌凤跋语、黄丕烈识语。《四库全书总目》入小说家类存目，称杂记见闻，亦颇赅博，又称多妄传失实云云。[2]

此书有明嘉靖间刻本。此本据国家图书馆藏乾隆四十七年吴翌凤抄本影印。

---

[1] 《续修四库全书》第1166册，上海古籍出版社2002年版，第463—465页。
[2] 钟焓认为其中有民俗学史料，参见氏著《熊太古〈冀越集记〉中一则记载的民俗学注释》，《内蒙古社会科学》（汉文版）2004年第4期。

东园客谈一卷 （明）孙道易辑

孙道易（1394—1476后），字景周，自号映雪老人，华亭（今属上海）人。

书末有道易识语，称大明成化十二年，寓于华亭藏行平溪草舍，共五十帙，以备观览。时年八十有三。① 又有景泰七年（1456）古吴后学近思生金霁跋语，称《客谈》三十一条，云阁映雪孙先生所辑近代臣子之忠孝、师友之恩义、妇人女子之风节、名公硕彦之言行可法可征者，旧凡五十帙，惜乎散逸不全，今幸存止此。②

原书五十卷，今仅存一卷，凡三十一条。《四库全书总目》称每条下各标其名，凡钱维善、全思诚、陶宗仪、赵宣晋、夏文彦、夏颐、朱武、郭亨、邵焕、孙中晋、孙元铸、黄琦、费圜用、杨孙、李升、曾朴并道易，共十七人，多为元之遗民云云。李希圣《雁影斋题跋》卷四所载人名与此有异，又称："陶宗仪《说郛》所刻者则仅三分之一，且更其名曰《友闻》，曹溶《学海类编》又沿其误。此本为知不足斋从钱曾述古堂抄本传写者，满纸丹黄，鲍廷博所手校也。"③ 此书皆录名人嘉言懿行及近代闻见诸事，以据当时友朋所书辑之，故曰"客谈"。④ 如记陶宗仪述杜清碧编《华夏同音》所收及于外化番书及国朝蒙古新字，曾朴述其师金兰室先生与诸生论"学"字之义，皆有关学术。又记周公瑾语："惟信义是服，不患不到圣贤地位也。"尤为

---

① 《续修四库全书》第1166册，上海古籍出版社2002年版，第566页。
② 《续修四库全书》第1166册，上海古籍出版社2002年版，第567页。
③ 李希圣：《雁影斋题跋》，上海古籍出版社2009年版，第377页。
④ 朱家濂《读〈四库提要〉劄记》："王颂蔚《古书经眼录》收有《广客谈》一卷，系明抄本，历经毛晋、徐乾学、黄丕烈收藏。王跋云：'四库所收乃其前编，此更广之。'"见《图书馆学通讯》1987年第3期。

正大之论。诚如金霁所云："士于学问之余，取而览焉，非惟可以资言论、广见闻，诚足以起好善恶恶之心，而坚其操行，至或临利害必有守，而弗苟为也。观映雪之心，岂直以备清谈云。"

此本据中国科学院图书馆藏明抄《说集》本影印。

可斋杂记一卷 （明）彭时撰

彭时（1416—1475）[①]，字纯道，又字宏道，号可斋，安福（今江西安福）人。正统十三年（1448）戊辰科状元，累官至少保，谥文宪。著有《彭文宪公笔记》、《彭文宪公文集》。生平事迹见《明史》本传。

此书多记明正统、景泰、天顺、成化间事。有记人物者，如记太学祭酒李时勉教导诸生事，并称其涉历艰险，操存有素，祸乱不足以动心，如此真有古人气象。又有记礼典故事者，如记翰林故事，同寅皆尚齿，且分学士、侍读侍讲、修编编修检讨三类，等级截然不紊；又如记翰林官，惟第一甲三人即除授，其余进士选为庶吉士，教养数年而后除；又如记成化元年上行耕籍礼之情状。又有记史事者，如记正统十四年土木之变后，百官劾奸臣误国者，致击死锦衣卫指挥马顺及内臣二人；又如记天顺四年上谕谓"今科进士中，可选人物正当者二十余人为庶吉士，止选北方人，不用南人"；又如记成化间朱永平定荆襄山区刘通、石龙叛乱事，并记张英、刘长子之冤。

《四库全书总目》列入小说家类存目，称记张英、刘长子之冤，以时方省亲，自家至京，不及申救为解，然其后时在内阁，亦未闻申攘功之诛，正歊法之罪，仅以笔记存公论，殊无谓也云云。然《翰林

[①] 参见赵瑛：《〈可斋杂记〉作者彭时生卒小考》，《天中学刊》1996年第2期；刘世杰：《明大学士彭时生卒考证》，《泉州师范学院学报》2003年第1期。

记》卷十一《纪时政》称："学士宋濂尝辑《洪武圣政记》，此纪时之政也。自后学士解缙有《大明帝纪》，记洪武中事。大学士杨士奇有《三朝圣谕录》，纪永乐、宣德时际遇召对诸事。《天顺日录》则大学士李贤所著，虽纪时政，然旁及论建与所传闻。是时又有《可斋杂记》，专纪在己见用之事，而本院故事多在焉，则大学士彭时笔也。"《殿阁词林记》卷十五"记录"条，亦称此书为信史。

此书有《顾氏四十家小说》二卷本，又有《借月山房汇钞》本、《历代小史》本、《说郛续》本，后三种均为节录本。此本据民国十九年商务印书馆影印元明善本丛书十种《历代小史》本影印。

双槐岁抄十卷　（明）黄瑜撰

黄瑜（1425—？），字廷美，号双槐老人，香山（今广东中山）人。景泰七年（1456）中乡举，入国子监肄业，继而在户部任职，后为长乐知县。著有《双槐集》、《书传旁通》等书。生平事迹见《明史》卷一百三十四。

书前有弘治八年（1495）黄瑜自序，称此书得诸朝野舆言，必证以陈编确论，采诸郡乘文集，必质以广座端人，如其新且异也，可疑者阙之，可厌者削之，虽郁于性命之理，若不足为畜德之助，而语及古今事变，或于道庶几弗畔云。[1] 又有嘉靖二十八年（1549）刘节序、黄衷序，书末有嘉靖二十七年（1548）吕天恩后序、嘉靖三十八年（1559）彭年重刻识语。

此书记明洪武迄成化中事，凡二百二十余条。间亦有关学术者，

---

[1]《续修四库全书》第1166册，上海古籍出版社2002年版，第579页。

如"尊孔卫孟"条记钱唐上疏谏言，使天下通祀孔子，而孟子得配飨不废。"西域历书"条记西域《回回历》纪岁之法。"古注疏"条记周子、程子取孔安国、王弼古注，皆于理甚当，自永乐中纂修《大全》出，谈名理者惟读宋儒之书，古注疏自是而废。"过揲九六"条谓朱子《本义》与《筮仪》微有同异，故《易学启蒙》列图明之，皆狥沈括之说。"彭、陆论韵"条谓"古人用韵，大率因六书谐声而来，往往通而不拘，如《六经》可见已。宋吴棫才老《韵补》乃据唐、宋诸文士以律古人，是不足为准也"，并载陆华与陆钺论韵书。"天地神化"论张载"一故神、两故化"之说。"一月千江"条畅"理一分殊"之论。其他尚有记邵雍《皇极经世书》及曹端、薛瑄学行者。此外，尚有述异闻，记神怪者，多不经之谈。

《七修续稿》国事类"双槐岁抄"条称其书于本朝之事最多且详，修史者当取焉。然阮元《文选楼藏书记》卷六称此书抄撮史传，记明洪武迄成化间事。

此书有清道光十一年南海伍氏粤雅堂文字欢娱室刊《岭南遗书》本。此本据国家图书馆藏明嘉靖三十八年陆延枝刻本影印。

石田翁客座新闻十一卷　（明）沈周撰

沈周（1427—1509），字启南，号石田，长洲（今属江苏苏州）人。务读书，不应举。善诗文、书画，与文徵明、唐寅、仇英并称"明四大家"。传世作品有《庐山高图》、《秋林话旧图》、《沧州趣图》。著有《石田集》等书。[①]生平事迹见《明史》卷二百九十八。[②]

[①] 参见汤志波：《沈周著作考》，《图书馆理论与实践》2012年第8期。
[②] 关于沈周的研究，参见陈正宏：《沈周年谱》，复旦大学出版社1993年版；段红伟：《沈周画传》，山东画报出版社2004年版。

沈周晚岁名益盛，客益众，造百客堂，每近暮，必张筵，四方人各令述所闻，书于简，曰《客座新闻》。如"张布政一门死节"条独家报道："曜州张纮子某少有学行，尚气节。国初以人才诏赴京师，初试部职。建文时历升云南布政，永乐初召回。临行，与妻子诀曰：'吾荷蒙先帝知遇，起自草野，一旦叨此重任，今国事已移，去则何为？惟一死以报国耳。'偕至钟山下，有深渊名龙潭，张乃沐浴具冠服，向渊恸哭，再拜，投于渊而死。其妻与二妾四男女见张投渊，皆大恸，继投。家人及隶卒各二人咸恸哭云：'相公娘子辈皆为国亡，我辈不为相公死乎？'亦把臂连死于潭。"如此惊天地泣鬼神之"新闻"竟然遭遇"历史"审判，被王世贞《史乘考误》指控为虚假"新闻"："张纮洪武末以云南左布政召回，拜吏部尚书，壬午初谒太宗，赐敕慰谕，最后乃经于后堂耳。《客座新闻》所载，无一实者。张公在云南，政绩甚著，将来宜入循吏传，不宜与方、铁诸公同。"王世贞《弇州四部稿》卷七十一《明野史汇小序》又将其列入劣等之"野史"："野史之弊三：一曰挟郄而多诬，其著人非能称公平，贤者寄雌黄于睚眦，若《双溪杂记》、《琐缀录》之类是也。二曰轻听而多舛，其人生长闾阎间，不复知县官事，谬闻而遂述之，若《枝山野记》、《蓬胜野闻》之类是也。三曰好怪而多诞，或创为幽异可愕，以媚其人之好，不核而遂书之，若《客座新闻》、《庚巳编》之类是也。"沈德符亦曰："吾家石田，虽高逸出存中上，终以布衣老死吴下，故所著《客座新闻》，时有牴牾。"[①]

此书乃前信息时代之"新闻"，虽多神神鬼鬼，奇奇怪怪，琐屑在所难免，然亦间出精彩。如"史员外确论"条曰："北京户部史员外常云：'今之仕宦者多是官做人，古之仕宦者人做官也。'其言有理。《书》云：'不惟其官，惟其人。'信夫！""官做人"者，犹今

---

① 《续修四库全书》第1174册，上海古籍出版社2002年版，第697页。

"屁股决定大脑"之谓也。四五百年尚未改变,如此"新闻"之生命力不可谓不顽强矣。又如"吞珠割腹"条报道:"英庙时,御用监太监林某尝使广东,偶得一珠,圆大光莹,绝世无比,每自称爱,尝以大革为囊盛之,以压龙亵。未几,疾作,将死,尤恋恋于此珠,潜吞之。死后家奴有知之者,至夜,以刀剜其腹,果获此珠。噫!尤物害人,死亦就戮,惨毒如此,书之以戒世之急于玩好者。"如此绝妙"新闻",一之谓甚,其可再乎?在"野史"与"小说"之间,此客座"新闻"之定位乎?沈周与朋客闲话,凡官场逸闻、文人轶事、琐言细语,有闻必录,颇多妖异鬼怪、因果报应之说。语多附会,不详考证,如是我闻,如是记录,故陆采《冶城客论》颇讥其偏信门客妄言。

此本据国家图书馆藏清抄本影印。此书尚有上海图书馆藏明抄七卷本、南京图书馆藏清南枝堂抄本。[1]

震泽纪闻二卷 (明)王鏊撰

王鏊(1450—1524),字济之,号守溪,晚号拙叟,学者称震泽先生,吴县(今属江苏苏州)人。成化十一年(1475)进士,官至户部尚书、文渊阁大学士,卒赠太傅,谥文恪。著《姑苏志》、《震泽集》、《震泽长语》等书。生平事迹见《明史》本传。[2]

此书体近小说,乃鏊退休归里,随时笔录记之,分经传、国猷、官制、食货、象纬、文章、音律、音韵、字学、姓氏、杂论、仙释、梦兆十三类。所记皆明代人事,分人条系,间有二人合为一条者,自

---

[1] 据汤志波考证,除七卷本、十一卷本外,还有已亡佚的十四卷本,详参氏著《客座新闻》成书考论》,《明清小说研究》2013年第2期。
[2] 关于王鏊的研究,参见马微:《论王鏊》,内蒙古大学2007年硕士学位论文。

宋濂至焦芳，凡四十六人。鏊序云："余久居山林，不能嘿嘿，阅载籍有得则录之，观物理有得则录之，有关治体则录之，有裨闻见则录之，久而成帙，名曰《震泽长语》云。"①如"王行"条记王行家贫无书读，佣于大姓之家而遍读其书，后主蓝玉家为教授，终因蓝玉谋反事坐死。"薛瑄"条记王振召瑄为大理少卿，而瑄不谢王，又因都御史王文劾瑄受贿而下死狱，瑄临刑而神色自若，后振意解，传诏赦之，谪戍边。"孟密"条记孟密娶木邦之女，而其父尽以宝井媵焉，孟密强而与木邦相攻，讼于朝，而兵部诸津要多受孟密之贿，而都御史程宗往按其事，立孟密为安抚司，木邦势寡弱，反出其下，云南之患由此起，至今为梗。"李东阳"条记李东阳媚阉恋位，力辨杨一清所撰墓志之妄，又言东阳性善谑，尝记朝士讹语，积以成帙，名曰《渊源录》。王鏊领史职者四十余年，尝预修宪、孝二庙实录，书法精核，时称良史。此编乃其修史之暇，述所闻见，以备笔削。其间是非颇有未定者，故颇招物议焉。

此书前有嘉靖三十年（1551）魏良贵序，称其稽合异同，考正得失，以成一代之信史云云。②友朋推挹之词，未足为凭矣。李慈铭曰："《纪闻》皆纪明事，而于并时人为详，分人条系，似列传体，其中多直笔。如言万安之秽鄙，焦芳之奸邪，皆狼籍满纸，不少隐避。文恪正人，固非妄诋，又事皆目睹，征实而书；然心有事后而始明，论有日久而事定，当日之弥缝委曲，未必能尽知也。"③潘景郑称此书纪录遗闻，自洪、永迄弘、德，凡忠贤遗行，奸妄隐情，靡不毕载，足补史乘所未及。然其掇拾见闻，颇涉荒诞，如言宋景濂之自经僧寺中，建文帝之重见正统间，是亦不免里巷传闻之谈，乌足以昭信后来耶？然所载太祖残暴，以及累朝大臣互相挤陷之由来，降而

---

① 《续修四库全书》第1167册，上海古籍出版社2002年版，第467页。
② 《续修四库全书》第1167册，上海古籍出版社2002年版，第467页。
③ （清）李慈铭：《越缦堂读书记》，上海书店出版社2000年版，第701—702页。

至于中官之擅作威福，洵足为一代之实录，后世之殷鉴。惟其琐屑芜杂，尤不足当史臣之撷拾耳。文恪生当孝庙猜忍之日，得引身避祸，明哲保身，盖兹编者，非其座右箴铭耶？①《明史例案》卷二称此书为身居台阁而著书甚纰缪者云云，亦贬之过甚矣。

此书有明万历刻本（九行二十字）及明末刻本（八行十八字）。②此本据国家图书馆藏明末刻本影印。

续震泽纪闻一卷　（明）王禹声撰

王禹声，字闻溪，长洲（今属江苏苏州）人。万历进士，历知承天府。生平事迹见《明史》本传。今考，《钦定天禄琳琅书目》卷三宋版《玉台新咏》，原为王鏊藏本，后有王禹声印，称未详其人，疑为王鏊群从云云。然《四库全书总目》卷一百二十二《震泽长语提要》云："前有贺灿然序，称鏊元孙永熙梓鏊所著《长语》、《纪闻》及永熙父遵考《纪闻续卷》、《郢事纪略》，总题曰《震泽先生别集》。"于此可知，禹声为王鏊曾孙，而非群从。

《千顷堂书目》卷五著录："王鏊《震泽纪闻》一卷，又《续震泽纪闻》一卷。"已将禹声与王鏊混为一人。震泽，即今江苏太湖。此书与王鏊《震泽纪闻》体例相同，记太湖名士吴宽、高启、杨基、陈祚、陈镒、徐祯卿、祝允明、盛应期、金问、陈继、徐珵轶事，凡十一人。如"按察司佥事陈公"条记陈祚上疏言帝王之学，以真德秀《大学衍义》一书，圣贤格言，古今治乱，无所不载，宜令儒臣讲说，被上指语涉讥讪而下狱。"礼部右侍郎金公"条记金问与陈继受《易》

---

① 潘景郑：《著砚楼读书记》，辽宁教育出版社2002年版，第398页。
② 参见沈津主编：《美国哈佛大学哈佛燕京图书馆藏中文善本书志》第3册，广西师范大学出版社2011年版，第1090页。

俞贞木，而于学大进，永乐初侍东宫，后与黄淮、杨溥等皆下狱，而三人讲论不辍，洪熙初授翰林修撰，卒于礼部右侍郎。此书与《纪闻》皆为地方名人树碑立传，似应归入史部传记类。

今考，书中所取，多为杨循吉《苏谈》、黄㫤《蓬轩类记》中事，颇嫌枯涩冗繁，难以卒读。文笔亦远不及王鏊自然得体，挥洒自如，故不可与《震泽纪闻》同日而语。①举以备参。

此本据国家图书馆藏明末刻本影印。

立斋闲录四卷 （明）宋端仪撰

宋端仪（1447—1501），字孔时，莆田（今福建莆田）人。成化十七年（1481）进士。官至按察佥事。著有《考亭渊源录》、《革除录》。生平事迹见《明史》本传。

此书为数据汇编，杂采明代官府档案、方志、文集、碑志及《圣谕录》、《水东日记》、《天顺日录》诸书，多录明初至宪宗成化年间典故、人物。然编排随意，无甚条理。如记开国之初朱元璋修礼乐典制事，又如记王偁带镣纂修《永乐大典》事。

此书前有光绪戊申（1908）罗振玉题记："录中记录明初至英宗复辟时事，每段下注明所引书名，非是随手抄录之作，然遗闻轶事，颇资考证。"②《庄渠遗书》卷十二《复喻吴江》亦云："国朝少野史，此书尽有功。"然《四库全书总目》列入小说家类存目，称是编杂录明代故事，皆采明人碑志说部为之，与正史间有抵牾，体例亦冗

---

① 宁稼雨：《中国文言小说总目提要》，齐鲁书社1996年版，第314页。
② 《续修四库全书》第1167册，上海古籍出版社2002年版，第535页。

杂无绪云。①

此本据辽宁省图书馆藏明抄本影印。

青溪暇笔二卷 （明）姚福撰

姚福（1424—？），字世昌，号守素道人，江宁（今江苏南京）人。明成化间人。好读书，与刘昌钦交善。著有《窥豹录》、《兵谈纂类》、《神医诊籍》等书。生平事迹见《千顷堂书目》卷十二。

此书前有成化九年（1473）自序，称其闻于宾客之绪余，省于经史之糟粕，或亲睹诸物，或有感于心，多则百余言，少者数十字，或书于版籍，纪于方册，日渐以多，其中可惊、可喜、可怪、可笑、可考、可疑者有之，惟言人之不善者蔑焉，亦复不忍弃去，录为二卷云云。②姚福立斋名曰"青溪精舍"，故此书题曰《青溪暇笔》。今按：二卷本并非最后定本。据朱妍蕾研究，成化九年（1473）姚福将前十卷编纂成书，成化十四年（1478）续补五卷，成化十七年（1481）又补入五卷，前后三次增修，最终形成二十卷本之格局。③举此备参。

此书为综合性笔记，皆札录读书所得及杂记耳目见闻。其间有论学术者，如驳黄震疑邵雍先天易"先天"二字不见于经之非，并谓："欲明理，岂可以他人尝用之言，遂避而不用哉？"又记郑谧注郭璞《葬书》以非陈淳《性理字义》"人无后者，不可以异姓续"之说，并谓郑氏有"民吾同胞"之意。又记其子侗论郭太为人事，福谓

---

① 关于此书的价值，参见吴德义：《〈立斋闲录〉对建文史研究的重要价值》，见《第十一届明史国际学术讨论会论文集》，天津古籍出版社 2007 年版。
② 《续修四库全书》第 1167 册，上海古籍出版社 2002 年版，第 637—638 页。
③ 参见朱妍蕾：《孤本：二十卷明抄本〈青溪暇笔〉考略》，见《古典文献研究》第 9 辑，凤凰出版社 2006 年版。

"(郭)太之为人在汉末，有类康节之在宋"，"读史之法，若远代史可作一项看，近代史又作一项看。盖近者详，而远者略也"。又有关于考证者，如考《孙子》"方马"谓并缚其马，使不得动之义；又考宋张三影与《东坡集》中张子野为二人。

王士禛《池北偶谈》卷十七《儒将诗》称其书记轶事颇亦可喜，而论诗肤陋，真三家村学究见识云。《四库全书总目》入杂家类存目，称是编皆札记读书所得及杂录耳目见闻，其首卷所述明初轶事，多正史所不载云云。

山东青岛市博物馆藏有二十卷明抄本，乃足本，原系黄虞稷千顷堂旧物，实为海内孤本。此书有《今献汇言》本、《纪录汇编》本、《历代小史》本、《顾氏明朝四十家小说》本（正德嘉靖本）。此本据国家图书馆藏明邢氏来禽馆抄本影印。（王献松拟草）

皇明纪略一卷　（明）皇甫录撰

皇甫录（1465—1535），字世庸，号近峰，长洲（今属江苏苏州）人。弘治九年（1496）进士，授都水主事，改礼部，历仪制郎中，出知顺庆府知府。时蓝鄢寇起，蔓延全蜀，录预为设备，卒以全郡，然竟以被劾。归于虎丘，日以著述游览为事。归时四十五，又二十六年而卒。今按：蓝鄢之乱在正德四年（1509），其生卒年据此推定。著有《近峰闻略》、《下陴记谈》等书。生平事迹见《（同治）苏州府志》卷八十六。

此书所记，多正德之前朝野旧闻。如记胡广以馆阁误闻而中状元事："庚辰会元缺，状元胡靖，即胡广。广与杨溥同与廷试，初拟溥为状元，而广次之。上偶问今年状元何人，中官以胡广人对，盖谓溥也。馆阁误闻，遽以广为第一。"又如记景帝即位始求颜、孟、周、程、朱之子孙各一人为翰林五经博士，世其官以奉祠。又记明官俸改制不足以养廉。又记宣宗好促织而使一家自经而死。又记明代谥号之不当。又记明分封宗藩之滥。又记朱元璋夺陈友谅妻阇氏，而封其遗腹子为潭王事。《四库全书总目》列入小说家类存目，称其书大抵委巷之传闻。[①]

此本据民国二十九年商务印书馆影印元明善本丛书十种《历代小史》本影印。

西园闻见录一百七卷　（明）张萱撰

张萱（1558—1641），字孟奇，号九岳，博罗（今广东博罗）人。万历十年（1582）举人，官户部郎中，擢为贵州平越知府，未就任。万历三十九年（1611）以蜚语中考功法而罢归。博洽多闻，著述甚富，虽不以绘事名家，偶一为之，颇饶别趣。著有《西省识小录》、《西园汇史》等书。生平事迹见《本朝分省人物考》卷二十六、《画史会要》卷四。

张萱归里后，于榕溪之西建一园，名曰"西园"，著述其间。以此为号，又以名书。此书辑录明朝史事，积二十余年始成。此本凡一百七卷。上起洪武，下迄天启。全书以事为纲，以人为纬。分为三编：卷一至卷二十五为内编，以表德行，专重行谊，分孝顺、友爱、闺范、教训等九十九目，着眼于"内圣"；卷二十六至卷一百二为外

[①] 书中有关于郑和船队航海史料，详参林贻典：《郑和船队航海记录遗失之探讨》，《海交史研究》2004年第2期。

编，记载政事，依官为次，自内阁、宰相、六部、台谏以至外官、内臣，分众事而归隶之，分宰相、翰林、经筵日讲等一百五十一目，着眼于"外王"；卷一百三至卷一百七为杂编，分术数、医药、堪舆、二氏、佛、老、鬼神、烧炼、毁淫祠、灾祥、报应、妖术十二目。每小目下又分前言、往行两类。前言摘自奏疏、著述，往行则记述掌故。其中兵事部分多达三十二卷，"女直"一目对建州女真记载尤详。

书前有民国二十九年（1940）哈佛燕京学社《校印西园闻见录缘起》，称民国二十五年，本社得三山陈氏居敬堂蓝格抄本，不避清讳，当是明抄，有开万楼藏书印记，审为汪启淑旧藏，足与沈德符《万历野获编》竞爽，信为考明事者所必参稽。①邓之诚跋称："凡所称引，博览之士或有不悉其所从出者，故书旧记散佚多矣，犹赖此书以传，一也；所录奏疏，多出邸报，非今所恒见，二也；兵事逾三十卷，建州方盛，语焉特详，触忌新朝，所以终阁，三也；著一议论，主张歧出者，必备录之，以见持平，四也。尤足称者，著书本旨在以事存人，以人存言，自修己条目，迄于齐家治平，言行一贯，合以求之，虽复旁及幽隐怪异，要以不倍圣人之教为本，盖世道衰微，慨然有作，非比空谈拜献也。"②然其书体例芜杂，门目纷繁，篇帙庞大，查检为难，且外篇中多杂荒诞之琐谈，不足为训矣。

此书分类向存分歧，《千顷堂书目》归入史部别史类，《明史·艺文志》、《传是楼书目》均归入史部杂史类，《八千卷楼书目》入子部杂家类杂纂之属。邓之诚云："兵事逾三十卷，建州方盛，语焉特详，触忌新朝，所以终阁。"③故《四库全书》不著录。

此书有崇祯五年六卷本，选刻内编、外编、杂编各二卷，未见传本；崇祯五年一百六卷刻本，今已不见传本；徐仪世更

---

① 《续修四库全书》第1168册，上海古籍出版社2002年版，第1页。
② 《续修四库全书》第1170册，上海古籍出版社2002年版，第428页。
③ 《续修四库全书》第1170册，上海古籍出版社2002年版，第428页。

订七十四卷本，并未付梓，今无传本；又有百卷本、一百二十卷本。此本据上海图书馆藏民国二十九年哈佛燕京学社印本影印。

濯缨亭笔记十卷附礼记集说辩疑一卷
（明）戴冠撰

戴冠（1442—1512），字章甫，自号濯缨，长洲（今属江苏苏州）人。弘治四年（1491）以年资贡礼部，授浙江绍兴府儒学训导，后罢归。著有《读史类聚》、《经学启蒙》、《通鉴纲目集览精约》等书。生平事迹见《本朝分省人物考》卷二十四、《国朝献征录》卷八十五。

书前有嘉靖二十六年（1547）陆粲序，称其词廉峭精确，多所风切，然其扶树教道，绳枉黜邪之指，亦略可睹云。[①]后有华察跋，称其所论述，大抵崇正辟邪，指意明切，使人尔然兴起；至于辨析名物，虽若琐屑，而有可为博闻多识之助者云。[②]

是编旧题《随笔类记》，后易今名。此书杂记见闻，全书十卷，前八卷不标类目，终以辨物、字义。书中所记有关史实者，如记忽必烈盗宋诸陵之罪："元主忽必烈用西僧嗣古妙高及杨琏真加之言，尽发宋诸陵之在绍兴者及大臣冢墓，凡一百一所，窃其宝玉无算，截理宗顶骨为饮器。胡主吞灭中国之初，即行此盗贼不仁之事。"又记明朝驿传之弊："苏人诸役之害，无如驿传马头借债为甚。"又记景泰间时语以讽官爵之滥："满朝皆太保，一部两尚书，侍郎都御史，多似境山猪。"又记成化间杨璿发荆襄流民还其故土而致民多死亡。又

---

① 《续修四库全书》第1170册，上海古籍出版社2002年版，第429页。
② 《续修四库全书》第1170册，上海古籍出版社2002年版，第505页。

有关论辨者，如辨洪迈论宋玉《高唐》、《神女》二赋之非，辨楚惠王吞蛭事甚谬，评韩愈《平淮西碑》之优于段文昌。如论《易》时有声韵谐协者，非有心于排比，与《书》之赓歌，《诗》之协韵，实同一道云云，皆有独见。至于论邵雍之学荒远无稽，于理未安，不离术数，不学可也，未免狂悖之言矣。

此书既颂扬明太祖英明刚果之志、慈祥恻隐之心，又揭露胡主滔天之罪，故《四库全书总目》列入杂家类存目，又称此书皆抄撮前人成说，可谓瞒天过海，障眼有法。谢国桢称此书记有明一代掌故制度，以苏州、绍兴两地事迹尤为详尽。[1]所言极是。

书末附录《礼记集说辩疑》一卷，为辨说陈澔《礼记集说》之作，记有《曲礼》、《檀弓》、《王制》、《曾子问》、《文王世子》、《礼器》、《郊特牲》、《内则》、《玉藻》、《大传》、《少仪》、《丧大记》、《祭义》、《表记》、《缁衣》十五篇，少则仅一则，多亦不过九则，为未完之书。此书为经解类，与前《濯缨亭笔记》殊为不类，《四库全书总目》析出别入经部焉。

此本据复旦大学图书馆藏明嘉靖二十六年华察刻本影印。

寓圃杂记十卷 （明）王锜撰

王锜（1433—1499），字元禹，自号梦苏道人、苇庵处士，长洲（今属江苏苏州）人。终生不仕，以耕读为业。其家旧有万卷堂，藏书甚富，皆宋元馆阁校勘定本，诸名公手抄题志者居半。事迹见明吴宽《王苇庵处士墓表》、刘凤《王锜传》及《吴中人物志》卷九。

书前有弘治十三年（1500）祝允明序，称削芜置疑，拔十得五

---

[1] 谢国桢：《明清笔记谈丛》，上海书店出版社2004年版，第7页。

云。①《四库全书总目》称此书载明洪武迄正统间朝野事迹，于吴中故实尤详云云，颇得其实。如考封建之沿革："汉高祖既为天子，大封同姓，枝大于干，驯致七国之变。然中兴之业，卒赖后系。唐之兴也，子弟皆有封爵，建宅以居京师，惟食其禄而已，国家缓急无所系焉。降而至宋，宗室之封，必自遥授小官，渐进侯王，除拜之烦，盖无虚日。其邸第散处两京，故有南西内外班之分。历年既久，仅同民庶。后遭金房之患，无一人操尺寸兵以起者，此皆由封建不得其制也。我太祖受命之初，首立藩辅，诸子自胜衣已上，皆册立为真王，其国皆处要冲之地。制度仪从，不侈不俭，使吏治其国，而纳其贡税焉。上无所专，下无所扰，圣子神孙，将遍天下。真万世之良规也。"记官妓之革："唐宋间，皆有官妓，祇候仕宦者被其牵制，往往害政，虽正人君子亦多惑焉。至胜国时，愈无耻矣。我太祖尽革去之。官吏宿娼，罪亚杀人一等；虽遇赦，终身弗叙。其风遂绝。"记义官之滥："近年补官之价甚廉，不分良贱，纳银四十两即得冠带，称义官。且任差遣，因缘为奸利。故皂隶、奴仆、乞丐、无赖之徒，皆轻资假贷以纳。凡僭拟豪横之事，皆其所为。长洲一县，自成化十七年至弘治改元，纳者几三百人，可谓滥矣。"此书暴露社会黑暗，具有较高之史料价值。书中间有考据，如辨《剪灯新话》之伪："《剪灯新话》，固非可传之书，亦非瞿宗吉所作。廉夫杨先生，阻雪于钱塘西湖之富氏，不两宵而成。富乃文忠之后也。后宗吉偶得其稿，窜入三篇，遂终窃其名。此周伯器之言，得之审者。"今按：《剪灯新话》作者问题已成一重公案，此可备一说。

此书《千顷堂书目》、《明史·艺文志》小说类著录。《四库全书总目》入小说家类存目，称多撷拾琐屑，无关考据。馆臣持论未免过苛。归有光《震川别集》卷八《与吴三泉》亦称："得《寓圃杂记》，

---

① 《续修四库全书》第1170册，上海古籍出版社2002年版，第507页。

甚喜，计八十余叶，可留二三日，录完奉纳。"归氏号为一代文宗，得此《杂记》，甚为欢喜，竟手自抄录，其价值亦可见一斑矣。

此书有《玄览堂丛书》本、《纪录汇编》本、《金声玉振集》本。此本据南京图书馆藏明抄本影印。

复斋日记一卷 （明）许浩撰

许浩，字复斋，余姚（今浙江余姚）人。弘治中，以贡生官桐城县教谕。著有《宋史阐幽》、《元史阐幽》等书。生平事迹见《钦定续文献通考》卷一百六十七。

此书《千顷堂书目》、《四库全书总目》均作二卷。张岱《石匮书》卷三十七入小说类。二卷本首有弘治八年（1495）许浩自序，书末有清献道人及孙毓修跋。从跋文可知，许浩之稿本原为蓝格抄本，民国时孙毓修对之进行校正，刻梓成书，断烂脱误之处甚多，仍有部分内容缺佚。

此书多记宋元至明初朝野事迹，如记王冕画梅："会稽王冕元章有高才，其墨梅冠绝古今，断缣残楮，人争宝之。其画梅多自题，有云：'我家洗砚池树头，个个花开淡墨痕。不用人夸好颜色，只留清气满乾坤。'其《初见高庙应制题梅诗》曰：'猎猎北风吹倒人，乾坤无处不沙尘。胡儿冻死长城下，谁信江南别有春。'"记杨荣之决断："正统中三杨继没，继之者颇揽威权焉。荣后谥文敏，三杨心迹，大抵相同，而文敏才实通敏，机务总至，断决如流，而善承人主意，徐引于正。三杨皆以谏东宫事系狱累年，文敏虽尝谏上，不罪也，说者谓其相业有姚崇之风。"此书与叶盛《水东日记》颇相出入。《四库全书总目》称杨荣料敌、于谦治兵、汪直乱政诸条叙述颇详,然如谓王振初时,闲邪纳诲,以成英庙盛德,不为无补,则纰缪殊甚。然孙毓修跋称此书遗文逸事,多足为考订之资云云。

此书有两个版本:一为二卷本,民国五年上海商务印书馆影印《涵芬楼秘笈》本;一为一卷本,即《历代小史》本。此本据民国二十九年商务印书馆影印元明善本丛书十种本(即《历代小史》本)影印。

矶园稗史三卷 （明）孙继芳撰

孙继芳*(1483—1541),字世其,号石矶,华容(今湖南华容)人。正德六年(1511)进士,官至云南提学副使。为人亢直,为官屡遭排挤,尝受廷杖,几欲死,嘉靖五年(1526)黜归。《沅湘耆旧集》称其立朝有风节,诗其余事。① 生平事迹见《国朝献征录》、《本朝分省人物考》卷八十。《来禽馆集》卷十六有《世其孙公碑》。

此书所记,皆明代朝野史迹,且以正德、嘉靖两朝为详。孙氏为内阁重臣,于朝野之事必多亲见,又受刘瑾排挤,故书中多有抨击时政、揭露丑闻之语,记刘瑾暴虐之行尤多。又有记嘉靖初汪铉仿铸佛郎机国火铳事者,可见明朝武器之一斑。他如论王阳明学术曰:"其论道学,训解经传,虽矛盾朱子,然时出己见,亦有新意,实振古之豪杰。特其徒陆澄辈,标榜太过,增兹多口。"

明人有过庭训者,称继芳受学何景明,称高足弟子,其文尚典实,叙述纪载有班氏风,所传诗仅百余篇,皆精语云云。② 书末有民国九年(1920)孙毓修跋,称此书杂记正、嘉间朝章国故、人物臧否,兼及琐

---

① (清)陈田:《明诗纪事》戊签卷十一孙继芳条,清陈氏听诗斋刻本。
② (明)过庭训:《本朝分省人物考》卷八十,明天启刻本。

事,盖亦史部之支流余裔。①

此书有清抄本(藏上海图书馆,有莫棠跋)。此本据民国十五年商务印书馆《涵芬楼秘笈》影印抄本影印。(王献松拟草)

病逸漫记不分卷 (明)陆钶撰

陆钶(1439—1489),字鼎仪,号静逸,昆山(今江苏昆山)人。天顺八年(1464)进士,官至太常少卿兼侍读。著有《春秋抄略》。生平事迹见《明史·文苑传》。

其曰"病逸漫记",盖陆氏于弘治中引疾归里而作。此书多杂记当时史事,如记袁庆祥劾刑部尚书董芳及谏止学校贪污事而被杖,记正统十四年(1449)北虏犯河间,都御史陈镒、御史姚龙应赴失期而致合城宵遁,记东宫官典玺局郎覃吉辅导东宫之事。又云:"国朝修《永乐大典》,亦宋朝修《册府元龟》之意。"然文廷式《纯常子枝语》卷三十九驳之曰:"《大典》依韵排列,实用《韵府群玉》之例,而引书必载出处,又与《大唐类要》、《太平御览》相同,其与《册府元龟》绝无因袭之处。盖由当时民间未见此书,故拟议多非其实也。"

此书《四库全书总目》列入小说家类存目,称杂记当时事实,犹可以备志乘之采,然其他多冗琐之谈,不尽足资考证云。《郑堂读书记》卷六十五亦称其书凡七十五条,皆记当代杂事,虽伤于冗琐,而可以补明史志传之阙者亦时有之,故在明人小说中尚为翘楚云云。②

此书有《顾氏四十家小说》本,而《历代小史》、《说郛续》

---

① 《续修四库全书》第1170册,上海古籍出版社2002年版,第573页。
② (清)周中孚著,黄曙辉、印晓峰标校:《郑堂读书记》,上海书店出版社2009年版,第1065页。

均为节录本。此本据民国二十九年商务印书馆影印元明善本丛书十种本之《历代小史》影印。

孤树裒谈十卷 （明）李默撰

李默（1497—1558），字时言，瓯宁（今福建建瓯）人。正德十六年（1521）进士，历官浙江左布政使、太常寺卿、吏部侍郎、吏部尚书。为赵文华所构，下狱死。万历时追谥文愍。著有《建宁人物传》、《群玉楼集》等书。生平事迹见《明史》本传。

今考，《千顷堂书目》以此书为赵可与作，注云："（可与）字会中，安成人，正德癸酉举人，福建盐运使。旧作李默，误。"未审所据。阮元《文选楼藏书记》卷五亦作赵与可辑。然屈大均《广东新语》卷二十五"桄"条称李默所撰。《西陂类稿》卷二十八《跋孤树裒谈》："右《孤树裒谈》十八卷，杂记明太祖迄武宗朝事，最为纤悉，建宁李公古冲著，公名默，嘉靖间历官冢宰。"《粟香五笔》卷八"管树"条曰："明李时言名默，官广东佥事，即居此廨，暇则著书管树之下。所撰《孤树裒谈》十卷，著录四库，《千顷堂书目》误以为赵可与作，屈翁山、王渔洋、翁覃溪皆以默是书撰于管树之下（翁书管作桄），居官之所，以树名书，均可为据。"

此书录有明事迹，起自洪武，迄于正德，例则编年，体则小说。卷一、卷二记太祖朝，卷三记太宗朝，卷四记仁宗、宣宗朝，卷五记英宗朝，卷六记景帝朝，卷七记英宗朝，卷八记宪宗朝，卷九记孝宗朝，卷十记武宗朝。所记内容，上至朝廷政事、宫廷轶闻、外交军事，下至百姓生活、奇闻趣谈，皆有涉及。

今考，书中所记，皆采自他书，如《圣政记》、《野记》、《琐缀录》、《水东日记》、《立斋录》、《革除遗事》、《北征录》、《余冬稿》、《双溪杂记》、《草木子余录》、《海涵万象录》、《寓圃杂记》、《传信录》、《客座新闻》、《震泽长语》、《保斋录》、《天顺日录》、《出使录》、《否泰录》、《三朝圣谕录》、《菽园杂记》、《郊外农谈》、《怀麓堂稿》、《西湖尘谈录》、《蓉塘诗话》、《篁墩文集》、《龙飞集》、《燕对录》、《近代名臣录》、《理学名臣录》等，凡三十种。

此书《四库全书总目》入小说家类存目，称大抵皆委巷之谈云。李慈铭称其书凡五卷，自洪武讫正德十朝之事，皆杂采诸家说部而成，多史传所未见者。所引书共三十种，依时代先后录之，无所持择云云。[①]

此书有上海图书馆藏明钮氏世学楼抄本、南开大学图书馆藏明万历二十年游朴刻本、国家图书馆藏清抄本。此本据北京大学图书馆藏明刻本影印。[②]

澹泉笔述十二卷　（明）郑晓撰

郑晓（1499—1566），字窒甫，号澹泉，海盐（今浙江海盐）人。嘉靖二年（1523）进士，官至兵部右侍郎，兼副都御史总督漕运。隆庆初，赠太子少保，谥端简。著《禹贡图说》、《吾学编》、《端简文集》等书。事迹见《明史》本传。

此书多载明代典故，如记张三丰明初行迹、王阳明传报明言江西宁王谋反、四夷馆人数及大小通事之职掌、吐鲁番风土人情等。间有议论，如论阳明学术曰："今人专指斥阳明王文成学术，余不知

[①]（清）李慈铭：《越缦堂读书记》，上海书店出版社2000年版，第870页。姚觐元《清代禁毁书目》、孙殿起《清代禁书知见录》认为此书皆杂采诸书而成。周中孚认为此书无裨于史学。郭小霞认为，从新史学的角度来看，此书却是研究社会生活的有价值的史料。
[②] 参见郭小霞：《〈孤树裒谈〉小考》，《古籍整理研究学刊》2004年第6期。

学,但知《大学》恐不可直以宋儒改本为是,而以汉儒旧本为非,此须虚心静思乃得之。"亦平心笃实之论。《嘉业堂藏书志》称所述皆有明掌故,颇足征信。[1] 今考,书中所记,颇有与其《今言》雷同者。

　　　　此本据国家图书馆藏清抄本影印。(王献松拟草)

张恭懿松窗梦语八卷　(明)张瀚撰

　　张瀚(1510—1593),字子文,号元洲,又号虎林山人,仁和(今属浙江杭州)人。嘉靖十四年(1535)进士,官至工部尚书、吏部尚书,卒赠太子少保,谥恭懿。著有《奚囊蠹余》、《台省疏稿》、《张瀚诗文集》等书,编有《明疏议辑略》、《吏部职掌》、《武林怡老会诗集》。生平事迹见《明史》本传。

　　书前有万历二十一年(1593)张瀚《松窗梦语引》,称自罢归,屏绝俗尘,独处小楼,松窗长昼,随笔述事,既以自省,且以贻后人。[2] 日对古松,回忆平生,如同梦幻,故取为书名。其《四游纪》分南游、北游、东游、西游四纪,《四裔纪》分北虏、南夷、东倭、西番四纪[3],《四民纪》分士人、三农、百工、商贾四纪,《象舆纪》分象纬、堪舆二纪,《灾祥纪》分祥瑞、灾异两纪,《动植纪》分花木、禽兽二纪,《遇闻纪》分盛遇、异闻二纪,《德艺纪》即《先世纪》,《梦省纪》即《梦寐纪》,《忠权纪》分权势、忠廉二纪,《序俗纪》分

---

[1] (清)缪荃孙等撰,吴格整理点校:《嘉业堂藏书志》,复旦大学出版社1997年版,第459页。
[2] 《续修四库全书》第1171册,上海古籍出版社2002年版,第407页。
[3] 郭朝辉从明朝周边少数民族风土民情、明朝与周边少数民族关系、明朝与周边少数民族作战中的军队风气等方面,对《松窗梦语》进行分析。详参氏著《〈松窗梦语〉中周边少数民族史料价值研究》,《黑龙江史志》2010年第3期。

时叙、风俗二纪,《铨藩纪》分铨部、宗藩二纪①,《漕粤纪》分漕运②、两粤二纪,外此尚有宦游、方术、自省三纪,凡三十三纪。

书中所载内容颇为庞杂,有记社会状况者,如《宦游纪》记官员"杀人以沽名",又有御史"居乡豪横,强夺人妻女为妾,役邻人为工,复假先年被劫,妄执平民为盗,家制刑具,极其惨酷"。又有论社会经济者,如《三农纪》有兴西北水利之言,以为水利一兴,则旱潦有备,可转荒芜为东土,西北皆可耕之田矣,而东南输輓之劳可渐息,可谓南北两利之长策;《百工纪》谓理人之道当防淫佚之原,抑末务而开本业,以为躬行节俭,严禁淫巧,祛侈靡之习,还朴茂之风;《商贾纪》言茶盐之利,其论以农为本,重本抑末,贵农贱商。有记世风民俗者,如《百工纪》谓"今之世风,侈靡极矣";《时叙纪》记杭俗春秋展墓之情形;《风俗纪》记杭俗日益奢靡,而事佛尤甚。其书大抵留心经济,多关乎经世之学。至于《象纬纪》言天文,《堪舆纪》谈风水,《祥瑞纪》言祥瑞,《灾异纪》记灾异,《方术纪》言方术,皆关乎文化之"小传统"。至《士人纪》,历举刘基、于谦、王守仁诸人言论行事,知其景行所在。③

谢国桢亦肯定其史料价值。④书中警句甚多,如曰:"才不以瑕掩,人不以资弃。""上有皇天,中有国法,下有人心。""人生相知,贵相知心。""去国一身轻似叶,高名千古重如山。""夫士人惟出、处两途,出则荦荦,处则冥冥。""君子信是非,不信毁誉。"

此书有王氏十万卷楼抄本、《武林往哲遗著》刻本。此本据中国科学院图书馆藏清抄本影印。(王献松拟草)

---

① 参见郭朝辉、张冬冬:《〈松窗梦语·宗藩纪〉研究》,《新乡教育学院学报》2007年第1期。
② 参见郭朝辉:《从〈松窗梦语〉看明朝中后期的漕运》,《科教文汇》2011年第12期。
③ 《续修四库全书总目提要(稿本)》第35册,齐鲁书社1996年版,第71页。
④ 谢国桢:《明清笔记谈丛》,上海书店出版社2004年版,第16—17页。

见闻杂记十一卷　（明）李乐撰

李乐（1532—1618），字彦和，号临川，桐乡（今浙江桐乡）人。隆庆二年（1568）进士，任江西新淦知县，后擢礼科给事中，改吏科，又出为福建佥事，历江西、广西参议。著有《拳勺园小刻》、《乌青志》等书。生平事迹见《（光绪）乌程县志》卷十五及夏燫《临川李先生传》。

书前有万历二十六年（1598）须之彦序，称其删定《见闻杂记》，非裨益身心及关系世教者不录，善善恶恶，凛于斧衮，直令读者有瞿然勃然之思云云。[①]《四库全书总目》著录为四卷，应为残本，且称"前二卷全录董氏《古今粹言》及郑晓《今言》；后二卷乃自记所见闻，凡一百八十六条"，此书卷二、卷三凡一百八十六条，可知四卷本与此书前三卷同。此书卷十、卷十一题《续见闻杂记》。

彦和直词正色，诚心质行，故书中多斥责张居正，如记其排挤赵应元、王用汲事；又记其傲慢，致谓"我不是相，我是摄"；又记其诛吴士期事，谓其恣行法外之诛戮，忍伤天地之元和，自古未有酷烈于此者。又有称颂王阳明者，如谓阳明天资迥绝，学问又到，看他一部《全集》，说出话来，便彻头彻尾明白易晓云云。书中间有精要之论，如论司马迁谓西伯阴行善非贬语，谓元世祖杀文天祥为不仁不智，又谓天下最误人者是"体面"两字。

谢国桢称彦和久历官场，又享高年，接触广泛，所记明朝一代人物，有徐阶、庄珪、沈丰阳等人；此书所记有涉及洪、永而后及万

[①]《续修四库全书》第1171册，上海古籍出版社2002年版，第518页。

历以前史事，可与《明史》诸书相比证。①

此书有明万历刻本。此本据明万历刻清补修本影印。（王献松拟草）

西台漫纪六卷 （明）蒋以化撰

蒋以化，字仲学，号养庵，常熟（今江苏常熟）人。隆庆元年（1567）举人，官至监察御史。著有《花编》②、《使淮续采》。生平事迹见《常昭合志稿》卷二十五、《（同治）苏州府志》卷九十九、《（嘉庆）大清一统志》卷三百三十九。

书前有以化《西台漫纪引》，称乙未以台臣请告南还，里居七载，暇辄取所藏诸卷，操管以纪其概，间有得于见闻，皆以登诸尺幅而存之。③又有张廷相序，称其立说大都取今时之近事，冠以龙兴，劝忠贞也；次以名宦诸贤，表芳躅也；次以善人文学、孝廉隐栖，崇实践也；次以烈女贤母、孤雏义仆，砺顽钝也；又次以先茔祠赠、梦想悲愉、山田园社，所以敦人纪而导天和也；终以木石犬卵之怪，鸟砚扇数之繁，其令人玄览达观，不起骇怖，所以载有为之相而镇无名之朴云云。④末有万历三十一年（1603）祁汝东跋，称是编有善必书，书必实录，上以佐圣天子简书之慰，下以示四海九州之风，远亦可以

---

① 谢国桢：《明清笔记谈丛》，上海书店出版社2004年版，第9—11页。今按：陶仁奇指出谢国桢《见闻杂记跋》存在张冠李戴的错误，详参氏著《此李乐非彼李乐》，《考试周刊》2013年第46期。又按：有人据此书考察晚明风气，归纳为三点：(1) 生活的由俭到奢；(2) 对陈规的冲击；(3) 商人地位的提高。详参浦部依子：《从李乐〈见闻杂记〉看晚明风气》，《中国典籍与文化》2002年第1期。
② 参见王有朋：《新发现的明刻足本〈花编〉》，《图书馆杂志》1989年第6期。
③ 《续修四库全书》第1172册，上海古籍出版社2002年版，第3—4页。
④ 《续修四库全书》第1172册，上海古籍出版社2002年版，第5—7页。

俾缙绅学士之采择云云。①

此书多记明代人事，如"纪李卓吾"条记李贽事及其《藏书》猖狂之论；又如"纪钱封翁遗事"条记钱龙桥芳规懿行，可称古人；"纪余心纯"条记嘉善令余心纯待人之薄。又有议论抒情者，"纪史籍"、"纪积书"二条论书籍之易败而难积，可见其爱书之心；"纪扇"条则记其爱扇之情，谓"其卷舒在我，行藏自我，非山水而苍翠在，非鸟雀而飞翔在"，"其郁抑焦劳、荡神苦思时，开箧纵观，真足以解愠而消烦，扇又吾良友也"。

《四库全书总目》入小说家类存目，称此书杂记见闻，多及僻逸幽怪之事，全书议论每过于叫嚣求快，似乎多恩怨之词，不尽实录云云。然阮元《文选楼藏书记》卷二称此书多述见闻时事，足备史家采择者。

此本据明万历刻本影印。（王献松拟草）

林居漫录前集六卷别集九卷畸集五卷多集六卷
（明）伍袁萃撰

伍袁萃，字圣起，号宁方，吴县（今属江苏苏州）人。万历八年（1580）进士，官至浙江提学佥事、广东海北道副使。著有《弹园杂志》、《逸我轩集》、《贻安堂稿》等书。事迹附见《明史·徐贞明传》。

书前有万历三十五年（1607）袁萃自序，称或有所追忆于昔，或有所感慨于今，辄拾片楮，汤然录之，志在维风义，存悼伪，故多矫枉过激之论。②书中多诋阳明之语，而一力回护程朱。如其试浙士时，凡用阳明新说者，悉黜之；又谓阳明"奉命处置思田事，不候

---

① 《续修四库全书》第1172册，上海古籍出版社2002年版，第99页。
② 《续修四库全书》第1172册，上海古籍出版社2002年版，第101—102页。

代,弃师而归",不合大臣事君之礼,于死生之际多有昏聩;又记阳明晚年自悔之语曰:"朱元晦学问醇实,毕竟还让他。"又多有阐发经义者,亦皆依据程朱,如解"回之为人也,择乎中庸"章、解孟子"赤子之心"说及心之体用等,皆以程朱理学为准则。又主辟佛,如谓:"世之愚夫愚妇,慕其所谓天堂者,畏其所谓地狱者,以此沉溺而不返,无足怪也。今士大夫亦多沉溺焉,问其故,则托于明心见性之旨;究其心,实同于愚夫愚妇之惑。"又论读书曰:"读书不可间,须早暮讲习,斯义理浃洽;读书不可速,须从容涵泳,斯趣味深长。"

此书《四库全书总目》列入小说家类存目,称所载多朝野故实,往往引明初之事以证明季弊政,而词气过激,嫌于已甚;又因力排良知之说,与王守仁为难,遂并其事功而没之,不免矫枉过正云云。傅增湘亦称此书在退居以后,其言以指斥朝政、臧否人物为多,辞旨偏激,意气凌厉,多不得其平,犹是明人攻讦嚣争之习,未可据为实录云云。[1]

此本据南京图书馆藏明万历间刻本影印。又有上海图书馆藏明千顷斋抄本、南京图书馆藏清抄本。(王献松拟草)

西山日记二卷 (明)丁元荐撰

丁元荐(1563—1628),字长孺,长兴(今属浙江湖州)人。万历十四年(1586)进士,家居八年,始谒选为中书舍人。官至尚宝司少卿。事迹见《明史》本传。《刘蕺山集》卷十四有《丁长孺先生墓表》。

---

[1] 傅增湘:《藏园群书题记》,上海古籍出版社1989年版,第439页。

书前有康熙二十八年（1689）丁澎序，称下至稗官野乘之所见闻，杂取当世人物，以存一代之是非，朝野金采，简而不糅。①黄宗羲题辞称所记皆嘉言善行，虽其人下中，而一事合宜，亦必书之，然后知先生之恕也。②

此书为"世说体"小说总集，书中所记皆明初至万历间朝野事迹，凡三十六类，分英断、相业、延揽、才略、深心、名将、循良、法吏、节烈、忠义、清修、直节、德量、器识、神识、正学十六类为上卷，古道、友义、义侠、格言、正论、清议、文学、师模、庭训、母范、孝友、笃行、方术、高隐、恬退、持正、贤媛、耆寿、家训、日课二十类为下卷。如"延揽"类记王阳明与龙光征田州事，"才略"类记正德间刘六、刘七起义事，"名将"类记戚继光抗击兴化倭寇事，"正学"类记罗念庵"周子所谓主静者，乃无极以来真脉络"之论及陈献章静坐悟道事，"文学"类记归有光令长兴事。论"学吃亏"曰："顾博士谦服，文康公曾孙也，馈予一墨刻，大书'学吃亏'三字，乃文康公手笔。朱文宁有言：'尧舜之道，孝弟而已矣；夫子之道，忠恕而已矣。'推之孟言'自反'，曾言'日省'，颜子'不校'，皆此'学吃亏'三字奥义。涉世久，方知三字可味良然。尝谓仕宦及作家不可算尽，算尽者造物必阴挫之，以此冷眼权贵及里中大家往往坐是以败。"书末又有《避乱五箴》，分广慈、习劳、甘贫、挹损、密藏五则，如《密藏箴》曰："藏舟于壑，藏溪于山。行无辙迹，游戏人间。"《四库全书总目》列入小说家类存目，称西山者，其所隐居处也。又称末附《避乱五箴》，盖已刻于《拙存堂集》中者，以其切裨身世，故复入于是编云。当代人选当代人之作品，可谓用"世说体"写时事者。旧瓶新酒，此之谓也。

---

① 《续修四库全书》第 1172 册，上海古籍出版社 2002 年版，第 277—280 页。
② 《续修四库全书》第 1172 册，上海古籍出版社 2002 年版，第 281 页。

此书有国家图书馆藏清旧抄本、康熙二十八年先醒斋刻本、《涵芬楼秘笈》本。此本据南京图书馆藏清康熙二十八年先醒斋刻本影印。（王献松拟草）

玉堂丛语八卷 （明）焦竑撰

焦竑生平见前《焦氏笔乘》提要。

书前有万历四十六年（1618）顾起元序，称其书义例精而权量审，闻见博而取舍严，可考一代词林之得失。[①]又有庐陵郭一鹗序，称此书体裁仍之《世说》，区分准之《类林》，而中所取裁抽扬，宛然成馆阁诸君子一小史。[②]焦竑于卷首《书玉堂丛语》详述其成书经过："余自束发，好览观国朝名公卿事迹。迨滥竽词林，尤欲综核其行事，以待异日之考订。……凡人品之淑慝，注厝之得失，朝廷之论建，隐居之讲求，辄以片纸志之，储之巾箱。……相知者惜其尝为心思所及而广之，余不能止也。"[③]

此书为"世说体"小说总集，可谓《焦氏类林》之续编。分行谊、文学、言语、政事、铨选、筹策、召对、讲读、宠遇、礼乐、荐举、献替、侃直、纂修、调护、忠节、识鉴、方正、廉介、义概、器量、长厚、退让、慎密、敏悟、出处、师友、品藻、事例、科试、科目、容止、赏誉、企羡、恬适、规讽、豪爽、任达、凤惠、游览、术解、巧艺、伤逝、志异、简傲、谐谑、俭啬、汰侈、险谲、忿狷、刺毁、纰漏、惑溺、仇隙五十四门，为明万历之前翰林人物言行录。书

---

① 《续修四库全书》第1172册，上海古籍出版社2002年版，第375—378页。
② 《续修四库全书》第1172册，上海古籍出版社2002年版，第378—380页。
③ 《续修四库全书》第1172册，上海古籍出版社2002年版，第381页。

中所记多作者耳闻目见①，采自他书者大都注明出处②。如"行谊类"记罗伦修身持己之严，"所交尽一世豪杰之士，其语及先生之为人也，必曰青天白日"。又如"文学类"记陈济以布衣而为《永乐大典》都总裁，并与姚广孝等人详定凡例，区别去取。又如"政事类"记刘宣请教琉球诸国来学子弟曰："夷狄慕中国而来学，不尽心以诲迪之，是遏抑其良心也。"又如"纂修类"记永乐十二年上谕胡广、杨荣、金幼孜编纂《五经四书大全》、《性理大全》。又如"师友类"记唐顺之于文称曾子固，诗称《击壤集》、黄山谷，学则笃信朱元晦，而一日忽悟，云："吾觉朱子所解书，无一句是者。"此书所记，或采自传状、碑铭、年谱，或出自文集、笔记、杂著。其所引各书，有的已经亡佚，其中史料赖以流传。此书保存大量真实史料，可为研究明史之助焉。

此本据山东省图书馆藏明万历四十六年徐象橒曼山馆刻本影印。③（王献松拟草）

涌幢小品三十二卷　（明）朱国祯撰

朱国祯（1558—1632），字文宁，号平涵，又号虬庵居士，乌程（今属浙江湖州）人。万历十七年（1589）进士，官至首辅，卒赠太傅，谥文肃。著有《明史概》、《辑皇明纪传》、《大政记》等书。生平事迹见《明史》本传。

书前有国祯自叙，称仰视容斋，欣然有窃附之意，题曰《希

---

① 《焦氏类林》辑前朝佚闻，《玉堂丛语》录昭代轶事，旨在多识前言往行，引为鉴镜。
② 据李焯然统计，《玉堂丛语》征引书籍多达 50 余种，详参氏著《焦竑及其〈玉堂丛语〉》，《文献》1982 年第 12 期。
③ 曼山馆刊本有方拱乾校本、徐象橒校本，刻排略有不同，详见李焯然：《焦竑及其〈玉堂丛语〉》，《文献》1982 年第 12 期。

洪》；会所创涌幢初成，读书其中，遂以名篇，其曰小品，犹然《杂俎》遗意。① 然其书专取浅近之可弄可笑者，体制不类《容斋随笔》，与《酉阳杂俎》所记多荒怪不经者更为不类。又有天启二年（1622）自跋，称上不用之道德，下不用之文章云。②

此书始撰于万历三十七年己酉（1609），蒇事于天启元年辛酉（1621），凡二千三百六十余则，多记明朝掌故，大而朝章典制、仓储备荒，小至社会风俗、人物传记，以及典籍诗文、鸟兽虫鱼，无不罗列。其叙述明代中叶人物，如王守仁、沈周、吴昂等人逸事，尤为生动传神。"振武兵变"、"郧阳兵变"条记明嘉靖、万历之兵变，"王、葛仗义"条记市民抗税事，皆具史料价值。"永乐大典"、"大明会典"、"典礼"、"承天大志"、"秘书"等条，皆记明代文献。朱氏旨在"希段"，故"太白神"、"五色云"、"照世杯"等条，间涉神怪。书中亦颇有警世之言，如"除妖"条称："文中子云：'止谤莫若自修，息争莫若无辩。'此二句，可与诸葛武侯'宁静淡泊'句并传。一则立身之法，一则处世之法。"又称："良县官一人，可当精兵十万。""吴建"条称："太平已久，人情愈伪，千态万状，劫运承之，圣人亦救不得。"

《四库全书总目》入杂家类存目，称其是非不甚失真，在明季说部之中犹为质实，而贪多务得，使芜秽汨没其菁英，转有沙中金屑之憾云。周中孚称其书皆好谈掌故，品题人物，不为刻深之论，所记多质实可信，惜其炫博贪多，有得辄录，往往伤于芜杂，而援引古书多有差误云云。③

此本据复旦大学图书馆藏明天启二年刻本影印。（王献松拟草）

---

① 《续修四库全书》第 1172 册，上海古籍出版社 2002 年版，第 579—580 页。
② 《续修四库全书》第 1173 册，上海古籍出版社 2002 年版，第 473—474 页。
③ （清）周中孚著，黄曙辉、印晓峰标校：《郑堂读书记》，上海书店出版社 2009 年版，第 944—945 页。

皇明世说新语八卷附释名一卷 （明）李绍文撰

李绍文，字节之，华亭（今属上海）人。著有《云间人物志》、《云间杂识》、《艺林累百》等书。

此书为"世说体"小说总集，全仿刘义庆《世说新语》，其三十六门亦仍其旧。书凡八卷，分三十六类。所载明代佚事琐语，迄于嘉、隆，盖万历中作也。前有《释名》一卷，详列书中诸人名字、谥号、爵里，亦颇多舛互。书中所记，皆嘉言懿行。如"德行"记胡居仁之安贫乐道，或为之虑，则曰："以仁义润身，以牙签润屋，足矣。""文学"记欧阳玄评宋濂文章曰："气韵沉雄，如淮阴出师，百战百胜，志不少慑；神思飘逸，如列子御风，翩然骞举，不沾尘土；辞调尔雅，如殷彝周鼎，龙文漫灭，古意独存；态度多变，如晴霁终南，众驺前陈，应接不暇。"又记曹端曰："日事著述，座下足着两砖处皆穿。""品藻"记彭泽语："我朝一代，文明之盛，经济之学，莫盛于刘诚意、宋潜溪；至道学之传，断自渑池曹月川始。""豪爽"记李思斋语："丈夫喜则清风朗月，跳跃歌舞；怒则迅雷呼风，鼓浪崩沙，如三军万马，声沸数里。安得闭眼愁眉，作妇人女子贱态！""轻诋"谓："理学家文字，往往剿袭语录，铺叙成文，乃语人曰：'吾文如菽粟布帛。'杨升庵笑曰：'菽粟则诚菽粟，但恐陈陈相因，红腐不可食耳。'"

陆从平序称其慕《世说新语》一书，而惜其拘于古昔，不及今时，每于耳目所逮，凡名公巨卿嘉言懿行，或方外吊诡之谈，荒逖瑰傥之迹，可以观风考德，裒思大畜者，有见必札，有闻必书，分门比类，而人核其里，事求其真，则皆取诸昭代，命曰《皇明世说新语》，盖积勤十余年而书成云。王圻序亦称或穷探性奥，或援引道真，而又皆取必于熙朝硕彦之齿牙余论，一切说怪谈妖、恍诞滇涬之语，悉置勿录云云。① 然《四库提要》称其书未能尽确。

此书有日本宝历四年贯器堂刻本、日本明和八年皇都书肆菊屋喜兵卫刻本、朝鲜高宗九年刻本。此本据中国科学院图书馆藏明万历刻本影印。（王献松拟草）

戒庵老人漫笔八卷　（明）李诩撰

李诩（1506—1593），字原德，号戒庵老人，江阴（今江苏江阴）人。色目人。始祖嘉纳，元至元中官统军元帅。嘉靖五年（1526）入郡庠，丙申（1536）以增广生授例入南监，庚子（1540）历事挂选，期满不赴。以后南下投师邹守益、王畿，笃志性命之学。著有《世德堂吟稿》、《名山大川记》诸书。为人主真率，家创"真率窝"，于此可窥其性情。生平事迹见《（道光）江阴县志》本传。②

此书前有王穉登序，称其书汗漫，成一家之言。③ 李鹗翀万历二十五年（1597）序详述其成书始末。④ 此书又称《戒庵漫笔》，为其孙如一刊行，皆所记闻见杂说。其书多记典章制度。戒庵自称："凡片纸只字关典故者，断不可轻弃。"如详记明代户帖，今人魏连科称，

---

① （明）王圻：《王侍御类稿》卷四，明万历刻本。
② 关于李诩的生平，参见（明）陆化淳：《明故太学戒庵李公墓志铭》，见《江阴县续志》卷二十三，民国十年刻本；张燿宗：《李诩其人》，《读书》1984年第1期；杨祖耕、钱永贤：《李诩生平、著述补正》，见《明史研究论丛》第3辑，江苏古籍出版社1985年版；杨洪升：《李诩表字沿误考》，《中国典籍与文化》2008年第4期。
③ 《续修四库全书》第1173册，上海古籍出版社2002年版，第617—619页。
④ 《续修四库全书》第1173册，上海古籍出版社2002年版，第619—620页。

此与洪武户帖原件相校，丝毫不爽。① 又多考文献古籍。如辨《天禄阁外史》乃昆山王逢年所诡托，辨《神光经》为术家妄作之书。又辨赝谱曰："今人家买得赝谱，便诧曰：'我亦华胄也。'最是可笑。此事起于袁铉，铉以积学多藏书，贫不能自养，业此以惊愚贾利耳。"辨《博物志》曰："张华《博物志》，世止十卷，事多杂出诸书，或本书久失，后人掇拾为之耳。又云原四百卷，武帝俾删其繁，存此，亦不应倍去若是之悬绝也。"又多记遗闻轶事。如卷二详记严大理遗事，文近二千言，然《明史·严本传》不过寥寥数语。又多记前辈名言。如记崔公铣语："碑志盛而史赝矣，唐诗兴而教亡矣，启札具而友滥矣，表笺谀而君志骄矣，制诰俪而臣报轻矣，贿币流而贽礼失矣，举业专而经学浅矣，登第易而全才蔑矣。"记东坡语："天下之事成于大度之士，而败于寒陋之小人。"记某前辈（魏校）语："地气高寒，便不生物，和暖便生物。秋气严凝，便有一般清高气象，固亦自好，终是肃杀。人常存得温和恻怛之意，便自然可爱。"记郑晓训子语："胆欲大，心欲小，志欲圆，行欲方。大志非才不就，大才非学不成。"记张文饶语："处心不可著，著则偏；作事不可尽，尽则穷。先天之学止是此二语，天之道也。"然书中间有考之未审处，如云："余少时学举子业，并无刊本窗稿。有书贾在利考，朋友家往来，抄得灯窗下课数十篇，每篇誊写二三十纸，到余家塾，捡其几篇，每篇酬钱或二文或三文。忆荆川中会元，其稿亦是无锡门人蔡瀛与一姻家同刻。方山中会魁，其三试卷，余为怂恿其常熟门人钱梦玉以东湖书院活字印行，未闻有坊间板。今满目皆坊刻矣，亦世风华实之一验也。"顾炎武《日知录》卷十六辨之曰："弘治六年会试，同考官靳文僖批已有'自板刻时文行，学者往往记诵，鲜以讲究为事'之语，则彼时已有刻文，但不多耳。"

---

① （明）李诩撰，魏连科点校：《戒庵老人漫笔》，中华书局1982年版，"点校说明"第4页。

《四库全书总目》称其间多志朝野典故及诗文琐语，而叙次烦猥，短于持择，于凡谐谑鄙俗之事，兼收并载，乃流于小说家言云云。周中孚称其记录既为繁芜，而目录于每条标目，颇近小说家言，然其精确者，正讹谬而资博识，故后来诸家颇见征引云。[1] 邓之诚称戒庵享大年为不可及，此笔可观者，胸怀澹定，实与老寿有关。[2]

此书有万历二十五年刊本，清顺治年间重刻时有所补充。光绪间刊《常州先哲遗书》本较为通行。此本据上海辞书出版社图书馆藏明万历二十五年刻本影印。

焦氏说楛七卷 （明）焦周撰

焦周（1564？—1605），字茂潜（《四库全书总目》作茂孝），上元（今江苏南京）人。焦竑之次子。万历二十八年（1600）举应天乡试。生平事迹见《金陵通传》卷十九。

此书前有万历四十一年（1613）其弟润生序，称其兄博涉典籍，每披览有会，与夫闻见所经，辄以札记，久之成帙，题曰《说楛》。[3] 卷端有焦周题辞，谓书名取《荀子·劝学篇》"说楛者，勿听也"之意。楛与苦同，本指器物粗劣不坚，引申为恶劣。说楛，谓所说恶劣也。书中所记，或参考他书，如《周礼》、《汉书》、《风俗通》、《酉阳杂俎》，或记闻见故事，以天地之象、名物诠释为多。又记书坊造伪书曰："近庸劣无知之人，取前人成书，谬加增损，以苟小利，然往

---

[1] （清）周中孚著，黄曙辉、印晓峰标校：《郑堂读书记》，上海书店出版社2009年版，第1684页。

[2] 邓之诚：《邓之诚读书记》，中华书局2012年版，第33页。今按：关于此书的研究，参见董清花：《〈戒庵老人漫笔〉研究》，福建师范大学2011年硕士学位论文。该文重点探讨了《漫笔》一书的史料价值，并对中华书局点校本作了勘误。

[3] 《续修四库全书》第1174册，上海古籍出版社2002年版，第1—2页。

往托之名人,最为可恶。金陵书坊十数年来,有刻必归家君,曩见新安之墓石,太山之铜碑,往往皆然。昔元白诗文,流播人间,市井小儿,皆诵习之,至鸡林之远,无不传诵,有一篇伪者,其宰相必能辨之,不知今亦有能辨此者否?"

清康熙间印本有"怀德堂主人告白":"澹园先生(焦竑)雅赡渊源,著述宏富,为前明一代巨儒,藏书甲于天下。嗣君茂叔先生,寝食载籍,科第流声,纂辑《说楛》一书,纪事属词,搜迢探异,凡天地之广漠,品物之繁多,仙释之灵玄,靡不兼赅具备。是故老师宿儒,志奇好古者,所共津逮无涯也。特为刊出,用助见闻,读者珍之。"未免狐假虎威,虚张声势。《四库全书总目》称其书皆刺取诸书中新颖之语及闻见所及可资谈噱者杂载成编,庶几近是。细核此书,鲜见心得,因袭居多,不及其父《笔乘》远甚。

此本据北京大学图书馆藏明万历刻本影印。(王献松拟草)

野获编三十卷野获编补遗四卷 (明)沈德符撰

沈德符(1578—1642),字景倩,又字虎臣,秀水(今浙江嘉兴)人。万历四十六年(1618)举人。著有《清权堂集》、《顾曲杂言》等书。生平事迹见《列朝诗集小传》丁集下。

书前有万历三十四年(1606)德符自序,称孩时即闻朝家事,家庭间又窃聆父祖绪言,复从乡邦先达剽窃一二雅谈,或与陇亩老农谈说前辈典型及琐言剩语,绅绎故所记忆,如欧阳《归田录》例,其闻见偶新者亦附及云云。①《补遗》前有万历四十七年(1619)小引,称

---

① 《续修四库全书》第1174册,上海古籍出版社2002年版,第116页。

自丙午、丁未间，有《万历野获编》共卅卷，诸所见闻又有出往事外者，辄随意录写，亦复成帙，名曰续编，仍冠以万历。①

此书三十卷，原未分类，康熙间钱枋分类编排，分四十八类，曰列朝、宫闱、宗藩、公主、勋戚、内监、内阁、词林、吏部、户部、河漕、礼部、科场、兵部、刑部、工部、台省、言事、京职、历法、禁卫、佞幸、督抚、司道、府县、士人、山人、妇女、妓女、畿辅、外郡、风俗、技艺、评论、著述、词曲、玩具、谐谑、嗤鄙、释道、神仙、果报、征梦、鬼怪、机祥、叛贼、土司、外国。另《补遗》四卷，分列朝、宫闱、宗藩、公主、勋戚、内监、内阁、词林、吏部、户部、礼部、科场、兵部、刑部、台省、言事、京职、历法、佞幸、督抚、司道、士人、妇女、畿辅、风俗、著述、玩具、谐谑、嗤鄙、释道、神仙、机祥、鬼怪、土司、外国三十五类。康熙五十二年（1713）德符五世孙沈振汇集诸家所藏，视钱本之所无者，又得二百三十余条，编为《补遗》八卷。上记朝章掌故，下及风土人情、琐事轶闻，举凡内阁原委、词林雅故，以及词曲技艺、士女谐谑，无不毕陈。有明一代之掌故，是编所记，最为详赡。如"太祖即位"、"奉先殿"、"京师帝王庙"、"帝王配享"等条，确为"圣朝佳话"。"建文君出亡"条力辨其事之伪。"节假"条称永乐间文皇帝赐灯节假十日，盖以上元游乐为太平盛事。"进诗献谀得罪"条记人主之喜怒无常。"触忌"条记明神宗之多疑多忌。"实录难据"条称本朝无国史，以列帝实录为史，已属纰漏，建文帝一朝四年，荡灭无遗云云，尤具胆识。② 朱彝尊《静志居诗话》称其书事有佐证，语无偏党，明

---

① 《续修四库全书》第1174册，上海古籍出版社2002年版，第697页。
② 关于此书的研究，参见杨继光：《〈万历野获编〉词汇研究》，厦门大学2007年博士学位论文；季群英：《〈万历野获编〉文学史料类纂考辨》，华中师范大学2010年硕士学位论文；赵冬玫：《沈德符戏曲思想研究》，首都师范大学2006年硕士学位论文。

代野史未有过焉者。①

就序、引而言，德符不无野人献芹之意。所谓"咏歌太平"，亦非虚语；但所谓"无非圣朝佳话"者，则不尽然。例如本书卷十八之录写"廷杖"、"立枷"、"冤狱"、"冤亲"诸条，都不似"圣朝佳话"。又卷二十一之录写"秘方见幸"、"进药"诸条，亦似太平盛世之玷。卷二十六之"借蟹讥权贵"、"优人讽时事"条，皆讥讽权豪势要，嘲弄时事政治。②《清代禁毁书目四种》列之于全毁书目，良有以也。

此书有国家图书馆明抄残本、清道光七年姚祖恩扶荔山房刻本、同治八年姚德恒重校刊补道光本。此本据清道光七年姚氏刻同治八年补修本影印。③

花当阁丛谈八卷　（明）徐复祚撰

徐复祚（1560—1630？），字阳初，号暮竹，晚号三家村老，常熟（今江苏常熟）人。撰有传奇六种（《霄光记》、《红梨记》、《投梭记》、《题塔记》、《雪樵记》、《祝发记》）及杂剧三种（《一文钱》今存，《梧桐雨》、《闹中牟》已佚）。生平事迹见《（同治）苏州府志》卷一百三十八、《剧说》卷四、《柳南随笔》卷一。④

此书所记皆嘉靖至万历年间朝廷政事、人物掌故和乡间俚俗。如"都察院"条记明代监察御史之职掌，"四夷馆"条记其所分八馆

---

① （清）朱彝尊著，黄君坦校点：《静志居诗话》卷十七，人民文学出版社1990年版，第515页。
② 郭预衡：《中国散文史》下册，上海古籍出版社2011年版，第308页。
③ 李文衡：《清代禁书版本丛谈——〈万历野获编〉专稿》，《四川图书馆学报》1990年第4期。
④ 关于徐复祚的研究，参见姜智：《徐复祚的生平和著作》，见《戏曲研究》第19辑，文化艺术出版社1986年版；徐朔方：《徐复祚年谱》，见《晚明曲家年谱》，浙江古籍出版社1993年版；王雷波：《徐复祚戏曲研究》，苏州大学2008年硕士学位论文。

之名及提督四夷馆少卿之掌，"宫变"条记嘉靖二十一年杨金英等宫婢谋杀明世宗未遂事，"醋交"条记何文渊与虞原璩交往事，"归先生"条记归有光令长兴事，"五方之音"条记各地方言土音，"缠足"条记缠足陋习。复祚擅长戏曲，故书中颇有戏论曲论，邓实曾加摘录，与何良俊《曲论》合刊而为《何元朗徐阳初曲论》。后人辑录本或名《曲论》，或名《三家村老曲谈》。另辑有曲选《南北词广韵选》。

此书一名《村老委谈》，又名《三家村老委谈》。①复祚自称此二册稍及朝典，取诸家丛说，摘其有资于谈议者，笔记之以备遗忘。②原本三十六卷，今存八卷。此书为杂记体笔记，每卷体例不尽相同，作于万历、天启间，内容博杂，涉及典章制度、官吏士绅轶闻，以及地方历史、民俗习惯等，以戏曲评论最有价值。徐氏卒后，此书散失。康熙间复祚曾侄孙抄得六卷。嘉庆间常熟黄廷鉴又自苏州书肆购得二卷。张海鹏刊刻《借月山房汇钞》时，将此书列入其中，因复祚读书处名"花当阁"，故易名为《花当阁丛谈》。书后有王东淑跋，又有康熙六十一年（1722）曾侄孙徐述曾识语，称大抵记朝廷典故、忠贞邪佞、孝义节烈、高人逸士、仙佛奇踪、豪猾盗贼、倡优乞丐、术数伎巧，与夫街谈巷议、善恶果报，可兴可观，无不胪陈云。③又有嘉庆十三年（1808）黄廷鉴跋，称其大者可资史乘，小者亦足寓劝惩，与陶氏《辍耕录》堪伯仲焉。④

此书有丁祖荫淑照堂抄《三家村老委谈》七卷本（今藏常熟博物馆）。此本据中国科学院图书馆藏清嘉庆刻《借月山房汇钞》本影印。（王献松拟草）

---

① 参见赵虹：《明代戏曲家徐复祚笔记〈三家村老委谈〉》，《东方收藏》2010年第11期。
② 《续修四库全书》第1175册，上海古籍出版社2002年版，第2页。
③ 《续修四库全书》第1175册，上海古籍出版社2002年版，第165页。
④ 《续修四库全书》第1175册，上海古籍出版社2002年版，第165页。

玉堂荟记四卷　（清）杨士聪撰

杨士聪（1597—1648），字朝彻，号凫岫，济宁（今山东济宁）人。崇祯四年（1631）进士，授翰林院检讨，官至谕德。李自成陷北京，被俘。著有《静远堂稿》、《甲申核真略》等书。生平事迹见《甲申传信录》卷四。

此书前有士聪自序，称自叨史局，不废记存，壬午再入春明，感兴时事，取旧所编辑，更加撰次，不拘年月，凡十余年来世局朝政、物态人情尽载于此，命曰《荟记》，摭实而不敢为诬云云。[①]书后有民国四年（1915）刘承幹跋，称其在翰林十余年，目击朝政是非，臣僚清浊，一一笔之于书，持论尚少偏倚云。[②]

此书所记，多明末史事，兼有议论。如称周延儒论黄道周事为进言有法；又谓杨嗣昌裁省驿递之非，至有"流离不能复归，乃有缢死在天坛者"；又如记寸楮之制，谓"往来之节，日趋苟简"。又有记朝政弊端者，如谓官由科道升者太速，又论滥加兵饷之弊。又有论时文者，如谓"文至今日，饾饤满纸，几于无处着眼，惟博雅好古之儒，足以振之。其光气一望而可知也。余每阅卷，不须由首彻尾，不拘何处，偶觑一二行，果系佳卷，自然与人不同"。又论文章须分真赝，而谓"以倪鸿宝主考，而有丁卯江右之元，以黄石斋主考，而有庚午浙江之元，皆赝物也。满纸饾饤，了无余味，而幸售于法眼"。

周中孚称其书于爱憎取舍之间，不免有党同伐异之见，究不足以彰直笔也，且又备载戏笑不经之事，以自秽其书，亦无取焉。[③]然李

---

① 《续修四库全书》第 1175 册，上海古籍出版社 2002 年版，第 167 页。
② 《续修四库全书》第 1175 册，上海古籍出版社 2002 年版，第 221 页。
③ （清）周中孚著，黄曙辉、印晓峰标校：《郑堂读书记》，上海书店出版社 2009 年版，第 1072 页。

慈铭称此书乃崇祯癸未所作，所记皆当时朝事，亦间及诙谐戏琐，其叙述国故，多有可观。其书颇不经见，又见《禁书目录》，载此书在抽毁类，然则此本固非全书矣。其中议论颇平允，惟不满于张天如，其余好恶俱无所偏云云。[1]

此书有国家图书馆清钞本、《借月山房汇抄》本、泽古斋本。此本据《嘉业堂丛书》本影印，此本经曹楝亭、顾湘舟所藏，颇为罕见，有语及秽亵者，节去数则。（王献松拟草）

玉剑尊闻十卷 （清）梁维枢撰

梁维枢（1587—1662），字慎可，直隶真定（今河北正定）人。万历间举人，授中书舍人，迁户部主事，以党论削籍，入清朝为工部郎，擢武德兵备。卒祀乡贤。著有《姓谱日笺》、《内阁小识》、《见君子日笺》等书。生平事迹见《（雍正）畿辅通志》卷七十五、《大清畿辅先哲传》卷一。

此书为"世说体"小说总集，依刘义庆《世说新语》体裁、门目，而自为之作注。此书十卷，卷一德行，卷二言语、政事，卷三文学，卷四方正，卷五雅量、识鉴，卷六赏誉、品藻，卷七规箴、夙惠、豪爽、容止、企羡、伤逝，卷八栖逸、贤媛、术解、巧艺、宠礼、任诞，卷九简傲、排调、轻诋、假谲，卷十黜免、俭啬、汰侈、忿狷、谗险、尤悔、纰漏、惑溺、仇隙，凡三十四类，末又有捷悟、自新二类，有目无文。维枢家世贵盛，颇有见闻，故书中所记，多明代士大夫轶事旧闻、嘉言善行，重在考察官场得失。如"政事"类记伍袁萃与杨涟论做官，伍曰："做人须看得人重，做官须看得官轻。

---

[1] （清）李慈铭：《越缦堂读书记》，上海书店出版社2000年版，第709—710页。

轻其可重，必决道义之坊；重其可轻，必蹈贪鄙之辙。"杨曰："为一己轻富贵，当看得官轻；为国家持纪法，当看得官重。""品藻"类记孙文融论王世贞曰："不论何事，出弇州手，便令人疑非真。"又记张元祯谓见士大夫凡三变，初讲政事，后讲文章，今则专讲命。

　　此书编纂于崇祯年间，因中堂党论削籍家居，乃涉猎群书，发愤著书，于崇祯十七年（1644）写定。书前有吴伟业、钱棻、钱谦益序及维枢自序。维枢自序谓见自元以来数百年间，雅言韵事几同星凤，凡有闻见略类《世说新语》者，随所闻见即书，亦未得序时代之先后、名位之崇卑云云。①明代何良俊著《何氏语林》，自汉迄于元朝。此书记有明一代人文事迹，且著于清修《明史》以前，虽是零简短帙，小品文字，征文考献，功不可没。故吴梅村序称其出入两朝，百余年来中外之轶事，皆耳闻目给，若坐其人而与之言，无不可以取信云。②钱棻称是书纂玄钩要，又出国史家乘之上。③钱谦益称此书深得《世说新语》笔法，谓之寓史家于说家。④然《四库提要》列于子部小说家类存目，称其书随意抄撮，颇乏持择，其注尤多肤浅云云。周中孚亦称此书不叙时代，颇少条理，而于明人狂诞之辞，亦以为佳话而载之，不知简择；即所注亦极肤浅，非孝标引书为注所可比拟云云。⑤谢国桢称书中多存文学艺术及社会风俗资料，烘云托月，忠实反映明代各阶层之风气。⑥

　　此书有清顺治十四年赐麟堂本、1927年藁城魏氏养心斋本。此本据清顺治甲午梁清远、梁清传刻本影印。

---

① 《续修四库全书》第1175册，上海古籍出版社2002年版，第230页。
② 《续修四库全书》第1175册，上海古籍出版社2002年版，第224页。
③ 《续修四库全书》第1175册，上海古籍出版社2002年版，第227页。
④ 《续修四库全书》第1175册，上海古籍出版社2002年版，第229页。
⑤ （清）周中孚著，黄曙辉、印晓峰标校：《郑堂读书记》，上海书店出版社2009年版，第1073页。
⑥ 谢国桢：《明清笔记谈丛》，上海书店出版社2004年版，第39页。

客舍偶闻一卷 （清）彭孙贻撰

彭孙贻（1614—1673），字仲谋，号羿仁，自号管葛山人，海盐（今浙江海盐）人。明末以明经首拔于两浙，入清后不仕，闭门著述。乡人私谥曰孝介先生。著有《明朝纪事本末补编》、《平寇志》、《虔台逸史》、《茗斋诗余》等书。生平事迹见《两浙辎轩录》卷一、《历代画史汇传》卷三十四。

前有康熙七年（1668）孙贻自序，称客长安，见贵游接席，时时游于酒人豪士间，抵掌谈世事，虽多耳食，征其实，亦十得五六，更益以所见，随笔记之，曰《客舍偶闻》云。[1]后有李绳斋、董彬识，又有彭晫识。

此书所记，多载明清间史实。又记异闻，恰如今日之"新闻报道"，足以新人耳目，吸引眼球。如记康熙七年（1668）山东大地震[2]，沂州报道："沂州地震，彻夜摇动如雷，官廨、民房、庙宇、城楼、墙垛尽倒……男女死者不计其数，存者带伤，抱男携女，逃奔无地，昼夜啼号。"莒州报道："地震如雷，连日不止……裂处皆翻土扬沙，涌流黄水，城东北井二口，喷水高三尺，北门大街井，喷沙水高四尺，水止井干，官民房屋、寺庙、监库、城垣俱倒……淫雨不止，平地水深三尺，田禾淹没，地震至今不息。"郯城报道："地震声若轰雷，势如覆舟，城内四关六百余户尽倒……压死男妇千余，四郊地

---

[1] 《续修四库全书》第1175册，上海古籍出版社2002年版，第411页。
[2] 根据历史资料推算，此次地震震级达8.5级，其震害之重，波及范围之大，伤亡人数之多，在我国东部地区有史料记载的历史地震中居于首位。详参王安岳：《1668年鲁南大震若干问题的考证》，《地震研究》1981年第3期；朱书俊等：《1668年莒县—郯城大震研究综述》，《地震学刊》1991年第4期。

裂,穴涌沙泉,河水横溢,人民流散。"安邱报道:"申六月十七日戌时,大雨,天色阴惨,有声如吼,地下声若巨雷,空中如奔万马,地动如簸如颠……连日大地颤摇,房屋陆续倾倒,近所未闻,史所未载。"地震震惊百里,山河为之破碎。如此滚动报道,可谓惊心动魄。又记清初科场腐败事:"江南辛卯主考左必蕃、赵晋,头场《四书》题'能行五者于天下为仁矣',次题'博厚所以载物也'三句,三题'孔子登东山而小鲁'一节。出榜后,于贡院前贴一对:'左邱明双眼无珠,赵子龙浑身是胆。'又题目诗:'能行五者是门生(注云:金子、银子、珠子、古玩、纱缎),贿赂功名在此行。但愿宦囊夸博厚,不须贡院诵高明。登山有竹书贪迹,观海无波洗恶名。一榜难为言皂白,圣门学者尽遭坑。'"孙贻工诗词,擅评书画,能写小说,文才甚富,故其书颇能引人入胜。

书后有乾隆乙巳(1785)董彬跋,称所载朝廷故实,俱出当时目击,非同父老传闻。[①]徐珂《清稗类钞》"客舍偶闻"条称所记康熙初年满人互相挤轧之状,历历如绘云云。[②]

此书有清乾隆三十八年彭晖抄本。此本据上海图书馆藏清柘柳草堂抄本影印。

天香阁随笔二卷 (清)李寄撰

李寄(1620—1691),字介立,号因庵,又号昆仑山樵,江阴(今江苏江阴)人。即徐介立,徐霞客之子。母周氏,徐霞客之妾,方孕而嫡嫁之,以育于李氏,故名李寄。又以介两姓,历两朝,故自

---
① 《续修四库全书》第1175册,上海古籍出版社2002年版,第437页。
② 徐珂编撰:《清稗类钞》,中华书局2010年版,第3763页。

命介立。奉母居定山，终身不娶。《徐霞客游记》经燹失去，介立访辑之。著有《艺圃存稿》、《舆图集要》，皆未传。生平事迹见《江阴县志·隐逸传》及介立自撰《昆仑山樵传》。①

此书二卷，为李氏之见闻随录。书中内容庞杂，历史故事、边疆山水、风土人情、诗词书画、名人轶事，无不涉及。所记多明清鼎革之际史事及佚诗，如记江西金王之变后，谭泰围南昌，城中百万之众皆饿死。内如备载万元吉《筹军录序》全文暨《将赴滁阳上疏》、《疆事不堪再坏疏》等，均足补史乘之缺。又记吴三桂次妃陈元事，与钮玉樵《觚剩》及各说部互异。又有辨地名之误者，如谓陆游《入蜀记》于西塞山下误附张志和《渔歌子》"西塞山下白鹭飞"，不知此乃吴兴西塞山；又谓《宜兴志》于蜀山下误载徐贲隐于此，不知贲所隐居者湖州之蜀山，此皆循其名而不考其实之过也。

此书后有咸丰二年（1852）伍崇曜跋，称《随笔》八卷，杂记鼎革间琐事及遗闻佚诗，予稍删其仙释迂诞之说，录存若干页，亦可以见先生大概云云。②

此本据清伍氏刻《粤雅堂丛书》本影印。（王献松拟草）

今世说八卷　（清）王晫撰

王晫（1636—1705后），初名斐，字丹麓，号木庵，自号松溪子，仁和（今属浙江杭州）人。诸生。后弃举业，杜门读书。所居曰霞举堂，或曰墙东草堂。著有《霞举堂集》、《南窗文略》、《墙东草堂词》等书。与张潮同编《檀几丛书》，甚得文名。生平事迹见

---

① 周宁霞：《李介立和〈徐霞客游记〉》，《徐霞客论稿》，上海古籍出版社2004年版，第148—181页。
② 《续修四库全书》第1175册，上海古籍出版社2002年版，第478页。

《(民国)杭州府志》卷一百四十五、《国朝杭郡诗辑》卷六、《国朝诗人征略》卷八、《两浙輶轩录》卷八。

书前有康熙二十二年(1683)自序,述其大旨云:"今朝廷右文,名贤辈出,其嘉言懿行,史不胜载,上自廊庙缙绅,下及山泽隐逸,凡一言一行有可采录,率猎收而类记之。"①前又有自撰《例言》及毛际可、严允肇、徐啮凤、冯景、丁澎五序。毛际可序称此书撰缉既专,品骘弥当,如德行、言语诸科,固当奉为指南,即忿狷、惑溺,迹涉风刺,要无伤于大雅云。②

此书为"世说体"小说总集,全仿《世说新语》之体,以皆清初四十年近事,故以"今"名。此书八卷,分三十门,共计四百五十二条,以清初文人学士生平言行为主,间及方外之士(如大觉禅师),由明入清者亦一并收入。著名者如孙奇逢、侯方域、吴伟业、毛奇龄、王士禛、施闰章、魏象枢、汪琬、陈洪绶、朱彝尊诸人。其他无名之辈,其言行足以补史乘之阙,其史料价值或反在名流之上。每条之末注明人物姓名、籍贯、职务。其书分类亦皆从《世说新语》之旧目,惟自新、黜免、俭啬、谗险、纰漏、仇隙六门,不及备列。《例言》称"引长盖短,理所固然",所略六门,实为易开罪于人之篇,撰者有意回避,不愿以文字贾祸,其情堪谅。③有些门类条目过少,如汰侈、轻诋门仅一条,尤悔门仅二条,未免失之太简。其书主旨在描摹士林,涉及官场之险恶、吏治之腐败、世态之炎凉。空无依傍,妙笔生花,画龙点睛,颊上添毫,传神正在阿睹。④

此书所载士人地区分布极不平衡,江浙两省高达十之七,又以浙江为主,且集中杭州一带,以"西泠十子"为中心,然后扩及其交

---

① 《续修四库全书》第1175册,上海古籍出版社2002年版,第483页。
② 《续修四库全书》第1175册,上海古籍出版社2002年版,第480页。
③ 来新夏:《清人笔记随录》,中华书局2005年版,第82页。
④ 参见陈大康:《王晫和他的〈今世说〉》,《明清小说研究》1994年第1期。

游。王晫多载己事，与陆圻并列第一，且自誉极高，故《四库提要》讥其"载入己事，尤乖体例"。今按其书，丹麓确有自誉之癖。[1]《四库提要》列此书于小说家类存目，称其中刻画摹拟颇嫌太似，所称许亦多溢量。然其友严允肇序称："自清兴以来，名臣硕辅，下逮岩穴之士、章句之儒，凡一言一行之可记述者，靡不旁搜广辑，因文析类，以成一家言。"[2] 庶几近之矣。

此本据华东师范大学图书馆藏清康熙二十二年霞举堂刻本影印。此书又有咸丰二年伍崇曜《粤雅堂丛书》本。

明语林十四卷补遗一卷 （清）吴肃公撰

吴肃公（1626—1699），字雨若，号晴岩，又号街南，学者称街南先生，宣城（今安徽宣城）人。石冈六世孙。明末诸生，入清后不仕。工古文辞，其文品似出魏禧之右。著有《云间杂记》、《街南文集》、《街南续集》等书。生平事迹见《闲道录》卷二十及肃公自撰墓志铭[3]。

此书前有康熙二十年（1681）肃公自序，称弱冠耽读明书，思有所撰著，以备一代之遗，汇为《语林》一书。[4] 邓之诚称文不苟作，同时惟顾炎武能之。[5]

此书为"世说体"小说总集，原为十六卷，今存十四卷，分德

---

[1] 陈文新认为此书实为王氏"自传"，是一部通过记他人之事而抒一己之情的书。参见氏著《〈今世说〉与王晫心态》，《明清小说研究》1990年第1期。
[2] 《续修四库全书》第1175册，上海古籍出版社2002年版，第480页。
[3] 参见（清）吴肃公：《街南续集》卷六，康熙刻本。
[4] 《续修四库全书》第1175册，上海古籍出版社2002年版，第547—548页。今按：关于吴肃公的研究，参见李飞：《吴肃公考论》，南京师范大学2004年硕士学位论文。
[5] 邓之诚：《清诗纪事初编》卷一，上海古籍出版社2012年版，第127页。

行、言语、政事、文学、言志、方正、雅量、识鉴、赏誉、品藻、箴规、栖逸、捷悟、博识、豪爽、夙惠、贤媛、容止、自新、术解、巧艺、企羡、宠礼、伤逝、任诞、简傲、排调、轻诋、假谲、黜免、俭啬、侈汰、忿狷、谗险、尤悔、纰陋、惑溺、仇隙，凡三十八类。书中多记明代士大夫轶闻旧事、嘉言懿行。所涉人事，始于元末，迄于清初。张扬正气，贬斥邪祟，盖有深意存焉。同邑梅圣占评之曰："篇中感慨，当于言外得之。"①如"德行"类记王阳明于韩邦问执礼甚恭，又记罗洪先于芜湖救杨贾事。"文学"类记危素访老兵而修《元史》，又记叶子奇狱中著《草木子》。"方正"类记王鏊与寿宁为姻亲而绝不问遗。"识鉴"类记王彝作《文妖》数百言诋杨维桢之文。"箴规"类记胡居仁斥陈献章学术堕禅，未见道之精微；又记罗洪先斥王畿良知学病道不浅。"企羡"类记王阳明晤王畿使称弟子事。"排调"类记阳明弟子徐珊因会试策题诋阳明学拂衣而出事。"假谲"类记丰坊高才吊诡，训诂《十三经》事。全书九百余条，多载杰出人物，寓意深远，可谓"世说体"上乘之作。然有不少条目袭自《何氏语林》等书，且不乏神话色彩。《补遗》一卷，体格亦摹《世说》，然分类多涉混淆，所载亦多挂漏。

此书有康熙二十年刻本（已佚）、清末《碧琳琅馆丛书》本、民国《芋园丛书》本。此本据上海辞书出版社图书馆藏清光绪方氏刻宣统元年印《碧琳琅馆丛书》本影印。②（王献松拟草）

---

① （清）吴肃公：《街南文集》卷九《明语林序》梅圣占评语，清康熙二十八年吴承励刻本。
② 南京师范大学陆林教授校点本列入《安徽古籍丛书》中，黄山书社1999年出版。《〈明语林〉校点后记》又见于《文教资料》1998年第2期。

天史十二卷问天亭放言一卷 （清）丁耀亢撰

丁耀亢（1599—1669），字西生，号野鹤，晚号木鸡道人，诸城（今山东诸城）人。贡生。崇祯十五年（1642），助地方镇压起义饥民，解安丘围。清军南下，走东海，为监军。及败，谒京师，充八旗教习，选容城教谕，改福建惠安知县，以母老投劾归。著《丁野鹤集》、《续金瓶梅》、《赤松游》等书。生平事迹见《国朝诗人征略》卷十四。[①]

书前有崇祯五年（1632）耀亢自序，称集其明白感应者，汇为十案，注以管见，十有二篇，名曰《天史》，纪罪而不纪功，言祸而不言福云云。[②]又有钟羽正序，称丁君所以独书作恶之报，归之于天也。[③]

此书凡十二卷，另附《问天亭放言》一卷，总目录列为卷十三。前十卷为十案，卷十一为《管见》，卷十二为《集古诗》。十案皆首列史事，后加按语。史事不以时代为先后，而以罪之大小为序。卷一"大逆二十九案"，首列"隋炀帝大逆无道"案；卷二"淫十九案"，首列"楚平王纳妇鞭尸"案；卷三"残三十六案"，首列"蚩尤"案；卷四"阴谋二十五案"，首列"赵孤儿报屠岸贾冤"案；卷五"负心十三案"，首列"烛影摇红"案；卷六"贪十三案"，首列"石崇贪劫奢亡"案；卷七"奢十四案"，首列"徽宗花石纲"案；卷八"骄十六案"，首列"武乙射天"案；卷九"党六案"，首列"汉儒

[①] 关于丁耀亢的研究，参见李增坡主编：《丁耀亢研究——海峡两岸丁耀亢学术研讨会论文集》，中州古籍出版社1998年版；张清吉：《丁耀亢年谱》，南京大学出版社1996年版；张清吉：《〈醒世姻缘传〉新考》，中州古籍出版社1991年版，书末附有《丁耀亢传》。
[②] 《续修四库全书》第1176册，上海古籍出版社2002年版，第10—11页。
[③] 《续修四库全书》第1176册，上海古籍出版社2002年版，第4页。

盛名致祸"案；卷十"左道二十四案"，首列"九黎乱德"案。《管见》收天帝、天理、气、数、天命、鬼神、天铁、轮犴、因果、阴骘、儆戒、变化，凡十二篇，皆论史之语。《集古诗》前亦有自序，所收皆先秦至唐朝间有关史实之铭谣、歌诗，共分歌铭、感遇、惜时、悲往、幽愤、知命、乐天七类，除歌铭外，丁氏于各诗之后皆以赋、比、兴之手法论之，且略言诗意，虽简短扼要，然深得讽喻之道。

《问天亭放言》又名《问天亭诗》，为丁氏诗集，前有丘石常序。

此本据北京大学图书馆藏明崇祯间刻本影印。（王献松拟草）

邛竹杖七卷 （清）施男撰

施男（1610—1680），字伟长，吉水（今江西吉水）人。顺治初以军功授广西按察副使。生平事迹见《清文献通考》卷二百二十八。

此书前有来集之序，称其所论者，与所哦咏，若灭若没，若断若续，沉石之火，埋剑之光，《国风》、《小雅》，可谓兼之。[1]又有文德翼、李来泰、徐世溥诸序。每卷之前均有"自弁"一篇，后列目录。

是编前三卷为其官桂林时所作，记峒黎风土，并所自作诗句；卷四、卷五则游于江、浙、吴、楚间所作，多记山川名胜；卷六为自著诗集；卷七则录刘湘客、杨廷麟、刘大璞、刘日襄、倪元璐五家之作。书中多有论诗文著作者，如"谭友夏"条记谭元春晚年颇非其选《诗归》，存者仅十之四，谓"乐府属笔精严，初盛半之，中晚退庵亦有倦心矣，琅琊历下七才，不可多及，放言立论，实实我辈火候未到，非故作英雄欺人也"。又如"涩体"条曰："艰深佶曲，作

---

① 《续修四库全书》第1176册，上海古籍出版社2002年版，第237—239页。

俑《盘》、《诰》，《竹书》、《汲冢》次之，《太玄》、《法言》俪《易》与《论》，子云诚非欺人语。"又记风俗人情，如"犵狫风俗"条记宿桂林龙塘村时所见女子嫁人习俗，又如"祀灶"条记徙南湖时乡里祀灶之俗。《四库全书总目》称其所著诗文，词多险僻，盖犹沿明末公安、竟陵之余习也。

此本据复旦大学图书馆藏清初留髡堂刻本影印。（王献松拟草）

二楼纪略四卷 （清）佟赋伟撰

佟赋伟，字德览，号青士，自号二楼居士，奉天（今辽宁辽阳）人。正蓝旗。监生。官至宁国府知府。著有《永宁县志》。生平事迹见《（雍正）河南通志》卷三十七、《（乾隆）江南通志》卷一百九。[1]

宣城旧有北楼，即南齐谢朓之高斋。明嘉靖中知府朱大器又起文昌台，设书院其下。康熙五十一年（1712），赋伟更为修治，又于鳌峰下新建南楼，与北楼遥相呼应，以罗汝芳"志学书院"为宗，名"正学书院"。

此书四卷，记述宣城历史、人文、山川、风物。如表彰梅文鼎曰："宣城梅定九先生文鼎邃于天人理数，故大学士安溪李公巡抚顺天时尝荐之。上命入见，时御舟中奏对累日，皆称旨，将官之，以老辞。上知其不仕也，御书'绩学参微'四字额赐之，仍赐御书诗扇绫幅，朝贤多作诗文送之。归隐文脊山中，罕得见者。家故贫，一亩之宫，著述自乐。余为吏于斯，每相与论学，欲宾之书院，以倡郡人，而莫可强也。见所携桃竹杖铭，其上有'偕万里至公门'之句，居尝

---

[1] 陈志烨认为，贾雨村的原型即为佟赋伟，详参氏著《贾雨村：小说之外乃佟公》，《长沙理工大学学报》2013年第4期，从而挑战孙逊等人的贾雨村即董邦达之说。

以不及壮盛仰报君恩为憾。久之，特征其孙、今编修玉汝毂成入史馆。玉汝能缵其家学者，供奉恒邀殊奖，每传温谕，眷及老儒，真异数也。"又考宁国书院废兴，记罗近溪守宛陵事迹，记施愚山学行，记宣城著述名家，论历代宛人诗学优劣，不一而足，堪称宣城之"百科全书"，故此书应入地志。然《四库全书总目》对于地方文献认识不够清晰，称多自述其政绩及旁涉他事，不尽有关于二楼，既非地志，又非说部，九流之内，无类可归，故附之杂家类。

此本据国家图书馆藏清康熙刻本影印。

刘继庄先生广阳杂记五卷　（清）刘献廷撰

刘献廷（1648—1695），字继庄，自号广阳子，原籍江南吴县（今属江苏苏州），其祖任宫廷太医，全家移居直隶大兴（今属北京）。以布衣游名公间，万斯同尤心折之，引参《明史》馆事。著有《广阳诗集》。生平事迹见王源《刘处士献廷墓表》、全祖望《刘继庄传》、王勤堉《刘继庄先生年谱初稿》、《清史稿·文苑传》、《清史列传·文苑传》。

是编所记，内容博杂，天文地理、典章制度、游历见闻、民间风俗，无所不记。又于明季稗乘、李自成、张献忠起义，以及台湾郑氏遗事，皆有独到之处。其论学推崇《管子》之书，以为与圣经相表里。又称《管子》虽不全出敬仲之手，而其经世允为一家之言，自是宇宙间不可少之大章句。又以唱歌、看戏、看小说、听说书、信占卜、祀鬼神比为儒者六经，亦为独见。卷五有周季贶跋，云："此卷考证，故讹舛极多，可删也。"[①] 今考，其掇拾《疑耀》数十条，或注明，或不注明，颇起后人之疑窦。潘祖荫以为门人误羼入，概予删

---

① 《续修四库全书》第 1176 册，上海古籍出版社 2002 年版，第 680 页。

之。门人辑录先生遗著，岂敢如此作伪？潘氏未免过于武断，似不足为凭。况且献廷为清初之人，又不以考据名家，晚年随意漫录，特别青睐张萱之书，亦未可知。举以备参。

史称其学主经世，自象纬、律历、音韵、险塞、财赋、军政，以逮岐黄、释老之书，无不究习。与梁溪顾培、衡山王夫之、南昌彭士望为师友，而复往来昆山徐乾学之门，议论不随人后。万斯同引参《明史》馆事，顾祖禹、黄仪亦引参《一统志》事。献廷谓诸公考古有余，实用则未也。全祖望述其学曰："继庄之学，主于经世，自象纬、律历以及边塞关要、财赋、军器之属，旁而岐黄者流，以及释道之言，无不留心，深恶雕虫之技。其生平自谓于声音之道，别有所窥，足穷造化之奥，百世而不惑。"献廷力主博通古今实用之学，卷四述其为学之方："为学先须开拓其心胸，务令识见广阔为第一义；次则于古今兴废沿革，礼乐兵农之故，一一淹贯，心知其事，庶不愧于读书；若夫寻章摘句，一技一能，所谓雕虫之技，壮夫耻为者也。"献廷鄙视章句之学，批评士人大多知古而不知今，主张学者识古今之成败是非。胡玉缙称："献廷之学主切用，不主考古，自是北方学派，所言多好大而夸，又异乎北方之淳朴。然其中论音韵、论舆地书、论水利，虽仅标大略，未及成编，而其意要自可取。惟太无征实之学，未能曲讳。"①论者以为其人与"清初三先生"（黄宗羲、顾炎武、王夫之）齐名，其学则自成一派，且以"广阳学派"称之。②张文虎称《杂记》多纪黔滇事，盖其游迹所至，又兼及旗下掌故，间有考证，亦粗浅；刘在当时与万季野齐名，全谢山极称之，不可解。③

此书有光绪间潘祖荫刻《功顺堂丛书》本，祖荫跋云："刘

---

① 胡玉缙撰，吴格整理：《续四库提要三种》，上海书店出版社2002年版，第659页。
② 参见邓拓：《燕山夜话》，北京十月文艺出版社2010年版，第117—120页；顾承甫：《解开广阳学派之谜》，《读书》1981年第12期。
③ 张文虎：《张文虎日记》，上海书店出版社2009年版，第72页。

继庄氏《广阳杂记》，旧题门人黄曰瑚辑者，皆删本。德清戴子高藏有足本，书仍五卷，视删本多十之四。（删本二、三两卷合为二卷，四、五两卷合为三卷。）节次颇不尽同。书中亦间有曰瑚按语。然亦有删本有之而足本转不载者。又删本录医方极多，而足本仅寥寥数则，殊不可解，岂足本又经人删节耶？盖继庄此书，初亦随手札记，未有定本，后人传写，或详或略，遂多同异。悉心求之，当以足本为善。余旧有一本得于陶凫香丈，咸丰庚申失之矣。此本乃赵㧑叔所诒，得之子高者。属叶鞠常先生以丁泳之本校之。增墓志一篇。其掇拾《疑耀》一卷，疑门人误羼入者则删之。"然某氏棠跋云："《广阳杂记》皆写本流传，亦不甚多。光绪甲申潘文勤始刊于功顺堂，颇有讹舛。此本乃吾友周季贶太守同治初所抄校，眉端朱笔及每册后题记皆其手迹也。"①此本据南京图书馆藏清同治四年周星诒家抄本影印。

觚賸八卷觚賸续编四卷　（清）钮琇撰

钮琇（1644—1704）②，字书城，号玉樵，吴江（今属江苏苏州）人。康熙十一年（1672）拔贡生，历任项城知县、白水知县兼摄沈邱蒲城事、高明县令。著有《临野堂集》、《白水县志》。生平事迹见《（乾隆）震泽县志》卷十六、《（同治）苏州府志》卷一百六及《清史列传·文苑传》。③

---

① 《续修四库全书》第1176册，上海古籍出版社2002年版，第533页。
② 参见陆林、戴春花：《清初文言小说〈觚賸〉作者钮琇生年考略》，《文学遗产》2006年第1期。
③ 关于钮琇的研究，参见梁芳芳：《钮琇研究》，山西大学2007年硕士学位论文；戴春花：《钮琇〈觚賸〉研究》，南京师范大学2006年硕士学位论文。

书前有康熙三十九年（1700）自序，续编前有康熙四十一年（1702）正续两编自序。正编八卷，有《吴觚》三卷，《燕觚》、《豫觚》、《秦觚》各一卷，《粤觚》二卷。续编四卷，有《言觚》、《人觚》、《事觚》、《物觚》各一卷。此书又尝以《说铃》之名刊行。

此书为笔记小说，所记多明清间闻见杂事，凡社会状况、诗文著作、士人交往皆有涉及，可补正史之阙。如《吴觚》"力田遗诗"条记潘柽章《杜诗博议》为少陵功臣，而朱鹤龄笺注杜诗多采其说而讳其姓名。"河东君"条记柳如是与钱谦益事。《燕觚》"圆圆"条记陈圆圆与吴三桂事。《秦觚》"石经"条记钮琇询李子德西安石经全本书者姓名及刊立始末。《粤觚》"逍遥居士"条记蒲衣子王隼女瑶湘事。《言觚》"文章有本"条谓传奇演义虽近游戏，而皆有所本，如《水浒传》本龚圣与《三十六赞》。"书名"条谓"著书必先命名，所命之名，与所著之书，明简确切，然后可传"。《人觚》"英雄举动"条记熊廷弼与冯梦龙交往事。《事觚》"相墓四大惑"条论人相墓求富贵之四大迷惑。

《四库提要》称是编幽艳凄动，有唐人小说之遗，然往往点缀敷衍，以成佳话，不能尽核其实云。周中孚亦称其文词皆哀艳奇恣，而记事多近游戏，故不免喜谈神怪，以征其诡幻，间有裨于考据者，亦百中之一二耳。[1]然清廷尝以"文多违悖"将此书查禁，以其多采屈大均《广东新语》诸书。谢国桢称："玉樵生当易代，惓惓于沧海遗闻，如记清初东南沿海迁界及修史之狱，以及粤东农民起义之事，均有关掌故。惟其文近小说，间有传闻失实之处。"[2]

此本据天津图书馆藏清康熙临野堂刻本影印。（王献松拟草）

---

[1] （清）周中孚著，黄曙辉、印晓峰标校：《郑堂读书记》，上海书店出版社2009年版，第1093页。

[2] 谢国桢：《晚明史籍考》，华东师范大学出版社2011年版，第979页。

拾箨余闲一卷 （清）孔毓埏撰

孔毓埏，字钟舆，号弘舆，曲阜（今山东曲阜）人。第六十六代衍圣公兴燮之次子，第六十七代衍圣公毓圻之弟。康熙十八年（1679）袭翰林院五经博士，主奉祀事。著有《蕉露词》、《远秀堂集》等书。生平事迹见《圣门十六子书》、《国朝词综续编》卷一、《晚晴簃诗汇》卷五十。

书前有康熙五十九年（1720）叶宾序，称其发言遣词，见解弗涉于偏，议论悉归于正，其有裨于世道人心，良非浅鲜云云。①

此书仅一卷，所载间有论学术者，如谓"焚书之祸，今古同慨，而典谟训诰，六经之文，无一罹于虐焰者，则其所焚特谶纬不经之书耳，亦未为不幸"。又谓金圣叹评《水浒传》一书，"尽得其开阖变化之妙，凡作文之法，悉备靡遗"，"然必学力既坚，胸有成竹，方可寓目，不然与文章一道，无毫发增益，徒资其骁挚之性，愈难驯耳"。

此本据国家图书馆藏清康熙刻本影印。（王献松拟草）

人海记二卷 （清）查慎行撰

查慎行（1650—1727），初名嗣琏，字悔余，号他山，晚号初白庵主人，海宁（今浙江海宁）人。康熙四十二年（1703）赐进士出身，未散馆特授编修，任武英殿校勘官。其弟嗣庭罹文字狱，株连入狱，后特赦归里。著有《敬业堂诗集》、《补注东坡编年诗》、《周易

---

① 《续修四库全书》第1177册，上海古籍出版社2002年版，第151页。

玩辞集解》、《易象考信》、《经史正讹》等书。生平事迹见《清史列传·文苑传》、方苞《翰林院编修查君墓志铭》、全祖望《初白查先生墓表》、沈廷芳《查先生慎行行状》、陈敬璋《查他山先生年谱》。①

此书前有咸丰元年（1851）张士宽识语，略述刊刻经过。卷端有慎行题记，称客居京师三十年，其间耳目闻见，随手缀录，雪窗检点，裒集成卷，命曰《人海记》。②其曰"人海"，代指京城，本苏轼"惟有王城最堪隐，万人如海一身藏"诗意。此书所载，系初白于康熙五十二年（1713）告归后，集其客居京师时之闻见杂录，间亦有录自前人书者，则标明出处。全书二卷，凡三百九十七条。综其所载，略有三端：一曰明清典制故事。如"八旗分驻"条、"满汉兵饷"条、"殿试武举"条、"元旦朝仪"条、"丙戌馆选"条皆是。二曰明清人物事迹。如"长平公主"条、"郑贵妃"条、"周后田妃"条、"中书自经"条、"刘念台"条皆是。三曰北京风土物产。如"榆荚"条曰："三月初旬，榆荚方生时，宫厨采供御馔，或和以粉，或以面。内直词臣每蒙赐食，余有诗纪之。"他如"伪书"条，不过人云亦云，于辨伪并无真知灼见。书中因袭谈迁《枣林杂俎》、《北游录》二书者甚多。③

是书记有明一代及清初事，多涉掌故，然亦屡入丛杂琐语，不免为小说家言。其抄录前人书，亦标出处，然大抵因仍旧闻，无所是正。孙楷第称慎行久直禁中，又常随圣祖驾西巡，见闻颇广，故所记虽杂，可取者亦多，如记塞外行程，记清初宫殿门名，则有裨考证；记宋献策为旗人豢养，至康熙初始死，记西洋顺风耳之制，以

---

① 参见贾乃谦：《〈人海记〉与〈枣林杂俎〉、〈北游录〉》，《史学史研究》1986年第2期。
② 《续修四库全书》第1177册，上海古籍出版社2002年版，第196页。
③ 关于查慎行的研究，参见张晨：《查慎行年谱》，广西师范大学2010年硕士学位论文；严迪昌：《查慎行论》，《文学遗产》1996年第5期；王艺：《查慎行研究》，四川大学2006年硕士学位论文；于海鹰：《查慎行诗歌研究》，山东大学2008年博士学位论文；陈丽娜：《查慎行游历诗歌研究》，上海师范大学2010年硕士学位论文。

及遗闻琐事，皆可广异闻云云。[1]

此书有《明辨斋丛书》本、《昭代丛书》本、《正觉楼丛书》本。此本据湖北省图书馆藏清咸丰元年《小嬛嬛山馆丛书》本影印。

读书堂西征随笔一卷　（清）汪景祺撰

汪景祺（1672—1726），原名日祺，字无已，号星堂，钱塘（今属浙江杭州）人。康熙五十三年（1714）举人，雍正二年（1724）游陕西，以书干年羹尧。《清史纪事本末》卷二十载，世宗雍正三年（1725）冬十二月杀浙江举人汪景祺。初，景祺从军青海，尝作《西征随笔》，有诗讥讪圣祖，又为年羹尧作《功臣不可为论》，为抚臣傅敏查出，入奏，命立斩，家族发遣。

书前有雍正二年（1724）景祺自序，称自邢州取道晋阳河东，入潼关，至雍州，凡路之所经，身之所遇，心之所记，口之所谈，咸笔之于书，其有不可存者，悉毁弃之，名之曰《西征随笔》。[2] 其中"上抚远大将军书"条乃汪氏专门颂扬年羹尧之文，称之为"宇宙之第一伟人"。清世宗朱批原本影印手书曰："悖谬狂乱，至于此极！恨见此之晚，留以待他日，弗使此种得漏网也。"

此书一卷，凡三十五条，所记皆西征途中见闻，篇末缀以月日。综其所记，略有三类：一记清初形势。如"榆林兵备"条录榆林参议道朱曙苏所言兵备事，又详述兵备六患。"延安三厅"条言榆林吏治改革，"西安吏治"条言西安吏治之坏。二记清初官员事迹。如"闻李侍郎绂擢粤西巡抚"条记李绂事，"遂宁人品"条记康熙朝名臣

---

[1] 孙楷第著，戴鸿森校次：《戏曲小说书录解题》，人民文学出版社1990年版，第40页。
[2] 《续修四库全书》第1177册，上海古籍出版社2002年版，第258页。

张鹏翮,极尽丑诋之能事,且以"刻薄寡恩,顽钝无耻"为联以赠张氏,既暴露盛世官员、名臣之丑恶嘴脸,亦流露失意文人之妒恨心情。[1]三记西北风土异闻。如"记蒲州常生语"条记常生所言安邑胭脂贼,有曰:"人性剽悍喜斗,即女子皆知兵事。女子之寡廉鲜耻者,习歌舞,当炉献笑,以邀夜合之钱。其有气节者,自负武勇,皆为男子装出,放马劫掠土人,谓之胭脂贼。于本地大户秋毫无犯,且不肯妄杀人。过客非重赀不取,取重赀亦不过分十之二三,以故无鸣之官者。胥吏咸受重贿,即鸣之官,无不曲为之庇护。胭脂贼又推其中雄黠者为渠率,势益张,遂以军法部署村民。"

此书当时并未销毁,藏于故宫懋勤殿箱中,民国时从中检得上卷与下卷之一篇,由故宫博物院铅印出版。此本据复旦大学图书馆藏民国间铅印本影印。(王献松拟草)

巢林笔谈六卷 (清)龚炜撰

龚炜(1704—?),字仲辉,自号巢林散人,晚号际熙老民,室名蓼怀阁,昆山(今江苏昆山)人。少负隽才,屡蹶科场,年过四十,仍未一第,遂绝意仕途,专心著述。著有《屑金集》、《虫灾志》、《续虫灾志》等书,多已散佚。生平事迹见《(道光)昆新两县志》卷二十七。

此书乃龚氏笔记[2],起康熙末年,迄乾隆中叶,略以时间为序,

---

[1] 王进驹:《一份清代失意文人病态心理的标本:谈汪景祺的〈读书堂西征随笔〉》,《广西师院学报》2000年第2期。
[2] 常建华从生活史角度对此书进行了精彩分析,详参氏著《盛清吴中士人生活的写照——清人笔记龚炜〈巢林笔谈〉的生活史资料价值》,见《中国社会历史评论》第11卷,天津古籍出版社2010年版。

然未详记年月。《笔谈》凡四百八十八条,内容所涉颇广,重点有三:一曰吴中习俗。如记吊古会、报赛会,详述奇观,载其变化。又记吴俗奢靡之风:"吴俗奢靡为天下最,暴殄日甚而不知返。譬如人授物于人,见其郑重爱护则喜,否则施者倦矣,天心宁有异乎?"二曰读书方法。如曰:"读《仪礼》疑仪节太碎,读《周礼》疑设官太冗。"曰:"今人于四书五经,只解得拈题,作文气味自不相入。若肯把经文似时文读法,抑扬婉转,心口相应,用意自然深厚,出笔自然古雅。"曰:"读书者须善自理会。"曰:"古人文字,拘泥字句不得。"三曰历史人物。如论汉高祖讲不到忠孝,又论汉武帝非英主,论汉武乃忍而至愚者。其论未必皆确,然胆气甚豪。书中间或留意文献真伪,如辨《孔子世家》所载沮封之语不似晏子,所疑不无道理。其书片言胜义,罔不网罗,间或诠释经文,评涉史事,语多中肯,而尤留心吴中文献。然书中多记因果迷信、业报怪诞之事,或与吴地风俗多信鬼神有关,不足为训。

书前有乾隆三十年(1765)龚氏自序,称冗杂一编,典雅不如《梦溪》,隽永不如《闻雁》。其间颂圣称先,道人著书风俗,或蠡测经史,辩诬证误,亦间有近道者。① 《续编》自序称《笔谈》乃其四十余年来视履所及,暨胸中所欲吐,稍稍见于此。② 周中孚称是编杂记其所见闻,时寓劝戒之意,间或推阐经史,辨证误诬,悉归平允,盖巢林乃谨愿之士,故其言颇有蔼然之致,惟不谙考证,笃信《素书》为黄石公作,殊出臆见。③

此本据湖北省图书馆藏清乾隆三十年蓼怀阁刻本影印。

---

① 《续修四库全书》第 1177 册,上海古籍出版社 2002 年版,第 287 页。
② 《续修四库全书》第 1177 册,上海古籍出版社 2002 年版,第 357 页。
③ (清)周中孚著,黄曙辉、印晓峰标校:《郑堂读书记》,上海书店出版社 2009 年版,第 1688 页。

巢林笔谈续编二卷 （清）龚炜撰

龚炜生平见前《巢林笔谈》提要。

此书前有乾隆三十三年（1768）龚炜自序，称乙酉春以《笔谈》六卷付梓，四十余年来视履所及，暨胸中所欲吐，稍稍见于此矣，而尘笥尚遗剩纸，迩来间有记言，复拣若干条，续编二卷云云。①

《续编》凡二百又八条，内容所涉颇广，大略可分为三类：其一论诗文。如曰："诗到自然极难，自然到极处，反觉平易。"曰："庙堂诗不得露寒乞相，所忌在俗；山林诗不可沾轩冕气，然亦忌酸。"曰："唐宋之问等，诗非不佳，而其人则非人也，是畜吐人言。"曰："大块文章，真是变化不尽也。"曰："出言有章固妙，而通文大忌酸腐，且亦间有触忌。"曰："李方叔祭苏文忠文，有曰：'皇天后土，鉴一腔忠义之心；名山大川，还万古英灵之气。'奇壮语，大为公生色。"曰："选近今诗文，不容阿好，尤不可徇情。阿好失之偏，徇情并失之伪矣。"曰："为人作传状志铭，须如绘像，肖其人方好。"曰："为初学改文，其法在申其未申之旨，达其未达之词，通其未通之线，接其未接之榫，传其未传之神，足其未足之气；呆板则启其灵机，径遂则导之层折，单薄则加以衬托，枯竭则生以波澜，夹杂则芟其芜词，累坠则镌其赘字，荼弱则振以健笔，俚俗则泽以经腴，蹈虚则益以精实，太实则提以翻空；因题体而绳墨之，就思路而引伸之，即文境而开拓之。"其二论人事。如曰："凡事可忍，而家国之仇不可忍。"曰："清谈最有致，但只宜闲散人。"曰："勿以不信者之藐藐，而失信者之亹亹。"曰："道学人具豪侠性，方不入迂阔一

---

① 《续修四库全书》第1177册，上海古籍出版社2002年版，第357页。

途。"曰："管公明云：'神明之正者，非妖能乱也。万物之变，非道所止也。久远之浮精，必能之定数也。'此论妖异最彻。"曰："凡人怨积于仇雠者必深，勇激于愤耻者倍奋，感生于恩宥者忘死。一夫拼命，万夫莫当。"曰："放心做好官。"曰："以海忠介之清刚，而去其烦苛；以周文襄之慈爱，而加之方正。"其三论读书。如曰："凡遇古书疑义，不可不深考。"曰："尝读孙、吴、司马书，其大旨总不脱经传，合之古名将攻守之法，亦无不然。善读经传者，会其意而通之，文事武备，皆取则焉。今人只囫囵读过耳。"曰："予读古文自《左传》始。人不从少时读古，以时文余力旁及，定不相入。"曰："一生只熟读《史记》，实不知《史记》之非法也。"曰："陈承祚《三国志》，非独大指纰缪，即隶事亦多失实。其论武侯将略非长，无应敌之才，修父怨也。索千斛米不与，不为二丁作传，鄙极矣。"曰："史多失实，古人之饮恨于简编者不少，参之稗乘，岂曰小补？"曰："性理书，历周、程、张、朱诸大儒，已透辟无遗蕴，后人读其书，守其说，尽得性分以内事，无欠缺足矣。王文成公一生，可谓尽得性分以内事，无欠缺者。只缘多其词说，反滋拟议，世之伪君子，尽有假谈性理，冒得道学名者，尤不可不察也。"龚氏人品甚高，文亦如其人。

此本据北京大学图书馆藏清乾隆三十四年蓼怀阁刻本影印。

藤阴杂记十二卷　（清）戴璐撰

戴璐（1739—1806），字敏夫，号菔塘，乌程（今属浙江湖州）人。乾隆二十八年（1763）进士，官至太仆寺卿。后为扬州梅花书院山长。著有《吴兴诗话》、《吴兴科第表》、《秋树山房诗稿》等书。生平事迹见姚鼐《中议大夫太仆寺卿戴公墓志铭》、《两浙輶轩续录》、

《清秘述闻》卷七及《国朝御史题名》。

书前有嘉庆元年（1796）戴璐自序，称弱冠入都，留心掌故，目见耳闻，随手漫笔，爱仿王渔洋《香祖笔记》之例，即以名之云云。① 此书乃其居京期间所记见闻之作。书凡十二卷，前四卷记清朝科举甲第、衙署旧闻、各部官署典制及官吏铨课，每卷不标名目；后八卷记京师五城及郊坰之坊巷、寺观、祠墓，各以"中城"、"东城"、"郊坰"等标目。书中叙及士人游宴、前人府邸、道观佛寺、古迹园林诸处，凡有题咏诗词及书中所见，皆笔之于书，掌故佳话藉以流传，颇类诗话、文话。书中又多载四库典故。如曰："癸巳，四库馆开，以翰林纂辑不敷，刘文正保进士邵晋涵、周永年，裘文达举进士余集、举人戴震，王文庄举举人杨昌霖，时称五征君。武康高文照未与斯选，寄五君云：'丹纶旁求石室书，普天光气吐蟫鱼。洽闻端赖终军豹，薄技空惭黔地驴。亡去篇增安世策，载来学富惠施车。诸公衮衮蒲轮出，一夜多空风雨庐。'屈指浮生几甲寅，孤身天地一微尘。魏收木榻经穿久，刘勰雕龙自鬻频。正派百川归学海，空山四壁有逋臣。大官厨味宁多羡，珍重青藜照读人。"又曰："戊戌会试，于文襄、王韩城总裁，状元，且是师生。同考秦大成、陈初哲、黄轩、金榜四状元。是时京师状元无不入场，是科状元戴衢亨，即出金房，皆盛事也。"此书多载康乾文坛名流轶闻，可助谈资、广见闻，尤可考证北京古迹。

胡玉缙《许庼经籍题跋》曰："小说掌故，藉是考见，体例明净，不及狐鬼，亦说部之可存者也。"② 然李慈铭称此书见闻殊隘，笔亦冗漫③，未免过为苛求。

此本据南京图书馆藏清嘉庆五年石鼓斋刻本影印。本书又有光绪三年沈铉重刻本。

---

① 《续修四库全书》第 1177 册，上海古籍出版社 2002 年版，第 285 页。
② 胡玉缙撰，吴格整理：《续四库提要三种》，上海书店出版社 2002 年版，第 662 页。
③ （清）李慈铭：《越缦堂读书记》，上海书店出版社 2000 年版，第 530 页。

伊江笔录二卷 （清）吴熊光撰

吴熊光（1750—1833），字望昆，号伊江，昭文（今属江苏常熟）人。乾隆三十七年（1772）进士，历官湖广总督、直隶总督、两广总督，深受乾隆帝赏识。因直言劝阻嘉庆帝南巡，竟遭革职，发配伊犁。著有《春明杂录》、《蓻溪杂录》。生平事迹见《清史稿》卷三百五十七、《清史列传》卷三十、潘世恩所撰墓志铭、包世臣所撰《故大臣昭文吴公墓碑》。

此书前有熊光自序，称事以本朝为断，窃取见闻、传闻之义，又有其人虽获戾，而其事尚可师，意存节取，汇成一册云云。[1]又有同治十二年（1873）翁同龢序，称其文虽未芝润，其用意盖深且远云云。[2]

此书多载清代朝野史实，记所闻名臣言行。如记刘统勋以进埽之法督办杨桥漫口，仅数旬而蒇事；又如记潮州与闽省漳泉接壤，多因细故，而民起械斗，而地方官置若罔闻，不肖者为富户顶凶，从中渔利，遂积渐成风；又如记英军擅入澳门，垄断牟利，吴氏奏请暂停其贸易以制其死命，而上谕出剿事[3]；又记汤斌抚吴时移风易俗事；又记乾隆年间京师钱价日贱事。又有讽劝之语，如曰："手谈演剧，耽误政务，官既嗜此，幕友长随，相率效尤，何从禁止？且年少子弟，耳濡目染，易坏习气，至优伶罔知廉耻，乃有用为仆从者，流弊更深，戒之戒之。"又曰："婚宜访女之有无母教，

---

[1] 《续修四库全书》第1177册，上海古籍出版社2002年版，第475页。
[2] 《续修四库全书》第1177册，上海古籍出版社2002年版，第476页。
[3] 参见赖福生：《两广总督吴熊光与鸦片战争前英军入侵澳门事件》，《中国市场》2011年第18期。

嫁宜择婿之能否读书，再参以家世，断不可论财附势。"又曰："以力服人者，非心服也。"陈康祺《郎潜纪闻二笔》卷九称其书有关于掌故甚多，又节录数条，采入书中。

　　此书稿本藏南京图书馆。此本据北京大学图书馆藏清广雅书局刻本影印。（王献松拟草）

春泉闻见录四卷　（清）刘寿眉撰

　　刘寿眉，字春泉，顺天宝坻（今属天津）人。生卒年及事迹均不详。约生活于乾隆、嘉庆时期。

　　此书前有寿眉自序，称偶忆生平闻见，随笔录出，藉以消遣，事取真切，言戒妄诞，其文之疏漏，字之鱼鲁，皆不自知，积久成帙云云。① 又有李鼎元序，称此录乃述其生平所历之境与所闻之言，间有因事立论，皆讽世之言，有益名教，更有表扬节孝、爱惜性命之文云云。② 又有其侄刘耆德序，称其事纪其实，文取诸简，寡所规抚，而动与古会，见理极明，论事极透，凡作孝作忠、惜命惜身之道，无不该载云云。③

　　此书记所历杂事，凡一百一十则，不标题，但记条数。刘氏科名鼎盛，仕宦者多，故书中亦喜言家世旧闻，或道怪力乱神之事。又有记浙省风俗土音者，如五十一条记浙省乡间妇女乞福之俗；八十条记宁邑土音，呼不识之男妇为"表兄嫂"，姑呼媳为"老实宁"，自称其妻曰"内客"，称举人为"鬼狞"，进士为"憎四"。又有记史实者，如八十二条记王伦起义事颇详，与黄钧宰《金壶七墨》所记互有

---

① 《续修四库全书》第1177册，上海古籍出版社2002年版，第523页。
② 《续修四库全书》第1177册，上海古籍出版社2002年版，第523页。
③ 《续修四库全书》第1177册，上海古籍出版社2002年版，第584页。

详略,可征知当时事变始末。自余率皆琐录,无关掌故,文意亦殊涩拙。其自序称经理家政,无暇息肩,素性鲁钝,且多疾苦,又不好学,以故更鲜知识云云。盖自道其实,不失为纯朴之士。甥婿李鼎元序则称其淡泊宁静,好读书,读之不厌三复。盖对长者言,不得不尔,亦不得以贡谀目之矣。①

　　此本据辽宁省图书馆藏清嘉庆庚申家刻本影印。(王献松拟草)

陶庐杂录六卷 （清）法式善撰

　　法式善(1753—1813),字开文,号时帆,学者称梧门先生,乌尔济氏,蒙古正黄旗人。原名运昌,乾隆帝赐改今名,取满语"竭力有为"(即"勤勉有为")之义。乾隆四十五年(1780)进士,两为侍讲学士,坐修书不谨,贬庶子,遂乞病归。继袁枚、翁方纲之后主盟坛坫三十年,共推为诗坛盟主。参纂《全唐文》,著有《清秘述闻》、《槐厅载笔》、《存素堂集》等书。生平事迹见《清史稿·文苑传》、《清史列传·文苑传》及阮元《梧门先生年谱》。②

　　此书为史料笔记,内容广博,涉及内府图书、历代户口赋税、职官沿袭、兵制废兴及水利农桑等。此书所记,颇存书林掌故。如详列《文渊阁四库全书》各部、各类、各属卷数,官修之书如《古文渊鉴》、《赋汇》、《御选明臣奏议》、《佩文斋书画谱》皆载其编纂时间及各部分卷数。议论亦有可取之处,如论人才曰:"天下求小才私智可以备一官之用者,未尝无人。惟至国家利害安危,大机括所在,大形

---

① 孙楷第著,戴鸿森校次:《戏曲小说书录解题》,人民文学出版社1990年版,第51页。
② 关于法式善的研究,参见刘青山:《法式善研究》,上海大学2011博士学位论文;宏伟:《法式善〈梧门诗话〉研究》,辽宁民族出版社2006年版。

势所关,非晓事之臣,不能洞其几微,晰其体要。晓事二字,何可易得?必须有一种识见,能知人之所不能知。有一种气魄,能断人之所不能断。而其心一出于公平正大,无所避忌。然后事至,了不为凝滞。"又曰:"做事人最要有略,方处置得宜。然有大略,有远略,有雄略。识不远者,不能见大略。器不大者,不能知远略。识远气大而无雄才壮气者,不能具雄略。雄略天授,不可学而至,故人当以拓充器识为先也。"论修身曰:"责备贤者,须全得爱惜裁成之意。若于君子身上,一味吹毛求疵,则为小人者反极便宜,而世且以贤者为戒矣。若当君子道消之时,尤宜深恕曲成,以养孤阳之气。"又曰:"做人要脱俗,而不可存一矫俗之心。应世要随时,而不可起一趋时之念。"

书前有陈预书嘉庆二十二年(1817)序,称其中如历代户口之盛衰、赋税之多寡、职官之沿袭、兵制之废兴,一切水利农桑、盐茶钞币、治河开垦、弭盗救荒,与夫谠论名言、零缣佚事,参稽胪列,语焉能详,就所见闻,足资掌故云。[1]又有翁方纲嘉庆二十二年(1817)序,称其中有系乎考证、有资于典故者,视其诗更为足传云云。[2]谢国桢亦称此书特别注重各朝经济状况、交钞货币源流,而对明代赋役之重轻、兵制之沿革、西北水利之兴废、屯田与营田之分别,尤为详核云云。[3]

此本据国家图书馆藏清嘉庆二十二年大兴陈氏原刊本影印。

(王献松拟草)

---
[1] 《续修四库全书》第1177册,上海古籍出版社2002年版,第585页。
[2] 《续修四库全书》第1177册,上海古籍出版社2002年版,第586页。
[3] 谢国桢:《明清笔记谈丛》,上海书店出版社2004年版,第66页。

清秘述闻十六卷　（清）法式善撰

法式善生平见前《陶庐杂录》提要。

此书为记清代科举考试之专书，分乡会考官、学政、同考官三类。分年编载，事以类从，厘为十六卷。乡会考官类八卷，记顺治二年（1645）至嘉庆四年（1799）间历次科举考官、试题及解元、会元、状元之姓氏、籍贯、出身。历科考官分年隶省，仿史氏例。康熙初，因军事停科，后或并试，或补试。并试书所试之省，补试年分归入本科。题目规式，悉依旧本。① 学政类四卷，记顺治初至嘉庆初各学政制度演变及历任学政姓名、字号、籍贯、出身、任职时间。学道、学政、分院、并院，各省旧制不同，则悉称提督学政，从各省通志抄撮，证以诸家题名记序。② 同考官类四卷，记顺治二年（1645）至嘉庆四年（1799）间顺天府乡会试同考官姓名、官职、籍贯、出身。乡试直省同考官人数繁多，难以悉载，惟顺天乡试及会试同考官皆仰承简命，允称荣选，是用序年备录。③

书前有法式善自序，称乾隆辛丑（1781），授职检讨，充四库馆提调官，凡史氏之掌记、秘府之典章皆获浏览；后再充日讲起居注官，司衡之特命、试题之钦颁，皆与闻其事；又充办事翰林官，玉堂故事、前辈风流与夫姓字里居、迁擢职使，益得朝稽夕考云云。④ 嘉庆四年（1799）朱珪序称此书实事求是，文献足征云。⑤ 嘉庆三年（1798）

---

① 《续修四库全书》第1178册，上海古籍出版社2002年版，第5页。
② 《续修四库全书》第1178册，上海古籍出版社2002年版，第105页。
③ 《续修四库全书》第1178册，上海古籍出版社2002年版，第141页。
④ 《续修四库全书》第1178册，上海古籍出版社2002年版，第3页。
⑤ （清）朱珪：《知足斋集》卷一《清秘述闻·槐厅载笔序》，清嘉庆刻增修本。

翁方纲序称其题目之式，品藻之规，语资之记，或足以正文体、裨经传，或足以观得失、备劝惩云云。①陆润庠称凡历科试题及省会殿元姓氏、里居靡不附载，足备文献之征云云。②

此本据湖北省图书馆藏清嘉庆四年刻本影印。（王献松拟草）

清秘述闻续十六卷 （清）王家相 魏茂林 钱维福撰

王家相（1762—1838后），字宗旦，号艺斋，常熟（今江苏常熟）人。嘉庆十四年（1809）进士，擢监察御史，官至河南南汝光道。著有《茗香堂诗文集》。生平事迹见梅曾亮《王艺斋家传》、李桓《国朝耆献类征》卷二百十四、《（同治）苏州府志》卷一百一。魏茂林，字笛生，又字宾门，晚号兰怀老人，龙岩（今福建龙岩）人。嘉庆十四年（1809）进士，历官内阁中书、宗人府主事、刑部郎中。著有《骈雅训纂》、《覃雅广腋》、《天部类腋》等书。生平事迹见《（光绪）广州府志》卷四十五。钱维福，字涤香，嘉善（今属浙江嘉兴）人，官至同知，生平事迹不详。

书前有光绪十四年（1888）陆润庠序，称王家相取冯晋鱼纪载本，重为诠次，有续编之刻，体例仍其旧，而增入宗室试题，至嘉庆庚辰（1820）止；魏茂林编道光辛巳（1821）至庚子（1840）十科，稿成藏于家；嘉善钱维福司马官两淮，取王、魏二本而续之者，分类悉仿法式善，亦都为十六卷。③又有道光元年（1821）王家相序，称《清秘述闻》一书，惟学政一门尚未详备，因复稽考史书，订正讹舛，辛酉、壬戌以后，特举宗室乡会试，依类载入，疑者阙之，编次

① （清）翁方纲：《复初斋文集》卷四《梧门记科目故实二书序》，清李彦章校刻本。
② 《续修四库全书》第1178册，上海古籍出版社2002年版，第185页。
③ 《续修四库全书》第1178册，上海古籍出版社2002年版，第185页。

悉仿前例。① 又有光绪十三年（1887）钱维福跋语，称取官书，证以诸家集传，悉心考订，阅四寒暑，粗为脱稿。甲申报满入都，复得艺斋侍御续本、笛生比部又续稿，藉以印证。嗣闻陆凤石供奉亦从事于斯，时供奉视学山左，邮书就正。今春与供奉相见于淮上，出示手录与维福，参互考证，颇有补阙，而此书遂成，计十六卷，名曰《清秘述闻续》。②

此书十六卷，卷一、卷二、卷九、卷十三王家相撰，卷三、卷四、卷十、卷十四魏茂林撰，余卷皆钱维福撰、陆润庠校订。其中乡会考官类八卷，记嘉庆五年（1800）至光绪十二年（1886）间历次科举考官、试题及解元、会元、状元之姓氏、籍贯、出身。学政类四卷，记嘉庆初至光绪年间各省学政制度沿革及历任学政姓名、字号、籍贯、出身、任期。同考官类四卷，记嘉庆五年（1800）至光绪十二年（1886）间顺天府乡会试同考官姓名、官职、籍贯、出身。

此本据湖北省图书馆藏清光绪十四年刻本影印。（王献松拟草）

清秘述闻补一卷　（清）钱维福撰

钱维福生平见前《清秘述闻续》提要。

书后有光绪十三年（1887）钱维福跋语，称宗室乡会试，梧门先生时尚未举行，别为一卷，附以奉天学政，名曰《清秘述闻补》。③

《清秘述闻补》一卷，分宗室乡会试、奉天学政二类。宗室乡会试类，记嘉庆六年（1801）至光绪十二年（1886）间宗室乡会试历

---

① 《续修四库全书》第1178册，上海古籍出版社2002年版，第186页。
② 《续修四库全书》第1178册，上海古籍出版社2002年版，第344页。
③ 《续修四库全书》第1178册，上海古籍出版社2002年版，第344页。

次科举之试题及第一名姓名、字号、出身。奉天学政类，记康熙三年（1664）至光绪十三年（1887）间奉天学政姓名、字号、籍贯、出身、任期（字号、籍贯多有阙如）。今按：宗室乡试行于乾隆三十八年（1773），会试行于乾隆十年（1745），十三年（1748）旋举旋止，规制不常。至嘉庆六年（1801）始定春秋两试，以为定例。又按：奉天无学政，学政之职，府丞兼之。乾隆四年（1739）始专用甲科人员，嘉庆六年（1801）始定三年更换例。

此本据湖北省图书馆藏清光绪十四年刻本影印。

槐厅载笔二十卷　（清）法式善撰

法式善生平见前《陶庐杂录》提要。

题曰"槐厅载笔"，盖国子监廨舍祭酒所视事处，庭中古槐植自元时，以许鲁斋得名，故以名书，非翰林院第三厅故事也。书前有自序，称仿朱氏《日下旧闻》体，备掌记而已。[①]

其书分十二门，凡二十卷，为规制二卷，恩荣一卷，盛事二卷，知遇一卷，掌故三卷，纪实二卷，述异、炯戒、品藻、梦兆、因果各一卷，咏歌四卷。书前又有征引书目、补遗目录，记征引典籍名称、作者，达四百余种。又有嘉庆四年（1799）例言，称博采科名掌故见于官书及各家撰著足资考据者，凡所征引，具有成编，都非撰造。[②]此书乃采他书有关科考者，分类编纂而成，其所征引，皆标明出处。

周中孚称此书与《清秘述闻》相表里，《述闻》为经，而此编为纬也；自序称言必求其有当，事必期于可征云云，然所辑述异、梦

---

① 《续修四库全书》第1178册，上海古籍出版社2002年版，第345页。
② 《续修四库全书》第1178册，上海古籍出版社2002年版，第351—352页。

兆、因果三门俱属异闻，虽所征引具有成编，究为全书之累矣。①

此本据上海辞书出版社图书馆藏清嘉庆间刻本影印。（王献松拟草）

恩福堂笔记二卷　（清）英和撰

英和（1771—1840），索绰络氏，幼名石桐，字树琴，号煦斋，满洲正白旗人。乾隆五十八年（1793）进士，官至军机大臣，后被革职系狱，籍没家资，发黑龙江充苦差，三年后赦还。奉敕主修《秘殿珠林三编》、《石渠宝笈三编》，著有《恩福堂诗集》、《恩福堂自订年谱》、《恩庆堂集》等书。生平事迹见《清史稿》本传。

此书前有英和自撰《述事赋》，叙其家身世，后有其门弟子叶绍本、穆彰阿、姚元之、徐松、彭邦畴、许乃济、祁寯藻联名跋语，称门弟子燕闲侍坐，多举前言往行以为勖，间及昭代掌故，如数家珍，顾夙夜在公，无由笔诸简策也。比年乐志林泉，辟观颐别墅于西山深处，笔墨清暇，乃徇门弟子之请，条举类比，厘为二卷云云。②又有谢国桢题词，诗曰："雍容豪华气象，满洲贵族人家。一旦风流云散，空庭静扫落花。"又称书已破损不堪，以其可备清朝掌故，因修葺而存之。英和为清廷名相，名演员程砚秋，其后人也。砚秋已逝，其余韵绕梁未绝，今惟有春城空听卖花声矣。③

此书首纪恩遇，次述先德，次诵师说，或胪列典章，或评骘诗文书画，而不言神怪，不道鄙琐。书中或记名人轶事，如记刘墉喜读

---

① （清）周中孚著，黄曙辉、印晓峰标校：《郑堂读书记》，上海书店出版社2009年版，第1076页。
② 《续修四库全书》第1178册，上海古籍出版社2002年版，第563—564页。
③ 《续修四库全书》第1178册，上海古籍出版社2002年版，第564页。

坊间小本平话，每于俚语琐事中悟出正道；又记纪晓岚凡自制联语（如"浮沉宦海如鸥鸟，生死书丛似蠹鱼"），皆求刘墉书之。或论书画碑帖纸笔，如谓柳楷以《魏文贞家庙碑》为易学，学欧书当以《化度寺邕师塔铭》为法，皆经验之谈。或记典制故事，如记进士同年称呼之变、业师弟子拜谒之事。其论读书之法曰："士贵通经，并宜读史。幼时诵经之余，将无锡杜紫纶《读史论略》、成都杨用修《廿一史弹词》尽卷熟读，再阅涑水《通鉴》、朱子《纲目》，了然于胸，然后读全史本纪、列传，遇事始有把握。"

胡玉缙《许庼经籍题跋》称其书颇见叙次。[1]来新夏称所记乾嘉时词林掌故，详明有致，可资考证；其中记纪晓岚逸事尤多，与民间传说颇有相合，是可见晓岚于当时之佳趣，今亦足资谈助；然书中多有言及所获恩宠与经营家务等事，不足称道云云。[2]

此本据道光十七年刻本影印。（王献松拟草）

熙朝新语十六卷 （清）余金辑

余金，指徐锡龄、钱泳二人。清陶煦《周庄镇志》卷六称："《熙朝新语》者，题曰'古歙余金德水辑'，而前辈传闻谓镇人徐锡龄所作，藏名为余金。当时文网綦严，往往有以著书获戾者，故不敢自书其名。"徐锡龄生平无可考。钱泳生平见前《履园丛话》提要。

书前有嘉庆二十三年（1818）翁子敬序，称其书多采诸前人著述，中无一臆撰讹传之语，且又旁搜轶事，发潜阐幽，凡登临耳目所经，巷议街谈所及，自国初至今二百年来有关于政事文章、人心风俗

---

[1] 胡玉缙撰，吴格整理：《续四库提要三种》，上海书店出版社2002年版，第665页。
[2] 来新夏：《清人笔记随录》，中华书局2005年版，第312页。

者，靡不具载。① 此书多采前人著述，而未加注明，今人顾静校定之上海书店出版社本《熙朝新语》，于其引述一一标出，以引述《淡墨录》、《东华录》、《居易录》、《池北偶谈》、《分甘余话》、《香祖笔记》、《随园诗话》、《子不语》、《鹤征录》诸书为尤多。

书中多记学人轶事，如谓惠周惕《送友出门诗》"饥寒逼腐儒，颠倒作奇想"二语不言出门，而神理已到，可谓体会入微；又谓惠士奇督学粤东时，每封门后，温理《史》、《汉》等书，背诵一字不遗，粤东人至今以为师法；又谓长洲惠砚溪周惕、子士奇、孙栋，三世以经学传家，二百年来东南第一家。又记纳兰容若拥书数万卷，萧然若寒素，弹琴歌曲，评书画以自娱，人皆不以为宰相之子。

此本据清嘉庆二十三年刻本影印。（王献松拟草）

归田琐记八卷 （清）梁章钜撰

梁章钜（1775—1849），字闳中，又字茝林，晚年自号退庵，福州（今福建福州）人。嘉庆七年（1802）进士，官至两江总督兼两淮盐政。著有《楹联丛话》、《论语旁证》、《三国志旁证》等书。生平事迹见章钜自著《退庵自订年谱》、林则徐所撰《梁公墓志铭》。

此书乃章钜晚年之作。卷首"归田"条曰："归田之名书，莫著于欧阳文忠公。昔欧公之《归田录》作于致仕居颍之时，皆纪朝廷旧事及士大夫谐谑之言。自序谓以李肇《国史补》为法，而《国史补》自序谓言报应，叙鬼神，征梦卜，近帷薄，则去之；纪事实，探物理，辨疑惑，示劝戒，采风俗，助谈笑，则书之。盖二书体例相出

---

① 《续修四库全书》第1178册，上海古籍出版社2002年版，第565页。

入。说者又谓李书为续刘悚小说而作。大抵古人著述，各有所本，虽小说家亦然。要足资考据，备劝惩，砭俗情，助谈剧，故虽历千百年而莫之或废也。"其大旨亦可窥一斑矣。

书共八卷。前七卷凡一百又十条，杂记朝野逸事、历史人物、草木虫鱼、医卜星相、读书论学、诗歌楹联、风俗地理之类。卷八载其浦城《北东园日记诗》，乃梁氏归田闲居北东园所作，皆有注语，间附友人和诗及书信，犹如"日记"。有资考据者，如卷七"三国演义"条，以小说与历史互证，可谓得风气之先。有备劝惩者，如"七十致仕"条曰："古人四十强仕，七十致仕，统计人生居官之日，前后不过三十年。盖一人之聪明才力，用至三十年之久，已无不竭之势。倘此三十年中，无所表见施为，则此后更有何所望。若今人未及四十，早入仕途，则致仕之期，即不必以七十为限……死期将至，尚留金紫之班，而必至日暮途远，夜行不休，前瞻后顾，无所栖泊，不亦太可怜乎！"如"归舟"条曰："愈信宦场之无味。"有砭俗情者，如"读书"条砭学风之不古，"清客"条砭京师清客之滥。

道光二十五年（1845）许惇书序称其书仿唐人之《闽书》，沿宋稗之旧例，穿穴百氏，剽窃一家，阐扬忠贞，胪述耆旧云。① 然刘咸炘称其本不甚知学，稍拾翁、阮唾余，书亦罕谈及书册，应酬气重，无宗旨，无关系，适成一小品，且文笔俗劣似随园，而随笔则极多疏漏云云。②

此本据浙江图书馆藏清道光二十五年北东园刻本影印。

---

① 《续修四库全书》第1179册，上海古籍出版社2002年版，第1—2页。
② 刘咸炘：《内景楼检书记·子类》，《推十书》丁辑第2册，上海科学技术文献出版社2009年版，第577页。

浪迹丛谈十一卷　（清）梁章钜撰

　　梁章钜生平见前《归田琐记》提要。

　　此书乃梁氏道光丙午（1846）、丁未（1847）间所作。内容大致有二，一纪时事，二述旧闻。纪时事者，如"请铸大钱"、"淮盐情形"、"披山洋盗"、"收铜器议"等条记行政，卷四记职官，均具史料或实录价值。章钜尝与陈化成共御英国侵略者，为鸦片战争亲历者，书中"鸦片"、"英夷"、"颜柳桥"数则，及有关林则徐、阮元、许乃济之零星记述，尤资考史。书中又多记典章制度。如"谥法"条曰："定例：一品官以上应否予谥，请旨定夺。二品以下无谥，其有予谥者，系奉特旨。或效职勤劳，或没身行阵，或以文学，或以武功，均得邀逾格茂典。而乾隆十七年韩菼以工制义追谥文懿，三十年王士禛以工诗追谥文简，尤为稽古殊荣。"又"谥文"曰："凡由词臣出身者，谥法例准以'文'字冠首。"又"谥文正"条曰："凡臣工谥法，古以文正为最荣，今人亦踵其说而不知所自始。及恭考我朝《鸿称册》中所载群臣得用之谥，以'忠'为第一字（胝诚翊赞曰忠，危身奉上曰忠），而'文'为第五字（道德博闻曰文，修治班制曰文，勤学好问曰文，锡民爵位曰文），'正'为第四十一字（守道不移曰正，心无偏曲曰正），则竟以文正为佳谥之首称，亦似无所据矣。"时人谓全书"可以稽典故，可以广闻见，可以证讹谬，可以膏笔端"[1]，洵非虚言矣。

　　此本据复旦大学图书馆藏清道光二十七年刻本影印。（王献松拟草）

---

[1] 《续修四库全书》第1179册，上海古籍出版社2002年版，第330页。

浪迹续谈八卷　（清）梁章钜撰

梁章钜生平见前《归田琐记》提要。

此书为梁氏晚年之随笔。书中多记风俗物产。如"孙春阳"条曰："京中人讲求饮馔，无不推苏州孙春阳店之小菜为精品。孙春阳系前明人，祖居宁波，万历中应童子试不售，遂弃举子业，为贸迁之术，始来吴门，开一小铺，在今吴趋坊北口。其地为唐六如读书处，有梓树一株，其大合抱，仅存皮骨，实旧物也。铺中形制，学州县衙署，分为六房，曰南货房，曰北货房，曰海货房，曰腌腊房，曰蜜饯房，曰蜡烛房。售者由外柜给钱，取一小票，自往各房领货。而管总者掌其纲，一日一小结，一月一总结，一年一大结。铺中之物，岁入贡单。其店规之严，选制之精，合郡所未有也。"又重戏曲小说。如"荆钗记"条曰："世所演《荆钗记》传奇，乃仇家故谬其词，以诬蔑王氏者。《天禄识余》云：'玉莲乃王梅溪之女，孙汝权乃同时进士，梅溪之友，敦尚风谊。梅溪劾史浩八罪，汝权实怂恿之，史氏所最切齿，遂令其门客作《荆钗》传奇以蔑之。'……撰传奇者谬悠其说，以诬大贤，实为可恨。施愚山《矩斋杂记》亦详辨之。"又"封神传"条曰："忆吾乡林樾亭先生，尝与余谈《封神传》一书，是前明一名宿所撰，意欲与《西游记》、《水浒传》鼎立而三，因偶读《尚书·武成篇》'惟尔有神，尚克相予'语，演成此传。其封神事，则隐据《六韬》、《阴谋》、《史记·封禅书》、《唐书·礼仪志》各书，铺张傲诡，非尽无本也。我少时尝欲仿此书，演成黄帝战蚩尤事，而以九天玄女兵法经纬其间，继欲演伯禹治水事，而以《山海经》所纪助其波澜，又欲演周穆王八骏巡行事，而以《穆天子传》所书作为质干,再各博采古书以附益之,亦可为小说大观,惜老而无及矣。""长生殿"条述其本末甚详。

王伯祥称此书记其自苏杭至温之琐闻,而于永嘉故实言之叠叠,其中以《游雁荡日记》最为胜迹,藉为后人卧游之资,良足称快。[1]

此本据复旦大学图书馆藏清道光二十八年刻本影印。(王献松拟草)

浪迹三谈六卷 (清)梁章钜撰

梁章钜生平见前《归田琐记》提要。

书前有咸丰七年(1857)罗以智序,以此书与洪迈《容斋随笔》比较,以为"文敏之不若公者"有三[2],可谓比拟不伦矣。

此书为梁氏晚年就养东瓯郡斋时所撰杂记。究其大要,略有四端:一考典籍。如"明史纪事本末"条曰:"《明史纪事本末》,人皆知为谷应泰所撰,而姚际恒《庸言录》云:'本海昌一士人所作,后为某以计取之,攘为己有,其事后总论一篇,乃募杭州诸生陆圻所作,每篇酬以十金。'归安郑元庆《今水学略例》云:'朱竹垞言谷氏《纪事本末》本徐绩村著。绩村字方虎,德清人,康熙癸丑进士,礼部侍郎。为诸生时,蒙谷识拔,故以此报之。然谷氏以私撰受累,而绩村转得脱。'然与姚说又不同,未知孰是。或云海昌士人名谈迁,亦不知所据。"二谈诗文。"王荆公诗"条曰:"'周公恐惧流言日,王莽谦恭下士时。假使当时身便死,一生真伪有谁知?'诸书引者,皆以为王荆公之诗。郎仁宝曰:'《临川集》不载此诗,不知究属何人?以格律论之,亦必宋人耳。'按:此是白香山诗,郎氏偶失考则

---

[1] 王伯祥:《庋橹偶识》,中华书局2008年版,第117页。
[2] 《续修四库全书》第1179册,上海古籍出版社2002年版,第329—330页。

可，必以格律定为宋诗，则未免武断也。"三记饮食。如"酒品"条曰："随园老人性不近酒，而自称能深知酒味。其称绍兴酒如清官循吏，不参一毫造作，而其味方真；又如名士耆英，长留人间，阅尽世故，而其质愈厚。故绍兴酒不过五年者不可饮，搀水者亦不能过五年。此真深知绍兴酒之言矣。"又"烧酒"条曰："凡酒皆愈陈愈贵，烧酒亦然。"又"燕窝"条曰："随园论味，最薄燕窝，以为但取其贵，则满贮珍珠宝石于碗，岂不更贵？自是快论。"四录弈事。卷一为《观弈轩杂录》，所录皆古今史传、笔记中有关围棋之史料，录自《博物志》、《抱朴子》、《新论》、《通玄集》、《世说》、《晋书》、《杜阳杂编》、《西溪丛语》等书。此书不少条目抄自他书，如"元号相同"、"易世仍称旧号"、"《通鉴》删纪元"等条皆袭自《随园随笔》，"纪号之变"条录自梁曜北《瞥记》，"元鼎元封"条录自《七修类稿》。全书随意抄录，其价值不及前二种远甚。

此本据中国科学院图书馆藏清咸丰七年刻本影印。（王献松拟草）

我暇编不分卷 （清）王宗敬撰

王宗敬，字礼思，别号未了山人，济宁（今山东济宁）人。嘉庆五年（1800）举人，官晋州知州。工八分，专学桂馥，可与郭小华、翟云生鼎峙。生平事迹见《皇清书史》卷十六。

全书不分卷，皆记见闻之事。如"龚贵实"条记龚孙枝论八股文秘诀曰："作文如鹰隼摩空，敲骨求髓，岂容在题面作生活？凡游海者，必于桅颠之上，以观风色；登山者，必从溪涧之际，以探幽隧。又于时文中，拟摹八字，以为秘诀，曰：英、惊、悍、怵、醉、萃、摇、标。英者何？使通篇皆英精之气。惊者何？令人字字惊奇。

悍者何？如勇士之能战，莫之敢撄。忻者何？有欢喜之色，无愁寂之态。醉者何？沉酣浓郁，若痴若迷。萃者何？经史子集，花团锦簇。摇者何？于极锦密之中，有极灵动之势，如大树临风，枝叶自然摇曳。标者何？每于题间字句，随时随地，挑剔显明，如万里程途，十洲城郭，一一点明，使阅者如观地图，如逢里表，未有不称叹佳文者。""曾七如"条记曾七如磊落不羁，工画，其画石用笔奇妙，直造仙境，因贫卖画，画署其名则莫售，售者悉摹名人章法，伪以款识，装池精整，每出则争买；后仕宦入楚，因公事罣议而流温州，将遣之日，鬻其画者盈门排闼，竟得万金而去。"孟蓼斋"条记嘉庆癸酉孟屺瞻平滑县白莲教叛乱事甚详。

此书向无刻本。此本据中国科学院图书馆藏稿本影印。（王献松拟草）

啸亭杂录十卷啸亭续录三卷 （清）昭梿撰

昭梿（1776—1829），爱新觉罗氏，号汲修主人、檀樽主人，北京人。嘉庆七年（1802）授散秩大臣，十年（1805）袭礼亲王爵，二十年（1815）削去王爵，圈禁三年，道光二年（1822）任宗人府候补主事。著有《礼府志》。事迹附见《清史稿·代善传》。

光绪六年（1880）蒙古耀年九思堂刻本序称其性嗜学而善下，遇名儒宿学辄爱敬，退值读书，于古义之歧疑，品类之纯驳，务商订精确而求其所安云。宣统元年（1909）端方序称其入录者，靡不原原本本，详实不诬，又善于叙述，无支辞，无溢语云云。

《杂录》十卷，《续录》三卷，皆记清朝掌故逸事，乃极具史料价值之笔记。书中有"崇理学"、"重经学"二专条，于此可窥其论学大旨。书中又多揭露社会黑暗。如"关税"条曰:"直省关税,以乾隆十八年奏销册稽之,共四百三十三万,当时天下最为富饶,商贾通利。其后司事者觊久留其任,每岁以增盈余,至乾隆六十年加至八百四十六万有奇。其数业经倍蓰,故其后每岁日形亏绌。行之既久,司事者预为之计,将亏绌之数先行存贮库中,然后重征其税,将所剩盈余私饱囊橐,而其亏绌数目,乃归正供销算,是以每岁徒有赔补之名,而从无有倾其私橐者……而藉以正额亏缺为名,日加苛敛,以致商贾倾家荡产,裹足不前,乃使物价昂贵,于民生大有亏损。"又如"权贵之淫虐"条曰:"雍正中,某宗室家有西洋椅,于街衢间睹有少艾,即掳归,坐其椅上,任意宣淫,其人不能动转也。"少艾,今谓之美女。又"湖北谣"条曰:"毕公任制府时,满洲王公福宁为巡抚,陈望之淮为布政,三人朋比为奸。毕性迂缓,不以公事为务;福天资阴刻,广纳苞苴;陈则摘人瑕疵,务使下属倾囊解橐以赠,然后得免。时人谣曰'毕不管,福死要,陈倒包'之语。又言毕如蝙蝠,身不动摇,惟吸所过虫蚁;福如狼虎,虽人不免;陈如鼠蠹,钻穴蚀物,人不知之,故激成教匪之变,良有以也。今毕公死后,籍没其产,陈为初颐园所劾罢,惟福宁尚列仕版,人皆恨之。"

书中多记名人轶事。如"何义门"条曰:"何义门先生值南书房时,尝夏日裸体坐,仁皇帝骤至,不及避,因匿炉坑中。久之不闻玉音,乃作吴语问人曰:'老头子去否?'上大怒,欲置之法。先生徐曰:'先天不老之谓老,首出庶物之谓头,父天母地之谓子,非有心诽谤也。'上大悦,乃舍之。"又如"纪晓岚"条曰:"北方之士,罕以博雅见称于世者,惟晓岚宗伯无书不读,博览一时。今年已八十,犹好色不衰,日食肉数十斤,终日不啖一谷粒,真奇人也。"相传纪氏日御数女,于此得一佐证矣。又如"王西庄之贪"条曰:"王西庄未第时，尝馆富室家，每入宅时，必双手作搂物状，人问之，曰：'欲将其财旺气搂入己怀也。'及仕宦后，秦谀楚谄，多所干没……故所著书多慷慨激昂语，盖自掩贪陋也。"凡此皆可入《世说》矣。

李慈铭称所载国朝掌故极详，间及名臣佚事，多誉少毁，不失忠厚之意。[①]孙宝瑄《忘山庐日记》亦称其书皆纪国朝掌故逸事，鳞次可观。[②]

此书有光绪元年九思堂刻本、光绪六年巾箱本。此本据天津图书馆藏清抄本影印。（王献松拟草）

樗园销夏录三卷　（清）郭麐撰

郭麐（1767—1831），字祥伯，号频伽，吴江（今属江苏苏州）人。乾隆四十七年（1782）补诸生，后绝意仕途。嘉庆九年（1804）讲学蕺山书院。著有《灵芬馆诗集》、《唐文粹补遗》、《金石例补》等书。生平事迹见冯登府所撰《频伽郭君墓志铭》。

郭麐尝问学姚鼐，故记其语录及诗文。又尝与其友湘湄言："今人可爱，古人难知。盖当日情事委曲，以及笑谈谐谑之语，渐远渐湮，则读其诗者，不能尽解，虽当时以为可喜者，后人见之皆索然矣。"书中所记，或评论文人诗文著作，如论唐人《无题》诗、魏泰《东轩笔录》、东坡诗词、马永卿《嬾真子》、咏怀诗、墓志铭文及记徐涛、姚鼐论诗之语，皆平实切当，有益后人。或记社会风气，如论科举风气皆"一时袭取之学"。又间有考证之语，如考指头画昉自司

[①] （清）李慈铭：《越缦堂读书记》，上海书店出版社2000年版，第445页。
[②] 孙宝瑄：《忘山庐日记》上册，上海古籍出版社1983年版，第60页。

马光，古人针砭用石不用铁，亦可备一说。

此本据上海图书馆藏清嘉庆间刻本影印。（王献松拟草）

野语九卷 （清）程岱庵撰

程岱庵，约生活于嘉庆、道光间。自称西吴鄙人，早年远游四方。生平事迹不详。今考，《野语》卷九"姚楹帖"条云："吾乡姚文僖公，世居府城东北乡姚家埭，明万历中迁城东，居月河。文僖自署其宏远堂之楹联云：'宇内数百年旧家无非积德，天下第一件好事还是读书。'文僖自明至今世有积累，尝撰《先世隐德记》，载《邃雅堂文集》中。"今按：姚文僖公即姚文田（1758—1827），字秋农，号梅漪，归安（今属浙江湖州）人。"还遗券"条："外舅钱翁，字守和，居郡东之钱村，家世儒，素课徒，业医为生，性好济人。""徐绎堂"条云："道光辛卯（1831）岁，余客泾川，与毗陵徐绎堂交。绎堂年五旬，家止继室，一子甫六龄，藉馆谷以资朝夕。壬辰（1832）春，余返里两月，追重至泾川，则绎堂病矣。"《野语》卷一"寅斋师诗"条云："余童年受业于陆寅斋师，师字载熙，好苦吟，一字未安，或忘寝食。习举子业，屡试不售，后隐于医。其诊治定方与苦吟等，必沉思良久，始下笔，犹更易数四。所用药平平无奇，而服者多效，医名噪一时。"又按：《中国古代小说总目》载《野语》，作者或为印垣，印垣事迹史传未载，仅据书中序文等，知其字星甫，号南峰先生，别号拔剑斫地生，乾隆、嘉庆间盐城（今江苏盐城）人，以侠风见称于世。①显为同名异书，作者亦非一人。

全书九卷，分为四类，前四卷为语逸，卷五、卷六为语幻，卷

---

① 石昌渝主编：《中国古代小说总目》文言卷，山西教育出版社2004年版，第585页。

七、卷八为语屑，卷九为语余。其中前两类为小说，后两类为考证和杂录。"语逸"记吴兴等地风俗民情及名贤轶事。"语幻"为神鬼怪异故事，多谈因果报应，其中部分剑侠故事绘声绘色。书中间有妙论，如"君子小人"条论契约曰："尝见农工商贾者流，与人交货财，通有无，为数甚微，必先立文券，谓之先小人后君子。迨市易既成，期约已至，出券相质，恪守弗敢违，违则众论所不予，法令所不贷也。于此有人焉，察其貌，俨然士夫也，其与人交，事理虽重，财货虽巨，未尝立文约。与者或请之，则曰：'吾辈岂市井之徒而不见信耶？'与者语塞。迨货财既得，期约已至，与者申前说，辄佯弗闻，若反唇相稽，辄饰词以拒，欲质成控诉，又无文券可凭。与者忿无所泄，将申申以詈，挥以老拳，而解之者曰：'彼固先君子后小人者也，于小人又何难焉？'"书中亦间存妙语，如曰："医书充栋，得其道者能有几人？"曰："贪侈之祸人，甚矣哉！"曰："甚矣，贪之害生也！明知祸机所伏，徒为腥膻所惑，轻蹈危机，遂致自蹶其足，倒悬莫解，可嗤也，亦可哀也。自古英豪，威信名立，而能不贪其饵、全身远害如少伯子房者，有几人哉？彼暴而贪者，何惜焉？"

书前有嘉庆十三年（1808）周之冕序，称人各有消遣法，惟著书自娱，其法最优云云。①据周之冕序、伏虎道场行者识语，知本书原名《南峰语乘》，后更名《野语》。本书向未见著录。《贩书偶记》及《续编》列入杂家类。今考，此书以文言小说为主，不知何以收入杂家类中。

此本据天津图书馆藏清道光十二年初刻二十五年增修本影印，廑隐庐藏版。

---

① 《续修四库全书》第1180册，上海古籍出版社2002年版，第1—3页。

听雨楼随笔八卷　（清）王培荀撰

王培荀生平见前《管见举隅》提要。

书前道光二十五年（1845）培荀自序，称录于听雨楼中，即命之曰《听雨楼随笔》。[1]又有道光二十六年（1846）蔡振武序，称其书大率仿《锦里耆旧传》，而以扬扢风雅为主，凡蜀人士及游宦于蜀者，嘉言懿行，志乘所缺，无不撷拾而存之，以至异物殊俗、轶事隽词悉识云云。[2]又有凡例六条，略曰：唐、宋、元、明诸大家，无论生于蜀、游于蜀者，均可不录；李雨村《诗话》载近今蜀人诗为多，然或因事及之，各有所取，非相袭也；是编非诗话之比，故直录其诗，不敢妄参末议；意在存风土，随手作韵语以纪异物殊俗，非敢言诗也；新奇可喜之事亦录之，以资谈助云云。[3]

书中所记，多为蜀人及宦蜀者诗文事迹。如记李调元借周永年抄本刻《函海》而屡索不还，后其万卷楼遭族人焚毁，而藏书以散落。又如记威远令李南晖抵抗叛逆战死之事。又如嘉庆元年重庆镇总兵袁国璜剿匪事。又谓："花蕊夫人宫词艳绝，千古文人学士，呕心不能学步，非独才华不逮，缘未亲历其境，纵极力摹拟，皆隔膜耳。"

此本据中国科学院图书馆藏清道光二十五年刻本影印。（王献松拟草）

---

[1]《续修四库全书》第1180册，上海古籍出版社2002年版，第150页。
[2]《续修四库全书》第1180册，上海古籍出版社2002年版，第147页。
[3]《续修四库全书》第1180册，上海古籍出版社2002年版，第151页。

乡园忆旧录六卷　（清）王培荀撰

王培荀生平见前《管见举隅》提要。

书前有道光二十五年（1845）培荀自序，又有凡例十一条，略曰：《听雨楼随笔》以诗为主，人物轶事特附见焉；兹编不以诗为主，人物、山水、事迹有得即书，诗特点染生色，故不必全录，且一人之诗，不妨叠见层出，各有体制，不必相袭。①今按：此书继《听雨楼随笔》而作，可参观互见。

书中所记，皆山东籍及游宦山东之文人学者。如记济南李攀龙不薄乡谊，而独绝交谢榛。又记戚继光惧内之隐情。又记蒲松龄工诗文传奇，又"纂辑古来言行有关修身、齐家、接物、处事之道者，成书五六十卷，粹然醇儒之学"，且谓其"嬉笑怒骂，皆具救世婆心，非以口笔取快一时也"。间有论诗之语，如谓："诗以纪事，故称诗史，然必其人足重，而后所言可凭。"又谓："诗忌书多，埋没性灵，若用典确切，而有风韵，则妙矣。"书中亦偶有讹误处，如谓"独精三礼，卓然经师，吾不如张稷若"出汪琬《论师道书》，此实出顾炎武《广师说》。

此本据上海图书馆藏清道光二十五年刻本影印。（王献松拟草）

无事为福斋随笔二卷　（清）韩泰华撰

韩泰华（1810—1878），字小亭，仁和（今属浙江杭州）人。江西巡抚文绮之子，近代大儒沈曾植之舅。以赀郎两至巡道，皆因事

---

① 《续修四库全书》第1180册，上海古籍出版社2002年版，第508页。

罢。其罢归，皆拥巨资，而不久散尽，至饥寒以死。沈曾植称："至光绪戊寅，舅氏卒于厅事西厢中。"家有玉雨堂，藏书甚富。始由四川观察罢居江宁，刻《玉雨堂丛书》未竟，而遇咸丰三年（1853）太平军之乱，板稿皆毁。生平事迹见文廷式《纯常子枝语》、李慈铭《越缦堂日记》及沈曾植《家传稿》。

此书二卷，内容博杂。有关考证者，如谓乾清门侍卫差使谓之"挑虾"，"虾"是满族语官名。又谓王鉷《天宝元年清真寺碑文》词义俚鄙，字体恶劣，疑非唐人手笔。又考折扇之制，宋以前即有，以证陈霆《两山墨谈》"中国宋前惟用团扇"之误。有关掌故者，如谓："自明以来，缙绅齿录俱刻于京师西河沿洪家老铺。余藏有嘉隆至康熙朝四十余册会试齿录，犹是洪氏汇集所印。高祖纯皇帝御极六十年，亲以大宝授之仁宗，真千古稀有。"有论古今人著作者，如谓："吴荷屋《帖镜》列帖目次序，详著某刻何字残泐、何处断裂，一览了然，帖贾无所容伪。"又谓："《二十四孝》乃是郭守正所集，而王达善《二十四孝赞》别为一书。"又有评书画诗文者，如谓观唐伯虎《溪山秀远》，"直觉子畏胸中有万壑千山，何止笔端秀远也"。俞樾《茶香室三钞》多称引其说，平步青《霞外捃屑》、叶昌炽《缘督庐日记钞》、王蕴章《然脂余韵》亦征引其书。

文廷式《纯常子枝语》卷十四曰："韩泰华《无事为福斋随笔》云：'予性好读史，幼病《元史》芜陋，欲仿《五代史记注》，凡有关元一代典章制度、名臣碑版墓志，无不详细录载。更访求各家之文，搜罗十余年，得百数十家，半系传抄精本，或四库中所无而元刊尚在者，拟先为《元文选》，以十家作一集，陆续刊刻。道光庚戌首集既成，尚未散布，即毁于乱。嗟乎！文之显晦，数也。余心绪衰耗，无能为役矣。仅存《元文选目》，留待后者。'闻小亭晚年落拓京师，其所藏金石书籍悉为人所盗卖，其所见元人旧集距今不过三四十年，而海内藏书家有不及见者矣。其所选目犹存，惜未及借抄也。"

此本据清光绪间潘氏《功顺堂丛书》刻本影印。

桥西杂记一卷 （清）叶名沣撰

叶名沣（1811—1859），字润臣，号翰源，汉阳（今属湖北武汉）人。道光十七年（1837）举人。官内阁侍读，后改浙江候补道。著有《读易丛记》、《周易异文疏证》、《礼记郑读疏证》等书。生平事迹见张星鉴《怀旧记》[①]、朱琦《叶中宪君传》[②]、《晚晴簃诗汇》卷一百三十九。

此书前有同治十年（1871）潘祖荫序，称《桥西杂记》则随笔最录之书，述掌故，志旧闻，有资考证，致功良勤。桥西者，名沣所居纪文达旧宅[③]，当北京虎坊桥之西也。[④]

此书内容庞杂，涉及学术源流、读书方法、人物轶事、科考制度、诗文题跋等。所载多关乎学术，如"丛书"条述丛书之流变及各种丛书之优劣。又如"赵瓯北、汪龙庄考史之法"条谓："读史者自当奉正史为主。正史而外，不妨兼及别史，折衷于一是。凡支离谬诞之谈，概从删削。"又如"藏书求善本"条，记其尝见邵蕙西案头置《简明目录》一部，所见宋元旧刻、丛书本及单行刻本、抄本，手记于各书之下，可以备他日校勘之资。"儒林外史"、"列朝诗传"、"劝善书"、"陆放翁诗注"、"苏东坡诗补注"、"藏经音义"、"明初韵书"等条，皆论列文献。"内阁掌故宜有专书"条提出研究课题，尤为有识矣。

[①] 参见《续碑传集》卷七十九，清宣统二年江楚编译局刊本。
[②] 参见《碑传集补》卷五十，民国十二年刊本。
[③] 纪文达旧宅今称晋阳饭庄。
[④] 《续修四库全书》第1181册，上海古籍出版社2002年版，第25页。

刘咸炘称此乃杂记故实见闻，语语有益，多关掌故学术，记体甚高，么小考证，亦无陈言云云。①

此书稿本藏湖北省图书馆，又有张氏适园排印本。此本据清光绪十年滂喜斋刻本影印。

侍卫琐言一卷补一卷　（清）奕赓撰

奕赓，姓爱新觉罗氏，自号爱莲居士、墨香书屋主人、鹤侣主人，北京人，和硕庄襄亲王绵课之子。道光十一年（1831）至十六年（1836）充宫廷三等侍卫。著有《东华录缀言》、《清语人名译汉》、《谥法续考》等书。生平事迹附见《清史稿·允禄传》。

此书于清廷侍卫制度，如侍卫种类、选拔、职责、待遇、值班之类，乃至档案管理、武器样式与佩戴、钥匙保存与使用，皆有私记。与昭梿《啸亭杂录》、福格《听雨丛谈》诸书所载侍卫之职可相印证，可补官书之未备。所载各类侍卫之关系、侍卫之文化程度、文场搜检之差及站班衣着，皆活灵活现，毕见侍卫之丑态。自序所称"充役虽只六载，世味则备尝之"，洵非虚言矣。

此书前有道光二十四年（1844）自序，称追忆见闻数条，命曰《琐言》。②末有自记，称追忆见闻，补书数条，聊以驱睡魔、解愁烦，所谓于世无益我有益云云。③

此本据上海辞书出版社图书馆藏民国二十四年燕京大学图书馆铅印《佳梦轩丛著》本影印。（王献松拟草）

---

① 刘咸炘：《内景楼检书记·子类》，《推十书》丁辑第2册，上海科学技术文献出版社2009年版，第582页。
② 《续修四库全书》第1181册，上海古籍出版社2002年版，第57页。
③ 《续修四库全书》第1181册，上海古籍出版社2002年版，第64页。

管见所及一卷补遗一卷 （清）奕赓撰

奕赓生平见前《侍卫琐言》提要。

书末有道光二十五年（1845）自序，称性疏懒而善忘，其于耳目也有所得，逾时便忘，故每事辄录之，以备翻阅，久而成册，从抄一通，以《管见所及》名之云云。[①]此书所记百余条，皆奕赓耳目所得，多真实可信之语，涉及宗室事务、大臣轶事、旗人习俗等。

《补遗》一卷，多记宗室贵族、王公大臣之腐化堕落、荒淫无耻。如记"贝勒永珠之鄙吝"、"勋戚大臣饮酒挟妓"，奕山、奕经出征英夷而有"翡翠将军"、"琵琶将军"之称等，皆言他人所不敢言，亦不见于他书。

清室稽古右文，而于当代史事、典制则较少注意，成书不多。奕赓通晓掌故，非一般宗室子弟可比，故其书中所记之事，于治掌故之学者多有助益。书名"管见所及"，比喻见识浅陋，实见谦逊之态矣。

此本据上海辞书出版社图书馆藏民国二十四年燕京大学图书馆铅印《佳梦轩丛著》本影印。（王献松拟草）

寄楮备谈一卷 （清）奕赓撰

奕赓生平见前《侍卫琐言》提要。

书前有道光二十六年（1846）自序，称每宾朋会谈，及观书所

[①] 《续修四库全书》第1181册，上海古籍出版社2002年版，第76页。

得有关典故者，退辄录之，久而成册，以备谈柄云云。①

全书凡一百六十二条，所载皆关乎典章故实、奇事佳话，或补官书之不足，或纠私记之谬误。如所载彭元瑞与纪昀之对联，孙在丰扈从圣祖仁皇等事，皆一时佳话；纠魏源《圣武记》所记姚启圣当为旗人，又指文人说部"以本朝无三元"之失，并举清朝三元嘉庆庚辰状元陈继昌，皆真实不诬。又记"道光十五年考试满蒙侍郎以下、五品京堂以上清文"事，可窥当时满蒙人所受汉文化之影响。

此本据上海辞书出版社图书馆藏民国二十四年燕京大学图书馆铅印《佳梦轩丛著》本影印。（王献松拟草）

煨柮闲谈一卷　（清）奕赓撰

奕赓生平见前《侍卫琐言》提要。

书名"煨柮"，取古嵩山题壁诗"茅火虽盛，可以炙空，炉煨榾柮，可以久暖"之意。此书仅四十余则。或记朝野轶事，如高士奇遭际之奇，乾隆间台湾官员改"天地会"为"添弟会"，奏报朝廷以免责难。或载各地出土之文物，如记万承纪所得之铜质五铢钱范、张廷济所得汉晋八砖等。又杂怪诞之事，如记苏清阿梦为伊犁城隍神、右旋圣螺等，皆迷信无根之谈。亦有直接抄录他书者，如所记"陆陇其从祀文庙"一事，抄自梁章钜《楹联丛话》。

此书杂乱无序，然亦小有可观。如记巨盗郭学显曰："嘉庆间，粤洋巨盗郭学显剽掠为生，而性好学，舟中书籍鳞次，无一不备。船头一联曰：'道不行，乘桴浮于海；人之患，束带立于朝。'在洋驿骚官兵，不能捕治，后受两广总督百龄之招抚，欲授以官，不就。居

---

① 《续修四库全书》第1181册，上海古籍出版社2002年版，第81页。

乡教子,以布衣终。"又记粤西卫生口号:"粤西烟瘴之地,传有卫生口号,曰:'莫起早,莫吃饱,莫摘帽,莫脱袄,莫洗澡,莫讨小。'无论寒暑,反此者辄受其毒。"

  此本据上海辞书出版社图书馆藏民国二十四年燕京大学图书馆铅印《佳梦轩丛著》本影印。(王献松拟草)

括谈二卷 (清)奕赓撰

  奕赓生平见前《侍卫琐言》提要。

  此书分上下两卷,凡百三十余条。卷上有证古书之误者,如刘侗《帝京景物略》误以"云水洞"与"孔水洞"同,而奕赓据亲历所见而辨其异。有论及俗语者,如"阇页"、"雨点钉子"、"鹅项"、"码碌"、"屈戌"等皆是。又多载奇怪之事,如记"洪武私行"、"文天祥过吉州"、"邢氏自缢关庙"及人死亡干支等事,皆怪诞不足信。卷下多为奕赓读《清会典》、《八旗通志》等书时节录之语,仅有纠缪数条,如言《八旗通志初集》所载"怡亲王允祥为圣祖仁皇帝第二十二子"当为"第十三房"。又有钱币辨伪一条曰:"钱莫多于宋,而真伪混淆。如太平、元符、元祐、绍圣、熙宁、元丰、皇宋、圣宋诸钱,铜质薄小、铜色黯暗、字不工整者,皆外洋所伪铸,袭宋之年号耳。世以皮钱目之。又汉元通宝亦有皮钱。又如光中、景盛等钱皆海洋私铸也。宽永钱为日本国之钱,近日琉球、安南等国亦皆用之。其一种幕文仙字者最少,幕文字者铜质虽好,惜其太多,反不为世所贵。"

  田洪都称奕赓所记多为寻常记载所不及,而语必有征,足以参史,见闻复广,随事留心,勤于记载,礼俗并陈,宏纤毕具,单辞碎语，皆关考证，可谓耶律俨之流亚云云。① 今按：奕赓所著诸书，命名虽殊，旨趣则一，皆为杂记当代史事、典制之作。

此本据上海辞书出版社图书馆藏民国二十四年燕京大学图书馆铅印《佳梦轩丛著》本影印。（王献松拟草）

见闻随笔二十六卷　（清）齐学裘撰

齐学裘（1803—？），字子贞，号玉溪，婺源（今江西婺源）人。诸生。工书画，以贵公子隐居绥定山中。著有《蕉窗诗钞》、《见闻续笔》等书。生平事迹见《晚晴簃诗汇》卷一百四十一、《国朝书人辑略》卷十。

此书大旨以因果报应之事而寓劝善惩恶之理。书中大谈"报应"，如"德报"、"善报"、"恶报"、"淫报"、"果报"、"孽报"、"显报"等，不一而足。书前有学裘自序，称偶闻友人畅谈因果，可以感发人之善心，可以惩创人之逸志，事有关于名教，理无间乎阴阳，事异而理常，言近而旨远，是不可不纪者，遂举有生以来闻见交游、奇人怪事，随笔直书，名之曰《见闻随笔》云。② 又有同治七年（1868）许国年序，称表章毅魄而如生，感动忠魂而欲泣，此由于《春秋》褒贬之中寓微显阐幽之意云云。③ 又有应宝时、王希廉、余治、叶廷琯、六汝猷、蔡锡龄、徐振邦、孙玉堂、谢鹏飞、张鸿卓、张家丰、钟国华、刘瑢、郑应钧、万年清、秦云等人题辞。又有同治十一年（1872）张德坚题跋。张端译盛道其书发潜德之幽光，表名流之盛业，

---

① 田洪都：《东华录缀言序》，见（清）奕赓著，雷大受校点：《佳梦轩丛著》，北京古籍出版社1994年版，第5页。
② 《续修四库全书》第1181册，上海古籍出版社2002年版，第119页。
③ 《续修四库全书》第1181册，上海古籍出版社2002年版，第117—118页。

有关世道人心，不类搜神志怪。①

　　此本据华东师范大学图书馆藏清同治十年天空海阔之居刻本影印。（王献松拟草）

见闻续笔二十四卷　（清）齐学裘撰

齐学裘生平见前《见闻随笔》提要。

书前有同治十二年（1873）方浚颐序，称其讲因果，说祸福，婆心苦口，足令顽石点头，则言近旨远，又俨若画家之双管齐下也，其传世奚疑云云。②又有孙簪勋题辞，刘熙载、潘曾莹、王春霖三人题跋。③

此书二十四卷，为续《见闻随笔》之作，其旨仍同《随笔》，以因果报应之事而寓劝善惩恶之理。除记异闻怪事外，多杂记珍禽异兽、奇花怪石，并附以诗词文抄。如卷四至卷六录方莲舫《蔗余偶笔》百余则，卷九、卷十录阳羡绥安古今体诗近百首，卷十一录吴门游草古今体诗五十七首，卷十二录江淮湖海纪游古今体诗七十六首，卷十三录黄山灵岩天鄣齐云梅源游草古今体诗五十二首，卷十四、卷十五录古树名花怪石古今体诗七十首余，卷十六金石甓古今体诗十三首。是编多载诗歌，未免有乖体例，与阮元《小沧浪笔谈》、《定香亭笔谈》相近。

　　此本据华东师范大学图书馆藏清光绪二年天空海阔之居刻本影印。（王献松拟草）

---

① 《续修四库全书》第1181册，上海古籍出版社2002年版，第562页。
② 《续修四库全书》第1181册，上海古籍出版社2002年版，第379—380页。
③ 《续修四库全书》第1181册，上海古籍出版社2002年版，第380—381页。

静娱亭笔记十二卷 （清）张培仁撰

张培仁，字少伯，号子莲，贺县（今广西贺州）人。道光二十七年（1847）进士，曾任湖南善化知县，加同知衔。著有《金粟山房诗文集》、《妙香室丛话》。生平事迹见《（光绪）贺县志》、《（光绪）湖南通志》卷一百二十三。

书前有曾纪鸿序，称其网罗逸事，搜访异闻，成《笔记》十二卷。[①]此书所记多为张氏所见所闻，或采自前人著作，或录自当时报刊，多涉及军事、外交、经济，又载异闻、诗词及名人轶事。间有议论之语，要以期于有裨人心，有益世道。如曰："天下有两种人最难共事，曰多疑寡断，曰固执不通。"又曰："近日说经者，不屑附会，好为穿凿；说史者，不欲骑墙，故作翻案。方谓新奇可喜，实则离经畔道，背理害义，谬种流传，将来置之高阁，徒以饱蠹耳。"又曰："维持风化，莫如理学一途。"他如"汪容甫"条记洪亮吉述汪中轶事，"黄观察论天主教"条记黄文琛论衡州焚烧天主堂一案，"刘继庄通音韵之学"条记刘献廷音韵之法。又有记文字音义者，如"字音通用"、"敦字十二音"、"苴字十四音"、"离有十五义"、"平仄两用"、"字音异读"诸条，皆抄袭明徐应秋《玉芝堂谈荟》，可谓攘善矣。

此本据复旦大学图书馆藏清刻本影印。（王献松拟草）

[①] 《续修四库全书》第1181册，上海古籍出版社2002年版，第605—606页。

郎潜纪闻十四卷郎潜二笔十六卷郎潜三笔十二卷
（清）陈康祺撰

　　陈康祺（1840—？），字钧堂，鄞县（今属浙江宁波）人。同治十年（1871）进士，官刑部员外郎，后改官昭文县知县。生平事迹见董沛《正谊堂文集》卷四《陈钧堂五十寿序》。

　　《郎潜纪闻》为康祺官西曹时纪述掌故之书。书前有光绪六年（1880）自序，称多采陈编，或询耆旧，非有援据，不敢率登云。①《二笔》又题《燕下乡脞录》，前有光绪七年（1881）杨岘序，称《郎潜纪闻》于中外政治、当代典故、人事奇怪，条寒而件摭云。②《三笔》又题《壬癸藏札记》，前有光绪九年（1883）张文虎序，称初笔、《二笔》择焉必精，语焉必详，非特杂撰琐闻者不能梦见，即本朝掌故之书，如新城、山阳、柳南、蔽塘诸家，无此博赡精核。《三笔》大抵仍前书体例，而更谨严，凡考名人言行、政治得失、世事变迁，胥于是乎有取云云。③

　　此书为史料笔记，内容广博。或记四库馆事，如记乾隆癸巳四库馆，分为内府秘书、旧藏《永乐大典》辑佚书、采进民间藏书三处；又记四库校勘诸馆臣姓名，并谓馆臣开乾隆以后诸儒以金石之学印证经史一派。或论清代学术，如"阎征君《古文尚书疏证》"条记《疏证》一书之著述情况，并谓"康祺昔尝取征君书与毛氏《冤词》互证，西河纵横穿穴，论辨之雄，在阎书右，惜伪古文罅漏太多，弥缝匪易，虽盛气强词，仍不能拔赵帜而立赤帜也"。又如"臧

---

① 《续修四库全书》第1182册，上海古籍出版社2002年版，第161—162页。
② 《续修四库全书》第1182册，上海古籍出版社2002年版，第312页。
③ 《续修四库全书》第1182册，上海古籍出版社2002年版，第476页。

在东经学"条记臧庸论戴震、惠栋经学之语曰："戴东原所为毛、郑《诗》，好逞臆说，以夺旧学；惠定宇好用古字，所校李氏《周易集解》，与开成石刻往往互异，皆惠氏私改也。""北学南学关学"条分清初学术为孙奇逢之北学、黄宗羲之南学、李二曲之关学三类。"阮刻十三经校勘记"条记阮元校刻《十三经注疏》之过程。

刘承幹《明史例案》卷二云："本朝野史甚少，其记载掌故者，以王氏之《康熙朝政纪》、吴氏之《养吉斋丛录》为可信，《啸亭杂录》亦间有错误，尚胜于魏氏之《圣武记》。若《郎潜纪闻》等类，浮言正不少也。又近出之《秘史》等书，尤多谬误。"叶昌炽《缘督庐日记钞》卷四亦称其中多怨诽之语。

此书有光绪间初刻本、宣统间扫叶山房本。此本据清光绪十年琴川绌石室全镂刻本影印。（王献松拟草）

庸庵笔记六卷　（清）薛福成撰

薛福成（1838—1894），字叔耘，号庸庵，无锡（今江苏无锡）人。咸丰八年（1858）中秀才，同治四年（1865）投身洋务，官至都察院左副都御史。著有《庸庵文编》、《筹洋刍议》、《出使英法义比四国日记》等书。生平事迹见《清史稿》卷四百四十六、《清史列传》卷五十八。

全书六卷，分史料、轶闻、述异、幽怪四类。大旨主于挽回世道人心，有裨经世之学。书前有凡例六条，略曰：此书于平生见闻随笔记载，自乙丑至辛卯，先后阅二十七年，其有精蕴及有关系者，复各以类相从，不能尽依先后为次。所书善恶，务得其实。史料一类，涉笔谨严，悉本公是公非，不敢稍参私见。即轶闻、述异两类，无不考订确实。惟幽怪一类，虽据所闻所见，究觉惝恍难凭，以其事本无从核实云云。[1]

前二卷为史料类，如"蒲城王文恪公尸谏"条记王鼎临力荐林则徐，而上不听，廷诤甚苦，而终不获伸其说，后自缢而死。卷三为轶闻类，如"查抄和珅住宅花园清单"条详载和珅财产，"河工奢侈之风"条记河工官吏穷奢极欲，挥霍治河款项。又如《盾鼻随闻录》当毁"条谓汪堃借记粤匪之事，著《盾鼻随闻录》，而附益以子虚乌有、凭空编造之辞，其命意专为道州何氏而发，兼以谤一二平生所憾之大吏；何桂清督两江时曾禁其书，毁其板，书贾改其书为《抄报随闻录》仍刻售之。卷四述异类，卷五、卷六记幽怪，多荒诞不经之语。至于"劫数前定"条称"兵燹之劫皆有定数"，又有"浩劫前定"条，不免落入宿命论之窠臼矣。

末有光绪二十四年（1898）陈光淞跋，称其大抵尊闻谈故，间涉寓言，其论事平正通达，涉笔谨严，与《文编》相表里。[2]刘咸炘称其史料最善，见闻无妄，文笔翔雅，说部中杰作。[3]然来新夏讥其杂掇零拾，贬之为识小之作。[4]

此本据天津图书馆藏清光绪二十三年遗经楼刻本影印。

金壶七墨十八卷　（清）黄钧宰撰

黄钧宰（1821—1876？），原名振钧，字宰平，改名钧宰，字仲衡，号天河生，山阳（今江苏淮安）人。道光二十九年（1849）拔

---

[1]《续修四库全书》第1182册，上海古籍出版社2002年版，第599—600页。
[2]《续修四库全书》第1182册，上海古籍出版社2002年版，第775页。
[3] 刘咸炘：《内景楼检书记·子类》，《推十书》丁辑第2册，上海科学技术文献出版社2009年版，第582页。
[4] 来新夏：《清人笔记随录》，中华书局2005年版，第462页。

贡，官奉贤训导。后屡试不第，以校官终。著有戏曲《比玉楼传奇》四种。生平事迹见《（民国）续纂山阳县志》卷十、王锡祺《山阳诗征续编》卷三十一。

书前有同治十二年（1873）林端仁《比玉楼已刻书目》。[①]又有春明倦客序，称此书为其客游随笔所记，庚申、辛酉间，一毁于兵，丙寅高邮运河决，再损于水，盖十去五六。[②]又有杨文斌题诗三首，末称其惬意之作大半选入文稿，兹编乃其吐弃之糟粕。[③]

此书为笔记小说。名为七墨，实为六墨。大抵按年为序，分为：《浪墨》八卷，约为道光十四年（1834）至咸丰三年（1853）间见闻记事；《遁墨》四卷，记咸丰四年（1854）至同治二年（1863）间事；《逸墨》二卷，记同治三年（1864）至十二年（1873）间事；《戏墨》一卷，多为游戏谐趣文字；《醉墨》一卷，多为勘破世情之愤激语；《泪墨》二卷，记哀艳传奇。《七墨》记录钧宰自道光甲午（1834）至同治癸酉（1873）四十年间"耳目闻见，可惊可愕之事"。如1841年"吴淞战役"为鸦片战争史上之重要事件，黄钧宰时任奉贤教谕，为此次战役之目击者，故书中记录陈化成抗击英军、血洒炮台之事迹。此书内容广博，或述家世生平，或考地方掌故，或谴责社会黑暗。各卷中尚述及清代政治、经济及社会风尚，如《浪墨》卷一之"熙朝财赋"、"南巡盛典"、"盐商"、"漕弊"及"纲盐改票"，卷四之"州县积弊"，《遁墨》卷二之"铜厂"与"铁矿"等条，其史料价值较胜。《清经世文续编》卷一百一引其识语："古人经世之语，当时忽之，往往验诸数十百载之后，精诚所注，若合符节，虽百世可知也。"可谓名言矣。

此本据吉林大学图书馆藏清同治十二年刻本影印。

---

① 《续修四库全书》第1183册，上海古籍出版社2002年版，第1页。
② 《续修四库全书》第1183册，上海古籍出版社2002年版，第2—3页。
③ 《续修四库全书》第1183册，上海古籍出版社2002年版，第3页。

粟香随笔八卷粟香二笔八卷粟香三笔八卷粟香四笔八卷粟香五笔八卷 （清）金武祥撰

金武祥（1841—1924），字溎生，号粟香，江阴（今江苏江阴）人。早年游幕，后以捐班于广东候补，署赤溪直隶厅同知。后因丁忧归，不复出。著有《芙蓉江上草堂诗稿》、《木兰书屋词》、《粟香室文稿》等书。生平事迹见其自编《粟香行年录》。

《随笔》前有光绪七年（1881）武祥自序，称为抱遗订坠之资，亦感旧怀人之助，境有所触，心有所好，虽习闻习见，并屦入焉。①有光绪九年（1883）周星誉序，称挈其要领，稽其制度，分杂志、杂传、杂考、杂录，都为一编，擅有张茂先之博综、刘原父之淹贯。②又有光绪十二年（1886）缪荃孙序。《二笔》前有光绪十年（1884）袁宝璜序，称其中述祖德，纪游迹，胪风土，备政要，凡见闻之所逮，朋旧之所撰著而赠贻者，皆录焉。③《三笔》前有光绪十年陈陔序，称于以稽掌故，于以采风谣。④《四笔》前有光绪十六年（1890）屠寄序，称其大旨有五，曰诵芬，曰怀旧，曰辨俗，曰考古，曰榷艺。⑤又有光绪十三年（1887）汪瑔序，称其体要有四善，曰述德，曰敬乡，曰经务，曰阐幽。⑥《五笔》前有光绪二十年（1894）刘孚京序，称其书多述近世之事，不越酬唱之间，亦耆旧之综录，文

---

① 《续修四库全书》第1183册，上海古籍出版社2002年版，第235页。
② 《续修四库全书》第1183册，上海古籍出版社2002年版，第231页。
③ 《续修四库全书》第1183册，上海古籍出版社2002年版，第366—367页。
④ 《续修四库全书》第1183册，上海古籍出版社2002年版，第507页。
⑤ 《续修四库全书》第1184册，上海古籍出版社2002年版，第2—3页。
⑥ 《续修四库全书》第1183册，上海古籍出版社2002年版，第234页。

章之渊林。①

《五笔》卷一有"缘起"条,称:"余纂《粟香随笔》八卷,续成《二笔》、《三笔》、《四笔》各八卷,都三十二卷,始于光绪辛巳,迄于辛卯,凡十年。每得两卷,即付剞劂,以本非著述,聊备遗忘。偶一覆视,疵累不可胜言,又复艰于改补,嗣是衔恤里居,考献征文,积久成卷。游踪所至,凡载之日记者,亦摘录数条,以志鸿爪,各标题目,用便检寻。"②胡玉缙称是编盖仿洪迈《容斋随笔》而作,然迈学问淹博,其书辨证考据,颇为精确;武祥学不逮迈之什一,虽间及朝章国故、遗闻轶事,而所论以诗词居多。③武祥自序又称此书信手编辑,无所谓体例,诗词较多,难免琐屑猥杂之讥。④

《随笔》刊于光绪七年,《二笔》刊于光绪九年,《三笔》刊于光绪十三年,《四笔》刊于光绪十七年。此本据上海辞书出版社图书馆藏清光绪间刻本影印。

居家必用事类全集十卷 (元)佚名撰

钱大昕《补元史艺文志》云:"或云熊宗立撰。"《千顷堂书目》卷十五亦云:"一云熊宗立编。"《四库全书总目》称:"辛集中有大德五年吴郡徐元瑞《吏学指南序》,圣朝字俱跳行,又《永乐大典》屡引用之,其为元人书无疑。"《铁琴铜剑楼藏书目录》卷十六亦称其书当为元人所编。此书前有隆庆二年(1568)"飞来山人"序,称人有病其言多鄙俚,事属琐屑,宜无足取者,殊不知洒扫应对,

---

① 《续修四库全书》第1184册,上海古籍出版社2002年版,第147—148页。
② 《续修四库全书》第1184册,上海古籍出版社2002年版,第151页。
③ 胡玉缙撰,吴格整理:《续四库提要三种》,上海书店出版社2002年版,第669页。
④ 《续修四库全书》第1183册,上海古籍出版社2002年版,第235页。

可达天德，而四世元老，亦必克勤小物，则是籍也，固士君子之所不可无也。往年梓于吾杭洪氏，今则废置矣。予深惜之，于是捐赀收集，重加校正，补刻遗阙，使永其传，以公于同志云。"① 今考，《四库全书总目》有《古今名贤说海》、《名贤汇语》二种，列入存目，均不著编辑者名氏，前皆有隆庆五年（1571）自序，亦题曰"飞来山人"。《提要》又称明陆楫有《古今说海》一百四十二卷，此似得其残阙之板，伪刻序目以售欺者云云。若此说可信，则此书当为同一书商——飞来山人所伪造。《（嘉靖）建宁府志》卷十八："熊宗立，建阳人，通阴阳医卜之术，注解《天玄》、《雪心》二赋，《金精鳌极》、《难经脉绝》等书，撰《药性赋补遗》及《集妇人良方》，行于世。"王重民《中国善本书提要》称："熊宗立为书坊中人，所设坊曰种德堂，在明正统、天顺间，刻书颇多。乾嘉诸大师误以为明初人；竹汀先生偶未详考，故或之也。"王氏疑宗立或曾刊此书，黄虞稷误以刻书人为撰人。②

此书载历代名贤格训及居家日用事宜。以十干分集，甲为学，乙家法，丙仕宦，丁宅舍，戊农桑，己食饮，庚饮食，辛吏学，壬卫生，癸谨身。每集又分子目，所录子史杂说，简而有要，皆有益于生人日用。如"为学"首录"朱文公童蒙须知"五条，又录朱熹"训子帖"、"颜氏家训"、"西山真先生教子斋规"、"王虚中训蒙法"、"文公白鹿洞书院教条"、"程董二先生学则"、"程端礼读书分年日程法"，实为资料汇编。王重民称是书将宋元间家庭社会实用书，多全部采入，如丙集载赵师侠《拜命历》，戊集载王旻《山居录》，辛集载徐元瑞《习吏幼学指南》、赵素《为政九要自箴》，皆有用之书，久无传本。至于各类之中，间载外族物品，如金、元、回回食品、化妆品

---

① 《续修四库全书》第1184册，上海古籍出版社2002年版，第309页。
② 王重民：《中国善本书提要》，上海古籍出版社1983年版，第347页。

等，盖我汉族在被统治时期，其吸收外族文化，自较平时为剧，则是书之有资于考据者，不仅在几部佚书云云。①

此书有元至元五年友于书堂刻本。此本据南京图书馆藏明隆庆二年飞来山人刻本影印。

多能鄙事十二卷　旧本题（明）刘基撰

刘基（1311—1375），字伯温，青田（今浙江文成）人。明洪武三年（1370）封诚意伯，正德九年（1514）追赠太师，谥文成。著有《清类天文分野之书》。生平事迹详见《明史》本传。

书前有嘉靖十九年（1540）鲁轩序，称刘基所编之录，有曰饮食，所以卫性也；有曰服饰，所以华躬也；有曰器用，赡日给也；有曰百药，防时虞也；有曰农圃、牧养，则殖财之本根；有曰阴阳、占卜，与占断、十神之类，则演《易》之支流；凡此皆切于民生日用之常，不可一缺者。又称《多能》之录，则开示儆觉间，贤愚皆获其益，凡不能者亦转而为能云。②又有嘉靖四十二年（1563）范惟一序，称此书盖公微时手辑，因题曰《多能鄙事》，凡饮食、服饰、居室、器用、农圃、医药之类，咸所营综，其事至微细，若无关于天下国家，然迹民生日用之常，则资用甚切而溉益颇弘云。③

《天一阁书目》卷三著录。然《钦定续文献通考》卷一百七十七

---

① 王重民：《中国善本书提要》，上海古籍出版社1983年版，第347—348页。
② "国立中央图书馆"善本序跋集录》子部二，"国立中央图书馆"1992年版，第632页。
③ 《续修四库全书》第1185册，上海古籍出版社2002年版，第1页。今按：今人董光璧以为此书乃方副其实之科技著作。赵丰从科技史角度对此书"染色法"一章予以探讨，指出从色名看具有元代特色，从工艺看具有民间特色，从染料产地看具有浙南沿海特色，而整章染色法则是我国古代第一份定量的染色实验报告。参见氏著《〈多能鄙事〉染色法初探》，《东南文化》1991年第1期。

云："《多能鄙事》十二卷，旧题刘基撰，今审为伪托之书。"《四库全书总目》入杂家类存目，称此书凡饮食、器用、方药、农圃、牧养、阴阳、占卜之法，无不备载，颇适于用，然体近琐碎，若小儿四季关、百日关之类，俱见胪列，殊失雅驯；立名取孔子之言，亦属僭妄，殆托名于基者也。王重民称《四库提要》已疑其伪托，然不知为从《居家必用事类全集》中抽出，而托名刘基者。[1]王毓瑚认为此书乃明代中叶之人托刘伯温之名而为之。[2]今考，《多能鄙事》前七卷，共八百余条，其中有五百零二条抄自《居家必用事类全集》。[3]举此备参。[4]

此本据上海图书馆藏明嘉靖四十二年范惟一刻本影印。

新增格古要论十三卷　（明）曹昭撰　（明）舒敏　王佐增

曹昭，字明仲，松江（今属上海）人。生活于元末明初间。舒敏，字志学，云间（今属上海）人。生平事迹待考。王佐，字功载，吉水（今江西吉水）人。宣德二年（1427）进士，正统间宰连城。明王直《抑庵文集》卷一"世德堂记"条称其署刑部员外郎，有名于当时云。

前有洪武二十一年（1388）曹昭自序，称其父真隐平生好古博雅，素蓄古法帖、名画、古琴、旧砚、彝、鼎、尊、壶之属，置之斋阁，以为珍玩；自幼亦酷嗜之，凡见一物，必遍阅图谱，究其来历，格其优劣，别其是否而后已，因取古铜器、书法、异物，分其高

---

[1] 王重民：《中国善本书提要》，上海古籍出版社1983年版，第348页。
[2] 王毓瑚编著：《中国农学书录》，中华书局2006年版，第135页。
[3] 参见南江：《〈居家必用事类全集〉及〈多能鄙事〉中的有关部分》，《中国食品》1984年第9期。
[4] 董光壁认为《多能鄙事》是刘基所撰，并据此认定刘基之科学家身份，详参氏著《刘基和他的〈多能鄙事〉》，《中国科技史料》1981年第2期。

下，辨其真赝，正其要略，书而成编，析门分类，目之曰《格古要论》云。①舒敏序称曹氏博雅好古，见广识精，其书以辨释器物，使玉石金珠、琴书图画、古器异材，莫不明其出处，表其指归，而真伪之分，了然在目，可谓有益于世；颇为增校，订其次第，叙其篇端，亦可谓格物致知之一助云云。②又有《新增格古要论凡例》九条。③

曹昭《格古要论》原书成于洪武二十年（1387），《四库全书》已著录，原分古铜器、古画、古墨迹、古碑法帖、古琴、古砚、珍奇、金铁、古窑器、古漆器、锦绮、异木、异石十三门。每门又各分子目，多者三四十条，少者亦五六条。《四库提要》称其于古今名玩器具真赝、优劣之解，皆能剖析纤微，又谙悉典故，一切源流本末无不厘然，故其书颇为赏鉴家所重云云。④王佐因增并其门类，凡分十五门，曰古琴论，曰古墨迹论，曰古画论，珍宝论，曰古铜论，曰古砚论，曰异石论，曰古窑器论，曰古漆器论，曰古锦论，曰异木论，曰竹论，曰文房论，曰古今诰敕题跋，曰杂考。王佐参以《事林广记》、《砚谱》、《书史会要》、《图绘宝鉴》等书，又增其家藏古碑法帖、名家题跋，各以类增之。其续增者注曰"后增"，新增者注曰"新增"，或只注"增"字，书成于天顺三年（1459）。⑤

《百川书志》卷九称其辨释器物及玉石金珠、琴书图画、古器异材，皆明其处，表其真伪。然《七修类稿》卷二十三"《格古要论》当再增考"称，其书洪武间创于云间曹明仲，天顺间增于吉水王功

---

① 《续修四库全书》第1185册，上海古籍出版社2002年版，第138页。
② 《续修四库全书》第1185册，上海古籍出版社2002年版，第137页。
③ 《续修四库全书》第1185册，上海古籍出版社2002年版，第139—140页。
④ 《四库全书总目》卷一百二十三。今人亦以为此书开创古物赏鉴类著作之先河，且受南宋赵希鹄《洞天清录》影响较大，参见孟原召：《曹昭〈格古要论〉与王佐〈新增格古要论〉的比较》，《故宫博物院院刊》2006年第6期。
⑤ 关于二书之异同，详参孟原召：《曹昭〈格古要论〉与王佐〈新增格古要论〉的比较》，《故宫博物院院刊》2006年第6期。

载，不无沧海遗珠之叹，若《琴论》后当入古笙管，《淳化帖》后当收谱系一卷，珍宝门欠楚母绿圣铁，异石类欠大理仙姑，异木欠伽蓝香，古铜中欠古镜布刀等钱，杂考欠刚卯，纸论欠藏经笺，且珍宝后当设一羽皮，如狐貉、孔雀、翡翠、豹兒之类，而文房门岂可不论宋元书刻，至于《博古图》中之器、各省志内之刻，又一考之，必尤有所增云云。①自乾嘉以降，因新增本为杂抄，转而推崇曹昭旧本，现代又因资料丰富颇受重视焉。

此书有明天顺六年徐氏善得书堂刻本、成化七年徐氏续增新刊本。此本据辽宁省图书馆藏明刻本影印。②

蕉窗九录九卷 旧本题（明）项元汴撰

旧本题明项元汴撰。项元汴（1525—1590），字子京，号墨林山人，嘉兴（今浙江嘉兴）人。家藏书画之富，甲于天下，赏鉴家称之为项墨林。事迹见《历代画史汇传》卷四十一。

前有彭寿承序，称槜李项子京世丈，勋阀华胄，濡首文学，人皆以祖父之科名属之。年甫三十五，自以体弱善病，旋弃举子业，日与好事者品骘古今，评价真赝；《蕉窗九录》者，大半采自吴文定《鉴古汇编》，间有删润，亦极精确。③

"九录"者，纸、墨、笔、砚、帖、书、画、琴、香之谓。此书首纸录，次墨录，次笔录，次砚录，次帖录，次书录，次画录，次琴录，次香录。《四库全书总目》列入杂家类存目，称其书陋略殊甚，彭序亦荸鄙不文，二人皆万万不至此，殆稍知字义之书贾，以二人有

---

① （明）郎瑛：《七修类稿》，中华书局1959年版，第343页。
② 参见朱仲岳：《〈格古要论〉版本辨析》，《中国历史文物》2006年第1期。
③ 《续修四库全书》第1185册，上海古籍出版社2002年版，第297页。

博雅名，依托之以炫俗。《钦定续文献通考·经籍考》亦称此书殊陋略，当是伪托之作。谢国桢称，清初旧抄，为周季贶手校之本。季贶尚有屠隆《考槃余事》校本，惜未见。元汴不但负有赏鉴家盛名，且家本巨富，一时珍贵书画、文物多入其手，凡碑帖、书画钤有"项墨林珍藏"印者，人竞宝之，后其印流入人间，作伪者极多，即钤有项墨林印者亦未必真品也，是在明眼人观之耳。[①]

此书殊陋略，当是伪托之作。今考，查阜西撰《〈蕉窗九录〉是伪书》一文，称清徐祺《五知斋琴谱》琴论部分所录冷谦《琴声十六法》之第十六法"徐"末句有明万历年间严天池（别号道澈）诗句，曰："道澈诗：'几回抬出阳春调，月满西楼下指迟。'其于徐意，大有得也。"冷谦乃明初之协律都尉，其著作中岂会有万历年间琴家之诗句？查氏据此推定《蕉窗九录》是伪书。[②]台湾著名学者翁同文教授《项元汴名下"蕉窗九录"辨伪探源》[③]一文业已将此书彻底证伪，认为此书正文几乎全袭《考槃余事》前九笺之文。举此备参。

此本据中国科学院图书馆藏清道光十一年晁氏活字印《学海类编》本影印。

陈眉公考槃余事四卷 （明）屠隆撰

屠隆（1541—1605），字长卿，号赤水，晚号鸿苞居士，鄞县（今属浙江宁波）人。万历五年（1577）进士，官至礼部仪制司主事。

---

① 谢国桢：《江浙访书记》，上海书店出版社2004年版，第38页。今按：赵春婷《明代琴谱集考》（中央音乐学院2010年博士学位论文）论及此书。
② 参见查阜西：《〈蕉窗九录〉是伪书》，见黄旭东等编：《查阜西琴学文萃》，中国美术学院出版社1995年版，第133页；《是〈十六法〉剽窃〈二十四况〉》，同上书，第134页。
③ 翁同文：《项元汴名下"蕉窗九录"辨伪探源》，《故宫季刊》1983年第17卷第4期。

万历十二年（1584）蒙受诬陷，削籍罢官。著有《栖真馆集》、《鸿苞集》、《白榆集》等书。《明史·文苑传》附载《徐渭传》中。

　　此书杂论文房清玩之事。卷一为书笺、帖笺，言书板碑帖；卷二为画笺、纸笺、墨笺、笔笺、砚笺、琴笺，专评书画琴剑；卷三为香笺、茶笺、盆玩笺、鱼鹤笺、山斋笺；卷四则起居器服笺、文房器具笺、游具笺①，笔砚炉瓶以至一切器用服御之物皆详载之。

　　其论书画，独具只眼。如论"似不似"曰："画花，赵昌意在似，徐熙意不在似，非高于画者，不能以似不似第其高远。盖意不在似者，太史公之于文，杜陵老之于诗也。"论古画曰："上古之画，迹简意淡，真趣自然，画谱绘鉴虽备，而历年远甚，笺素败腐不可得矣。"论唐画曰："意趣具于笔前，故画成神足，庄重严律，不求工巧，而自多妙处，后人刻意工巧，有物趣而乏天趣。"论宋画曰："评者谓之院画，不以为重，以巧太过而神不足也。不知宋人之画亦非后人可造堂室。如李唐、刘松年、马远、夏珪，此南渡以后四大家也。画家虽以残山剩水目之，然可谓精工之极。"论看画法："看画之法，如看字法。松雪诗云：'石如飞白木如籀，写竹应从八法求。'正谓此也。须着眼圆活，勿偏己见。细看古人命笔立意委曲妙处方是。"论品第画："以山水为上，人物小者次之，花鸟竹石又次之，走兽虫鱼又其下也。更须绢素纸地完整不破，色虽古而清洁，精神如新，照无贴衬，嗅之异香可掬，此其最上品也。"论墨迹难辨："法帖真伪，入手少，不用心，着眼即不能辨。昔张思聪善摹古帖，自名翻身凤凰，最能乱真。唐萧诚伪为古帖，以示李邕，曰：'此右军真迹。'邕忻然曰：'是真物也。'诚以实告邕，复视曰：'细看亦未能辨，但稍欠精神耳。'北海且然，况下者乎？"论赝帖："吴中近有

---

①　参见陈芳：《晚明的游具设计研究——以〈考槃余事〉为例》，《装饰》2011 年第 4 期。该文阐述游具设计之系统性及巧思，分析晚明旅游风尚及文人雅致生活。

高手赝为旧帖，以竖帘厚粗竹纸，皆特抄也，作夹纱拓法，以草烟末香烟熏之，火气逼脆本质，用香和糊，若古帖嗅味，全无一毫新状，入手多不能破。其智巧精采反能夺目，鉴赏当具神通观法。"

其书并非全出原创[1]，如"观书"条出赵子昂书跋，"王弇州评画"条出《四部稿》。《四库全书总目》又讥其列目颇为琐碎，且不少条目失之过简。然周中孚称其书杂论书籍、碑刻、书画、琴剑、纸墨、笔砚以迄器用、服御，皆因类而记，而于碑刻独详，例不画一，殊属冗杂，且其品评当代人书法已属不公，无怪其论古之渺茫云云。[2]

此书有《广百川学海》本、《忏花庵丛书》本、《宝颜堂秘笈》本、《龙威丛书》本。此本据复旦大学图书馆藏明万历间沈氏刻本影印。

华夷花木鸟兽珍玩考十二卷 （明）慎懋官撰

慎懋官，字汝学，湖州（今浙江湖州）人。生卒年及事迹均不详。髫年博览群书，随父宦游，遍历黄山、九华、齐云、五岳之胜，四方花鸟珍玩俱在其胸中。书中称"万历十三年慎懋官书于玉京洞中"。今按：玉京洞，在天台赤城山。相传元始天尊在玄都玉京山说法。《会稽记》称赤城山有宝室睿台，许迈尝在此憩居。吴葛玄，晋魏华存、葛洪、许迈，皆在赤城山炼丹。宋政和八年（1118）建赤城观。玉京洞奉祀三清、玉皇、魏夫人及许迈神像。

---

[1] 翁同文已将此书部分证伪，认为《考槃余事》亦依类汇录前人或同时人书中有关条文，再加子目编成。详参氏著《项元汴名下"蕉窗九录"辨伪探源》，《故宫季刊》1983年第17卷第4期。

[2] （清）周中孚著，黄曙辉、印晓峰标校：《郑堂读书记》，上海书店出版社2009年版，第957页。

书前有万历九年（1581）懋官自序，称述所见闻，复参书史，以免挂一漏万之讥，其间异物虽涉不经，而亦录之；此书起于万历元年，易稿有五，迄今九年而后成云云。[1] 又有万历九年李时英序，称其用心良勤云。[2]

此书卷一至卷六记花木，凡七百六十条；卷七记鸟兽，凡三百一十条；卷八记珍玩，凡二百零九条。《续考》卷九记花木，凡一百六十一条；卷十记鸟兽，凡一百七十八条；卷十一记珍玩，凡九十二条；卷十二《杂考》，凡十七条。

《四库全书总目》列入杂家类存目，称其书或剽取旧说，或参以己语，或标出典，或不标出典，真伪杂糅，饾饤无绪；至"卫懿公好鹤"一条，不引《左传》，而引传奇俚词，尤为不考；卷首自序一篇，词极夸大云云。道光二十八年（1848）刘喜海跋亦云："是书剽窃古籍既多，不著出典，且多未曾改削。"[3]

此本据中国科学院图书馆藏明万历九年刻本影印。

群物奇制一卷 （明）周履靖撰

周履靖，字逸之，号梅墟，自号梅颠、梅痴道人，嘉兴（今浙江嘉兴）人。履靖在隆、万间号为隐士，而声气颇广，能诗好事，与其妻桑贞白自相唱和，多刊书籍以行，《夷门广牍》即其所编。盖亦赵宧光、陈继儒之流，明季所谓山人者也。著有《梅墟杂稿》、《梅坞贻琼》、《梅墟别录》等书。生平事迹见《（雍正）浙江通志》卷

---

[1] 《续修四库全书》第1185册，上海古籍出版社2002年版，第399—400页。
[2] 《续修四库全书》第1185册，上海古籍出版社2002年版，第397页。
[3] 沈津主编：《美国哈佛大学哈佛燕京图书馆藏中文善本书志》第3册，广西师范大学出版社2011年版，第1078页。

二百五十一。

此书分身体十一条、衣服三十条、饮食一百一十五条、器用四十一条、药品十八条、疾病六条、文房三十条、果子三十五条、蔬菜十三条、花竹三十二条、禽鱼四十四条、杂著七十二条，凡十二类四百四十七条。

此书为实用生活应急手册，如"身体"条曰："身上生肉刺，芝麻花搽之；飞丝入人眼而肿者，头上风屑少许揩之；人有见漆多为漆气上腾着人而生漆疮，用川椒三四十粒，捣碎涂口鼻上，则不为漆所害；指甲内有垢者，以白梅与肥皂一处洗之则自去；弹琴士指甲薄者，用僵蚕烧烟熏之则厚；染头发，用乌头薄荷入绿矾染之；食梅子牙软，吃藕便不软，一用韶粉擦之；饮酒后欲口中无酒气，用理中汤、调气散合和一处，干服少许；冬月唇燥裂痛，不可以津润，只用香麻油抹之，二三日便可，酥油尤妙；油手以盐洗之，可代肥皂；脚跟生厚皮者，用有布纹瓦片磨之。"小小技巧，颇能解除烦扰，不妨试以应急，毋以明季山人而轻视之。

此本据明万历二十五年金陵荆山书林刻《夷门广牍》本影印。

博物要览十六卷　（明）谷泰辑

谷泰，字宁宇，官蜀王府长史。大约生活于明末。生平事迹不详。

书前有天启六年（1626）序，称其考核精严，考索书画，辨别鼎彝，博识金玉珠宝，以及异木怪石、锦绣犀象，无不具载，核究详明，搜罗渊博，真大有功于生民者不浅云云。[1]

---

[1]《续修四库全书》第1186册，上海古籍出版社2002年版，第1页。今按：书中所载"宣德五彩"，乃令人困惑之历史难题，参见焦瑞明：《探析古籍中记载的"宣德五彩"》，《文物鉴定与鉴赏》2013年第4期。

此书大旨在于助四民治生之术。卷一纪古帖，卷二纪历代画家，卷三论画，卷四纪历代鼎彝，卷五纪窑器，卷六纪文具，卷七纪金，卷八纪银，卷九纪真珠，卷十纪宝石，卷十一纪玉，卷十二纪玛瑙、珊瑚，卷十三纪水晶、琥珀，卷十四纪玻璃、琉璃、云母、鹤顶、犀角、象牙等物，卷十五纪名香异木，卷十六纪漆器、奇石。《四库全书总目》列入杂家类存目，称其书皆随所见闻，撮录成帙，未能该备，所论碑板书画，尤为简陋云云。然所记多作者之所见闻，《格致镜原》引用甚夥。[1]

此书有明刻本。此本据南京图书馆藏清抄本影印。

广社不分卷 （明）张云龙撰

张云龙，字尔阳，华亭（今属上海）人。生活于明末。生卒年及事迹均不详。

书前崇祯十六年（1643）云龙自序，称雨中兀坐，走笔广之，严为订正，久而与前本并富，再取未按，反复迹之，略无遗剩云云。又详列社坛伟隽诸人姓名、籍贯。[2]

此书成于崇祯末年，乃因陶邦彦所作灯谜而广之。有凡例七则，如称："旧谱原分门类，前讹后舛，既豕亥之纷纭，此载彼遗，竟马牛之错杂，兹以韵语开注，平仄相稽，非惟声气叶和，亦且模索简便。韩文所列，尽入棼中。此外搜罗散帙，穷访遗编，得字若干，梓供世玩。凡正本所无，大字之后加以△，小字之下示以〇，皆为新入，庶览者神驰意到，不须更索茂先之乘，而商者犀截珠穿，不致再

---

[1] 今人童书业《明代瓷器史上若干问题的研究》(《山东大学学报》1963年第2期）亦征引之，其参考价值似不容低估。
[2] 《续修四库全书》第1186册，上海古籍出版社2002年版，第85—87页。

缓杨修之骑。"①前载作谜诸格，取字义相似者，配合一句，暗射成语，后借诗韵平仄分补，以备采用。又有前、后卷目录，前卷平声，后卷上声、去声、入声。又列广社各格，曰无缝锁格、滑头禅格、连理枝格、两来船格、玄明伞格、玉连环格、夹山夹海格、锦屏风格、辘轳格、诗格、词格、包意格、曹娥格、拆字格、问答格、画格。

云龙自序甚为得意，然《四库全书总目》列入杂家类存目，称其语多钝置，颇乏巧思云云。

此本据北京大学图书馆藏明崇祯间刻本影印。

燕闲四适二十卷　（明）孙丕显辑

孙丕显，字启周，自称闽人，未详其邑里。著有《文苑汇隽》。万历三十九年（1611）所刻《琴适》收录《胡笳十八拍》。生平事迹不详。

书前有万历三十九年序。"燕闲"者，闲暇也。"四适"者，琴、棋、书、画之谓也。全书二十卷，卷一至卷四为《琴适》，卷五至卷八为《棋适》，卷九至卷十二为《书适》，卷十三至卷二十为《画适》。《琴适》首述入门须知，附以《思贤操》商调、《客窗夜话》商调、《梅花三弄》宫调、《猿鹤双清》商调、《欸乃歌》蕤宾调、蔡琰《胡笳十八拍》复古调、《陌上桑》商调、张衡《四思歌》商调，殿以手势手法图解及历代琴式。《棋适》辑录棋论（如皮日休《原弈》，王元美《弈品·弈问》，张拟《棋经》，刘仲甫《棋法四篇》、《围棋十诀》、《围棋三十二字释义》），次述棋谱。《书适》辑录《评书》、《奕世书名》、《论帖真伪纸墨辩正》、《古纸》、《响拓》等。《画适》首述画理，

---

① 《续修四库全书》第1186册，上海古籍出版社2002年版，第88页。

次述山水、人物、草木、花鸟画法。

琴、棋、书、画，自古即为文人雅趣。丕显自称："法书绘事，代不乏人，品之高下，俱有完谱。愚谓真迹罕存，众评罔验，且篇帙浩瀚，难以全收。但世之论书，则称钟张羲献，论画则曰顾陆张吴，世皆祖述，宜详录之。故集诸君遗唾，少滋谈者燥吻，若曰泛采博搜，非余所能也。"①

此本据上海图书馆藏明万历间刻本影印。

闲情偶寄十六卷　（清）李渔撰

李渔（1610—1680），字谪凡，号笠翁，兰溪（今浙江兰溪）人，生于雉皋（今江苏如皋）。著有《一家言》、《十种曲》等书。生平事迹见《李渔传记资料》、俞为民《李渔评传》②。

书前有康熙十年（1671）余怀序，称其言近，其旨远，其取情多而用物闳，而世之腐儒犹谓李子不为经国之大业，而为破道之小言者云。③是编为笠翁所著杂品，凡分六部，卷一至卷三词曲部，卷四、卷五演习部，卷六、卷七声容部，卷八、卷九居室部，卷十、卷十一器玩部，卷十二饮馔部，卷十三、卷十四种植部，卷十五、卷十六颐养部。书前有凡例七则，曰四期：一期点缀太平，一期崇尚俭朴，一期规正风俗，一期警惕人心；曰三戒：一戒剽窃陈言，一戒网罗旧集，一戒支离补凑。有法有戒，持论甚正大。所论六端，皆切近人生。标曰"闲情"，盖自以为闲情逸致。词曲部论戏曲创作，演习、

---

① 《续修四库全书》第 1186 册，上海古籍出版社 2002 年版，第 432 页。
② 俞为民：《李渔评传》，南京大学出版社 2011 年版。
③ 《续修四库全书》第 1186 册，上海古籍出版社 2002 年版，第 485—488 页。

声容二部论舞台艺术，综而观之，自成体系，备受后人推崇。诸篇所论，皆平生经历所得，故能自铸新辞，不落窠臼。其述词曲部论结构之法有七，曰戒讽刺、立主脑、脱窠臼、密针线、减头绪、戒荒唐、审虚实，皆为经验之谈。其居室、器玩二部论制度方式，文所不能详者，又为图以明之，亦具深思，有裨于营造之学。至于治生调养之术，厘然有当于事理。然声容部选姿、修容诸条，刻画之词往往贻人口实。虽语意间伤纤佻，要其大旨固论修容之术，不害其著书之体。明季以降，东南士人崇奢竞丽，山人墨客翕然和之，动以幽赏相尚，然观其品题，不过浮词浅见，率鲜实学。惟独李渔以灵巧之思，幽美之趣，从容谈写，卓然为一家之言。观其条理井井，娴事理，备体用，虽古之大匠无以过之。此书洵为杰作，求之四部之中，亦不多觏矣。

此本据吉林大学图书馆藏清康熙间刻本影印。

前尘梦影录二卷　（清）徐康撰

徐康，字子晋。生平事迹待考。《前尘梦影录》卷下称："余曾著《虚字浅说》一卷。又《古人别号录》两册，自周秦至本朝，由三字至多字不等。助我者，沈均初为多。自经兵燹，家中书籍荡然，此两种亦一同遭劫矣。"清莫友芝《宋元旧本书经眼录》卷一"《汉书》宋鹭洲书院大字残本"称己巳七月七日观于沈均初树镛舍人案头。[1]今考己巳为同治八年（1869）。沈均初为晚清藏书家，徐康亦当为晚清学者。

书前有光绪十四年（1888）杨岘序，称此录于所见文房珍品一一论说，并著其究竟，诚考古家之指南，后来者之龟鉴云。[2]又有光

---

[1] （清）莫友芝著，张剑点校：《宋元旧本书经眼录》，中华书局2008年版，第19页。
[2] 《续修四库全书》第1186册，上海古籍出版社2002年版，第724页。

绪十二年（1886）李芝绶序，称其书仿《书影》之意，追忆劫前所见文房珍品，以类相从，著为论说云云。①

此书多为古董家言，娓娓道来，有如艺人说书，颇能引人入胜。如谈毛氏刻书曰："汲古阁在虞山郭外十余里，藏书刊书皆于是，今析隶昭邑界。剞劂工陶洪、湖孰、方山、溧水人居多，开工于万历中叶，至启、祯时，留都沿江觑觑，毛氏广招刻工，以《十三经》、《十七史》为主。其时银串每两不及七百文，三分银刻一百字，所刻经史子集、道经释典，品类甚繁……即抄本亦精校影写，风流文采，照映一时。下至童奴青衣，亦能抄录。所藏书多秘籍，后归之季沧苇。三十年前在紫珊斋中见《汲古阁图》山水挂屏，烟岚幽秀，峰断云连，颇有名人笔意，惜忘为何人所绘矣。"如此前尘梦影，譬之过眼烟云，或兴沧桑之感，或起惆怅之思。潘景郑称其书罗列所见金石、书画、图籍、文房之属，而评骘其源流高下，井井有条，盖非寻常骨董家所能道者，盖记闻之业别留蹊径，亦足为艺林树一帜耳。②

此本据南京图书馆藏清光绪二十三年江标刻本影印。③

群书治要五十卷（存卷一至卷三、卷五至卷十二、卷十四至卷十九、卷二十一至卷五十）
（唐）魏征等撰

魏征（580—643），字玄成，钜鹿曲阳（今河北晋州）人。官至太子太师，谥文贞。生平事迹见《唐书》本传。

---

① 《续修四库全书》第 1186 册，上海古籍出版社 2002 年版，第 724 页。
② 潘景郑：《著砚楼读书记》，辽宁教育出版社 2002 年版，第 407 页。
③ 此书今有中国美术学院出版社 2000 年《艺苑珠尘丛书》本。

原书五十卷，书成于贞观五年（631）。辑录经史诸子有关治国兴衰政迹之文，始于上古，迄于晋代。宋王溥《唐会要》云："贞观五年九月二十七日，秘书监魏征撰《群书治要》上之。"又云："太宗欲览前王得失，爰自六经，讫于诸子，上始五帝，下尽晋年。书成，诸王各赐一本。"又《唐书·萧德言传》云："太宗诏魏征、虞世南、褚亮及德言，裒次经史百氏帝王所以兴衰者上之。帝爱其广博而要，曰：'使我稽古临事不惑者，卿等力也。'德言赉赐尤渥。"故此书题魏征等奉敕撰，明非出一人手也。卷帙与《唐志》合。

其书前十卷为经，凡《周易》、《尚书》、《毛诗》、《春秋左氏传》、《礼记》、《周礼》、《周书》、《国语》、《韩诗外传》、《孝经》、《论语》、《孔子家语》十二种；次二十卷为史，凡《史记》、《吴越春秋》、《汉书》、《后汉书》、《魏志》、《蜀志》、《吴志》、《晋书》八种；末二十卷为子，自《六韬》、《阴谋》、《鬻子》、《管子》、《晏子》、《司马法》、《孙子》、《老子》、《鹖冠子》、《列子》、《墨子》、《文子》、《曾子》、《吴子》、《商君子》、《尸子》、《申子》、《孟子》、《慎子》、《尹文子》、《庄子》、《尉缭子》、《孙卿子》、《吕氏春秋》、《韩子》、《三略》、《新语》、《贾子》、《淮南子》、《盐铁论》、《新序》、《说苑》、桓子《新论》、《潜夫论》、崔寔《政论》、《昌言》、《申鉴》、《中论》、《典论》、刘廙《政论》、蒋子《万机论》、《政要论》、《体论》、《典语》、《傅子》、《袁子正书》、《抱朴子》，凡四十七种。

书前有魏征奉敕撰序，称爰自六经，讫乎诸子，上始五帝，下尽晋年，凡为五帙，合五十卷，本求治要，故以"治要"为名。今之所撰，异乎先作，总立新名，各全旧体，欲令见本知末，原始要终，并弃彼春华，采兹秋实，一书之内，牙角无遗，一事之中，羽毛咸尽，用之当今，足以鉴览前古，传之来叶，可以贻厥孙谋云云。[①]又有

---

① 《续修四库全书》第1187册，上海古籍出版社2002年版，第1—2页。

日本国林信敬序及细井德民考例。论者以为此书反映大唐贞观君臣之政治指向，历来推为第一部帝王学教材焉。①

孙星衍《平津馆鉴藏书籍记》卷三称其所引子书多近今阙佚之本。阮元《四库未收书提要》卷二有此书提要，云："所采各书并属初唐善策，与近刊多有不同。如《晋书》二卷，尚为未修《晋书》以前十八家中之旧本。又桓谭《新论》、崔寔《政论》、仲长统《昌言》、袁准《正书》、蒋济《万机论》、桓范《政要论》，近多不传，亦藉此以存其梗概。洵初唐古籍也。"②

原书佚于北宋，《宋史·艺文志》即不著录。今本系清乾隆年间由日本传入，缺第四、十三、二十共三卷。日本有天明七年刊本。此本据清嘉庆间抄《宛委别藏》本影印。

意林五卷 （唐）马总辑
意林逸文一卷 （清）周广业辑
意林阙目一卷 （清）严可均辑
意林补二卷 （清）李遇孙辑

马总（？—823），字会元，扶风（今陕西扶风）人。贞元中，辟滑州姚南仲幕府。元和中，为安南都护、淮西节度使。官至户部尚书，卒赠右仆射。《旧唐书》卷一百五十九、《新唐书》卷一百六十三有传。周广业生平见前《循陔纂闻》提要。严可均（1762—1843），字景文，号铁桥，乌程（今属浙江湖州）人。嘉庆五年（1800）举人。官建德县教谕，引疾归。著有《说文声类》、《说文校义》、《铁桥

---

① 参见金光一：《〈群书治要〉研究》，复旦大学 2010 年博士学位论文。
② （清）阮元撰，邓经元点校：《研经室集》下册，中华书局 1993 年版，第 1216—1217 页。

漫稿》等书，又辑《全上古三代秦汉三国六朝文》。李遇孙，字庆伯，号金澜，又号懒道人、上元甲子百岁翁。生卒年均不详，嘉兴（今浙江嘉兴）人。李富孙（1764—1843）之弟。嘉庆六年（1801）优贡生，官处州府训导。著有《古文苑拾遗》、《日知录补正》、《尚书隶古定释文》等书。生平事迹见《清史稿》卷四百八十二、《清史列传》卷六十九。

《意林》五卷，马总辑。《四库全书》已著录，列之子部杂家类杂纂之属。梁庾仲容取周秦以来诸家杂记，凡一百七家，摘其要语为三十卷，名曰《子钞》，马总以其繁略失中，增损成书。书后有汪远孙识语，称此本为海昌周广业校本，书名下详注撰人姓氏、爵里及著书大略，其书今存者逐条备注篇名，后附逸文五条。又称李遇孙据聚珍本补第三卷、第二卷之六十条、第五卷之一百十一条，据宋本补《鹖冠子》二条、《王孙子》一条。①

《意林逸文》一卷，周广业辑。《意林》自元、明以来，其书流传绝少，而善本更不易得。广业购借，积年校写数过，据《道藏》本与诸本相参定，其中篇册纷糅，如《庄子》割属《王孙子》，《新序》并归《说苑》，《中论》杂入《物理论》，为之厘正；又取诸书所引《意林》为今本所无者，汇为《意林逸文》。书前有乾隆四十四年（1779）周广业序②，《蓬庐文钞》卷八载《意林例言》，均详述校勘始末。邵晋涵序称其书用心之密，至其辨章同异，持议衷于和平，其深识尤有过人者，抉微阐隐，为马氏之功臣云云。③

《意林阙目》一卷，严可均辑。嘉庆二十年（1815）严可均序称，今世流传以《道藏》五卷本为稍旧，以目录校之，卷二《庄子》后有《鹖冠子》、《王孙子》，而今本《鹖冠子》全阙，而所载《王孙

---

① 《续修四库全书》第1188册，上海古籍出版社2002年版，第83页。
② 《续修四库全书》第1188册，上海古籍出版社2002年版，第5—6页。
③ （清）邵晋涵：《南江文钞》卷五，清道光十二年胡敬刻本。

子》皆《庄子》杂篇。① 严氏手跋曰："《意林》二卷,从《道藏》瑟字号录出,竟二日之力,依藏本校对讫。"又补目录之阙,别为一卷。

《意林补》二卷,李遇孙辑。遇孙识语详述所补篇目。②

缪荃孙《艺风堂文集》卷七《意林跋》称,乾隆中海宁周氏广业辑《意林》逸文六条,又据续笔所称各家辑之为《意林》附编;迨文选楼得宋本多第六卷,嘉兴李氏遇孙抄之,海宁蒋氏刊入《斠补隅录》,海内始得见《意林》完本。③

此本据南京图书馆藏清抄本影印。④

澄怀录二卷 （宋）周密辑

周密（1232—1298）,字公谨,号草窗,先世济南人,其曾祖随高宗南渡,因家湖州（今浙江湖州）。淳祐中尝官义乌令,宋亡不仕。著有《武林旧事》、《云烟过眼录》、《癸辛杂识》等书。生平事迹见《宋史翼》卷三十四。刘静撰《周密研究》。⑤

此书为周密晚年所辑。南宋亡后,周密退隐江湖,游于山水林泉间。此书纂集六朝以下逸事,凡流连景光、栖迟山水,可以怡情适性之语,咸萃于编,凡七十余条,以达"澄怀观道"之意。其意甚高,然明人喜摘录清谈,目为小品,滥觞所自,盖在此书。故《四库全书总目》列入杂家类存目,又称此书亦《世说新语》之流别而稍变其体例者,先节载原文,而注书名其下。如《王摩诘文集》、《昌黎先

---

① 《续修四库全书》第1188册,上海古籍出版社2002年版,第84—85页。
② 《续修四库全书》第1188册,上海古籍出版社2002年版,第91页。
③ （清）缪荃孙:《艺风堂文集》卷七,清光绪二十六年刻本。
④ 关于此书的版本情况,详参王韧、王天海:《〈意林〉版本源流考索》,《云梦学刊》2012年第2期。
⑤ 刘静:《周密研究》,人民出版社2012年版。

生文集》、《河东先生集》、《与山巨源绝交书》、《续世说》、《樊川集》、《宋文鉴》、《苏文忠公全集》、《何氏语林》、《挥麈录》、《东坡志林》等书，皆在节录之列。

此书前有傅增湘识语，称周叔弢新收松江韩氏抄本一帙，其首一种为《澄怀录》，余适藏有嘉靖百川高氏抄本，因以此帙相付，属为对勘，留几案者数月，未暇著笔，仲春二月，晨夕无事，偶得展卷，计订正讹失一百五十余字，补夺文一则云云。①傅氏《校明抄本澄怀录跋》又称此帙不徒以稀见为珍，更以善本足贵。②

周密自序称名之澄怀，亦高山景行之意。③后有樊榭先生记，云胜情胜具，兼之为难，弁阳老人于简册中作卧游想，大是安乐法也。所缀茸语，虽时见于他书，如下卷沈寓山、姜白石数则，流传绝少，足令阅者霁心豁目云云。

此书为梦华馆抄本，用绿格精抄。此本据国家图书馆藏明抄本影印。

忍经一卷　（元）吴亮辑

吴亮，字明卿，钱塘（今属浙江杭州）人。精于经术吏事，至元癸巳三十年（1293）解海运元幕之任，恬淡自居。著有《历代帝王世系》。生平事迹见钱大昕《补元史艺文志》卷三、魏源《元史新编》卷九十三。

此书有四库本，辑自《永乐大典》，书前有冯寅序。此本为明刻本，书前无冯序，但末有丁丙跋。冯寅序称其于纂述《历代帝王世

---

①　《续修四库全书》第1188册，上海古籍出版社2002年版，第93页。
②　傅增湘：《藏园群书题记》卷八，上海古籍出版社1989年版，第447页。
③　《续修四库全书》第1188册，上海古籍出版社2002年版，第93页。

系》之暇，思其平生行己惟一"忍"字，会集群书中格言大训，以为一编云云。然所采皆习见之书，如《易·损卦》云："君子以惩忿窒欲。"《书》周公戒成王曰："小人怨汝詈汝，则皇自敬德。"成王告君陈曰："必有忍，其乃有济；有容，德乃大。"《左传》昭公元年："鲁以相忍为国也。"《论语》孔子曰："小不忍则乱大谋。"《老子》曰："天道不争而善胜，不言而善应。"《荀子》曰："伤人之言深于矛戟。""唯得忠恕"条云："范纯仁尝曰：'我平生所学，唯得忠恕二字，一生用不尽，以至立朝事君，接待僚友，亲睦宗族，未尝须臾离此也。'又戒子弟曰：'人虽至愚，责人则明。虽有聪明，恕己则昏。尔曹但常以责人之心责己，恕己之心恕人，不患不到圣贤地位也。'"论者从"忍文化"视角透视此书，可备一说。[①]

　　此书有明正统十年刻本、正统二十四年刊本、明崇祯二年杨君贶刻本、《永乐大典》本、《武林往哲遗著》本。此本据南京图书馆藏明刻本影印。

续观感录十二卷　（明）方鹏辑

　　方鹏，字子凤，亦字时举，昆山（今江苏昆山）人。正德三年（1508）进士，历任南京礼部主事、刑部员外郎、刑部郎中，官至南京太常寺卿，以右庶子致仕，卒年七十余。生平好读书，以著述自娱，为文章典雅老成，敦修行谊，大负时望。生平事迹见《本朝分省人物考》卷二十二。

　　书前有方鹏自序，称此书续周是修《观感录》而作，凡三代以上及事迹显显著闻者不录，汉、唐以来人微而事隐，非世所恒见者则录

[①]　郭小娟：《〈忍经〉忍文化研究》，江南大学2010年硕士学位论文。

之，所以见人性之皆善云云。①

书中内容，以时代为次，卷一两汉、三国，卷二东西晋、南北朝，卷三隋、唐，卷四唐、五代，卷五、卷六宋，卷七、卷八南宋，卷九金、元，卷十元，卷十一、卷十二明。所采诸书，有正史，如《汉书》、《后汉书》、《三国志》、《晋书》、《南史》、《北史》、《周书》、《隋书》、《唐书》、《五代史》、《金史》、《元史》。又有杂史、笔记等，如《列女传》、《颜氏家训》、《自警编》、《仕学规范》、《梦溪笔谈》、《辍耕录》诸书。又有文集，如《蔡邕文集》、《李翱文集》、《欧阳詹文集》等。又有方志书，如《郡志》、《金陵志》、《会稽志》、《一统志》、《旧志》、《金华志》、《中都志》。又有文人所作碑传、祠记、行状等。

此本据湖北省图书馆藏明刻本影印。（王献松拟草）

灼艾集二卷续集二卷别集二卷余集二卷新集二卷
（明）万表辑

万表（？—1556），字民望，号九沙山人，鄞县（今属浙江宁波）人。正德间武进士，累官都督同知。表少好禅学，披衲入伏牛山，晓行见日出，忽大悟。嘉靖中王畿、罗洪先、唐顺之以理学名世，表与颉颃，晚自号鹿园居士。著有《学庸志略》、《论语心义》、《玩鹿亭稿》等书，又编纂《经济文录》、《济世良方》、《玄门入道》诸书。生平事迹见《本朝分省人物考》卷四十八。

是书初集后有万表识语，称山人废书久矣，乃以灼艾修暇，日涉诸说，凡有会于心者，辄手录之，不觉成帙，遂名之《灼艾集》

---
① 《续修四库全书》第1188册，上海古籍出版社2002年版，第121页。

云。[①]书前有万历二十九年（1601）钱养廉序，称是集用物虽弘，取材甚精云云。[②]

今考，此书杂取他书，抄缀而成。正集卷一抄自《唐语林》、《扪虱新话》、《鹤林玉露》、《涑水迂书》、《龙舒子》、《齐东野语》、《平江记事》、《尚论编》、《漫叟拾遗》、《南溪诗话》、《梦溪笔谈》、《全唐诗话》、《王子年拾遗记》、《省心录》、《芥隐笔记》、《因话录》、《吴礼部诗话》；卷二抄自《世说新语》、《霏雪录》、《南郭子》、《荆溪林下偶谈》、《自警编》、《谭子》、《续观感录》、《玄敬诗话》、《韵语阳秋》、《听雨纪谈》、《草木子》、《艾子》、《养生类纂》、《三余赘笔》。《续集》卷一抄自《鹳峰杂著》、《青箱杂记》、《桯史》、《宾退录》、《葆光录》、《卧游录》、《山家清事》、《本事诗》、《德隅斋画品》、《开元天宝遗事》、《幽闲鼓吹》、《刘宾客嘉话录》、《眉山文录》、《深雪偶谈》、《张太史明道杂志》、《松窗杂录》、《次柳氏旧闻》、《隋唐嘉话》、《人相编》、《蓉塘诗话》；卷二抄自《余冬序录》、《近峰闻略》、《侯鲭录》、《省约三书》、《康斋日记》、《白沙遗言》、《景行录》。《别集》卷一抄自《绿雪亭杂言》、《两湖麈谈录》、《海涵万象录》、《传信录》、《否泰录》；卷二抄自《双溪杂记》、《謇斋琐缀录》、《立斋闲录》。《余集》卷一抄自《杜阳编》、《畜德录》、《鹤林玉露》、《近代名臣录》、《丹铅余录》、《松窗寤言》；卷二抄自《自警编》、《震泽长语》、《郊外农谈》。《新集》上卷抄自《西征记》、《悬笥琐探》、《清溪暇笔》、《苏谈》、《清夜录》、《病逸漫记》、《夷白斋诗话》、《读书笔记》、《琅琊漫抄》、《檐曝偶谈》、《剪胜野闻》、《东谷赘言》、《西湖游览志余》、《彭文宪公笔记》；下卷抄自《冷斋夜话》、《碧里杂存》、《名臣经济录》。举以备参。

[①]《续修四库全书》第 1188 册，上海古籍出版社 2002 年版，第 227 页。
[②]《续修四库全书》第 1188 册，上海古籍出版社 2002 年版，第 191—192 页。

钱谦益《绛云楼书目》收录极矜慎，而此书有之，或者以为其善可知。然《四库全书总目》列入杂家类存目，称是编采辑唐、宋以来说部，每书只载一二条，或四五条，似曾慥《类说》，而详博则不及之云云。

此本据国家图书馆藏明万历二十九年万邦孚刻本影印。

困学篹言六卷　（明）李栻辑

李栻，字孟敬，号石龙，丰城（今江西丰城）人。嘉靖四十四年（1565）进士，官至浙江按察司副使。著有《惜阴稿》。生平事迹见《（万历）新修南昌府志》卷十七、《（康熙）江西通志》卷六十九。

前有隆庆四年（1570）李栻自序，称凡一言有所警省，有所感触，可资进修以为身心之益者，必取而识之，近代理学精切之言亦以附焉。① 又有隆庆四年（1570）蔡国熙序、万历二年（1574）刘伯生序。

是编六卷，分十二门：曰学问，曰立志，曰存心，曰精思，曰实践，曰谨言，曰敬事，曰求师，曰取友，曰读书，曰作文，曰举业。皆采摭古人议论近于讲学者，分类次叙。《四库全书总目》入杂家类存目，称"讲学"及于"作文"，抑已末矣；"作文"之外，又别立"举业"一门，其说尤未免于杂云云。然隆庆四年（1570）张学颜序称："首'学问'，以启其端；而次以'立志'，谓学必原于志也；次以'存心'，谓学当反诸心也；'精思'，思所学也；'实践'，践所学也；'谨言'以默识此学也，'敬事'以涵养此学也，'求师'以正此学也，'取友'以辅此学也；继之以'作文'、'读书'；附以'举业'，所以破俗学之弊，以约于正学也。由洙泗以及濂洛，自往代

---

① 《续修四库全书》第1188册，上海古籍出版社2002年版，第446—447页。

以及本朝，凡儒绅硕彦善行嘉言，取其体验于身心者，汇选为篇。入德之序，作圣之基，备于此矣。"又称是编撮众论之精华，翼圣学之宗旨，约而不遗，核而不杂，质之河汾《读书录》，当并传无疑云。[1]书后有万历二年（1574）马文炜《刻困学纂言后序》，亦称其明道之功。[2]

  此书有隆庆庚午刊本。此本据中国科学院图书馆藏明万历二年马文炜刻本影印。

初潭集三十卷　（明）李贽撰

  李贽生平见前《道古录》提要。

  其名曰初潭者，言落发龙潭时，即纂此书，故以为名。书前有李贽自序，称以《世说》合于《类林》，以少从多，以多现少，合而为连璧，虽志喜也，实志叹也。[3]

  书凡五类，卷一至卷四曰夫妇，卷五至卷八曰父子，卷九、卷十曰兄弟，卷十一至卷二十曰师友，卷二十一至卷三十曰君臣。以儒家五伦为类，每类之下，又各有子目，凡九十有七，子目之后，多有总论。此书为"世说体"小说总集，其内容则采自《世说新语》、《焦氏类林》，而重加编排，加以评语，短则数字，长则百十言，简短精炼，无长篇大论。"夫妇"篇前有《总论》一篇，倡夫妇为五伦之始，万物皆生于两之说，反对程朱理学以"天理"为根源之论。书中多诋毁道学之论，如卷十一"三释教"条曰："夫唯无才无学，若不以讲圣人道学之名要之，则终身贫且贱焉，耻矣，此所以必讲道学以为取

---

[1] 《续修四库全书》第 1188 册，上海古籍出版社 2002 年版，第 443—444 页。今按：馆臣未能对明代理学家言做到同情之理解，故妄下针砭。
[2] 《续修四库全书》第 1188 册，上海古籍出版社 2002 年版，第 515—516 页。
[3] 《续修四库全书》第 1188 册，上海古籍出版社 2002 年版，第 519—521 页。

富贵之资也。然则今之无才无学、无为无识,而欲致大富贵者,断断乎不可以不讲道学矣。"卷十九"六笃义"条称:"使明天子、贤宰相烛知其奸,欲杜此术,但不许嘱托,不许远嫌,又不许引称古语,则道学之术穷矣。"卷二十"二道学"条称:"道学,其名也,故世之好名者必讲道学,以道学之能起名也。无用者必讲道学,以道学之足以济用也。欺天罔人者必讲道学,以道学之足以售其欺罔之谋也。"撼假道学可也,撼真道学则不可也。卓吾不加区分,其勇可嘉,其志可悲矣。又有论三教合一者,如"三释教"条曰:"儒、释、道之学,一也,以其初皆期于闻道也,必闻道然后可以死,故曰'朝闻道,夕死可矣',非闻道则未可以死……今之欲真实讲道学,以求儒、道、释出世之旨,免富贵之苦者,断断乎不可以不剃头做和尚矣。"

《四库全书总目》列入杂家类存目,称大抵主儒释合一之说,狂诞谬戾,虽粗识字义者,皆知其妄,而明季乃盛行其书,当时人心风俗之败坏,亦大概可睹云云。四库馆臣排斥思想异端,攻之不遗余力焉。然今人对李贽之理学思想[1]、妇女观[2]皆颇为肯定。

此本据北京大学图书馆藏明万历间刻本影印。(王献松拟草)

宋贤事汇二卷 (明)李廷机辑

李廷机(1542—1616),字尔张,号九我,晋江(今福建晋江)人。万历十一年(1583)进士,官至礼部尚书、东阁大学士,谥文清。著有《通鉴节要》、《四书臆说》、《春秋讲章》等书。生平事迹见《明史》本传、《本朝分省人物考》卷七十一及廷机自撰《大学士李先

---

[1] 参见王忠阁:《论李贽〈初潭集〉对理学思想的批判》,《江汉论坛》2003年第3期。
[2] 参见甄静:《〈初潭集·夫妇〉中所体现的妇女观》,《河北北方学院学报》2013年第3期。

生自状》①。

首有廷机自序，称佩仕优则学之训，每以暇日观史，因见宋世风人材，颇类今日，其言论行事，往往有可为今日用者，因采而汇之云。②

是编杂采史书、说部所载宋人行事，卷上分诚实、廉介、澹泊、寡嗜欲、恬退有守、远器、气度、雅量、识见、公正、执持、担当、识体、慎重、凝定、镇静、荐擢、处事、应猝等十九类，卷下分政事、荒政、纪纲等二十四类，凡四十三类。多则数十条，少则一二条。

《四库全书总目》入杂家类存目，称明之季儒者如出一辙，此类亦可以观云云。

此书有明万历胡士容、袁熙臣刻本，明天启五年蔡善继、夏休生刻本。此本据南京图书馆藏明刻本影印。

焦氏类林八卷　（明）焦竑辑

焦竑生平见前《焦氏笔乘》提要。

书前有万历十五年（1587）王元贞序，称其编目则取于《新语》，而言自庖羲暨胜国云云。③又有万历十五年姚汝绍序，称以视刘氏所纂，虽至简少似不逮，然绝无叛道不经之谈；刘氏主在辅谈，弱侯欲以为训，意自各有攸存。④又有万历十五年李登序，称是编虽主采辑，非自发其所蕴，而托契神游，何人非我，一经编纂，便寄精

---

① 参见《国朝献征录》卷十七，明万历四十四年徐象橒曼山馆刻本。
② 《续修四库全书》第1189册，上海古籍出版社2002年版，第97—98页。
③ 《续修四库全书》第1189册，上海古籍出版社2002年版，第177—178页。
④ 《续修四库全书》第1189册，上海古籍出版社2002年版，第178—179页。

光云云。①焦竑自序云："庚辰读书，有感葛稚川语，遇会心处，则以片纸记之。甫二岁，计偕北上，因罢去残稿，委于篋笥，尘埃漫灭，不复省视久矣。李君士龙见之，谓其可以资文字之引用，备遗忘之万一也。乃手自整理，取《世说》篇目括之，其不尽者，括以他目。譬之沟中之断，文以青黄，则士龙之为也。"②

此书为"世说体"小说总集，凡八卷，分五十九类，其内容间或有与《世说新语》重复者。《四库全书总目》称皆非奇秘之文，故入杂家类存目。然周中孚称其书约而该，无庸考索，而子史艺文可一披阅间得之，惜其皆习见之书云云。③

此书有万历十五年王元贞刻本、《粤雅堂丛书》本。此本据北京大学图书馆藏明万历十五年王元贞刻本影印。

说郛续四十六卷 （明）陶珽编

陶珽，字葛阊，号稚圭，自称天台居士，姚安（今云南姚安）人。万历三十八年（1610）进士。官武昌兵备道、大名知府、永平知府。少有志于问学，游李卓吾之门，规言矩行，老而弥谨。著有《阆园集》。生平事迹见《姚安府志》、《云南通志》、《鸡足山志补》。

陶宗仪《说郛》，迄于元代，是编复杂抄明人说部五百二十七种以续之，其删节一如宗仪之例。此书四十六卷，前三十六卷已佚，此本存后十卷。如卷三十七抄《水品》、《煮泉小品》、《茶谱》、《茶录》

---
① 《续修四库全书》第1189册，上海古籍出版社2002年版，第180—181页。
② 《续修四库全书》第1189册，上海古籍出版社2002年版，第182页。
③ （清）周中孚著，黄曙辉、印晓峰标校：《郑堂读书记》，上海书店出版社2009年版，第963页。今按：关于此书之研究，参见胡翠变：《焦竑〈焦氏类林〉研究》，浙江师范大学2011年硕士学位论文。

等书，卷四十六抄祝允明《猥谈》、《语怪》，徐祯卿《异林》，田汝成《幽怪录》等书。《造邦勋贤录》载陶珽《续说郛》中，《四库提要》疑为伪托。《戊申立春考证》提要称陶珽《续说郛》亦载此书，但题曰《立春考证》，删其"戊申"二字，已为舛谬；又因云路字士登，遂误以邢云为地名，删此二字，但题曰"路士登撰"，益足资笑噱矣。

《四库全书总目》列入杂家类存目，称正、嘉以上，淳朴未漓，犹颇存宋、元说部遗意。隆、万以后，运趋末造，风气日偷，道学侈称卓老，务讲禅宗；山人竞述眉公，矫言幽尚。或清谈诞放，学晋、宋而不成；或绮语浮华，沿齐、梁而加甚。著书既易，人竞操觚，小品日增，卮言叠煽，求其卓然蝉蜕于流俗者，十不二三。珽乃不别而漫收之，白苇黄茅，殊为冗滥。至其失于考证，时代不明，车若水之《脚气集》以宋人而见收，鲜于枢之《笺纸谱》以元人而阑入，又其小疵云云。

此本据清顺治三年宛委山堂刻本影印。

云薖淡墨八卷　（明）木增辑

木增（1587—1646），字长卿，一字生白，号华岳，云南丽江土司，世袭土知府，以助饷征蛮功，晋秩左布政使。天启五年（1625）特给诰命，以旌其忠。隐遁玉龙山南麓"解脱林"，埋头读书写作。著有《云薖集》、《山中逸趣》、《芝山集》等书。生平事迹见《明史·土司传》。

书前有木增自序，称每于山居无事，触景写怀。[①]又有木增小引，称其篇中或言之有补于身心者，或言之有裨于事务者，抑或字音释

---

① 《续修四库全书》第1192册，上海古籍出版社2002年版，第389页。

义，有藉于考证者，悉择而录之，至若此书未尽，偶见之于他书者，猥以己意足之。①

命其篇曰《淡墨》，盖取谚语"广记之不如淡墨"。木增好读书，多与文士往还。此书盖其随笔摘抄之本。《四库全书总目》列入杂家类存目，称其书大抵直录诸书原文，无所阐发，又多参以释典道藏之语，未免糅杂失伦，特以其出自蛮陬，故当时颇传之云。阮元《文选楼藏书记》卷五称此书采摘群书故事，以资考证云云。

此本据明崇祯十一年木懿乔等刻本影印。

昨非庵日纂二十卷二集二十卷三集二十卷
（明）郑瑄辑

郑瑄，字汉奉，号昨非庵居士，闽县（今属福建福州）人。崇祯四年（1631）进士，知嘉兴府，迁宁绍副使，累擢大理寺卿，官至应天巡抚。唐王时，入为大理卿，擢工部尚书。生平事迹见《（道光）福建通志》卷一百九十七。

《千顷堂书目》小说类著录，《四库全书总目》入子部杂家类。此书为"世说体"小说总集，皆记古人格言懿行，凡二十卷。每卷为一类，凡宦泽、冰操、种德、敦本、诒谋、坦游、颐真、静观、惜福、汪度、广慈、口德、内省、守雌、解纷、悔过、方便、径地、韬颖、冥果二十类。每类各为小引。《二集》、《三集》分类同。其书凡例云："兹编事不炫奇僻，语不求绮奥，取其有关世教、伦常、修德、释回，足当迷津一筏者，即习闻习睹，不妨录存。"明徐石麒《可经堂集》卷六《日纂引言》称，其书或拾训言，或标行事，或类名物，

---

① 《续修四库全书》第1192册，上海古籍出版社2002年版，第405—408页。

或举经济，或理情性，或吐膈臆，大率要归于俪仁让义、务本节用。

书前有郑瑄自序，称横搜典籍，旁逮稗野，以至名公之训诫，时贤之著述，其中懿行嘉言，芳规覆辙，睹记不一，反而自镜，皆己事之韦弦，因采其得失攸关者，编为二十类，曰《昨非庵日纂》云。[①]又有顾锡畴序，称二十类具在扶颓俗，醒凡心，以此起教化而正人心；郑子之书，而天下后世德行之门云云。[②]崇祯十六年（1643）钱谦益《昨非庵日纂三集序》称此书则公之《难经》、《脉经》与其《验方》也。[③]检《清代禁毁书目四种》，有《昨非庵日纂》之名："查《昨非庵日纂三集》，系明郑瑄撰，其书前有钱谦益序文，应请抽毁。"

明萧士玮《陶庵杂记》称所集皆行己宝啬、惜福却老之事，与《迪吉录》相为表里，读之醒目，觉此书尤快慊云。然《四库全书总目》称其议论佻浅，征引亦多杂糅，"冥果"一类，皆出小说家言，往往荒诞不足信，尤不可为典要云云。

此本据明崇祯间刻本影印。此书又有康熙间刻本，删去"颐真"、"守雌"二目，各类中条目亦有删节。

尧山堂外纪一百卷　（明）蒋一葵编

蒋一葵，字仲舒，号石原居士，常州（今江苏常州）人。万历甲午（1594）举于乡，再上春官不第，除广西灵川令，后迁任京师指挥使。著有《尧山堂偶隽》、《长安客话》等书。生平事迹见《粤西文载》卷六十六。

[①]《续修四库全书》第1193册，上海古籍出版社2002年版，第17—19页。
[②]《续修四库全书》第1193册，上海古籍出版社2002年版，第4—8页。
[③]（清）钱谦益著，（清）钱曾笺注，钱仲联标校：《牧斋初学集》卷四十，上海古籍出版社2009年版，第1074页。

此书取纪传所载轶闻琐事，择其事迹稍僻者，辑为一编。上起远古，下迄明代，每代俱以人名标目。书前有万历二十六年（1598）一葵《尧山堂外纪颠末》，称载有正集不录，录散见于稗官野史不经人见也者。① 一葵自序称尧山堂为其读书堂名。又有万历三十三年（1605）张大光序、万历三十四年（1606）吴奕序。张序称其书大者词事俱绝，细小者谈言微中云云。②

《四库全书总目》入杂家类存目，称其书雅俗并陈，真伪并列，殊乏简汰之功；至以明诸帝分编入各卷之中，尤非体例云云。虽中其失，然又过于拘守正统观念。现代史家谢国桢甚重其书，称此书足与田艺蘅《留青日札》齐名，一记明代朝野掌故，一记历代诗文逸事，同为明代稗乘中之上选。见其所辑历代文人遗事，撷拾古人诗词佳句，极为赅博，以其多为流俗传闻之事，故不理于明、清士大夫之口。实则自明以至清季，尚无统记历代文学源流掌故之书，有之，亦一鳞半爪之作。惟此书杂记历代文学源流，洋洋洒洒，可作中国文学史读也，研究文学史者亦应取材于是。惟著者宗瞿宗吉之遗风，故于世俗流传，如苏轼、秦观、陆游、关汉卿、马致远、瞿佑、解缙等人遗事谀闻，捃辑颇备，至其记元代词山曲海之作，尤曲尽其详，元代文学赖兹以传。惟作者之旨，专在搜揽市井通俗文学，然不采民歌民谣，劳人思妇之辞，则囿于缙绅士大夫之传统思想，犹存文士之积习，其卓视远见尚在冯梦龙之下。且其书真伪杂陈，不加鉴别，如苏东坡、解学士等人之遗闻风说，以讹传讹之事所在皆是，其他各家传说，亦难以缕举云云。③ 阮元《文选楼藏书记》称是书纪古帝王名臣轶事。论者以为此书有关戏剧小说

---

① 《续修四库全书》第1194册，上海古籍出版社2002年版，第1—3页。
② 《续修四库全书》第1194册，上海古籍出版社2002年版，第3—4页。
③ 谢国桢：《江浙访书记》，上海书店出版社2004年版，第182—183页。

材料甚富。①

此书有明万历刻本。此本据明刻本影印。

古今谭概三十六卷　（明）冯梦龙辑

冯梦龙（1574—1646），字犹龙，又字子犹，号墨憨斋主人，长洲（今属江苏苏州）人。贡生。官至福建寿宁县知县。顺治三年（1646）忧愤而死。著有《三言》、《智囊》等书。生平事迹见《（同治）苏州府志》卷八十一。

书前有梅之熉惠连序，称其书罗古今于掌上，寄《春秋》于舌端，美可以代舆人之诵，而刺亦不违乡校之公云云。②

此书凡三十六卷，每卷一部，凡三十六部，曰迂腐、怪诞、痴绝、专愚、谬误、无术、苦海、不韵、癖嗜、越情、佻达、矜嫚、贫俭、汰侈、贪秽、鸷忍、容悦、颜甲、闺诫、委蜕、谲知、儇弄、机警、酬嘲、塞语、雅浪、文戏、巧言、谈资、微词、口碑、灵迹、荒唐、妖异、非族、杂志。每卷之前，皆有识语，略述此部大旨。如"迂腐"部曰："天下事被豪爽人决裂者尚少，被迂腐人担误者最多，何也？豪爽人纵有疏略，譬诸铅刀，虽钝尚赖一割。迂腐则尘饭土羹而已，而彼且自以为有学有守，有识有体，背之者为邪，斥之者为谤，养成一个怯病，天下以至于不可复，而犹不悟，哀哉！虽然，丙相、温公自是大贤，特摘其一事之迂耳。至如梁伯鸾、程伊川所为，未免已甚。吾并及之，正欲后学大开眼孔，好做事业，非敢为邪为谤也。"其书借古讽今，如"元诞不贪"条曰："元诞为齐州刺史，在

---

① 参见张震育：《〈尧山堂外纪〉戏曲小说资料考察》，《江南大学学报》2002年第2期。
② 《续修四库全书》第1195册，上海古籍出版社2002年版，第203—204页。

州贪暴。有沙门为诞采药还,诞曰:'师从外来,有何得?'对曰:'唯闻王贪,愿王早代。'诞曰:'齐州七万家,吾每家未得三升钱,何得言贪?'""世事相反"条曰:"今世人事亦有相反者——达官不忧天下,草莽之士忧之;文官多谈兵,武官却不肯厮杀;有才学人不说文章,无学人偏说;富人不肯使钱,贫人却肯使;僧道茹荤,平人却多持素;闾阎会饮却通文,秀才却粗卤;有司官多裁豪,乡宦却把持郡县;官愈尊则愈言欲退休,官愈不达则愈自述宦迹。"此书材料赅博,分类精当,其间按语评论尤具卓识矣。①

此本据明刻本影印。

倘湖樵书十二卷 (清)来集之辑

来集之(1604—?),字元成,号倘湖,又号椎道人,萧山(今属浙江杭州)人。崇祯十三年(1640)进士,官安庆府推官。清兵南下,与绍兴府官于颖率师御之。事败,以高隐终。著有《读易隅通》、《卦义一得》、《易图亲见》、《春秋志在》等书,又自作杂剧六种,仅《两纱剧》、《挑灯剧》传世。生平事迹见《明诗纪事》卷二十一、《(康熙)萧山县志》卷十八、《清人诗集叙录》卷二。

书前有康熙二十二年(1683)毛奇龄序,称其书不分部类门目,而任取一类之中、一目之内,胪其事之可相发者,鳞次栉比,集事以资用,考义以资辨,类事而无方,比义以广异,此诚伐山之能事,折竹所未逮云云。②又有康熙二十一年(1682)集之自序。

此书十二卷,初编六卷,二编六卷,皆采摭唐、宋、元、明诸

---

① 参见徐振辉:《编纂高手 评论大师——从〈古今谈概〉看冯梦龙的编辑成就》,《河南大学学报》1993年第3期。
② 《续修四库全书》第1195册,上海古籍出版社2002年版,第607—609页。

家之说，以类相从，排纂其文，而总括立一标目，或杂引古书而论之，或先立论而以古书证之，征摭繁富，颇有考证之处。《四库全书总目》列入杂家类存目，称其书细大不捐，芜杂特甚，亦多有迂僻可笑者。

此书稿本藏浙江图书馆。此本据上海图书馆藏清康熙间倚湖小筑刻本影印。①

寄园寄所寄十二卷　（清）赵吉士辑

赵吉士（1628—1706），字天羽，号寄园，钱塘（今属浙江杭州）人，占籍休宁（今安徽休宁）。顺治八年（1651）中举，官至户科给事中，又受命勘河，因不称旨而罢官。著有《续表忠记》、《牧爱堂编》、《万青阁集》等书。生平事迹见《清史稿》卷四百七十六、《清史列传·循吏传》、《国朝耆献类征》卷一百三十三、朱彝尊《朝议大夫户科给事中降补国子监学正赵君吉士墓志铭》、《国朝诗人征略》卷一、《清人诗集叙录》卷八。

书前有赵士麟序，称其书言必有据，事必有征。②又有汪灏《读寄园寄所寄志略》，称此编虽采掇类殊，巨细兼该，庄谐互见，读之者或目为经史羽翼云云。③又有自撰凡例十四则。

是编采掇诸杂说部，并附以己所闻见者，分十二门：曰《囊底

---

① 此本与康熙二十二年倚湖小筑刻本《博学汇书》相校，两书内容完全相同，且两书所用为同一套书版，断版等特征均一致，卷前毛奇龄序、来集之自序亦同。从版刻情况看，《博学汇书》刷印在前，而《倚湖樵书》改版在后。四库馆臣未察，误将它们作为两种不同的书收入存目。详参沈津主编：《美国哈佛大学哈佛燕京图书馆藏中文善本书志》第3册，广西师范大学出版社2011年版，第1142页。
② 《续修四库全书》第1196册，上海古籍出版社2002年版，第477—482页。
③ 《续修四库全书》第1196册，上海古籍出版社2002年版，第483页。

寄》，皆智数事，下列经济、智术、警敏、技巧四目；曰《镜中寄》，皆忠孝节义事，列忠、孝、悌、义、正气、廉介、宽厚、见色不乱诸目；曰《倚杖寄》，述山川名胜，列岳渎、名胜、大好山水三目；曰《捻须寄》，为诗话，列诗原、诗话、乩诗三目；曰《灭烛寄》，谈神鬼，列鬼、怪等目；曰《焚麈寄》，为格言，列座箴、胜国遗闻等目；曰《獭祭寄》，杂录故实，列天时、人物、人事、物理等目；曰《豕渡寄》，考订谬误，列物类误、习语误、称谓误；曰《裂眦寄》，记明末寇乱及殉寇诸人，列流寇琐闻、殉寇诸贤等目；曰《驱睡寄》，可为谈助者，列狂士、勇侠、定数等目；曰《泛叶寄》，皆徽州佚闻，列新安理学、故老杂记等目；曰《插菊寄》，皆谐谑事，列笑柄、笑谈二目。所载古事十之二三，明季事十之七八。采掇颇富，而雅俗并陈，真伪互见，第成为小说家言而已。

周中孚称所载大都明季之事，而古事亦间及之，凡属生平所历，偶有触者辄附于末，以见世间事原有两相符合处，虽采掇类殊，于人心世教必拳拳焉，故与凡为小说者异焉。[1]论者以为此书凸显徽州文化，如《倚杖寄》详述徽州山水文化、农业文化，《泛叶寄》则细述徽州宗族文化。[2]

此本据清康熙三十五年刻本影印。

退庵随笔二十二卷 （清）梁章钜撰

梁章钜生平见前《归田琐记》提要。

书前有道光十七年（1837）章钜自序，称初无成书义例，取而

---

[1] （清）周中孚著，黄曙辉、印晓峰标校：《郑堂读书记》，上海书店出版社2009年版，第965页。
[2] 徐和阳：《〈寄园寄所寄〉与徽州文化》，《赤峰学院学报》2012年第8期。

整比之，以类聚，以卷分，则凡可以劝善黜邪、订讹砭惑者，咸具焉。①书后有曾钊跋，称其议论平正通达，切实有用，学与时进，又能虚心从人。②

是编二十二卷，分躬行、交际、文学、武备、生理、官常、政事、家礼、家诫、读经、读史、读子、学文、学诗、学字十五门。凡立身应物、经国持家、文事武备，皆衷之于经，证之于史，参以先贤格言、师友绪论，而断以己意。大凡以仁恕为心，以劝善黜邪、订讹砭惑为宗旨。若躬行、交际、政事、家礼、家诫诸端，则能抒一己之见。文学一门，则历举先贤读书之法，而示人以切实工夫。读经、读史、读子、学文、学诗、学字诸门，则历叙学术源流，示以门径。

今考，读经、读史、读子、学文诸类所论，多采之《四库提要》。③录以备参。

此书有道光十六年李廷锡刊二十卷本、道光十九年桂林重刊本（即阮元增删本）、其子恭辰补刊二十二卷本、光绪元年《二思堂丛书》本。此本据山东省图书馆藏清道光间刻本影印。

篷窗随录十四卷附录二卷续录二卷　（清）沈兆沄辑

沈兆沄（？—1886），字云巢，号拙安，天津（今天津）人。嘉庆二十二年（1817）进士，官至浙江布政使。卒谥文和。著有《捕蝗备要》、《易义辑闻》、《义利法戒录》等书。生平事迹见《（光绪）重修天津府志》、《清秘述闻续》卷三、《东华续录》及邹钟《沈文和公传》。

书前有咸丰二年（1852）兆沄自序，又有咸丰七年（1857）蔡

---

① 《续修四库全书》第1197册，上海古籍出版社2002年版，第173页。
② 《续修四库全书》第1197册，上海古籍出版社2002年版，第465页。
③ 徐德明：《清人学术笔记提要》，学苑出版社2004年版，第135页。

懋镛序、黄辅辰《书云巢廉访篷窗录后》、宗稷辰《奉题篷窗录》、《自题篷窗录》。《续录》前有咸丰九年（1859）兆沄自序，称往岁督运多暇，辄取国朝人文集翻阅，摘其有关吏治、学术、知人论世者，抄篋衍，其习见脍炙人口者不录，议论创而意见偏者概从弃置。[①]

此书前有总目录，各卷之前有详目，卷一为颂，卷二为表、歌、赋，卷三至六为疏，卷七为折，卷八为论，卷九为议，卷十为考、辨、说，卷十一为序、记、书，卷十二为传，卷十三为书事、书后，卷十四为杂著，末有附录二卷。

《霞外捃屑》卷六称此书乃督运往还，取国朝诸家文，随笔抄撮而成，分颂、表、歌、赋、疏、折、论、议、考、辨、说、叙、记、书、传、书事、书后、杂著十八体，所录凡七十家。凡例云所录皆有关学术、政治，兼及人物考证，稍涉俳优者概不录，故于直隶水利、河道诸篇甄录最夥，以吴漕帅邦庆《畿辅水利私议》一篇为最。《经世文编》未收，当由魏源未见。又称《续录》二卷参差不齐，与前录不画一，盖随时信笔，非为著述云云。

此本据清咸丰七年刻本影印。

茶香室丛钞二十三卷续钞二十五卷三钞二十九卷四钞二十九卷 （清）俞樾撰

俞樾生平见前《春在堂随笔》提要。

茶香室者，俞樾之妻姚夫人所居室名。书前有光绪癸未（1883）俞樾自序，称精力益衰，不能复事著述，而块然独处，又不能不以书籍自娱，偶踵夫人故智，遇罕见罕闻之事，亦以小纸录出之，积岁余

[①] 《续修四库全书》第1198册，上海古籍出版社2002年版，第60页。

得千有余事，不忍焚弃，编纂成书。①

此书四编，皆为其晚年遣日之作。上至经史，下迄委琐，无不赅备，且取材在宋、元、明、清四朝人札记中。虽寡奇书秘籍，然取菁拾华，不苟不滥。分卷而不分纲目，实亦隐别以部居，如卷一为经，卷二为史，以下则为子、为集。各部之中复以类从，如卷一之经，则始以《易》，继之以《书》、《诗》、《春秋》、《礼》、《四子书》等书。亦有前后互见者。

李慈铭称其多有心得，可资谈助，多可资异闻。②刘咸炘称其书记异义、异事、琐事、俗事、神事，亦间及古典，多引故书，少下论断，而抄撮参证之功要不可没，非可与他随抄陈言者同论。③然叶昌炽《缘督庐日记钞》卷三称所采书籍及于《郎潜纪闻》，可谓不惮烦云云。

此本据光绪二十五年《春在堂全书》本影印。

汉魏遗书钞一百十四卷　（清）王谟辑

王谟（1731—1817），字仁圃，一字汝麋，自号汝上老人，金溪（今江西金溪）人。乾隆四十三年（1778）进士，授建昌府学教授。辑成《读书引》、《江西考古录》、《豫章十代文献略》，著有《夏小正传笺》、《大戴礼公符篇考》、《增订汉魏丛书》等书。生平事迹见《清史列传》卷六十八、《金溪县志》。

其《汉魏遗书钞序》曰："《隋》、《唐》二志所载四部书目，有传本行世者，不过数百种，其已消沉磨灭化为乌有者，不可胜数。若

---

① 《续修四库全书》第1198册，上海古籍出版社2002年版，第149页。
② （清）李慈铭：《越缦堂读书记》，上海书店出版社2000年版，第722页。
③ 刘咸炘：《内景楼检书记·子类》，《推十书》丁辑第2册，上海科学技术文献出版社2009年版，第582页。

其书虽亡，而尚有零篇断简、单辞只句散见他书者，正赖有好事者采而辑之，犹可存十一于千百。谟不揣愚陋，窃按《隋》、《唐》二志门类，分别搜讨，日抄月纂，铢累寸积，始得四五百种。"①此书起阮籍《乐论》，迄于石经，每种首列序录，次列辑本。所辑多为汉魏时期佚书，间有隋代佚籍。

王谟原拟将所辑佚书分"经翼"、"别史"、"子余"、"载籍"四大类雕印。约至嘉庆十一二年间，方复雕毕印行。时倾心于汉唐地理佚书之辑佚，"别史"、"子余"、"载籍"三类辑稿遂不复整理。《汉魏遗书钞》所收辑佚书仅一百种，故又称《经翼钞》，另外三类辑稿未能刊印，后遂亡佚。其辑佚特点有四：按录钩索，分类探求；博览群书，广泛搜讨；综合排比，编次整理；考辨订正，相互校勘。②王辑颇有不足之处：辑文所注出处不够详明，校勘不甚精细，所据多非善本。③

此本据复旦大学图书馆藏清嘉庆三年刻本影印。

经典集林三十二卷 （清）洪颐煊辑

洪颐煊生平见前《读书丛录》提要。

颐煊平生所辑古佚书，总名曰《经典集林》，凡三十种三十二卷。卷首有《经典集林总目》一卷，一一为之解题。嘉庆间，孙冯翼刊入《问经堂丛书》，承德孙彤校订，传本甚稀。其后陈乃乾据以影印，得以广为流布。其详目为：《归藏》、《春秋决狱》、《石渠礼论》、《丧服变除》、《五经通义》、《五经要义》、《六艺论》、《春秋土地

---

① 《续修四库全书》第1199册，上海古籍出版社2002年版，第389—390页。
② 褚赣生：《王谟及其文献辑佚活动评述》，《文献》1987年第2期。
③ 曹书杰：《中国古籍辑佚学论稿》，东北师范大学出版社1998年版，第154页。

名》、《汲冢琐语》、《楚汉春秋》、《茂陵书》、《别录》、《七略》、《蜀王本纪》、《汉武故事》、《郑玄别传》、《临海记》、《子思子》、《公孙尼子》、《鲁连子》、《太公金匮》、《氾胜之书》、《黄帝问玄女兵法》、《灵宪》、《浑天仪》、《师旷占》、《范子计然》、《梦书》、《白泽图》、《地镜图》。内有多种古佚书为其首辑，如《楚汉春秋》、《蜀王本纪》、《别录》、《七略》等书。所辑《范子计然》、《氾胜之书》、《灵宪》、《浑天仪》，皆为极重要之科技文献。

《经典集林》系综合性辑佚丛书，虽不完备，然开清代私家辑佚之先河。严可均特撰《书经典集林后》，为之鼓吹。①

此本据上海图书馆藏清嘉庆间《问经堂丛书》刊本影印。

玉函山房辑佚书七百三十九卷　（清）马国翰辑

马国翰（1794—1857），字词溪，号竹吾，历城（今属山东济南）人。道光十二年（1832）进士，历任陕西洛川、石泉、云阳等地知县，自十八年乞假家居凡五年，二十四年复出，授陇州知府，后引疾归。著《玉函山房全集》凡十二种四十卷。生平事迹见《（道光）济南府志》卷四十二。

相传《玉函》为章宗源所辑，国翰购得其稿，易以己名，攘为己有。孙星衍《五松园文稿》宗源传，称其积十余年，辑录唐宋以来亡佚古书盈数箧，自言欲撰《隋书经籍志考证》，书成后，此皆糟粕，可鬻之云云，所传似本于此。然蒋式珵《守拙斋初稿·书玉函山房辑佚书后》、杨守敬《增订丛书举要》卷五十八、胡玉缙《许庼经籍题

---

① 参见（清）严可均：《铁桥漫稿》卷八，清道光十八年四录堂刻本。严氏称洪颐煊为"浙士之善读书者"。

跋》皆为之辨诬。

书前有同治十三年（1874）匡源序，称其遍校唐以前诸儒撰述，其名氏、篇第列于史志及他书可考者，广引博征，自群经注疏、音义，旁及史传、类书，片辞只字，罔弗搜辑。六百卷内，惟经编为稍全，史编则所得仅八卷，子编自儒家、农家外俱无目，颠倒舛错，漫无条理。盖当时随编随刊，书未成而先生卒，故其体例未能划一云云。①

此书凡七百三十九卷，旁搜远绍，引书不下四百种，而又各注出处，足以津逮后学。今考，其中亦有未可据信及不宜收而收者。如《齐诗传》、《论语周氏章句》皆不可信。《孔子三朝记》一卷，全载《大戴礼》中，本非佚书；《长孙氏说》一卷，取今所传伪《古文孝经》，单录其第二十二章"闺门之内具礼矣乎"二十三字，本不足信；《程曾章句》一卷，其书绝不见著录，皆不宜收。②

此书因人成业，辑录不全，考订不精，体例不纯，贪多务博，重复支离，皆属可议。然李慈铭亦称其寻拾奇零，综理微密，虽多以《经义考》、《绎史》、《古经解钩沉》及《二酉堂丛书》等为蓝本，而博稽广搜，较之王谟《汉魏遗书钞》，详略远判。③

今传《玉函山房辑佚书》有清刻印本五种，即道光二十九年初刻本、同治间济南补刊本、光绪九年娜嬛馆刻本、光绪十五年蒋式瑆刻本、光绪十五年绣江李氏刊本，各本多寡不一。此本据光绪九年娜嬛馆刻本影印。

---

① 《续修四库全书》第1200册，上海古籍出版社2002年版，第451—452页。
② （清）李慈铭：《越缦堂读书记》，上海书店出版社2000年版，第828—829页。
③ （清）李慈铭：《越缦堂读书记》，上海书店出版社2000年版，第828页。

玉函山房辑佚书续编二百七十三卷 （清）王仁俊辑

王仁俊（1866—1913），字捍郑，号籀许，吴县（今属江苏苏州）人。光绪十八年（1892）进士，任宜昌知府、苏州存古学堂教务长，至京师任学部编译图书局副局长兼大学堂教习。早年师从俞樾，喜辑述之学，辑有《玉函山房辑佚书续编》、《玉函山房辑佚书补编》、《经籍佚文》、《十三经汉注四十种辑佚书》、《小学钩沉补》等书，著有《辽史艺文志补证》、《西夏艺文志》、《汉书艺文志校补》等书。生平事迹见阙铎《吴县王捍郑先生传略》。

是编成书于光绪二十年（1894），涉书二百七十七种，分经、史、子三编，经编一百五十三种，史编四十种，子编八十四种。书前有仁俊自序，云："历城马氏国翰辑唐以前佚书，凡五百八十余种，为卷六百有奇。其有目无书者阙四十余种，其散见各叙，所谓已有著录者，如陆希声《周易传》之类，九种，今亦无之。匡君源所谓待后之君子搜补焉。仁俊幼嗜搜辑奇书硕记，露抄雪纂，马编之外，时有弋获。忆自戊子之春，洎乎甲午之秋，多历年所，盖尝西游鄂渚，南浮岭峤，北陟幽燕，水陆轮蹄，捆载此稿，引申触悟，发箧密书。凡《古逸丛书》刻于日本，《大藏音义》传于洛东狮谷，获睹异册，旁引秘文，日事掊撷，遂成斯编。揆厥名类，不在马后，仍题《玉函》者，依元例也；称《续编》者，别于马书之《补编》也。"[1]其编排分类仍依马氏书原例，每种题为一卷，不过零言碎语，少则一条，多则不过十数条，贪多求全，亦在所难免。其例先辑录佚文，后加按语，间附录他人考证结论。拾遗补缺，材料来源广博，且一一注明出处，

---

[1]《续修四库全书》第1206册，上海古籍出版社2002年版，第1页。

间有按语，可谓马氏之功臣也。

此本据上海图书馆藏稿本影印。

玉函山房辑佚书补编一百三十九卷 （清）王仁俊辑

王仁俊生平见前《玉函山房辑佚书续编》提要。

成书于光绪二十年（1894），于《玉函山房辑佚书》之外，辑补漏佚。每种题为一卷，实为片言碎语，书中所辑《晋抄》文字较其他各种为多。所收绝大部分为史部佚书，如《汉武故事》、《魏文帝杂事》、《后汉抄》、《晋阳抄》、《魏略》、《康部抄》、《吴书抄》、华峤《后汉书》、谢承《后汉书》、袁崧《后汉书》、王隐《晋书》、臧荣绪《晋书》、王智深《宋书》、《秦书》、《赵书》、《晋阳秋》、《晋中兴书》、《晋中兴征祥书》、《晋录》、《晋抄》、刘谦之《晋纪》、《晋起居注》、《宋起居注》、《梁起居注》、《梁天监起居注》、《梁大同起居注》、《宋纪》、《蜀王本纪》、《前燕录》、《南燕录》、《北燕录》、《后燕录》、《蜀录》、《后蜀录》、《前赵录》、《后赵录》、《西秦录》、《前秦录》、《后秦录》、《前凉录》、《三十国春秋》、《括地图》、《地图》、《舆地志》、《括地志》、《十三州志》、《吴录》、《太康地志》、《宋永初山川记》、《九州记》、《襄阳记》、《湘州记》、《湘中记》、《湘水记》、《荆州记》、《荆州图经》、《兴军国图经》、《朗州图经》、《衡州图经》、《汉阳郡图经》、《江源记》、《湖南风土记》、《沅州记》、《十道记》、《郡国县道记》、《武昌县记》、《武陵源记》、《洞庭记》、《始兴记》、《桂阳记》、《楚地记》、《麓山记》、《南岳记》、《山川记》、《神境记》、《荆南志》等。此书于《玉函山房辑佚书》之外，辑补漏佚，体例亦一如《续编》。吉光片羽，尤为可珍，不可以碎片轻忽之。

此本据上海图书馆藏稿本影印。

黄氏逸书考二百九十一卷附十一卷　（清）黄奭辑

黄奭（1809—1853）[①]，字右原，甘泉（今属江苏扬州）人。出身于扬州盐商之家，家宅即为扬州个园。道光十二年（1832）得钦赐举人。十五年（1835），会试不第，以捐官而签发刑部任职。十八年（1838），丁父忧去职。此后捐弃仕途，专心问学，以辑刊古佚书为业，与马国翰并称清代辑佚两大家。生平事迹见《清史列传·儒林传》。

是书分四类：属经学者，名《汉学堂经解》；属纬书者，名《通纬》；属子史者，名《子史钩沉》；属郑氏学者，名《通德堂经解》，又名《高密遗书》。总其名曰《黄氏逸书考》。今传本或题作《汉学堂丛书》，盖沿袭张之洞《书目答问》之误。黄氏辑佚，多从汉、晋、唐义疏及子、史注中摘出，兼及类书（如《北堂书钞》、《初学记》、《群书治要》、《太平御览》等），历年既久，遂成巨帙。其毕生精力，尽萃于此，同邑大儒陈逢衡（穆堂）襄助其事，详为雠校。每成一种，旋即付刊，只印样书一部，以备校对之用，亦有刊毕未经印样者十余种。全部辑稿尚有部分未及刊毕，时逢咸丰三年（1853）二月太平军攻占扬州，黄氏举家避乱乡居，黄奭旋捐馆舍，其书版藏于樊汊镇僧舍，然寺僧不知护惜，复散失数十种。厄于兵燹，此为一例。[②]

书前有乙丑（1925）王鉴识语，又有民国二十六年（1937）朱长圻、叶仲经序。长圻称黄奭出江藩门下，阮元尤甚称之，故其著述博赡有根柢，此书网罗至数十百种，尤极翔洽云云。[③] 今核其辑本，

[①] 参见曹书杰：《黄奭生卒考》，《东北师大学报》1989 年第 6 期。
[②] 参见冀叔英：《黄奭对辑佚工作的贡献》，《北京图书馆馆刊》1992 年第 1 期。
[③] 《续修四库全书》第 1206 册，上海古籍出版社 2002 年版，第 335 页。

大都比较规范，所辑佚文皆注明出处，间有考辨，然亦有照录照刻前人旧辑本且不署名者，未免欺世盗名之嫌。

此书生前未及印行。今传印本有三种：题名《汉学堂丛书逸书考》二种，收书之数亦不同，以民国二十三年至二十六年朱长圻刊本收书较多，共二百八十五种；题名《汉学堂知足斋丛书》一部，藏于国家图书馆，凡八十种，所收古佚书又有朱氏补刊本《黄氏逸书考》之外者。此本据清道光黄氏刻、民国二十三年朱长圻补刻本影印。

经籍佚文一百二十一卷　（清）王仁俊辑

王仁俊生平见前《玉函山房辑佚书续编》提要。

此书专门辑补现存古籍或佚书古辑本缺脱之文，分为经、史、子、集四编，经编有《尚书》、《公羊》、《礼记》、《尔雅》、《周书》、《书大传》、《易乾凿度》、《易通卦验郑注》、《韩诗外传》、《春秋繁露》、《小尔雅》、《方言》、《广雅》，史编分《史记》、《汉书》、《续汉书》、《三国志》、《晋书》、《南史》、《北史》、《北齐书》、《梁书》、《国语》、《国策》、《家语》、《山海经》、《竹书》、《晏子春秋》、《吴越春秋》、《十六国春秋》、《越绝书》、《汉官仪》、《华阳国志》、《御史台记》，子编为《风俗通》、《孙子》、《司马法》、《六韬》、《慎子》、《商君书》、《韩非子》、《素问》、《尹文子》、《墨子》、《鬼谷子》、《鹖冠子》、《吕氏春秋》、《荀子》、《老子》、《庄子》、《淮南子》、《独断》、《说苑》、《新序》、《中论》、《列女传》、《新论》、《论衡》、《元城语录》、《氾胜之书》、《潜夫论》、《田家五行志》、《太玄》、《琴操》、《要术》、《农桑食衣撮要》、《抱朴子》、《乾馔子》、《高士传》、《文士传》、

《博物传》、《襄阳耆旧记》、《三辅黄图》、《陈留耆旧传》、《九国志》、《水经注》、《寰宇记》、《三秦记》、《神异经》、《三齐记》、《南越志》、《会稽记》、《列仙传》、《临海异物志》、《岭表录异记》、《十道志》、《白泽图》、《宣室志》、《南方草木状》、《北梦琐言》、《西吴枝乘》、《南唐近事》、《异苑》、《吴地记》、《桂海虞衡志》、《玉堂嘉话》、《玉堂闲话》、《朝野佥载》、《豹隐纪谈》、《后山丛谈》、《三水小牍》、《志林》、《语林》、《小说》、《杂说》、《嘉话录》、《闻奇录》、《述异记》、《资暇录》、《启颜录》、《河东记》，集编仅为《嵇中散集》、《陆士衡集》。每种所得缺脱之文多寡不等，少者仅十数字，多者如《桂海虞衡志佚文》，多达七千余字。每条后加按语，考其与今本文字之异同，阐微挈领，颇裨参稽。间有小序，如《尚书逸文辑补序》详述其辑佚源流，说明补辑之原委。[①] 书前有仁俊识语。

此本据上海图书馆藏稿本影印。

---

① 参见张升：《王仁俊的辑书》，《江苏图书馆学报》1996年第4期。

附录　作者简历

个人简介

马朝军（身份证用名），笔名司马朝军，汉族，祖籍湖北公安，生于湖南南县。

1986年9月——1990年6月，武汉大学中文系学习。

1990年7月——1998年8月，湖南省委工作。

1998年9月——2001年6月，武汉大学信息管理学院，攻读古典文献学博士学位。

2001年7月——2003年6月，复旦大学中国语言文学博士后。

2003年7月——2008年10月，武汉大学信息管理学院副教授。

2008年11月——2011年10月，武汉大学信息管理学院文献学教授、国学院经学教授，担任文献学与经学方向博士生导师。

2008年11月，评为四级教授。

2010年11月，升为三级教授。

2011年11月至今，武汉大学中国传统文化研究中心专门史教授、国学院经学教授，担任专门史、经学及文献学方向博士生导师。

2013年12月，荣膺武汉大学珞珈特聘教授。

研究领域

1. 四库学研究

2. 文献学研究

3. 经学与经学史研究

4. 中国学术史研究

开设课程

1. 文献学概论（本科核心课程）

2.《四库全书》与中国文化（全校本科通识课程）

3. 文史工具书（本科核心课程）

4. 文献学专题研究（硕士研究生核心课程）

5. 国学研究方法论（硕士研究生核心课程）

6. 古典目录学研究（硕士研究生核心课程）

7. 古典文献选读（硕士研究生核心课程）

8. 经学专题研究（博士研究生核心课程）

9. 四库学专题研究（博士研究生核心课程）

10. 国学基本问题研究（博士研究生核心课程）

学术著作

一、已出著作

1.《四库全书总目》研究，社会科学文献出版社 2004 年版（2003年入选中国史学会东方历史研究中心主办的《东方历史学术文库》，2007 年获武汉大学第十一届人文社会科学研究优秀成果奖著作类一等奖）

2. 黄侃年谱（与王文晖合撰），湖北人民出版社 2005 年版

3.《四库全书总目》编纂考，武汉大学出版社 2005 年版（2004年入选《武汉大学学术丛书》，2008 年获香港第三届"余志明《文渊阁四库全书电子版》学术成果奖"著作类一等奖，2009 年获中国教育部全国高等院校第五届人文社会科学研究优秀成果三等奖）

4.《四库全书总目》精华录，武汉大学出版社 2008 年版

5. 文献辨伪学研究，武汉大学出版社 2008 年版（"十一五"国家重点图书）

6.《四库全书》与中国文化，武汉大学出版社 2010 年版

7. 国故新证，武汉大学出版社 2010 年版

8.《輶轩语》详注，华东师范大学出版社 2010 年版

9. 文献学概论（主编），武汉大学出版社 2011 年版

10. 学鉴第五辑（主编），武汉大学出版社 2012 年版

11.《续修四库全书杂家类提要》，商务印书馆 2013 年版

二、拟出著作

1.《经解入门》疏证，武汉大学出版社即出（入选《武汉大学学术丛书》）

2.《子略》校证，凤凰出版社即出（入选《子海》）

3.《日知录》汇校集释，凤凰出版社即出（入选《子海》）

4. 四库学研究档案，武汉大学出版社即出（入选《中国学术档案大系》）

5. 章黄学派学术档案，武汉大学出版社即出（入选《中国学术档案大系》）

6. 黄侃年谱长编，中华书局即出（入选《年谱长编系列》）

7. 文献辨伪集成，社会科学文献出版社（待定）

8. 文献辨伪新探，社会科学文献出版社（待定）

9. 古代类书的文化历程，人民出版社（待定）

主持科研项目

1. 中国博士后科学基金会资助项目"《四库全书总目》编纂考"（2002—2003）以优秀结项

2. 国家社科基金青年项目"《四库全书总目》与文献整理研究"

（2003—2004）以优秀结项，国家社科基金办公室通报表彰

3. 全国高校古籍整理工作委员会项目"《经解入门》疏证"（2005—2009）

4. 武汉大学重大课题"《四库全书总目》汇考"（2005—2010）

5. 国家社科基金一般项目"文献辨伪的集成与创新"（2009—2013）

6. 国家古籍整理"十一五"重点项目"续修四库全书提要"子部杂家类提要主持人（2009—2014）

7. 武汉大学重大课题"历代书目文献整理与研究"（2010—2015）

8. 国家社科基金重大委托项目"子海"子项目"《日知录》汇校集释"主持人（2010—2016）

9. 国家社科基金重大委托项目"子海"子项目"《子略》校证"主持人（2010—2016）

10. 教育部基地重大项目"古代类书的文化历程"（2012—2015）

11. 国家社会科学基金重点项目"清代文人专题研究"（2013—2018）

曾获科研奖项

1. 武汉大学黄侃语言文字学研究一等奖（1988）

2. 武汉大学黄侃语言文字学研究二等奖（1989）

3. 武汉大学第十一届人文社会科学研究优秀成果一等奖（2007）

4. 中南地区大学出版社协会2005—2006年度优秀学术著作二等奖（2007）

5. 香港第三届"余志明《文渊阁四库全书电子版》学术成果奖"著作类一等奖（2008）

6. 教育部全国高等院校第五届人文社会科学研究优秀成果三等奖（2009）教社科证字（2009）第 576 号

学术任职

1. 武汉大学中国传统文化研究中心教授、博士生导师
2. 武汉大学国学院教授、博士生导师
3. 武汉大学四库学研究中心主任
4. 中国图书馆学会地方文献专业委员会委员
5. 中国历史文献研究会理事
6. 中华文学史料学会会员
7. 中国训诂学研究会会员
8. 湖北省周易研究会理事
9. 湖北省国学研究会理事
10. 甘肃省四库全书研究会理事

后　记

唐人韦应物《种药》诗曰：

　　好读神农书，多识药草名。持缣购山客，移莳罗众英。不改幽涧色，宛如此地生。汲井既蒙泽，插楱亦扶倾。阴颖夕房敛，阳条夏花明。悦玩从兹始，日夕绕庭行。州民自寡讼，养闲非政成。

时过境迁，今人无法穿越时空，无复古趣。余喜其诗境，步其原韵，斗胆拟之曰：

　　好读杂家书，多识鸟兽名。负笈为山客，删述存精英。不改书生色，每从死地生。掘地及泉根，扎寨亦扶倾。阴柔房中敛，阳刚酒中明。悦玩从兹始，道多不同行。网民难无讼，养学望晚成。

借前人酒杯，浇自家块垒。某南楚鄙人也，早年负笈珞珈，研习国故，始由章黄之学入门，近承乾嘉之绪，远探大易之源，敬畏圣贤，坚守正统，一以弘扬国学为己任。生平无他嗜好，惟咀嚼经史，常有余味焉。尤好读杂家书，尝以数年之苦力，通读《四库全书》之杂家类，渐悟治学之术——始而专，继而杂，终则通。窃以为，专家若无杂学功夫，恐难成通人。近年网上偶闻批评之声，然无力一一响应。无论大方之家，抑或"碧玉小家"（"小家碧玉"专指女性，"碧玉小家"则不分男女，不分老少，不分地域，实为"小方之家"。本不当存分别之心，实在无法分类，故造此生词——作者自注），入吾室，操吾戈，以伐我，我当闻过则拜，决不轻易还击。子曰："必也无讼乎！"此圣哲之法言，古今之至诚也。不佞学养不厚，惟有终日乾乾，吞吐万家，努力篇籍，发愤求明，寄望于晚成耳。

此书之成，消磨三年光阴。闻鸡起舞，夜以继日，阅尽《续修四库全书》杂家类九十巨册，复参考百家，提要钩玄，眼界大开。坐冷板凳，读冷僻书，不亦乐乎！承蒙傅璇琮先生不弃，此课题列入国家重点古籍整理项目《续修四库全书总目》之子项目，不亦乐乎！此书甫脱稿，即蒙武汉大学国学院郭齐勇、吴根友诸先生嘉许，入选《珞珈国学丛书》，由商务印书馆印行单行本，不亦乐乎！又幸得王献松、龙文真二君之助，王君提供草稿数十条，龙君亦提供廿余条，经我反复删削，仍于相关条目注明二君之名，以申谢忱云。

司马朝军记于武汉大学国学院
2012 年 11 月 18 日正午